المسؤولية المجتمعية

ودورها في تنمية وتحقيق الاستقرار في المجتمعات

المسؤولية المجتمعية

ودورها في تنمية وتحقيق الاستقرار في المجتمعات

الدكتورة هلا السعيد

دار جامعة حمد بن خليفة للنشر
HAMAD BIN KHALIFA UNIVERSITY PRESS

دار جامعة حمد بن خليفة للنشر
صندوق بريد 5825
الدوحة، دولة قطر

www.hbkupress.com

الطبعة العربية الأولى عام 2021

الترقيم الدولي: 9789927151873

تمت الطباعة في بيروت-لبنان.

مكتبة قطر الوطنية بيانات الفهرسة – أثناء – النشر (فان)

السعيد، هلا، مؤلف.

المسؤولية المجتمعية ودورها في تنمية وتحقيق الاستقرار في المجتمعات / هلا السعيد. الطبعة العربية الأولى. – الدوحة : دار جامعة حمد بن خليفة للنشر، 2021.

صفحة ؛ سم

تدمك: 978-992-715-187-3

1. المسئولية الاجتماعية للمشروعات -- قطر. 2. التنمية المستدامة. أ. العنوان.

HD60. S25 2021

658.40895363– dc23 202128035501

قال الله (تعالى)

﴿يَٰٓأَيُّهَا ٱلَّذِينَ ءَامَنُواْ ٱتَّقُواْ ٱللَّهَ وَلۡتَنظُرۡ نَفۡسٞ مَّا قَدَّمَتۡ لِغَدٖ﴾

(الحشر: 18)

﴿مَّنۡ عَمِلَ صَٰلِحٗا فَلِنَفۡسِهِۦۖ وَمَنۡ أَسَآءَ فَعَلَيۡهَا﴾

(فصلت: 46)، (الجاثية: 15)

﴿ٱلَّذِينَ يُنفِقُونَ فِي ٱلسَّرَّآءِ وَٱلضَّرَّآءِ وَٱلۡكَٰظِمِينَ ٱلۡغَيۡظَ وَٱلۡعَافِينَ عَنِ ٱلنَّاسِۗ وَٱللَّهُ يُحِبُّ ٱلۡمُحۡسِنِينَ﴾

(آل عمران: 134)

﴿وَتَعَاوَنُواْ عَلَى ٱلۡبِرِّ وَٱلتَّقۡوَىٰۖ وَلَا تَعَاوَنُواْ عَلَى ٱلۡإِثۡمِ وَٱلۡعُدۡوَٰنِ﴾

(المائدة: 2)

صدق الله العظيم

إهداء خاص لدولة قطر

إيمانًا من الكاتبة بالدور الإيجابي الكبير الذي تؤديه ثقافة المسؤولية المجتمعية في دولة قطر بين قطاعات الدولة المختلفة، وما تحققه في تنمية المجتمع ورقيه، وما قدمته دولة قطر للعالم بتحقيقها الإنجازات العالمية في شتى المجالات العلمية والرياضية والثقافية والصحية والاقتصادية والعمرانية وغيرها، والتطور الملحوظ ببناء القدرات البشرية القطرية، وسعيها الدؤوب من أجل تعميق روح المسؤولية الاجتماعية لدى الأفراد والشركات وقطاع الأعمال تجاه احتياجات وتطلعات المجتمع المحلي لتحقيق «رؤية قطر 2030» التي تقوم على ركائز أربع مترابطة: التنمية البشرية والاجتماعية والبيئية والاقتصادية، بما يضمن تحقيق التنمية المستدامة - جاءت فكرة الكتاب، وما يحتويه من معلومات، تشجيعًا مني لنشر الوعي بأهمية ثقافة المسؤولية المجتمعية التي تُعَد واجبًا وطنيًا تنادى به أفرادها ومؤسساتها الحكومية للمشاركة الفعلية في المسؤولية الجماعية لأنها في النهاية تصب في المصلحة المجتمعية، وتعزز من فرص الاستدامة في الأعمال الخيرية والإنسانية.

وأخيرًا، لا يسعني بعد إنجاز كتابي هذا إلا أن أتقدم بالشكر الجزيل والامتنان إلى دولتي قطر، ليكون إهداءً خاصًا من مواطنة قطرية لدولتها، لما قدمته من مساهمات رئيسة، داخلية وخارجية، في مسيرة التنمية المستدامة، والمحافظة على التطور المستمر الذي تعيشه.

الكاتبة

الدكتورة/ هـلا السعيد

شكر وتقدير

أتوجه بالشكر والتقدير والعرفان بالجميل إلى الأستاذ الدكتور علي عبد الله آل إبراهيم، لعظيم فضله بمنح كثير من الوقت والجهد الذي كان له أثر كبير في مساعدتي على فهم المسؤولية الاجتماعية بطريقة سهلة موضوعية، وزرع حبها في عقلي وقلبي، ما ساعدني أن أضع خطواتي الثابتة للعمل بالمسؤولية الاجتماعية والعمل الخيري والعمل التطوعي.

ولا أنسى تقديم الشكر لأسرتي لوقوفهم إلى جانبي، ودعمي المعنوي الدائم.

أمي وأبي وزوجي وأولادي وبناتي وأحفادي.. إليكم جميعًا أهدي ثمرة جهدي المتواضع.

الكاتبة

الأستاذة الدكتورة

هــلا السعـيـد

المحتويات

الفصل الأول:

التعرُّف على المسؤولية الاجتماعية

من الواضح أننا نعيش في عصر يشهد ظهور متغيرات وتفاعلات تساعد على نضج الوعي الإنساني بقضايا تقع على الساحة القومية والعالمية على السواء، بحيث تداخلت هذه القضايا والحدود حتى أصبح من الصعب فصل ما هو قومي عن ما هو عالمي خارجي؛ الأمر الذى انعكس بطبيعة الحال على طبيعة العلاقة بين الإنسان ومجتمعه، أو بين المواطن ودولته.

وفي هذا السياق، فإنه إذا كان العالم قد أصبح عالمًا واحدًا، أحداثه واحدة تتداخل وتتبادل التأثير، فإلى أين تتجه المسؤولية الاجتماعية للفرد، خاصة أن بعض حقوقه وإشباعاته بدأت تتحقق بفعل ضغوط قوى خارجية، وإن كان ذلك يحدث على صعيد مجتمعه القومي، ذلك أن المسؤولية الاجتماعية تعيش حالة تحول وضعتها أمام مفترق طرق بفعل ظروف ومتغيرات عدة، منها انفتاح المجتمعات على المجتمعات الأخرى في نطاق النظام العالمي، بحيث لم يعد الوفاء بالمسؤوليات الاجتماعية من قِبل فاعليها محددًا بالحدود القومية والثقافة القومية والمصالح القومية، بل أصبح الفاعل العالمي -ممثلًا في القوى العالمية (دولًا كانت أو مؤسسات)- حاضرًا يؤدي دورًا أساسيًا في تعيين حدود المسؤولية الاجتماعية على الصعيد القومي، ومدى الوفاء بها.

بالإضافة إلى ذلك، فقد تطور وعي المواطن بمعاني المسؤولية الاجتماعية على الصعيد القومي، سواء في ما يتعلق بمسؤوليته الاجتماعية وما يتعلق بالمسؤولية الاجتماعية للدولة والقطاع الخاص والمجتمع المدني والآخرين عمومًا، إذ أدرك المواطن أن أداء المسؤولية الاجتماعية على الصعيد القومي ما يزال ناقصًا غيرَ مكتملٍ، كما تمارس مضامينها مختلف الأطراف. ففي نطاق مسؤوليته، نجد أن المواطن يؤدي -من وجهة نظره- واجباته دون أن يحصل على حقوقه، وهو يدرك أن الدولة تفرض عليه واجبات دون أن يحصل في المقابل على الحقوق التي تحقق إشباعًا لحاجاته.

كذلك فإن القطاع الخاص لم يعثر بعد على وعيه بمسؤوليته الاجتماعية نحو المجتمع، كما يعيش المجتمع المدني حالة من الترهل الرخو في ما يتعلق بإدراك أعباء مسؤوليته

الاجتماعية. وهو الوعي الذى بدأ بدفع المواطن باتجاه المطالبة بضرورة أن تفي كل الأطراف بمسؤولياتها الاجتماعية؛ قد تبدأ المطالبة سلمية ناعمة، غير أنها قد تنتهي بسلوكيات خشنة، حيث تنتشر مظاهر الاحتجاج والرفض على سطح المجتمع، بحيث يمكن عد ذلك في حد ذاته دقًّا لنواقيس الخطر حتى يضطلع كل طرف بمسؤولياته وإلا تآكل الاستقرار الاجتماعي. لذلك ينبغي إدراك مفهوم المسؤولية الاجتماعية بصفته كائنًا حيًّا يتأثر بسياقة المحيط -القومي والعالمي على السواء- ويتفاعل مع المتغيرات التي تتدفق من هذه السياقات.

وإذا كان المفهوم رمزًا يشير إلى متغير واقعي، فإننا نستطيع القول إن متغير المسؤولية الاجتماعية لم يكن أبدًا متغيرًا ثابتًا، ولكنه كان دائمًا مفعمًا بالحيوية، يتحرك عبر التاريخ بصفته حقيقة كلية تتكشف تدريجيًا عن جوانب أو صور عابرة مؤقتة، وربما زائفة، وهو ما يعبر عن حيوية المفهوم، وحيوية المتغير الذى يرمز أو يشير إليه. غير أننا نلاحظ أن المفهوم، والمتغير الذى يرمز إليه، أصبح يواجه أزمة سببها تقصير بعض أطراف المسؤولية الاجتماعية عن الوفاء بالتزاماتها، أو غياب الوعي بحدود ومتطلبات المسؤولية الاجتماعية من قِبل أطراف أخرى، ومن ثم ضغطها باتجاه ضرورة الوفاء بالتزاماتها. وربما كان السبب تدخل أطراف وقوى عالمية خارجية لتؤدي أدوارًا على الساحة القومية، بعضها يتصل بطبيعة توزيع المسؤوليات الاجتماعية. وقد يسر ذلك أن مجتمعات العالم -خاصة مجتمعات الجنوب- أصبحت أبوابها وفضاءاتها مفتوحة، بحيث غدا ما يحدث بداخلها موضع مراقبة ومتابعة عالمية. وليس بمستبعد كذلك احتمال أن هذه الأزمة ترجع إلى ظروف سبَّبَت في بعض الأحيان تراجع المسؤولية الاجتماعية إلى أسفل، من حدود المجتمع القومي إلى حدود الجماعة الإثنية، أو انفلاتها في الاتجاه المضاد إلى أعلى لتتابع مضامين ذات طبيعة عالمية. غير أنه من طبيعة الأزمة أنها قد تدفع الكائن الاجتماعي إلى طريق الموت، أو تساعده في اكتساب المناعة، وتحقيق حالة من الصحة والعافية الاجتماعية. وسوف أحاول التعرض في الصفحات التالية لهذه الأبعاد جميعًا.

الباب الأول

مفهوم المسؤولية الاجتماعية

يهدف هذا الفصل إلى التعرُّف على مفهوم المسؤولية الاجتماعية من أجل تعيين حدوده، وطبيعة المتغير الذى يشير إليه. وإذا تأملنا غالبية المتغيرات الواقعية للمسؤولية الاجتماعية، فسوف نجد أنها ليست ثابتة، وذلك يرجع إلى أن مفاهيمنا ما زالت في حالة تشكل وتبلور لحداثة عمر علومنا الإنسانية والاجتماعية التي لم تصل بعد إلى ترسانة مفاهيم راسخة قوية متماسكة، بالإضافة إلى تسارع التغير الاجتماعي الواقعي، وهو التسارع الذى يكشف عن متغيرات جديدة تحتاج إلى الرمزية للمفاهيم، أو عن جوانب جديدة للمتغير الذى يشير إليه مفهوم معين، وهى التفاعلات التي تسبب حالة من عدم الثبات، سواء في ما يتعلق بمصداقية تمثيل أو رمزية المفهوم وما يتعلق بثبات حدود المتغير الذى يشير إليه المفهوم.

وقد اتجه العلم الاجتماعي -أخيرًا- إلى أن يصبح مشروعًا ذاتيًا فنيًا، بعد أن كان مشروعًا موضوعيًّا علميًّا، لأن الاتفاق حول المفاهيم الأساسية التي تتعامل بواسطتها النظم العقلية الإنسانية بدأ ينحسر وتضيق دوائره.

فضلًا عن ذلك، فإننا إذا تأملنا أوضاع وأنماط المجتمعات الإنسانية، فسوف نجد أنها تخضع لمنطق المتكشف، وهو المنطق الذى يؤكد أنه في كل مرحلة من مراحل التطور الاجتماعي يتكشف وجه جديد للمجتمع لم يكن معروفًا قبل ذلك.

وإذا كان علم الاجتماع هو العلم الذى يهتم بظهور وأفول المجتمعات، وتغير التكوينات والتفاعلات المرتبطة بذلك، فإننا نجده -توازيًا مع ذلك- يشهد في كل مرحلة ظهور جهاز مفاهيمي جديد يشكل بنية رمزية لمتغيرات جديدة تكشفت في بناء المجتمع.

وتأكيدًا لذلك، فإنه في مرحلة من مراحل تطور العلم الاجتماعي تظهر مفاهيم جديدة ترمز لتكوينات التفاعلات القائمة. وبهذا المنطق، تكشفت مفاهيم التطور والانتشار بفعل القطيعة بين المرجعية الدينية والمرجعية العلمية من ناحية، وبداية التواصل بين الحضارات من ناحية أخرى، بحيث طرحت هذه المرحلة بنية من المفاهيم تتلاءم مع التفاعلات الواقعية، إذ طرحت مفاهيم التطور والتقدم والتحلل، والانتخاب الطبيعي، وتحولات الطاقة والقوة، والانتشار والتثقف، والمناطق الثقافية والمركبات الثقافية. وفي مرحلة تالية، وبالتحديد في أعقاب الثورة الفرنسية والصناعية، وقعت تحولات اجتماعية ذات طبيعة درامية طرحت متغيرات جديدة من ناحية، وحققت تراكمًا في الوقت ذاته على صعيد التنظير في العلوم الإنسانية من ناحية ثانية، الأمر الذى دفع إلى ظهور ترسانة جديدة من المفاهيم ذات علاقة بالتفاعلات الواقعية التي تشير إلى تكشف جوانب أو مساحات جديدة من الحقائق المجتمعية.

وفي هذه الفترة، ظهرت مفاهيم الطبقة الاجتماعية والتغير الاجتماعي والتضامن الاجتماعي والطبقة البرجوازية وفائض القيمة، إضافة إلى مفاهيم التضامن الآلي والتضامن العضوي والبيروقراطية والكاريزما والصفوة. وفي المرحلة المعاصرة التي نعيشها، حيث بروز فاعلية المجتمع المدني والقطاع الخاص، وتراجع دور الدولة أو المجتمع السياسي، برز دور الجماهير وتقدمها من خلال انتظامها في تشكيلات اجتماعية مختلفة، وانتقلت إليها بعض مسؤولية تطوير مجتمعاتها.

وارتباطًا بهذا السياق، بدأت تظهر الآن مجموعة جديدة من المفاهيم، كالمنظمات غير الحكومية، والتنمية المستدامة، والشفافية، والمحاسبية والتشبيك والشراكة، إضافة إلى المسؤولية الاجتماعية التي تعد مفهومًا نواة لكم كبير من المفاهيم الأخرى، بحيث نستطيع القول إنه نظرًا لأن المفاهيم التي ظهرت في كل مرحلة ترمز إلى مساحة جديدة من الواقع المتكشف الذى يتضمن عددًا من المتغيرات التي نتعرف عليها ونتفاعل بشأنها من خلال رموزها، فإن هذا الوضع قد دفع إلى ظهور ما يمكن أن يُسمَّى «شبكة المفاهيم» التي تناظر شبكة العلاقات الواقعية بين المتغيرات. وفي هذه الشبكة المفاهيمية، نستطيع التمييز بين المفهوم الذى يشكل النواة الصلبة أو مركز الشبكة، وجملة المفاهيم التي تقع على دوائر

متتابعة من هذا المركز؛ وأعتقد أن مفهوم المسؤولية الاجتماعية من نمط مفاهيم النواة الصلبة، أو هو من المفاهيم المركزية.

معايير مركزية مفهوم المسؤولية الاجتماعية

ترجع مركزية مفهوم المسؤولية الاجتماعية إلى عدة معايير:

1. ذات طبيعة فردية

فهذا المفهوم شكّل موضعًا تفاعلت بشأنه مختلف الاتجاهات النظرية. وبعض هذه الاتجاهات رأى أن المسؤولية ذات طبيعة فردية بالأساس، وأنه انطلاقًا من المسؤولية الفردية تتشكل المسؤولية الاجتماعية.

2. ذات جذور مجتمعية

فقد أدركت اتجاهات نظرية أخرى المسؤولية الاجتماعية بصفتها ذات جذور مجتمعية بالأساس، فالمجتمع هو المسؤول عن تشكيل المسؤوليات الفردية والاجتماعية التي يمكن أن تؤدي أدوارًا أو وظائف تؤكد استمراره، وتعيينها على الأفراد.

3. مرجعيات وسط

فبعض الاتجاهات النظرية حاولت تعيين المسؤولية الاجتماعية بالنظر إلى مرجعيات وسط، كالقول بالمسؤولية الطبقية عن التغيير الاجتماعي، كما في النظرية الماركسية. وتتجلى مركزية المفهوم من كونه يتسع لينتشر في نطاق نظم عقلية عدة، كقولهم:

- علم الاجتماع بالمسؤولية الاجتماعية.
- اهتمام علم الأخلاق بالمسؤولية الأخلاقية.
- تركيز القانون على المسؤولية الجنائية أو المدنية.

4. المركزية

فمركزية المفهوم قد تتجلى من خلال إمكانية أن تلتقي على ساحته مختلف التكوينات الاجتماعية.

5. المسؤولية العالمية

ويتلخص في بعض الأحداث أو الظروف التي تتطلب تكاتف جهود العالم.

مفهوم المسؤولية الاجتماعية

مفهوم المسؤولية الاجتماعية أصبح يتردد على مسامعنا كثيرًا في السنوات الأخيرة، ويجري على ألسنة كثير من المثقفين والسياسيين والمفكرين وناشطي المجتمع المدني. وكثيرًا ما يُطرَق هذا المفهوم بوسائل الإعلام كافة، ولكن ملامح هذا المفهوم لم تتحدد أو تتبلور بصورة واضحة في أذهان بعض من مردديه أو مستمعيه، ولذا ينبغي علينا توضيح ماهية المسؤولية الاجتماعية لترسيخ هذا المفهوم لدى أفراد المجتمع. وذلك يدفعنا إلى محاولة تعريف مفهوم المسؤولية الاجتماعية الذى طُرِحَت له تعريفات عدة، ومن زوايا متنوعة.

تعريف المسؤولية الاجتماعية من الناحية اللغوية والاصطلاحية

المسؤولية الاجتماعية هي مجمل الأعمال التي يكون الإنسان مطالبًا بها. وهي تعني أن الإنسان مسؤول عن فعل صدر عنه في الماضي، وخلف وراءه آثارًا معينة، وهو الذى يتحمل تبعة هذه الآثار والنتائج.

وارتباطًا بذلك، يعرف «المعجم الوسيط» المسؤولية بأنها: «حال أو صفة من يُسأَل عن أمر تقع عليه تبعته. يقال: أنا بريءٌ من مسئولية هذا العمل. وتطلق (أخلاقيًا) على: التزام الشخص بما يصدر عنه قولًا أو عملًا، وتطلق (قانونًا) على: الالتزام بإصلاح الخطأ الواقع على الغير طبقًا لقانون».

وفي هذا الإطار، فإننا نجد أن التعريف اللغوي للمسؤولية يجنح إلى ربطها بالفرد عادة، إضافة إلى إبراز طابعها السلبى الماضوي، حيث يدور الحديث دائمًا عن مسؤولية الفرد عن فعل وقع، أو عن خطأ وقع، ينبغي إصلاحه، إلى جانب أن التعريف اللغوي يجعل الفرد مرجعية الأفعال التي تجسد المسؤولية الاجتماعية.

وأما من ناحية الاصطلاح، فثمة تعريفات عدة لمفهوم المسؤولية الاجتماعية، منها:

- نظرية أخلاقية، مفادها أن أي كيان -سواء كان منظمة أو فردًا- يقع على عاتقه العمل لمصلحة المجتمع ككل.
- أمر يجب على كل منظمة أو فرد أداؤه للحفاظ على التوازن بين الاقتصاد والنظام البيئي (الإيكولوجي) والاجتماعي.
- أمر لا يختص فقط بمنظمات الأعمال، بل هي شأن كل فرد تؤثر أفعاله على البيئة، وتحافظ على التنمية المستدامة للمجتمع.
- ركن أساسي مهم في حياة المجتمعات، من دونها تصبح الحياة فوضى، وتشيع شريعة الغاب، حيث يأكل القوي الضعيف، وينعدم التعاون، وتغلب الأنانية والفردية.
- هي أنه من الواجب على الأشخاص والشركات العمل لمصالح بيئتهم العليا ومجتمعهم بأسره.
- عمل ملزم نابع من داخل الفرد نفسه، ولا يُكلَّف بها أي شخص، وإنما من يتمتع بالحرية الكاملة التي تلزمه للنهوض بالأعمال والمسؤوليات الملقاة على عاتقه حتى يستشعر حجم المسؤولية التي كُلِّف من أجلها، ومن هنا تكمن أهمية المسؤولية الاجتماعية داخل أي مجتمع من المجتمعات.
- التزام أصحاب المؤسسات والشركات بالتصرف أخلاقيًّا، والمساهمة في تحقيق التنمية المستدامة (التنمية الاقتصادية)، والعمل على تحسين نوعية ظروف المعيشة للقوى العاملة وعائلاتهم، من خلال تحسين أوضاع الموظفين وعائلاتهم، والمجتمع المحيط، اجتماعيًّا وصحيًّا وعلميًّا.
- الأنشطة التي تمارسها المؤسسات في سبيل خدمة المجتمع.
- تذكير المؤسسات بمسؤولياتها وواجباتها إزاء مجتمعها الذي تنتسب إليه.

وبعضهم يرى أن مقتضى هذه المسؤولية لا يتجاوز مجرد مبادرات اختيارية

(طوعية) دون إلزام، تقدمها المؤسسات صاحبة الشأن بإرادتها المنفردة تجاه المجتمع. وبعضٌ آخر يرى أنها صورة من صور الملائمة الاجتماعية الواجبة على المؤسسات.

- أمر لا يختص بمنظمات الأعمال فقط، بل هو شأن كل فرد تؤثر أفعاله في البيئة. وهذه المسؤولية يمكن أن تكون سلبية عبر الامتناع عن الانخراط في أفعال ضارة، أو إيجابية من خلال أداء أفعال تحقق أهداف المجتمع بشكل مباشر.

تعريف معجم العلوم الاجتماعية

يعرفها هذا المعجم بأنها تبعة أمر، ولها شروط وواجبات، ويتضمن مفهوم المسؤولية الاجتماعية الحقوق والواجبات.

ويعرفها إمام حميدة بأنها استعداد مكتسب لدى الفرد يدفعه للمشاركة مع الآخرين في أي عمل يؤدونه، والمساهمة في حل المشكلات التي يتعرضون لها، أو تقبل الدور الذي أقرته الجماعة له، والعمل على المشاركة في تنفيذه.

التعريف العام لمفهوم المسؤولية الاجتماعية

إن المسؤولية بمعناها العام تعني إقرار الفرد بما يصدر عنه من أفعالٍ، واستعداده لتحمل نتائج هذه الأفعال، فهي القدرة على أن يلزم الفرد نفسه أولًا، والقدرة على أن يفي بعد ذلك بالتزاماته الاجتماعية بواسطة جهوده الخاصة، وبإرادته الحرة.

التعريف الاصطلاحي لمفهوم المسؤولية الاجتماعية

هي المقدرة على أن يلزم الإنسان نفسه أولًا، والقدرة على أن يفي بالتزامه بواسطة جهوده. وعند القول بالمسؤولية المجتمعية، يكون المقصود مسؤولية الإنسان أمام خالقه أولًا، وما ينعكس أمام المجتمع ثانيًا، حيث يكون الإنسان مسؤولًا عن تصرفاته، ملزمًا بكل ما ينتج عنها، ملتزمًا بقوانين المجتمع وعاداته وتقاليده.

تعريف المسؤولية الاجتماعية في الإسلام

هي ليست وليدة اليوم، بل هي ثقافة أصيلة في الإسلام، حث عليها نبينا محمد (صلى الله عليه وسلم) بقوله: «كُلُّكُمْ رَاعٍ، وَكُلُّكُمْ مَسْؤُولٌ عَنْ رَعِيَّتِهِ» (رواه أحمد). وهي تعني أن المسلم المكلف مسؤول عن كل شيء جعل الشرع له سلطانًا عليه، أو قدرة على التصرف فيه بأي وجه من الوجوه، سواء أكانت مسؤولية شخصية فردية أم مسؤولية متعددة جماعية.

وانطلاقًا من دورنا في نشر ثقافة المسؤولية الاجتماعية، وتعزيز تطبيقاتها في الوطن، سوف نلقي الضوء على كل ما يخص المسؤولية الاجتماعية قدر المستطاع، لنشر الوعي لدى أفراد المجتمع كافة بماهيتها، وأهدافها، وأنواعها، وكيفية تطبيقها، والمعوقات التي يمكن أن تقف حائلًا دون تطبيقها.

تعريف المسؤولية الاجتماعية للشركات (CSR)

جعلت كثير من الشركات (مثل تلك التي تتبع السياسات «الخضراء») المسؤولية الاجتماعية جزءًا أساسيًّا من مخططاتها، واستخدم بعض المستثمرين المسؤولية الاجتماعية للشركة (أو عدم وجودها) مقياسًا استثماريًّا. ولذلك، يمكن في الواقع أن يتحول تخصيص المسؤولية الاجتماعية لأرباح، حيث إن الفكرة تلهم المستثمرين بالاستثمار، وتلهم المستهلكين بشراء البضائع والخدمات من الشركة.

وببساطة، تساعد المسؤولية الاجتماعية الشركات في بناء سمعة جيدة. وعامة، تكون المسؤولية الاجتماعية فعَّالة بشكل أكبر عندما تؤديها الشركة على نحو تطوعي، بخلاف إذا ما أوجبتها الحكومة من خلال القوانين. وتعزز المسؤولية الاجتماعية أخلاقيات الشركة؛ ويحدث هذا في الواقع بشكل خاص عندما تتمكن الشركة من دعم موظفيها، وتشركهم في حالتها الاجتماعية.

التنظير الاجتماعي في تعريف المسؤولية الاجتماعية

يطرح التنظير الاجتماعي تعريفًا للمسؤولية الاجتماعية بصفتها مسؤولية الفرد عن أفعاله حيال السلطة الاجتماعية، وما تمثله من أعراف وتقاليد وعادات ورأى عام. وتتميز

هذه المسؤولية بعودة السلطة فيها لمرجعية المجتمع والثقافة، ومنظومات القيم المتضمنة فيها، وتكون العبرة فيها بالنتائج التي تتحقق على ساحة المجتمع.

وفي هذا الإطار، تُدرَك المسؤولية الاجتماعية بصفتها مسؤولية أمام المجتمع، تحددها أعرافه وتقاليده واحتياجاته، وتتصل عادة بجانب الواجبات المرتبطة بأدوار الفرد في المجتمع، وهى الأدوار التي تؤدي وظائف أساسية لصالح بناء المجتمع، حيث يستوجب عدم الوفاء بها العقاب من قبل المجتمع، وهو العقاب الذى يبدأ مخففًا (كاللوم)، وينتهى إلى إنزال العقاب المادي بالشخص.

وقد برز مفهوم المسؤولية الاجتماعية ضمن حزمة المفاهيم التي طُرِحَت في الفترة التي استغرقها عصر التنوير حتى ظهور نظريات التحديث. ورغم أن المفهوم لم يُطرَح صراحة، فإن المتغيرات التي يشير إليها كانت موضع نظر وحوار. ويمكن القول إن التفكير في المسؤولية الاجتماعية تراوح بين تفكير الفرد بتأسيس المجتمع وتنظيمه، وهو ما يعني مسؤوليته عما يحدث فيه، وبين تعيين المجتمع المسؤولية الاجتماعية للفرد؛ ولم تعرف النظرية الاجتماعية موقفًا يجمع هذا الاستقطاب عند منطقة المنتصف إلا مع نهاية القرن العشرين تقريبًا.

وعلى هذا النحو، تعد المسؤولية الاجتماعية بنية من الواجبات والحقوق، تحدد السلوك الذى ينبغي أن يطرقه الفرد تجاه المجتمع. فالمجتمع يشكل الإطار الشامل الذى تسعى الأطراف كافة لأداء مسؤولياتها الاجتماعية بهدف تأكيد بقائه واستقراره. وفي هذا النطاق، تعد المسؤولية الاجتماعية المفهوم الشبكي الشامل، أو النواة الصلبة، أو مركز دائرة منظومة المفاهيم ذات العلاقة بالمسؤولية الاجتماعية، أو هي المفهوم الشامل للمسؤولية، بحيث تعد أنماط المسؤوليات الأخرى تفريعات منه:

- **المسؤولية الأخلاقية**

وهي التي يمكن تعريفها بأنها الفعل الذى يشعر فاعله بالارتياح إذا فعله بصفته واجبًا، أو بالندم إذا خالف فعله أمر هذا الواجب. وتشترط هذه المسؤولية الفعل الذى يميِّز بين الخير والشر، وامتلاك الفاعل الحرية التي على أساسها يختار أحدهما ويفضله على الآخر.

واستنادًا إلى ذلك، تعد المسؤولية الأخلاقية ذات طبيعة داخلية، ولذلك فهي لا تحاسب الفاعل على نتائج أفعاله فحسب، بل على نواياه أيضًا، حتى إن لم يفعل ما يؤثر على العالم الخارجي، فهي مسؤولية تستند إذن إلى النية، والسلطة فيها تعود إلى الضمير الفردي الذي يشكله المجتمع.

- **المسؤولية المدنية والمسؤولية الجنائية**

وتُحدَّد المسؤولية المدنية قانونًا (أي بنص القانون)، وتفرض على الشخص إصلاح ما أتلفه، تطبيقًا للمبدأ الذى يؤكد أن «من أتلف شيئًا، فعليه إصلاحه». وقد تتسع المسؤولية المدنية للشخص لتشغل مساحة كبيرة، كمسؤولية صاحب العمل عن استثمار وتعظيم أمواله، أو مسؤولية رب العائلة عن سلامة ورعاية أطفاله الصغار، وخدمة ورعاية حيواناته، والحفاظ على الأشياء التي يمتلكها، أو مسؤولية صاحب السيارة عن حادث وقع منه. وفي هذا الإطار، تتغير شروط المسؤولية المدنية بتغير أوضاع المجتمع وتطوره الحضاري.

وبخلاف ذلك، نجد أن المسؤولية الجنائية تحدد حالة الشخص المستحق للعقاب بسبب خروجه عن النظام الأساسي للحياة المجتمعية الذى يجازي عليه القانون. وفي حالة المسؤولية الجنائية، يجد الإنسان نفسه معرضًا لإصلاح خطأ وقع فيه، إضافة إلى تحمل نتائج المخالفة أو الجنحة أو الجناية. وترتبط المسؤولية الجنائية بانتهاك عاطفة قوية عميقة في النفس الإنسانية، تتضمن شعورًا واضحًا بالتوافق مع النظام العام خوفًا من حكم شائن يقضي على المكانة الاجتماعية للفرد. وإذا كان القانون هو الحد الأدنى من الأخلاق -كما يقرر علماء الاجتماع- أو هو الأخلاق في أقل مستوياتها، فإن هذا القانون يقرر المسؤولية الجنائية على الكائن المرتكب للفعل متى توفرت فيه شروط الفردية الإنسانية والعقل والحياة والرشد. وعلى هذا النحو، تقع المسؤولية الجنائية على الجماعة، ولا تقع على ما ليس إنسانًا، ولا على المجنون أو الطفل.

وإذا كانت المسؤولية الاجتماعية، بفرضياتها الكثيرة، مفروضة على الفرد من خارجه (من قِبل المجتمع)، معينة له، تتزايد متطلباتها وتتسع مساحتها كلما شب عن الطوق واكتملت أدواره الاجتماعية، فإن ذلك يعد معيارًا أو مدخلًا لاستكمال مسؤوليته الاجتماعية.

وفي هذا السياق، تتوازى مساحة المسؤولية الاجتماعية مع مراحل تحول دورة حياة الإنسان، حيث نجد أن المرحلة الأولى والأخيرة في حياة الإنسان هما المرحلتان اللتان تضيق في نطاقهما المسؤولية الاجتماعية. ففي مرحلة الطفولة، يتدرب الكائن البشرى على المسؤوليات الاجتماعية، وأنماط المسؤوليات الأخرى، وتتصاعد معرفته وممارسته لهذه المسؤوليات توازيًا مع تصاعد نموه الاجتماعي، حتى يبدأ في تحمل بعض المسؤوليات المحدودة التي تتوازي مع قدرته على إنجاز بعض الأدوار الاجتماعية، بحيث يستمر ذلك تقريبًا حتى منتصف العشرينيات وأوائل الثلاثينيات. وابتداء من هذا الحد، تتسع المسؤوليات الاجتماعية للإنسان، حتى تبدأ مرحلة أخرى من الانكماش والتراجع، مع بداية مرحلة الشيخوخة والهرم، حيث يبدأ الفرد في التخلي عن مسؤولياته الاجتماعية واحدة تلو الأخرى توازيًا مع تخلى الإنسان أو اكتمال وفائه بأدواره الاجتماعية.

واستنادًا إلى ذلك، رأى التنظير الاجتماعي المهتم بالمسؤولية الاجتماعية أن القطاع الخاص تقع عليه المسؤولية الاجتماعية لتطوير أوضاع المهمشين والفقراء، وأن عليه أخلاقيًا أن يفي بمتطلبات هذه المسؤولية التي تصدر مستندة إلى أهمية إدراك المسؤولين عن القطاع الخاص أنه كلما ارتقت نوعية الحياة لدى مختلف فئات المجتمع اتسع نطاق السوق، الأمر الذى يعني تدفقًا للسلع، وعائدًا أكبر من الأرباح، وهو ما يعني أن جهود القطاع الخاص في تطوير نوعية الحياة في المجتمع، من خلال الدفع بنسبة من أرباحه إلى المساعدة في تمكين الفئات المهمشة، من المفترض أن تعود عليه بأرباح أكثر، ذلك أنه يعد واجهة اجتماعية، مثلما هو واجب أخلاقي، أن يعمل القطاع الخاص في اتجاه ترقية الأوضاع بالمجتمع المدني الذي يعمل في إطاره لأنه بذلك يؤسس البيئة الآمنة المواتية لممارسة نشاطه.

تعريف البنك الدولي للمسؤولية الاجتماعية للقطاع الخاص أو الشركات

التزام أصحاب الشركات والمؤسسات الصناعية والتجارية بالمساهمة في التنمية المستدامة، من خلال العمل مع موظفيهم وعائلاتهم، والمجتمع المحلي والمجتمع العام، لتحسين مستوى معيشة الناس، بأسلوب يخدم التجارة والتنمية في آن واحد.

تعريف غرفة التجارة العالمية للمسؤولية الاجتماعية للقطاع الخاص

جملة المحاولات التي تساهم في تطوع الشركات لتحقيق تنمية لأسباب أخلاقية واجتماعية. وبالتالي، فإن المسؤولية الاجتماعية للقطاع الخاص تعتمد على المبادرات الحسنة من الشركات، دون وجود إجراءات ملزمة قانونًا. وفي هذا الإطار، فإن المسؤولية الاجتماعية تتحقق من خلال الإقناع والتعليم.

وثمة تعريفان آخران للمسؤولية الاجتماعية للقطاع الخاص:

- تذكير للشركات بمسؤولياتها وواجباتها إزاء مجتمعها الذى تنتسب إليه. أو هي مجرد مبادرات اختيارية تطرحها الشركات صاحبة الشأن بإرادتها المنفردة تجاه المجتمع.
- الالتزام المستمر من قبل شركات الأعمال بالتصرف أخلاقيًا، والمساهمة في تحقيق التنمية الاقتصادية، والعمل على تحسين نوعية الحياة والظروف المعيشية للقوى العاملة وعائلاتهم، والمجتمع المحلي والمجتمع العام.

وإذا تأملنا التعريفات السابقة، فلسوف نجد أن القطاع الخاص في مجتمعات العالم الثالث ما زال متخلفًا في وعيه، في ما يتعلق بمفهوم المسؤولية الاجتماعية بمعناها الواسع.

جوانب المسؤولية الاجتماعية للقطاع الخاص

تشمل الأمور التالية:

- الالتزام بالأنظمة والقوانين المتبعة.
- الاهتمام بالجوانب الصحية والبيئية.
- مراعاة حقوق الإنسان، خاصة حقوق العاملين.
- العمل باتجاه تطوير المجتمع المحلي، والالتزام بالمنافسة العادلة.
- البعد عن الاحتكار، وإرضاء المستهلك.

ويرى عدد من خبراء المسؤولية الاجتماعية أنه على القطاع الخاص أن يعي أن الوفاء بالمسؤولية الاجتماعية له عائد اقتصادي على المدى الطويل. فقد أكدت دراسات كثيرة أن

الشركات التي تأخذ بمفهوم المسؤولية الاجتماعية يزيد معدل الربحية فيها على 18 في المائة عن تلك الشركات التي لا تفي بمسؤولياتها الاجتماعية. وأوضحت الإحصاءات الدولية أن 86 في المائة من المستهلكين يفضلون الشراء من الشركات التي لديها دور في خدمة المجتمع، وأن 70 في المائة من المستهلكين يرون أن المسؤولية الاجتماعية لها دور مهم جدًّا في نجاح هذه الشركات في مشروعاتها، وأن 64 في المائة من المستهلكين يشجعون فكرة أن يكون الوفاء بالمسؤولية الاجتماعية للشركات من معايير تقييم فاعلية أدائها على الصعيد الاقتصادي والاجتماعي.

والواقع أن القطاع الخاص في المجتمعات الرأسمالية قد قطع شوطًا كبيرًا على طريق التعرف على مسؤوليته الاجتماعية، وبات يؤديها بكفاءة عالية تساعد في تحقق درجة عالية من الاستقرار الاجتماعي.

خلاصة تطور المفهوم

إن الاستعراض السابق لتطور مفهوم المسؤولية الاجتماعية يمكن أن يُلخَّص في الآتي:

1. إن التطور قد حصل بشكل متدرج، وعبر مراحل زمنية طويلة.
2. لا يمكن تعميم هذا التطور على كل البيئة العالمية بشكل موحد، فبيئة الولايات المتحدة والدول الغربية يمكن النظر إليها بشكل منفصل لأنها كانت أرضًا خصبة صالحة للتطور أكثر من غيرها، في حين أن اليابان تمثل نموذجاً آخر لتطور المسؤولية الاجتماعية بحكم الثقافة المتميزة لها. أما الدول النامية، فإنها تأخرت في تبني هذه المفاهيم.
3. لا يمكن فصل التطور الحاصل في المسؤولية الاجتماعية عن التطور الحاصل في فلسفة وفكر إدارة الأعمال بشكل عام. كما أننا نجد أن المسؤولية الاجتماعية أكثر ارتباطًا ببيئة الأعمال السياسية -إذا صح التعبير- فهي مسرح لاختلاف وجهات النظر، وأسلوب التبني لمعاييرها، وحدود هذا التبني وآفاقه المستقبلية. ويؤشر التطور إلى كون مفهوم المسؤولية الاجتماعية في إطار منظمات الأعمال قد انتقل من مفهوم بسيط يُقَاس بمعايير محدودة تخص الوضع الداخلي للعاملين

في المنظمة إلى مفهوم أكثر شمولًا واتساعًا، من خلال الاهتمام بالمجتمع ككل والبيئة الخارجية بمختلف شرائحها ومكوناتها.

4. يشير التطور التاريخي للمفهوم إلى أنه يتجاوز كونه هدفًا مضافًا، كباقي الأهداف في منظمات الأعمال، وإلى أنه تركيب معقد يحمل في طياته كثيرًا من الجزئيات التي تنظر إليها الإدارة والبيئة الخارجية بطرق مختلفة.

5. إن المفهوم قد انتقل، عبر تطوره التاريخي، من إطار المبادرة الآنية المنفردة (الطوعية أو الإجبارية) إلى إطار المنظر الشامل ضمن الخطط الاستراتيجية لمنظمات الأعمال، وربما سيكون التطور اللاحق على أساس الإدارة من خلال المسؤولية الاجتماعية.

الباب الثاني

مناهج دراسة المسؤولية الاجتماعية وأنماطها

مع التطور الحاصل في بيئة عمل المنظمات، ومع تصاعد تأثير قوى الضغط المختلفة على منظمات الأعمال، فإن هذه المنظمات من جانبها قد طوَّرت من التزاماتها إزاء الطلب الاجتماعي المتزايد، وبالتالي فإنها بررت مشروعية وجودها عبر المراحل الزمنية المختلفة بمنهجيات متباينة للنظر إلى طبيعة العقد الضمني المبرم مع المجتمع. ولو راجعنا الأدبيات المكتوبة عن المسؤولية الاجتماعية، فإننا نستطيع أن نؤشر مناهج متعددة في دراسة محتوى المسؤولية الاجتماعية وأنماطها، يمكن أن نجملها بالمناهج التالية:

المنهج الأول

ويقوم هذا المنهج على أساس بلورة ثلاثة توجهات أساسية للمسؤولية الاجتماعية تعبر عنها ثلاثة أنماط:

1. النمط التقليدي للمسؤولية الاجتماعية

وفيه، تقوم الفكرة على مبادئ الاقتصاد الحر، والقوى المتحكمة فيه التي ترى أن المنظمة تبني مسؤوليتها الاجتماعية من خلال التزامها بتقديم السلع والخدمات التي ترضي المجتمع وتستجيب لحاجاته، وأن أي التزامات أخرى إضافية ترجع إلى تقدير المنظمة وإدارتها، وتُؤخَذ في إطار قدرة المنظمة وإمكانياتها، وبما لا يؤثر على أهدافها الاقتصادية، وفي مقدمتها تحقيق أقصى الأرباح.

2. النمط الاجتماعي للمسؤولية الاجتماعية

وتأسست فكرة هذا النمط استنادًا إلى النقد الموجه إلى النمط الاقتصادي، في ضوء أن إطار عمل المنظمة يُفترَض أن يتسع ليشمل مجمل الأهداف الاجتماعية، بالإضافة إلى الأهداف الاقتصادية. وقد ذهبت بعض الطروحات بعيدًا في هذا النمط، ونادت بضرورة أن تنتقل مسؤولية الرقابة على أعمال المجتمع من المسؤولية الخاصة إلى المسؤولية العامة. وهنا، فإن المسؤولية الاجتماعية ما هي إلا التزام المنظمة بالعمل وفق مصالح وطلبات المجتمع، وأن تعطي لها أسبقية حتى على أهداف المنظمة الخاصة. ويمكن وضع الفلسفات المادية الاشتراكية والماركسية في طليعة من نادوا بهذا التوجه.

3. نمط الكلفة الاجتماعية

وتستند فكرته إلى وجهة نظر أكثر تطورًا عن طبيعة العقد الاجتماعي الذى أضاف مسؤوليات وأعباء جديدة تفرضها المجتمعات بقواها المختلفة على المنظمات. وبهذا، فإن المسؤولية الاجتماعية يمكن عدها وظيفة ومهامًّا جديدة تضاف إلى وظائف رجال الأعمال. وبالتالي، فإن ما تتحمله المنظمة من مسؤولية اجتماعية يمكن أن يحسب كغيره من الكلف، في ضوء بدائل متعددة للقرار. وهنا، فإن القرارات الاقتصادية للمنظمة يجب أن تحسب في إطارها كلف مسؤوليات اجتماعية يفترض عدم التخلي عنها، كونها ضرورية لاستمرارية نشاط المنظمة وتطور المجتمع.

المنهج الثاني

وفي هذا المنهج يمكن النظر للمسؤولية الاجتماعية في ضوء بعدين أساسيين:

1. بعد داخلي (العاملين)

وينصب هذا البعد على الداخل، ويرتبط بالعاملين، وتحسين ظروف عملهم بجميع أشكالها.

2. بعد خارجي

وينصب هذا البعد على الخارج، مرتبطًا بالتعامل مع مجموعة كبيرة من الإشكالات التي يعاني منها المجتمع. ومع ذلك، وضمن هذا المنهج، طُوِّرَت ثلاثة أنماط للمسؤولية الاجتماعية:

أ. النمط الكلاسيكي التقليدي

وهذا النمط في حقيقته لا يبتعد كثيرًا عن فكرة النمط الاقتصادي المشار إليه سابقًا التي تتمحور حول هدف تعظيم الربح، في إطار نظرة عقلانية يؤمن بها مديرو المنظمات. كذلك فإن التعامل مع المستهلك لا يخرج عن إطار تعظيم الربح، كما أن نظرة الإدارة للعاملين تنطلق من فكرة أن العمل سلعة تباع وتشترى في ضوء العرض والطلب عليها.

ب. النمط الإداري

بعد إدراك وجود فجوة بين النمط الكلاسيكي للمسؤولية الاجتماعية وطبيعة بيئة الأعمال الجديدة، تبلورت أفكار دعت إلى توسيع قاعدة أهداف المشروع، ليشمل أصحاب المصالح المتعددين. وهكذا، إذا أردنا إعطاء فكرة عن المفهوم الإداري للمسؤولية الاجتماعية من خلال سلوك المديرين، فإنه يمكن القول إن تحقيق المنفعة الذاتية للمنظمة، بالإضافة إلى تحقيق منفعة المجاميع الأخرى، يمثل توجهًا عقلانيًا جديدًا للإدارة، باتت فيه العلاقة مع المستهلكين تقوم على أسس الموازنة بين المصالح، وعلى شاكلة العلاقة مع مجهزي المواد الأولية للمنظمة، فضلًا عن أن تحقيق رضا المستهلك بات أمرًا حيويًا.

ج. النمط البيئي

مع التطور الحاصل في كبر حجم المنظمات، وتغير بيئة عملها، بدأت تظهر ملامح نمط جديد، كون مسؤولية هذه المنظمات باتت لا تنحصر في حدود الوضع الداخلي للمنظمة، وترتبط بالسوق حصرًا، بل إنها (أي هذه المسؤولية) اتسعت لتشمل فئات وأطرافًا متعددة يؤطرها عموم المجتمع. ومن ثم، فإن المنظمات الكبيرة على وجه الخصوص يفترض أن تضع المصلحة العامة فوق أي حسابات ذاتية لها. ولعل ما يمكن تأشيره في هذا النمط مسؤولية المنظمة في المحافظة على البيئة، وتحقيق نوعية حياة أفضل للعاملين، والمجتمع

ككل. كذلك، فإن ما هو نافع ضروري للمجتمع يجب أن يحظى بعناية خاصة من قبل إدارة المنظمة.

المنهج الثالث

وقد أطر هذا المنهج، وأنضج أسسه، الباحث Carroll الذي يرى أن المسؤولية الاجتماعية يمكن أن تُدرَس في ظل أربعة أبعاد محددة:

1. البعد الاقتصادي (Economic Dimension)

ويستند إلى مبادئ المنافسة والتطور التكنولوجي، حيث يشتمل على مجموعة كبيرة من عناصر المسؤولية الاجتماعية يجب أن تؤخذ في إطار احترام قواعد المنافسة العادلة الحرة، والاستفادة التامة من التطور التكنولوجي، بما لا يلحق ضررًا بالمجتمع أو البيئة.

2. البعد القانوني (Legal Dimension)

ويقوم على أساس مبادئ حماية البيئة المهنية والعدالة وقوانين حماية المستهلك، ويحتوي على مجموعة كبيرة من العناصر يُفترَض أن تُحترَم من قبل المنظمات، بالشكل الذى يعزز ويساهم في الارتقاء بالعلاقة مع المستهلك، ومع العاملين بمختلف أجناسهم وأعراقهم وأديانهم، وكذلك منع الإضرار بالبيئة من خلال الاستخدام التعسفي للموارد، أو التلوث الحاصل في الماء والهواء والتربة.

3. البعد الأخلاقي (Ethical Dimension)

ويستند إلى مبادئ ومعايير أخلاقية، وكذلك أعراف وقيم اجتماعية، توجد في إطارها مؤشرات عدة تتدرج في إطار تكافؤ الفرص والتوظيف، والجوانب الأخلاقية في الاستهلاك، ومراعاة مبادئ حقوق الإنسان، واحترام العادات والتقاليد السائدة في المجتمع، ونحوها.

4. البعد الخيري (Philanthropic Dimension)

ويرتبط بمبدأ تطوير نوعية الحياة بشكل عام، وما يتفرع عن ذلك من عناصر ترتبط بالذوق العام، ونوعية ما يتمتع به الفرد من غذاء وملابس ونقل، وما إلى ذلك من جوانب.

المنهج الرابع

ويقوم على أساس تحديد ثلاثة أنماط مختلفة لتبني المسؤولية الاجتماعية من قِبل المنظمات:

1. نمط المسؤولية الاقتصادية (Economic Responsibility)

وفق وجهة النظر هذه، فإن منظمات الأعمال يجب أن تركز على هدف تعظيم الربح. أما المساهمات الاجتماعية فما هي إلا نواتج عرضية مشتقة منه. ومن أنصار هذا التوجه Milton Freidman الذى يرى أن المديرين محترفون، وليسوا مالكين للأعمال التي يديرونها. ومن ثم، فهم يمثلون مصالح المالكين التي يُفترَض أن تُنجَز بأحسن الطرق لتعظيم الأرباح.

2. نمط المسؤولية الاجتماعية (Social Responsibility)

وهو نقيض لتوجهات النمط الأول. وفي إطاره، فإن منظمات الأعمال تُعَد وحدات اجتماعية بدرجة كبيرة، تضع في الحسبان المجتمع ومتطلباته عند اتخاذ قراراتها، مراعية آثار هذه القرارات في كل جوانب المجتمع.

3. النمط المتوازن (Socio-Economic)

وفي إطاره، لا تمثل إدارة المنظمات مصالح جهة واحدة، أو بعض جهات ذات مصلحة، بل إنها تمثل مصالح جهات عدة يُفترَض أن توازن إدارة المنشأة بين مصالحها مجتمعة.

وهكذا، يبدو أنه مهما تعددت مناهج دراسة محتوى المسؤولية الاجتماعية، فإنها تلتقي بتوجهات عامة، تبدأ مع بداية تطور الصناعة، والتركيز على مصالح المالكين، لتمتد لاحقًا إلى مصالح الفئات المختلفة داخل المنظمة، حتى تصل إلى مرحلة وضع مصالح الأطراف المختلفة، والخارجية منها بشكل خاص، في الحسبان. ومع هذا، فإنه لا يمكن القول إن المنظمات، باختلاف أحجامها وملكياتها وبيئات عملها وطبيعة نشاطها وفلسفة إدارتها وقيمها، تستطيع تبني المسؤولية الاجتماعية بمستوى واحد.

المنهج الخامس: منهج المسؤولية الاجتماعية الشاملة (Corporate Social Responsibility)

وفي إطاره، تتجسد المسؤولية الاجتماعية والأداء الاجتماعي لمنظمات الأعمال في ثلاثة أبعاد مهمة:

1. بعد الخير الشامل (Corporate Philanthropy)

ويتضمن التبرعات الإنسانية وهبات الإحسان المستمرة للمجموعات غير الهادفة للربح من جميع الأصناف. وتقع هذه التبرعات في إطار استراتيجية خيرية تتبعها المنظمة على الأمد البعيد دعمًا لقضية مهمة من قضايا المجتمع. فمثلًا، أسست شركة «ماكدونالدز» للوجبات السريعة ودعمت عددًا كبيرًا من المساكن المخصصة لإيواء العوائل التي لديها أطفال يعانون من مرض عضال يحتاج إلى علاج مستمر بعيدًا عن منطقة سكن العائلة. ويقع ضمن الإطار نفسه دعم مؤسسة «شومان»، في المملكة الأردنية الهاشمية، للباحثين والطلاب من خلال الإنفاق المستمر على مكتبة شومان والخدمات المتنوعة فيها.

2. بعد المسؤولية الشاملة (Corporate Responsibilities)

ويشتمل على جميع المبادرات الاجتماعية، مثل تشغيل العاملين من الأقليات، والعمل على تحسين البيئة وتقليل التلوث وترشيد استخدام الطاقة والاستغلال العقلاني للموارد، وتأمين بيئة عمل صحية نظيفة، وإنتاج منتجات آمنة، وغيرها من الأمور التي تعكس مسؤولية عالية تجاه المجتمع.

3. بعد السياسة الشاملة (Corporate Policy)

ويشمل موقف المنظمة الذى تتبناه تجاه القضايا السياسية والاجتماعية المثارة بقوة في المجتمع. ومن المعلوم أن هذه القضايا تتجدد وتتغير باستمرار بسبب التطور الحاصل في المجتمع، وانعكاسات هذا التطور، خاصة التكنولوجي، على الجانب الاجتماعي والسياسي والثقافي. لذلك تبادر المنظمة إلى أن تتحمل طواعية بعضًا من متطلبات هذا الدور للمجتمع بصورة عامة، أو بعض فئاته بشكل خاص.

معايير المسؤولية الاجتماعية

خلاصة الأمر في إطار مناهج دراسة المسؤولية الاجتماعية تشير إلى ما يلي:

1. تبين هذه المناهج المختلفة مدى ثراء موضوع المسؤولية الاجتماعية، وأهميته للمجتمع والأفراد، فقد دُرِس بتوسع كبير من قبل الباحثين، وأعطت المنظمات رأيها فيه. وثمة ممارسات رائدة طُوِّرَت -ولا تزال- في المجتمعات الصناعية من قِبل الشركات، على اختلاف أنشطتها. فهذه شركة «Xerox» وشركة «IBM» تمنحان إجازة سنوية مدفوعة الأجر بالكامل، مع الامتيازات الأخرى كافة، للموظف المتطوع للعمل الخيري في المجتمع.

2. أعطت هذه المناهج بعدًا جديدًا في تقييم أداء منظمات الأعمال. فبعد أن كان الأمر منصبًا على الأداء بجانبه المادي، متمثلًا في الأرباح والتوسع والنمو وباقي المعايير ذات الطابع المالي، أضيف لها الأداء في الجانب الاجتماعي الذي مثل فرصة كبيرة أمام المنظمات لتحسين صورتها في المجتمع من خلال مبادراتها الإنسانية.

3. رغم تعدد وتنوع مناهج دراسة المسؤولية الاجتماعية، فإننا نجد أن هذه المناهج تتكامل في ما بينها، ولا يوجد تعارض في الآراء المطروحة، ولعل هذا التعدد يعود إلى زيادة اهتمام الباحثين بإثراء المفهوم، والتوسع في دراسته من وجهات نظر شديدة التنوع، تعتمد المنظور البيئي والثقافي والاجتماعي والسياسي، بل والديني.

4. ثمة ميل باتجاه أن يكون هذا المفهوم صيغة عملية واقعية تستطيع منظمات الأعمال تبنيها وممارستها بشكل فعَّال، بل وطرح هذه المبادرات بوضوح لمنظمات المجتمع المدني كافة، وجمعيات الاهتمام بالبيئة والتنمية السياسية، وغيرها. ومن ثم، نلاحظ أن المنهج الأخير قد طرح بكل وضوح ثلاث صيغ عملية لمنظمة الأعمال في إطار مسؤوليتها الاجتماعية: الأولى أن تتبني قضية أساسية واحدة مهمة للمجتمع تنفق عليها وتتابعها، مثل دعم دار للأيتام بشكل

مستمر؛ والثانية تتمثل في تحملها لمسؤولياتها في أوجه النشاط كافة التي تعكس حسها الاجتماعي، مثل الحرص على تقديم منتج آمن، وعدم تلويث البيئة، ومحاربة الفساد الإداري... إلخ؛ والثالثة تعكس موقفًا للمنظمة يناصر قضايا المجتمع المثارة بإلحاح، سواء أكانت اجتماعية أم سياسية.

الباب الثالث

تربية المسؤولية الاجتماعية

تعد المسؤولية الاجتماعية في جانب كبير من نشأتها نتاجًا اجتماعيًّا؛ أي أنها اكتساب وتعلم يحدث نتيجة الظروف والعوامل التربوية والاجتماعية التي يتعرض لها الفرد في مراحل نموه المختلفة، ومن هذه الظروف والعوامل والمؤثرات ما يساعد توفره على النمو السليم للمسؤولية الاجتماعية، ويؤدي غيابه أو النقص فيه إلى إعاقة هذا النمو وتعطيله.

وتشير نتائج دراسة أوليفر (Oliver, 1993, 30) إلى أن العمليات التي تؤدي إلى دعم المسؤولية الاجتماعية هي البيئة التي تتوافر فيها ظروف الرعاية والتنشئة، وتأكيد مشاركة الآخرين في عملية صنع القرار، والأفعال المقبولة اجتماعيًّا، والسلوك الأخلاقي للمربين وباقي البالغين والزملاء.

وتؤدي مؤسسات التربية والتنشئة الاجتماعية، المتمثلة في الأسرة والمدرسة وجماعة الرفاق والجماعة التربوية ودور العبادة ووسائل الإعلام، دورها في تربية المسؤولية الاجتماعية. وفي ما يلي توضيح لدور كلٍ منها في تنمية المسؤولية الاجتماعية.

أولًا: دور الأسرة في تنمية المسؤولية الاجتماعية

تُعَد الأسرة الجماعة الأولية؛ أي أنها الوسيلة الرئيسة للتنشئة الاجتماعية، فعن طريقها يكتسب الفرد قيمه الاجتماعية ومعايير السلوك، كما تُعَد أقوى الجماعات تأثيرًا في سلوك النشء، إذ إن لها وظيفة اجتماعية بالغة الأهمية، فهي المدرسة الاجتماعية الأولى له، وهي العامل الأول في صبغ سلوكه بصبغة اجتماعية.

ومن المعلوم أن الأسرة لا تعمل فقط على الاستقرار المادي للمجتمع، بإمداده بأعضاء جدد عن طريق التناسل لحفظ كيانه العضوي، بل تتولى أيضًا الاستقرار المعنوي لهذا المجتمع، وذلك بتأصيل معايير سلوكه واتجاهاته وعاداته عند أبنائه، وبهذا تحفظ كيانه الثقافي. فعن طريق الأسرة يكتسب النشء المعايير العامة التي تفرضها أنماط الثقافة السائدة في المجتمع، والمعايير الخاصة بالأسرة التي تفرضها عليه. وبذلك، تصبح الأسرة وسيطة المجتمع للحفاظ على معاييره، وعلى مستوى الأداء المناسب لتلك المعايير التي تعتمد في فاعليتها على دور الفرد داخل الأسرة، وما يؤديه من نشاط، وما يرتبط به من علاقات، وعلى نوع تفاعله الاجتماعي السوي مع بقيه أفراد الأسرة، بما في ذلك مدى إمكانية تحقيق مطالبه في مقابل تحقيق متطلبات الأسرة.

بالإضافة إلى ذلك، فإن الأسرة تؤدي وظائف مختلفة مهمة في تنشئة الطفل، أهمها:

1. الوظيفة البيولوجية

فالأسرة خير التنظيمات لإنتاج الأطفال ووقايتهم ورعايتهم في فترة الطفولة الطويلة التي تتصف بالعجز والاعتماد على الغير.

2. الوظيفة الاجتماعية

فالأسرة تسعى إلى تنمية الطفل نموًّا اجتماعيًّا، ويتحقق لها هذا بصفة مبدئية عن طريق التفاعل العائلي الذي يحدث داخل الأسرة، ويؤدي دورًا كبيرًا في تكوين شخصية الطفل، وتوجيه سلوكه الاجتماعي. فالأسرة هي التي تزود الطفل بالرصيد الأول من أساليب السلوك الاجتماعي، وبذلك تزوده بالضوء الذي يرشده في تصرفاته وسائر ظروف حياته.

3. الوظيفة النفسية

فالأسرة تسعى إلى تنمية الطفل نموًّا نفسيًّا سليمًا، وتعمل على الارتقاء بصحته النفسية، وإشباع حاجاته ودوافعه الأساسية، وتزوده بالحب والحنان، وتعمل على حمايته وإشعاره بالأمن والأمان، وإبعاده عن المواقف التي قد تعرضه للأذى أو الخوف أو القلق، بما يساعده على التكيف مع بيئته ومجتمعه على النحو المطلوب.

4. الوظيفة الثقافية

فالأسرة تتكفل بعملية التنشئة الاجتماعية لإدماج الطفل في الإطار الثقافي العام لمجتمعه، وذلك عن طريق إدخال التراث الثقافي في تكوينه. فعن طريق الأسرة يكتسب الطفل لغته وعاداته وعقيدته، ويتعرف على طرق التفكير السائدة والأفكار والمعتقدات وأساليب السلوك والقيم الاجتماعية في مجتمعه، وتصبح من مكونات شخصيته التي تؤثر على حياته وتوافقه مستقبلًا.

من هنا، تجد الكاتبة أن البيئة المتعاونة تساعد النشء على الإيجابية، والتغلب على الصعاب، فكلما وجد الطفل الدعم والتقبل والحدود الواضحة، واحترام الأفعال الفردية التي تنشأ داخل هذه الحدود بصفتها قاعدة آمنة، أمكنه توسيع أهدافه، وعند ذلك يصبح لديه القدرة على تحمل المسؤولية الاجتماعية. أما عندما يشعر بالنبذ والإهمال من جانب الآباء، فإن العلاقة تصبح سالبة، ويصبح من الصعب عليه تعلم المسؤولية والثقة. فما يتعلمه الفرد من الآباء في الأسرة يبقى معه طوال حياته، وعن طريقهم يكتسب معتقداته الاجتماعية ومعايير سلوكه، ويكتسب ضميره الخلقي الذي هو معيار المسؤولية الاجتماعية للفرد.

وبالتالي، فإن الحرمان من الأسرة، ومن حنان الأم والأب، له نتائج وآثار عكسية تشمل الفرد في مختلف جوانب شخصيته. فالطفل الذي يعيش بعيدًا عن أسرته يفقد كل المميزات التي يكتسبها من خلال الأسرة، والجو الأسري الطبيعي، ويحرم من عائد نفسي كان من المفترض أن يعود عليه من خلال وجود الأسرة، وتأديتها لوظائفها الأساسية التي سبق الحديث عنها. غير أن هذه الوظائف لا يمكن أن تتحقق إلا من خلال التفاعل الأسري بين مختلف أعضائها، فالأسرة ليست أفرادًا فقط، بل هي تفاعل ديناميكي بين عناصرها. وقد أوضحت نتائج دراسة أحمد (1987) التأثير السلبي للحرمان من الوالدين على النمو الجسمي والعقلي والانفعالي والاجتماعي. كما أشارت نتائج مكاري (1989) إلى وجود تأخر في السلوك الاجتماعي والانفعالي للأطفال المحرومين من الأسرة في مرحلة الطفولة.

ثانيًا: دور المدرسة في الارتقاء بالمسؤولية الاجتماعية

تأخذ نظم التعليم الحديثة الآن بمفهوم تنمية المسؤولية الاجتماعية، وهو مفهوم يعزز حرص الفرد على التفاعل والمشاركة في ما يدور أو يجري في محيطه أو مجتمعه من ظروف وأحداث وتغيرات، مركزة في بناء الشخصية الطلابية على ضرورة أن يكون الطالب ملمًا إلمامًا كاملًا بمحاور المسؤولية الاجتماعية بصورة تطبيقية، وليست نظرية فقط. والدليل على مصداقية ذلك ما تفعله النظم التعليمية العالمية من احتساب ساعات التطوع ضمن مفهوم المسؤولية الاجتماعية، بصفتها ساعات معززة لأدائه الدراسي، سواء في المدرسة أو الجامعة.

لكن الحال لدينا (عربيًا) عكس ذلك، فما نلاحظه أن ثمة تراجعًا للدور الاجتماعي في المنظومة التعليمية، ما ترتب عليه غياب الإحساس بالمسؤولية الاجتماعية لدى الطالب. وقد ظهر ذلك في مظاهر سلوكية سلبية، مثل عدم الحفاظ على المال العام، بدءًا من حافلة المدرسة، مرورًا بالطاولة المدرسية والكتب والبنية التحتية في مدرسته، انتهاء بالشارع والبيت والممتلكات العامة في المجتمع. ويعزو بعضهم أسباب هذا التراجع إلى وجود معوقات تعيق المدرسة عن أداء دورها في تنمية الإحساس بالمسؤولية الاجتماعية، مثل كثرة الأعباء الملقاة على عاتق المعلم، وكثرة المقررات الدراسية التي تتسبب في إرهاق الطالب والمعلم، وازدحام اليوم الدراسي بالحصص النظرية.

فالمدرسة في الأحوال الطبيعية هي المؤسسة الاجتماعية الرسمية الأولى التي تنهض بوظيفة التربية، ونقل الثقافة المتطورة، وتوفير الظروف المناسبة للنمو جسميًا وعقليًا واجتماعيًا وانفعاليًا، وهي المؤسسة التي بناها المجتمع من أجل تحقيق أهدافه. ورغم أن الطفل عندما يبدأ تعليمه في المدرسة يكون قد قطع شوطًا لا بأس به في التنشئة الاجتماعية في الأسرة، وبالتالي يدخل المدرسة وهو مزود بكثير من المعايير الاجتماعية والقيم والاتجاهات، فإن المدرسة تؤدي دورًا رئيسًا في توسيع الدائرة الاجتماعية للطفل، حيث يلتقي بمجموعة من الرفاق، ويتعلم كثيرًا من المعايير الاجتماعية، كأن يتعلم الحقوق والواجبات، وضبط الانفعالات، والتوفيق بين الحاجات الخاصة به وحاجات الآخرين، وكذلك يتعلم التعاون والانضباط السلوكي، ويتأثر بالمنهج الدراسي بمعناه الواسع (علمًا وثقافة)، فتنمو شخصيته من جوانبها كافة.

لذلك، وإذا كنا حريصين على بناء صحي للمجتمع، فعلينا ابتعاث الدور الاجتماعي للمدرسة، ومساعدتها على استعادة دورها الاجتماعي التربوي، وهذا يحتاج إلى خطة ممن يرسمون السياسات العليا، ويوجهون دفة عمل المؤسسات (بما فيها التعليمية)، بحيث لا يكون المنهج الدراسي العلمي فقط هو الشغل الشاغل، وفسح المجال أمام المؤسسات التربوية لبذل مزيد من الاهتمام بالأنشطة المدرسية الجماعية التي تنمي المسؤولية الاجتماعية.

ويجب على القائمين على رسم السياسات والخطط التعليمية إعداد دليل للنشاط المدرسي، يكون التركيز فيه على الجوانب التي تنمي المسؤولية، مع تقليل عدد الطلاب في كل فصل، ليتمكن المعلم من الاهتمام بهم، وترسيخ القيم الاجتماعية البناءة لديهم، وكذلك دعم الأنشطة المدرسية، كالمحاضرات والندوات والمسابقات والإذاعة المدرسية، التي تساعد على تنمية المسؤولية الاجتماعية، وتبني برنامج إرشادي لتنمية المسؤولية الاجتماعية لدى طلبة المدارس منذ رياض الأطفال حتى المرحلة الجامعية، يستهدف ترسيخ اعتزاز الطالب بهويته الوطنية والعربية، وجذوره وتراثه وتاريخه وتقاليده الأصيلة، والاهتمام بالمناسبات الإسلامية والوطنية والعالمية المرتبطة بمنظومة القيم والحقوق لخدمة قضايا التربية والمواطنة، وتوجيه النشاط المدرسي بحيث يؤدي إلى تعليم الأساليب السلوكية الاجتماعية المرغوب فيها، وتعلم المعايير التربوية والأدوار الاجتماعية.

ثالثًا: دور جماعة الرفاق في تنمية المسؤولية الاجتماعية

تؤدي جماعة الرفاق أو الأقران دورًا مهمًّا في النمو الاجتماعي للطفل، وذلك لتأثيراتها الواضحة على سلوكه وعاداته واتجاهاته وقيمه. وتحقق العلاقات مع جماعة الرفاق كثيرًا من الأهداف، من بينها تعليم الطفل كيفية اللعب وفقًا لقواعد المباريات الاجتماعية، وتساعد في تزويد الطفل بالمعلومات والحقائق (الكندري، 1992، 414).

وقد أوضحت دراسة كل من جريجوري (Gregory, 1989) وكروجر (Kruger, 1988) وريشلر وجوسفلد (Richler & Josvold, 1980) وجود علاقة إيجابية بين تفاعل جماعات الأقران وتنمية مستوى النمو الخلقي للطفل، مما يوضح الدور الذي تؤديه جماعات الأقران في تنمية سلوك المسؤولية الاجتماعية.

كذلك فإن جماعة الرفاق تعمل على تكوين معايير اجتماعية عند الطفل، وتنمية الحساسية والنقد نحو بعض المعايير الاجتماعية للسلوك، وتشجع قدرته على القيادة عن طريق أداء أدوار اجتماعية معينة، وتتيح له الفرصة للتجريب والتدريب على الجديد والمستحدث من معايير السلوك، كما تتيح له الفرصة لتحمل المسؤولية الاجتماعية، وتعديل السلوك المنحرف مع الجماعة.

رابعًا: دور الجماعة التربوية في تنمية المسؤولية الاجتماعية

لما كان معظم النشاط التربوي يحدث في جماعات، فإن الجماعة التي يؤدي فيها التلميذ نشاطًا تربويًّا ذات تأثير كبير في تنمية المسؤولية الاجتماعية عنده. ويحدث تأثير الجماعة التربوية عن طريق الموقف التربوي الذي يعكس خصائص الجماعة التربوية، فالتأثير التربوي يحدث نتيجة التعرض المتفاعل النشط لموقف اجتماعي تربوي، إذ يؤثر هذا التفاعل التربوي الذي يشارك فيه الفرد داخل الجماعة التربوية تأثيرًا كبيرًا في تنمية المسؤولية الاجتماعية لديه.

أهم الخصائص التي تزيد من فاعلية الجماعة التربوية في تنمية المسؤولية الاجتماعية

1. إيجابية الفرد ومشاركته في وضع آيديولوجية الجماعة ومعتقداتها وأهدافها وخططها.
2. إشباع الفرد لحاجاته من خلال الجماعة.
3. مشاركة الفرد في نشاط الجماعة.
4. حق الفرد في تقويم آيديولوجية الجماعة، والتوجيه والنقد لجوانب النشاط الاجتماعي في الجماعة كافة.
5. وجود قنوات اتصال مفتوح بين أعضاء الجماعة وقائدهم.
6. تحقيق العدل في توزيع الأعباء والتبعات، والمساواة في المحاسبة والمساءلة.

لذلك ترى الباحثة أن الجماعة التربوية التي تتميز بهذه الخصائص هي الجماعة التي تؤدي إلى نمو المسؤولية الاجتماعية لدى أعضائها، أيًا كان حجمها أو شكلها. وهذه العوامل

التربوية لا تعمل منفصلة عن تلك العوامل المتصلة بالمجتمع الأكبر الذي تعمل المدرسة والجماعات التربوية المختلفة داخله، متأثرة ومنفعلة به.

خامسًا: دور وسائل الإعلام في تنمية المسؤولية الاجتماعية

تُعَد وسائل الإعلام، كالإذاعة والتلفزيون والكتب والصحافة ووسائل الاتصال التكنولوجية، من أخطر المؤسسات الاجتماعية وأهمها في التنشئة الاجتماعية للطفل، بما تتضمنه من معلومات مسموعة أو مرئية أو مقروءة يُقصَد من إرسالها وإذاعتها إحاطة الناس علمًا بموضوعات معينة، أو إغراؤهم واستمالتهم ليسلكوا المسلك الذي يتفق مع رغبة موجه الرسالة، كأن يصوتوا في اتجاه معين أو يشتروا صنفًا من السلع دون صنف آخر (همشري، 2003، 355).

وبناء عليه، ترى الباحثة أن وسائل الإعلام يمكن عدها وسيلة ووسيطًا لتأصيل وتنمية السلوك المسؤول، من خلال عرض بعض البرامج الإرشادية والتوعوية التي توضح السلوكيات المقبولة وغير المقبولة اجتماعيًّا، والبرامج التي تعرض الشخصيات والمواقف الاجتماعية المختلفة التي تلقى تأييدًا اجتماعيًّا حتى تصبح قدوة لهم. وفي المقابل، تعرض نماذج لشخصيات سلبية ومواقف اجتماعية يرفضها المجتمع. إضافة للبرامج التي تدعو الفرد إلى التحلي بالصفات الأخلاقية، وتوثق علاقته بأسرته ووطنه، والتي تدعو إلى المشاركة الفعلية، ما ينمي مسؤولياتهم الاجتماعية، كالمشاركة في حملات الالتزام بقوانين المرور، والمحافظة على البيئة، ونحوها، مما يحقق لهم الشعور بالانتماء إلى الجماعة، وينمي مسؤوليتهم تجاه الآخرين.

سادسًا: دور المؤسسات الدينية في تنمية المسؤولية الاجتماعية

تؤدي دور العبادة وظيفة حيوية في حياة الأفراد والجماعات، بتأكيدها للقيم الخُلقية والروحية، ودعوتها إلى الاتصال بالله والخضوع لسنته وشرعه، ولا يخفى ما لهذا من أهمية في نمو الأفراد، بصفته ضرورة من ضرورات الحياة، إذ تنهض دور العبادة بدور كبير في عملية التنشئة الاجتماعية لما تتميز به من خصائص فريدة، أهمها إحاطتها بهالة من التقديس، وثبات وإيجابية المعايير السلوكية التي تعلمها للأفراد، والإجماع على تقديسها ودعمها.

أهم أدوار المؤسسات الدينية في التنشئة الاجتماعية للفرد

1. تعليم الفرد والجماعة التعاليم الدينية والمعايير السماوية التي تحكم السلوك، بما يضمن سعادة الفرد والمجتمع.
2. إمداد الفرد بإطار سلوكي مرتضى نابع من تعاليم دينه.
3. تنمية الضمير عند الفرد.
4. الدعوة إلى ترجمة التعاليم السماوية إلى سلوك عملي.
5. توحيد السلوك الاجتماعي والتقريب بين مختلف الطبقات الاجتماعية.

سابعًا: دور الأندية والجمعيات في تنمية المسؤولية الاجتماعية

تؤدي الأندية والجمعيات الخيرية دورًا مهمًّا في عملية التنشئة الاجتماعية للطفولة لما تتميز به من خصائص تمكنها من أن تكون قريبة من الأفراد والتعامل معهم. ويتلخص أثر الأندية والجمعيات الخيرية في عملية التنشئة الاجتماعية للطفل في ما يلي:

1. تشجيع الطفل على الاحتكاك بالآخرين.
2. إمداد الطفل بإطار اجتماعي معياري معين.
3. تنمية العلاقات الاجتماعية بين الأفراد.
4. تنمية الاتجاهات الإيجابية، مثل التعاون والتضحية والإخلاص في العمل.
5. توحيد السلوك الاجتماعي وتقريبه بين مختلف الطبقات الاجتماعية.
6. ممارسة الهوايات والنشاطات الرياضية المختلفة.

ومن ذلك، نخلص إلى أن وسائط تنمية المسؤولية الاجتماعية «متعددة»، بدءًا من الأسرة بصفتها العامل الأول أو اللبنة الأساسية في صبغ سلوك الفرد بصبغة اجتماعية، واكتساب سلوكه للمعايير الأسرية والاجتماعية، مرورًا بالمدرسة بصفتها المسؤولة عن استمرار ثقافة الفرد وتربيته لما فيها من أساليب تيسير هذه التنمية، ثم جماعة الرفاق بصفتها الجماعة التي

تؤدي دورًا مؤثرًا في عملية التنشئة الاجتماعية والتطبيع الاجتماعي، ثم الجماعة التربوية بصفتها وسطًا مناسبًا لتنمية المسؤولية الاجتماعية، ثم وسائل الإعلام ودورها في التنشئة الاجتماعية، وانتهاء بدور العبادة والأندية والجمعيات التي تؤدي دورًا مؤثرًا في تنمية المسؤولية الاجتماعية، من حيث التوجيه والإرشاد.

ولا شك أن تنمية المسؤولية الاجتماعية لا تقتصر على المؤسسات السابق ذكرها (وإن كانت هي الأهم)، إذ إن ثمة مؤسسات ومنظمات وهيئات أخرى تؤدي دورها في تنمية المسؤولية الاجتماعية، كلٌ حسب الهدف المحدد له.

الفصل الثاني:

نشأة وتطور المسؤولية الاجتماعية

التطور التاريخي للمسؤولية الاجتماعية

يرى مؤرخو الاقتصاد والإدارة أن مفهوم المسؤولية لم يكن معروفًا بوضوح، حيث حصرها الفكر التنموي الكلاسيكي في تعظيم الأرباح، وتبلور المعيار الأساسي للمنظمة في كفاءتها الاقتصادية. ولكن مع النقد المستمر لمقومات النظرية الاقتصادية الكلاسيكية، ظهرت بوادر أكثر شمولية واستدامة تجاه جميع أطراف المجتمع، لتصبح الإدارة مسؤولة اقتصاديًّا واجتماعيًّا وبيئيًّا. وفي حقيقة الأمر، فإن مبدأي التعاون والتعايش جُبِلَت عليهما البشرية. ومن ثم، نستطيع القول إن البدايات الأولى للمسؤولية الاجتماعية تشكلت مع نشأة المجتمعات وتطور الحضارات. ولأكثر من 14 قرنًا، عزَّزت مكانتها الديانات السماوية، فهي أصل من أصول الدين يقوم على التعاون والتكافل، شاملًا الجانب الروحي والأخلاقي، فضلًا عن الجانب المادي؛ قال (تعالى): ﴿وَتَعَاوَنُواْ عَلَى ٱلْبِرِّ وَٱلتَّقْوَىٰ﴾ (المائدة: 2)، ﴿وَٱلْمُؤْمِنُونَ وَٱلْمُؤْمِنَٰتُ بَعْضُهُمْ أَوْلِيَآءُ بَعْضٍ﴾ (التوبة: 71)، ﴿إِنَّمَا ٱلْمُؤْمِنُونَ إِخْوَةٌ﴾ (الحجرات: 10). وورد في الحديث الشريف: «مَثَلُ المُؤْمِنِيْنَ فِي تَوادِّهِمْ وَتَراحُمِهِمْ وَتَعَاطُفِهِمْ مَثَلُ الجَسَدِ إِذَا اشتكَى مِنْهُ عُضْوٌ تَدَاعَى لَهُ سَائِرُ الجَسَدِ بِالسَّهَرِ وَالحُمَّى» (رواه الشيخان).

نظرية المسؤولية الاجتماعية

ظهرت في الولايات المتحدة الأمريكية في تقرير نشر عام 1947 بواسطة لجنة هوتشينز. وقد استهدفت وضع ضوابط أخلاقية للصحافة، والتوفيق بين حرية الصحافة والمسؤولية الاجتماعية في المجتمعات الليبرالية. فالالتزام تجاه المجتمع يكون من خلال وضع مستويات مهنية للصدق والموضوعية والتوازن، وتجنب أي شيء يؤدي إلى الجريمة أو العنف أو الفوضى. وبعد أن تعرضت نظرية الحرية لكثير من الملاحظات، كان لا بد من ظهور نظرية جديدة في الساحة الإعلامية، فظهرت إثر الحرب العالمية الثانية نظرية المسؤولية الاجتماعية في الولايات المتحدة الأمريكية. وتقوم هذه النظرية على ممارسة العملية الإعلامية بحرية قائمة على المسؤولية الاجتماعية، في ظل القواعد والقوانين التي تجعل الرأي العام رقيبًا

على آداب المهنة. وذلك بعد أن استُخدمَت وسائل الإعلام في الإثارة والخوض في أخبار الجنس والجريمة، مما أدى إلى الإساءة لمفهوم الحرية.

ويرى أصحاب هذه النظرية أن الحرية حق وواجب ومسؤولية في الوقت نفسه. ومن ثم، يجب أن تقبل وسائل الإعلام بالتزامات معينة تجاه المجتمع، ويمكنها الوفاء بهذه الالتزامات من خلال وضع مستويات أو معايير مهنية للإعلام، مثل الصدق والموضوعية والتوازن والدقة؛ ومن الملاحظ أن هذه المعايير تفتقد إليها نظرية الحرية. ويجب على وسائل الإعلام، في إطار قبولها بهذه الالتزامات، أن تتولى تنظيم أمورها ذاتيًا، في إطار القانون والمؤسسات القائمة. ويجب أن تكون وسائل الإعلام تعددية، تعكس تنوع الآراء والأفكار في المجتمع، عبر إتاحة الفرصة للجميع من خلال النشر والعرض. كما أن للجمهور العام الحق في أن يتوقع من وسائل الإعلام مستويات أداء عليا، والتدخل في شؤون وسائل الإعلام يمكن أن يكون مبرره تحقيق هذه المصلحة العامة. أضف إلى ذلك أن الإعلاميين في وسائل الاتصال يجب أن يكونوا مسؤولين أمام المجتمع، إلى جانب مسؤولياتهم أمام مؤسساتهم الإعلامية.

أهداف نظرية المسؤولية الاجتماعية

- رفع مستوى التصادم إلى مستوى النقاش الموضوعي البعيد عن الانفعال.
- الموازنة بين الإعلام والترفيه والحصول على الربح.
- حظر نشر أو عرض ما يساعد على الجريمة أو العنف أو ما له تأثير سلبي على الأقليات في أي مجتمع.
- حظر التدخل في حياة الأفراد الخاصة، ومنح القطاع العام والخاص فرصة تملك وسائل الإعلام، مع تشجيع القطاع الخاص تحديدًا على امتلاك هذه الوسائل.

مواقف نظرية في ما يتعلق بنشأة مفهوم المسؤولية الاجتماعية

في هذا الإطار، نستطيع أن نرصد ثلاثة مواقف نظرية في ما يتعلق بنشأة مفهوم المسؤولية الاجتماعية، ومصادر تحديد هذه المسؤولية:

1. المسؤولية الاجتماعية للفرد في تأسيس المجتمع

يشكل الفكر النفعي المصدر الأول في تحديد مفهوم المسؤولية التي يرى أنها تنطلق من المسؤولية الفردية بالأساس، ثم تتسع أو ترتقي لتصبح مسؤولية اجتماعية. ويعبر عن هذا الموقف الفيلسوف الإنجليزي توماس هوبز الذى رأى أن للمسؤولية الاجتماعية الفردية جذورها في الطبيعة الإنسانية بالأساس، حيث نجده يؤكد العلاقة بين الغريزة والعقل في التكوين الإنساني، وأنه إذا كان من الطبيعي أن يسعى الإنسان لإشباع حاجاته تعبيرًا عن حب البقاء، فإنه يتجه إلى تأسيس حالة الاجتماع لتحقيق إشباع أكثر أمنًا واستقرارًا لحاجاته الأساسية المهددة بعدم الإشباع في ظل الفوضى البنائية القائمة أو المحتملة.

ويعني ذلك احتواء الطبيعة البشرية على عنصرين متناقضين:

العنصر الأول (الرغبة). وهو يدفع الفرد إلى الحصول على ما يشعر بأنه في حاجة إليه، دون أن يعبأ برغبات الآخرين واحتياجاتهم، وهو ما يدعو إلى الصراع والتصادم بين مصالح البشر.

العنصر الثاني (العقل). وهو يهذِّب الطبيعة البشرية، ويرشد الإنسان إلى حل مشكلاته مع الآخرين دون حاجة إلى التطاحن.

ويترتب على ذلك -كما يذهب توماس هوبز- أنه حتى إن اتسم سلوك الإنسان بالأنانية التي تهدف إلى منفعة الإنسان الفرد، فإن هذه المنفعة تتسع لتتحول إلى نوع من المنفعة الاجتماعية؛ ويعني ذلك أن إشباع عواطفنا يتحقق عن طريق إشباع حاجات وعواطف الآخرين. وهو ما يعني أن توماس هوبز يرى أن المسؤولية الفردية التي تسعى إلى تأكيد إشباع الحاجات الفردية استنادًا إلى منطق المنفعة هي المدخل الحقيقي للمسؤولية الاجتماعية التي تعني أن إشباع الحاجات الفردية لن يتحقق إلا من خلال إشباع الحاجات الاجتماعية.

ويتسق الموقف النفعي مع البدايات التي وضعها توماس هوبز في ما يتعلق بالمسؤولية الاجتماعية، حيث يرى رواد المذهب النفعي أن البشر يسعون بالضرورة لتحقيق مصالحهم، وأن المصلحة هي غاية السلوك عادة، والإنسان مسؤول عن تحقيقها، أو توفير الشروط الضرورية لتحقيقها، وأن الإطار المرجعي للحكم على المصلحة أو تقييم المسؤولية يتمثل

في ذاتية الإنسان. وهي الحالة التي تطرح قضية عشوائية الغايات، وتبعثر المسؤوليات الفردية إلى حد التصادم، حيث يسعى كل فرد إلى تحقيق مصالحه، الأمر الذى يطرح مشكلة النظام الاجتماعي من جديد.

غير أن الفكر النفعي يتطور من تأكيد سعي الإنسان لتحقيق المصلحة الفردية، ومن ثم المسؤولية الفردية عن تحقيق هذه المصلحة، إلى سعيه لتحقيق المنفعة أو المصلحة العامة، عن طريق استيعاب البعد الاجتماعي في السلوك الإنساني الذى يعبر عن مسؤوليته، حيث أشار إلى ذلك جيمس مل عندما بيَّن أن جوهر هذا المبدأ تأكيد أن المعيار الوحيد للصواب والخطأ هو تحقيق السعادة القصوى لأكبر عدد من البشر.

وارتباطًا بذلك، نجد أن كمبرلند يذهب إلى أن خير الجميع يُعَد غاية عليا لسلوك الإنسان، ومعيارًا أقصى لتقييم وتعيين مسؤوليته الاجتماعية. ومن ثم، فقد أصبح الخير العام هو قانون الأخلاق الأسمى الذي تتحقق فيه سعادة البشر والجماعة معًا. وقد سار في هذا الاتجاه شافتسبرى، فربط خير الفرد بخير المجموع، وقال إن الخيرية لا تكون إلا بنزوع الإنسان من تلقاء نفسه، من غير ضغط خارجي، إلى ترقية خير المجتمع الإنساني وسعادته. كما طور هاتشيسون هذه الأفكار حينما جعل غاية السلوك تحقيق أكبر قدر من السعادة لأكبر عدد من الناس.

وذلك يعني أن الموقف النفعي جعل الحاجات الأساسية للفرد هي الطاقة الدافعة لتأسيس المسؤولية الفردية عن السلوكيات أو الأفعال التي تستهدف إشباع الحاجات الأساسية للإنسان الفرد. غير أنه بسبب البعد الاجتماعي في بناء شخصية الفرد، وهو البعد الذى رمز له بالعقل الذى يُعَد نافذة لاستيعاب كل الموروثات الاجتماعية، فإن المسؤولية الفردية لن تتحقق إلا من خلال تأسيس المجتمع المستقر القادر على إشباع الحاجات الأساسية لمواطنيه.

2. المجتمع يتولى تعيين المسؤولية الاجتماعية

ويتبنى هذا الموقف توجهًا مناقضًا لتوجه الموقف السابق، حيث يؤكد أن تعيين المسؤولية، وتحديد طبيعتها، يأتي من خارج الإنسان بالأساس. وإذا كان الإنسان هو الكائن العاقل، فإن تعيين المسؤولية يرتبط بدرجة عالية من العقلانية. وإذا كانت الفلسفة

المثالية عند هيجل تؤكد أن الكون رشيد بطبيعته، وأن تطوره يعتمد على نشر العقلانية في الواقع حتى يتطابق مع مقتضيات العقل الكوني، فإن ذلك يعني أن عقلانية الإنسان تتأكد إذا تطابقت مع العقل الشامل أو عبرت عنه، وأن الرجال العظماء في التاريخ هم الذين تكيفت عقولهم مع متطلبات هذا العقل الكوني أو الفكرة المطلقة. وفي هذا الإطار، تستند مسؤولية الإنسان إلى مستوى عقلانيته. وإذا كانت العقلانية تأتيه من خارجه، فإن ذلك يعني أن مسؤوليته تُعيَّن له، أو بالأصح تُفرَض عليه. ولذلك، يرفض هذا الموقف تحديد المسؤولية الاجتماعية بصفتها أمرًا تتشكل دافعيته من داخل الإنسان، أو أنها عقلانية ومسؤولية محتمة بيولوجيًّا، أو محتمة بعوامل ليست اجتماعية مفروضة.

وفي هذا الإطار، نجد أن السلوك أو الدور يُنجَز في ظل شروط موقفية لا سيطرة للإنسان عليها. ومن ثم، يصبح من أهم لزوميات السلوك العقلاني أو المسؤول أن يتوفر لدى الفاعل فهم كامل للشروط الموقفية المتصلة بمسؤوليته الاجتماعية وسلوكه. وإذا كان هذا الموقف يؤكد أهمية أن يتوفر لدى الإنسان الفهم الكامل لطبيعة وحدود المسؤولية التي عُيِّنَت له، فإن ذلك يعني أيضًا أنه من الضروري أن يعمل وفقًا لمتطلباتها.

وإذا كان الاتجاه السابق قد ربط العقلانية بمرجعيتها البيولوجية، وجعل المسؤولية فردية مرتبطة بعقلانية الفرد، وهى المسؤولية التي قد ترتقي لتصبح ذات طبيعة اجتماعية، فإن الموقف الأخير يعد أن المجتمع هو المرجعية الأساسية لتعيين المسؤولية الاجتماعية، وذلك بصفته مَن يحدد القواعد الحاكمة أو المحددة للمسؤولية من خارج الفرد. فالمسؤولية مُعيَّنة للفرد، وغاياتها ووسائلها مُعيَّنة كذلك، إضافة إلى حزمة الحقوق والواجبات المرتبطة بها، وهو الأمر الذي يشكل جوهر الخلاف بين المسؤولية الفردية والمسؤولية الاجتماعية.

وارتباطًا بذلك، فإن نسق الثقافة والقيم في المجتمع هو الذى يتضمن تحديد طبيعة المسؤولية الاجتماعية التي ينبغي أن ينهض بها الفرد، استنادًا إلى موقعه في بناء المجتمع؛ أي استنادًا إلى المكانة التي يشغلها والأدوار التي يؤديها، حيث نجد أن نسق الثقافة والقيم في المجتمع يحدد المسؤولية الاجتماعية للأفراد بصورة مزدوجة، فهو من ناحية يحدد الأهداف أو المهام أو الوظائف التي تسعى المسؤولية لإنجازها في المجتمع، وهى وظائف أو غايات ذات طبيعة اجتماعية بالأساس. ومن ناحية أخرى، يحدد مجموعة القواعد التي

تضبط وفاء الأفراد بمسؤولياتهم الاجتماعية، ثم يقرر الجزاء الاجتماعي المرتبط بطبيعة ومستوى وفاء الفاعل بالمسؤولية المعينة له.

ويذهب هذا الموقف إلى تأكيد مسألتين:

الأولى: إذا كان نسق الثقافة، ومنظومات القيم المتضمنة في هذا النسق، متماسكًا؛ بمعنى أنه قادر على ضبط تفاعلات الواقع الاجتماعي، فإن تعيين المسؤولية وتحديد حدودها، والجزاءات المرتبطة بها، يصبح أكثر وضوحًا. أما إذا ضعفت منظومات القيم، وسيطرت على المجتمع حالة الأنومي، فإن ذلك ينعكس في صورة عدم التحديد الواضح لمسؤوليات الأفراد، أو عدم وفائهم بالتزاماتهم الاجتماعية.

الثانية: إذا كان نسق الثقافة والقيم هشًّا، فإنه قد لا يعاقب على عدم وفاء بعض الأفراد بمسؤولياتهم الاجتماعية، وبذلك يتهدد وجود المجتمع، وتتآكل فاعليته، لأن عدم وفاء الأفراد بمسؤولياتهم الاجتماعية المعينة لهم من قبل الجماعة دونما عقاب أو جزاء من الممكن أن يؤدي إلى تآكل بنية الجماعة ذاتها. كذلك، فإنه رغم أن هذا الاتجاه يرى أن المجتمع هو مصدر المسؤولية الاجتماعية للفرد، فإنه لا يحرم الإنسان من المشاركة في بناء نسيج مسؤوليته، وإلا تحول فعله وسلوكه في نطاق هذه المسؤولية ليصبح ذا طبيعة ميكانيكية لا عقلانية، فتفقد المسؤولية طابعها الإنساني.

وبناء عليه، فإن المسؤولية الاجتماعية للفرد تسترد عقلانيتها إذا أدرك مدى ارتباط مسؤوليته بمسؤوليات الآخرين في المجتمع، ثم كيف تتآزر هذه المسؤوليات الفردية (مسؤوليته مع مسؤوليات الآخرين) لتساهم في تحقيق وظائف نسقية مرتبطة ببناء المجتمع ككل، وضمان استمرار المجتمع مستقرًا متمتعًا بحيويته في الوقت ذاته.

وفي هذا الإطار، فإننا نجد أن هذا الموقف يذهب إلى أنه إذا كانت المسؤولية مُعيَّنة للإنسان من خارجه، فإن عليه أن ينجز التزاماتها، ويؤدي مسؤولياته المختلفة، استنادًا إلى التحديد الثقافي والمعياري لذلك، حيث نجد أن الفرد، من خلال عملية التنشئة الاجتماعية، يستوعب المعايير المختلفة التي تُولِّد لديه استعدادات مُعيَّنة للاضطلاع بمسؤوليات محددة، إضافة إلى تعيين هذه المسؤولية، وفرضها عليه من الخارج. ومن ثم، فهو مرتبط من داخله

ومن خارجه بالمسؤولية المعينة له، إذ نجد أنه في حالة عدم وفائه بالتزامات مسؤوليته، فإن ذلك يفرض عليه معاناة وخز ضميره الداخلي، ويعرضه لمواجهة عقوبات من الخارج، وهو ما قد يعرضه لتوتر ومشقة على ساحة شخصيته.

3. تحديد التنظير الحقوقي لطبيعة المسؤولية الاجتماعية

مع بداية العقد الأخير من الألفية الثانية، برز التنظير الحقوقي بصفته مدخلًا لفتح أبواب المشاركة أمام الجماهير، وتدريبهم على تحمل مسؤولياتهم. وقد ارتبط بروز المدخل الحقوقي مع صعود نجم تنظير المجتمع المدني، خاصة المنظمات غير الحكومية، ودورها في التنمية من أسفل (أي من الجماهير)، وتراجع دور الدولة القومية بصفتها فاعلًا تنمويًا فشلت غالبية تجارب التنمية التي قادها.

وذلك يعني أن ظهور هذا المدخل ارتبط بعدم فاعلية أشكال التنمية المفروضة من أعلى كافة التي تجعل بنية المسؤولية الاجتماعية غير متوازنة، حيث تنفصل الحقوق عن الواجبات، رغم أنهما ضلعا المسؤولية الاجتماعية، وتفرض الدولة على المواطنين واجبات كثيرة، بموازاة اعتراف ضعيف بالحقوق التي ينبغي أن يحصل عليها المواطنون العاجزون في مواجهة الدولة العاتية في قوتها. ولهذا السبب، ولضعف الدولة وفشل تجاربها التنموية كما أشرنا، حدث انقلاب في الفكر التنموي، حيث برز تنظير ينادي بضرورة أن تبدأ التنمية من أسفل.

وفي هذا الإطار، عملت بعض تنظيمات المجتمع المدني باتجاه تطوير وعي البشر بأهمية قيادتهم للتنمية لتحسين أوضاعهم، وهو ما عرف بالتنمية المستدامة. ولكي يشاركوا في تطوير أوضاعهم، فإنه من الضروري أن يكونوا على وعي كامل بحقوقهم والتزاماتهم. وقد ساعد على تبلور وترسيخ هذا النمط من التنظير خفوت دور الدولة، وتراجع بطشها تحت وطأة رقابة مؤسسات النظام العالمي، بحيث أتاح ذلك الساحة أمام المواطنين لأخذ زمام المبادرة لتطوير أوضاعهم، وفرض الرقابة على أجهزة الدولة، وتوجيهها لخدمة مصالحهم، بتأهيل وتوجيه من تنظيمات المجتمع المدني.

غير أن ذلك لم يحدث بصورة عشوائية، ولكنه (أي تأكيد المدخل الحقوقي) تبنى الطابع المؤسسي من طرفين متقابلين، حيث نجد على أحد الطرفين تنظيمات المجتمع المدني،

خاصة المنظمات غير الحكومية التي تعبر عن روحه وجوهره، تتولى تدريب الجماهير على تحمل مسؤولياتها الاجتماعية. فحتى يمكن أن يتحمل مسؤولياته الاجتماعية، فإنه من الضروري أن يمتلك المواطن الوعي بحقوقه وواجباته؛ وهو الطرف المقابل في التفاعل لمسؤوليته الاجتماعية. ومن ثم، فإلى جانب أن تنظيمات المجتمع المدني عملت باتجاه تمكين الفئات الاجتماعية المهمشة اقتصاديًا وسياسيًا، فإنها عملت كذلك على تطوير وعيها الاجتماعي والسياسي والقانوني، بما يؤسس لديها مسؤولياتها الاجتماعية باتجاه المشاركة الفعَّالة على الأصعدة كافة.

وتوجد محطات تاريخية شكَّلت علامات فارقة في تاريخ تطور المدخل الحقوقي؛ بدأت مع منتصف الثمانينيات، حيث برز الحديث حول حقوق الإنسان المشروطة. وفي نهايتها، وتحديدًا في عام 1989، بدأ البنك الدولي يؤكد صيغة الحكم الرشيد، من خلال إعادة التركيز على الدولة. واستمر ذلك من خلال دليل التنمية البشرية الصادر عن البرنامج الإنمائي للأمم المتحدة في 1989/ 1990، حيث انتقل التأكيد التنموي ليركز على الإنسان ومواجهة الفقر. وفي المؤتمر العالمي لحقوق الإنسان المنعقد في فيينا 1993، تجدد تأكيد ربط التنمية بحقوق الإنسان. وفي عام 1997، أكدت عملية الإصلاح التي تبنتها الأمم المتحدة ضرورة نشر ثقافة حقوق الإنسان. ونتيجة للتطورات السابقة، برز المدخل الحقوقي في منتصف التسعينيات بصفته مدخلًا يسعى لدمج الإنسان في التنمية البشرية المستدامة.

وارتباطًا بذلك، يؤكد المدخل الحقوقي أن الهدف الذى تتجه إليه المسؤولية الاجتماعية يتمثل في تحسين أوضاع البشر، بالتركيز على احتياجاتهم ومشكلاتهم وإمكانياتهم. ومن هذا المنطلق، يرتبط المدخل الحقوقي بالقضايا نفسها التي تهتم بها معظم المبادرات التنموية التي أكدت حق الإنسان في إشباع حاجاته الأساسية، كالغذاء والمأوى والرعاية الصحية والتعليم والأمن والحرية، لتطوير نوعية الحياة. وعلى هذا النحو، يستند المدخل الحقوقي إلى مسلمة أن للبشر حقوقًا ثابتة، وأن الحرمان من الحاجات يُعَد إنكارًا لتلك الحقوق.

وذلك يدفعنا إلى البحث عن الفاعل الذى يتولى، استنادًا إلى المدخل الحقوقي، تطوير نوعية حياة الفقراء، بما يجعلها قادرة على إشباع احتياجاتهم الأساسية، من خلال تدريبهم وتنشئتهم وتطوير وعيهم بحقوقهم وواجباتهم. وفي هذا الإطار، نجد أن تنظيمات

المجتمع المدني، من خلال مسؤوليتها الاجتماعية عن التنمية الاجتماعية المستدامة التي تبدأ من الجماهير، هي الفاعل الذى يعمل في اتجاه تطوير إمكانيات الفقراء وقدراتهم، وتأكيد ثقتهم بأنفسهم، وأحقيتهم في فرص الوطن، إلى جانب أن هذه المنظمات تعمل في اتجاه تمكين هؤلاء المهمشين والفقراء اقتصاديًّا واجتماعيًّا. إضافة إلى ذلك، نجدها تعمل على تطوير وعيهم الحقوقي في مختلف المجالات الاقتصادية والسياسية والاجتماعية، في مقابل توعيتهم بضرورة الوفاء بواجباتهم كاملة، لأن الوفاء بهذه الواجبات يُعَد المدخل الحقيقي للحصول على الحقوق، وأن ذلك يشكِّل النواة الصلبة لمسؤولياتهم الاجتماعية. فالوفاء بالواجبات يشكِّل المدخلات، بينما الحصول على الحقوق يشكِّل المخرجات، من وجهة نظر هذا المدخل. وبناء عليه، نجد أن تنظيمات المجتمع المدني تؤدي دورها في مساندتهم لإدراك واجباتهم، والوقوف إلى جانبهم للحصول على حقوقهم، بما يجسد بعدي مسؤوليتهم الاجتماعية.

الفصل الثالث:

المسؤولية الاجتماعية في الإسلام

المسؤولية الاجتماعية لم تُعالَج في دين سماوي كما عُولِجت في الدين الإسلامي الحنيف الذي وضع الضوابط الناظمة للمسؤولية بعمومها، ونورد هنا مثلًا واحدًا، وهو الحديث الشريف الذي ورد في الصحيحين: عن عبد الله بن عمر (رضي الله عنهما) أنه قال: سمعت رسول الله (صلى الله عليه وسلم) يقول: «كُلُّكُمْ رَاعٍ وَمَسْئُولٌ عَنْ رَعِيَّتِهِ، فَالْإِمَامُ رَاعٍ وَهُوَ مَسْئُولٌ عَنْ رَعِيَّتِهِ، وَالرَّجُلُ فِي أَهْلِهِ رَاعٍ وَهُوَ مَسْئُولٌ عَنْ رَعِيَّتِهِ، وَالْمَرْأَةُ فِي بَيْتِ زَوْجِهَا رَاعِيَةٌ وَهِيَ مَسْئُولَةٌ عَنْ رَعِيَّتِهَا، وَالْخَادِمُ فِي مَالِ سَيِّدِهِ رَاعٍ وَهُوَ مَسْئُولٌ عَنْ رَعِيَّتِه» (رواه الشيخان).

ويتضح مما سبق معنى الشمولية، والتفصيل الدقيق للمسؤولية الاجتماعية، بحيث تغطي كل جوانب الحياة. فالإسلام هو دين الفطرة، لذلك كانت تعاليمه تشمل المسلمين وغيرهم، بل أكثر من ذلك، فقد جعل عبادات المعاملات فوق العبادات التعبدية، من فروض وطاعات؛ قال (تعالى): ﴿يَٰٓأَيُّهَا ٱلَّذِينَ ءَامَنُواْ لِمَ تَقُولُونَ مَا لَا تَفْعَلُونَ * كَبُرَ مَقْتًا عِندَ ٱللَّهِ أَن تَقُولُواْ مَا لَا تَفْعَلُونَ﴾ (الصف: 2-3). وقال النبي (صلى الله عليه وسلم): «لَا تَزُولُ قَدَمَا عَبْدٍ يَومَ القِيَامَةِ حَتَّى يُسْأَلَ عَنْ عُمْرِهِ فِيمَا أَفْنَاهُ، وَعَنْ عِلمِهِ فِيمَ فَعَلَ، وَعَنْ مَالِهِ مِنْ أَيْنَ اكْتَسَبَهُ وَفِيمَ أَنْفَقَهُ، وَعَنْ جِسْمِهِ فِيمَ أَبْلَاهُ» (رواه الترمذي).

وكل ذلك يصب في رافد تعزيز المسؤولية الاجتماعية، وإعطائها صفة الديمومة لصالح النفع العام. ومن باب المسؤولية الاجتماعية، نجده ينظر للعمل العام على أنه بمكان الحادي للركب، إذ إنه يصب في مصلحة المجتمع، ويحافظ عليه ويراقبه، ويزيد من موارد الخير فيه، ويسد موارد الفساد في المجتمع. والعمل العام ذو مفهوم واسع، يبدأ بالفرد والأسرة، وينتهي بجميع بني البشر، بصفتهم المكلفين بإعمار الأرض، وعليه تحدد مسؤولية كل فرد. أما في الوقت الراهن، فحضور المنظمات والهيئات الأممية، سواء التي تندرج تحت مظلات حكومية أو أهلية، حضور واسع فعَّال، مما يجعلها تمثل الصورة المشرقة للعمل العام، خاصة تلك الهيئات والمنظمات العاملة في الحروب والكوارث، وفي المجالات الإغاثية، أو العاملة

في مجال البيئة والمحافظة عليها، والتنوع الحيوي على الأرض. كل ذلك يندرج تحت باب العمل العام الذي أمرنا الله (سبحانه) به، إذ قال (تعالى): ﴿وَقُلِ ٱعْمَلُواْ فَسَيَرَى ٱللَّهُ عَمَلَكُمْ وَرَسُولُهُ وَٱلْمُؤْمِنُونَ﴾ (التوبة: 105). وكل ذلك لا ريب يعزز من تماسك المجتمع، ويقوي دعائمه، ويخدم الحضارة الإنسانية في مدارج نهوضها نحو غد أفضل.

المسؤولية الاجتماعية والالتزام الأخلاقي

تُطلَق المسؤولية الاجتماعية على الالتزام الأخلاقي الذي يتحمله الأفراد تجاه مجتمعاتهم، بحيث يقع على عاتق الفرد أو المؤسسة أو المنظمة العمل لمصلحة المجتمع، وهي بهذا المفهوم ركن أساسي من أركان بناء المجتمع، ودعامة من دعائم الحياة المجتمعية المستقرة، من دونها تصبح الحياة فوضى، وتشيع شريعة الغاب، وينعدم التعاون، وتتغلب الأنانية والفردية على سلوك الأفراد وتصرفاتهم.

وتعد المسؤولية الاجتماعية سبيلًا للتقدم، الفردي والاجتماعي، ذلك أن القيمة الحقيقية للفرد داخل مجتمعه إنما تقاس بمدى تحمله المسؤولية تجاه نفسه وتجاه الآخرين. فهذه المسؤولية، بمعناها العام، تعني استعداد الفرد لأن يلزم نفسه بما يتطلبه المجتمع، وأن تكون لديه القدرة على أن يفي بتلك الالتزامات الاجتماعية، وهو استعداد مكتسب يدفعه للمشاركة مع الآخرين في أي عمل يؤدونه، والمساهمة في حل المشكلات، وتقبل الدور الذي أقرته الجماعة له، والعمل على المشاركة في تنفيذه.

وتحتل المسؤولية الاجتماعية في الإسلام مكانة متميزة، وقد وردت في ذلك مجموعة من الآيات القرآنية والأحاديث النبوية، منها قوله (تعالى): ﴿إِنَّ ٱللَّهَ يَأْمُرُ بِٱلْعَدْلِ وَٱلْإِحْسَٰنِ وَإِيتَآئِ ذِى ٱلْقُرْبَىٰ وَيَنْهَىٰ عَنِ ٱلْفَحْشَآءِ وَٱلْمُنكَرِ وَٱلْبَغْىِ ۚ يَعِظُكُمْ لَعَلَّكُمْ تَذَكَّرُونَ﴾ (النحل: 90)، حيث يتلخص المنظور الإسلامي للمسؤولية الاجتماعية في مبدأ أساسي يكون على قمة الهرم، وهو إقامة العدل في الأرض، ويأتي بعده تحقيق الإحسان بين الناس، وإيتاء ذي القربى، إذ تُعَد هذه الآية الكريمة من جوامع الكلم التي اختصت ببناء المجتمع على ركائز قوية؛ ومنها قوله (صلى الله عليه وسلم): «مَثَلُ المُؤْمِنِيْنَ فِي تَوَادِّهِمْ وَتَرَاحُمِهِمْ وَتَعَاطُفِهِمْ مَثَلُ الجَسَدِ إِذَا اشْتَكَى مِنْهُ عُضْوٌ تَدَاعَى لَهُ سَائِرُ الجَسَدِ بِالسَّهَرِ والحُمَّى» (رواه الشيخان).

وهذا يثبت سبق الإسلام في الدعوة إلى هذا المفهوم الذي لم يظهر في الفكر الغربي إلا حديثًا، فقد صاغ الإسلام الشعور المشترك في المجتمع، وأعطى للتماسك الاجتماعي والمسؤولية الاجتماعية حكمًا دينيًّا تعبديًّا، فالمؤمن للمؤمن كالبنيان يشد بعضه بعضًا.

وبناء على ذلك، فإن المسؤولية الاجتماعية تُعَد من أهم مقومات النظام الإسلامي، فقد استخلف الله الإنسان في هذا الكون؛ يقول (تعالى): ﴿وَإِذْ قَالَ رَبُّكَ لِلْمَلَٰٓئِكَةِ إِنِّي جَاعِلٌ فِي ٱلْأَرْضِ خَلِيفَةً﴾ (البقرة: 30)، ويقول (سبحانه) في آية أخرى: ﴿ءَامِنُواْ بِٱللَّهِ وَرَسُولِهِۦ وَأَنفِقُواْ مِمَّا جَعَلَكُم مُّسْتَخْلَفِينَ فِيهِ﴾ (الحديد: 7). وتستند هذه الأصالة إلى أن ملكية المال في المنظور الإسلامي لله (عز وجل) الذي استخلف الإنسان فيه، وجعل حقه (سبحانه) هو حق المجتمع، مما يعني أن الباعث الحقيقي لهذه المسؤولية شرعي روحي، يتمثل في التكليف الرباني الذي يؤديه الإنسان طلبًا لثواب الله، الأمر الذي يجعلها تنظيمًا اجتماعيًّا ملزمًا.

وقد حث التشريع الإسلامي على أداء المسؤولية الاجتماعية، ونظَّم كيفية هذا الأداء في آليات محددة بدقة. ويتضح هذا في فقه الزكاة وفقه الوقف والحقوق الواجبة للعمال والإحسان والسماحة مع العملاء والتابعين، بالإضافة إلى المحافظة على الموارد المشتركة والمرافق العامة، مثل الطرق والجسور والغابات والمياه والهواء، وكف الأذى عنها وعن الناس كافة، حيث لا يقتصر الأمر في هذه المسؤولية على الإعانة بالمال، وإنما يمتد لاستخدام كل الإمكانيات لإفادة المجتمع.

ومن هنا، تتميز المسؤولية الاجتماعية في الإسلام بنظرة شمولية، فهي لا تركز على النواحي المادية فقط، كما هو حال الأنظمة المادية الوضعية، إنما تشمل سائر المناحي الأدبية والمعنوية والروحية، من الحب والتعاطف والتعاون والتكامل. ولذلك، يجب على الأفراد والمجتمع ومنظمات المجتمع المدني في المجتمعات الإسلامية أن تنهض بواجبها في أداء هذه المسؤولية الاجتماعية، بصفتها واجبًا دينيًّا متأصلًا في الشريعة الإسلامية، وأن تركز على أساليب التكافل الاجتماعي وأخلاقيات العمل التجاري والتنموي التي وردت في التشريع الإسلامي لأداء المسؤوليات الاجتماعية تجاه مختلف أصحاب المصالح.

مسؤولية الفرد عن إصلاح المجتمع

وهي من أعظم أنواع المسؤولية. يقول الدكتور عبد الكريم زيدان (رحمه الله) (1997): ومن خصائص النظام الاجتماعي في الإسلام تحميل الفرد مسؤولية إصلاح المجتمع؛ بمعنى أن كل فرد فيه مطالب بالعمل على إصلاح المجتمع، وإزالة الفساد منه على قدر طاقته ووسعه، والتعاون مع غيره لتحقيق هذا المطلوب؛ قال تعالي: ﴿وَتَعَاوَنُواْ عَلَى ٱلْبِرِّ وَٱلتَّقْوَىٰۖ وَلَا تَعَاوَنُواْ عَلَى ٱلْإِثْمِ وَٱلْعُدْوَٰنِۚ﴾ (المائدة: 2).

ولذلك كان النبي (صلي الله عليه وسلم) خير من عرف وعمل بهذا المعني، فكان يقدِّر المسؤولية ويعرف عظمها. فقد روي الإمام أحمد: «عن عاصم بن لقيط أن لقيطًا خرج وافدًا إلى رسول الله، ومعه صاحب له يقال له نهيك بن عاصم بن مالك بن المنتفق. قال لقيط: فخرجت أنا وصاحبي حتى قدمنا على رسول الله في المدينة انسلاخ رجب، فأتينا رسول الله، فوافيناه حين انصرف من صلاة الغداة، فقام في الناس خطيبًا، فقال: (أيها الناس، ألا إني قد خبأت لكم صوتي منذ أربعة أيام. ألا لأسمعنكم. ألا فهل من امرئ بعثه قومه فقالوا أعلم لنا ما يقول رسول الله. ألا ثم لعله أن يلهيه حديث نفسه أو حديث صاحبه أو يلهيه الضلال. ألا إني مسؤول. هل بلغت؟ ألا فاسمعوا تعيشوا. ألا اجلسوا ألا اجلسوا. قال: فجلس الناس، وقمت أنا وصاحبي حتى إذا فرغ لنا فؤاده وبصره، قلت: يا رسول الله، ما عندك من علم الغيب؟ فضحك لعمر الله وهز رأسه، وعلم أني أبتغي لسقطه، فقال ضن ربك -عز وجل- بمفاتيح خمس من الغيب لا يعلمها إلا الله، وأشار بيده...».

وقد شعر بالمسؤولية الرجل الذي جاء من أقصى المدينة يسعى لإنقاذ موسى (عليه السلام): ﴿وَجَآءَ رَجُلٌ مِّنْ أَقْصَا ٱلْمَدِينَةِ يَسْعَىٰ قَالَ يَٰمُوسَىٰٓ إِنَّ ٱلْمَلَأَ يَأْتَمِرُونَ بِكَ لِيَقْتُلُوكَ فَٱخْرُجْ إِنِّي لَكَ مِنَ ٱلنَّٰصِحِينَ﴾ (القصص: 20)، وكذلك رجل أصحاب القرية: ﴿وَجَآءَ مِنْ أَقْصَا ٱلْمَدِينَةِ رَجُلٌ يَسْعَىٰ قَالَ يَٰقَوْمِ ٱتَّبِعُواْ ٱلْمُرْسَلِينَ﴾ (يس: 20).

والغريب العجيب أنه لا يُعرَف مَن الرجلين، ولكنهما شعرا بالمسؤولية تجاه دينهم وعقيدتهم، فحركهم ذلك إلى ما فعلوا. بل شعر بالمسؤولية الطير، كما في قصة الهدهد الذى دافع عن العقيدة، وأخبر سليمان (عليه السلام) بما كان من بلقيس وقومها: ﴿فَمَكَثَ غَيْرَ

بَعِيدٍ فَقَالَ أَحَطتُ بِمَا لَمْ تُحِطْ بِهِۦ وَجِئْتُكَ مِن سَبَإٍۭ بِنَبَإٍ يَقِينٍ * إِنِّى وَجَدتُّ ٱمْرَأَةً تَمْلِكُهُمْ وَأُوتِيَتْ مِن كُلِّ شَىْءٍ وَلَهَا عَرْشٌ عَظِيمٌ﴾ (النمل: 22–23)؛ وشعرت بها حشرة نملة تجاه بني جنسها: ﴿حَتَّىٰٓ إِذَآ أَتَوْا۟ عَلَىٰ وَادِ ٱلنَّمْلِ قَالَتْ نَمْلَةٌ يَـٰٓأَيُّهَا ٱلنَّمْلُ ٱدْخُلُوا۟ مَسَـٰكِنَكُمْ لَا يَحْطِمَنَّكُمْ سُلَيْمَـٰنُ وَجُنُودُهُۥ وَهُمْ لَا يَشْعُرُونَ﴾ (النمل: 18).

ويقول الدكتور علي أبو العينين في كتابه «التربية الإسلامية» (1988): من المقومات الأساسية التي يقوم عليها المجتمع المسلم أنه مجتمع مسؤول، كل فرد فيه مطالب بالمشاركة في تسيير أمور مجتمعه، فالمسلمون مسؤولون بعضهم عن بعض، ومأمورون بالدعوة إلى الخير، والأمر بالمعروف، والنهي عن المنكر.

المسؤولية الاجتماعية بالقرآن

اهتم القرآن الكريم بإرشاد الإنسان إلى ما يحقق له العيش الرغيد في الحياة الدنيا، والفوز برضا ربه في الآخرة، وذلك من خلال أداء دوره، بصفته خليفة في الأرض. فمصلحة الإنسان، وسعادته وكرامته، مرتبطة بمسؤولية السعي في إقامة عدل الله، والتحلي بقيم الوحي في الكون.

وتُعَد الخلافة المسؤولية الأساسية التي على الإنسان أن يعيها تمام الوعي، فعليه أن يدرك العوامل التي تساعده على النهوض بها على أحسن وجه، ويعي كذلك العوامل التي تصرفه عن الاشتغال بها. وقد اهتم نبي الأمة (صلى الله عليه وسلم) بنداءات القرآن، وحملها وعمل بها، فشيد حضارة يشهد الناس بسموها. ولكن طال الأمد على الذين ورثوا القرآن، فابتعدوا عن نهجه، وفقدوا بذلك فاعليتهم فتدهور حالهم.

ومن أبرز الأدواء التي يعاني منها المسلمون، أفرادًا وجماعات، بعيدًا عن هدي الوحي، تنصلهم من مسؤولياتهم، وهو ما جعلهم يتخلفون عن ركب الحضارة، فاحتاجوا بذلك إلى إعادة تفعيلهم. وذلك بتبصيرهم وتذكيرهم بالعوامل التي تدفعهم إلى النهوض بمسؤولياتهم، ليتحرروا من التخلف والعجز، منطلقين في أداء مهمتهم المكلفين بها، ألا وهي خلافة الأرض وبناء الحضارة.

هذا على مستوى المسلمين. أما في ما يخص غير المسلمين الفعَّالين، فهم بحاجة إلى

توجيه فاعليتهم الوجهة الصحيحة، وذلك بربطها بقيم الوحي. ويظهر دور المسلم هنا في أن يكون شهيدًا على غيره. لذلك، فليس أفضل من الرجوع إلى الوحي للتعرف على حقيقة المسؤولية، والكشف عن طريقة القرآن في تفعيل الإنسان، من خلال جانبي الوعي والفعل.

إن المسؤولية هي الخاصية البشرية الأساسية التي يقوم بها الارتقاء بالإنسان لبلوغ الصلاح، وكذلك الرغبة في الوقوف على كيفية تناول القرآن لموضوع المسؤولية من خلال نماذج الأنبياء الكرام الذين هم القدوة للبشر في الصلاح. وهنا، تبرز التساؤلات التالية: ما دلالات المسؤولية؟ وما أسسها ومستوياتها؟ وما أبرز عوامل تحللها؟ وما آليات تفعيلها؟

تجدر الإشارة إلى أنه قد رُكِّز على المسؤولية الكبرى للإنسان، وهي خلافة الأرض، بما أنها المسؤولية الأساسية التي تنبثق منها المسؤوليات الجزئية التي لا تقل أهمية عنها، بل إن حسن تحمل المسؤوليات الصغرى على مختلف المستويات وفي المجالات كافة مرتبط أو يؤدي إلى حسن تحمل المسؤولية الكبرى. وقد رُكِّز على تقصي عوامل التحمل البارزة، وذكر بعض من عوامل التنصل، لإبراز جوانب التفعيل التي تمكن الإنسان من السعي نحو النهوض والارتقاء وبلوغ المكانة التي أرادها الله له.

وللمسؤولية معانٍ كثيرة، أهمها في ما يتعلق بمعنى الخلافة: المسؤولية ميزة إنسانية وثيقة الصلة بموضوع الواجبات، وتعني تحمل أداء الأعمال والمهام ابتداء، وتحمل تبعات هذه الأعمال نتيجة. وهي كذلك وعي ينتج المبادرة إلى تحمل المهام والأعمال بروحٍ مخلصةٍ وإتقانٍ وتفانٍ.

أبرز أهداف المسؤولية في القرآن

- تربية الإنسان والسمو به إلى درجة الصلاح.
- توعية الإنسان بأسباب الهلاك وأسباب الفلاح.

وهذا ما يثمر في الواقع أفرادًا وجماعات ترتقي بهم الحياة.

أسس المسؤولية في القرآن

- وعي الإنسان بغايته من الوجود، وهي عبادة ربه بمعناها الواسع، يساعده على

الارتقاء بحياته نحو الكمال، في سعي دائم وعمل دؤوب.

- الوعي بمهمته التي تقع ضمن العلاقة بالحياة الدنيا القائمة على سنة الابتلاء والجزاء، والمهمة في الكون وفق علاقة التسخير كي يمارس فيه دوره الأساسي الذي هو الاستخلاف.
- الإرادة والقدرة اللتان يحتاج إليهما الإنسان للنهوض بمسؤولياته.

والعمل الصالح هو نتيجة لتفاعل هذه العناصر: التصور الصحيح للكون، وهدف الإنسان، والإرادة والقدرة.

وتقع المسؤولية في دوائر متعددة، يكمل بعضها بعضًا، بيد أن الفرد هو محور هذه الدوائر كلها، وهي:

1. **الفرد**: وهو مسؤول بمقدار قدراته المودعة فيه.
2. **الأسرة**: وهي مسؤولة عن تهيئة المناخ الملائم لتكوين أفراد صالحين فعَّالين في مجتمعاتهم.
3. **المجتمع**: وهو بمؤسساته مسؤول عن رعاية مصالح الأفراد.
4. **الأمة**: وهي مسؤولة عن الارتقاء بحالها لتنهض بواجب الشهادة على الناس، وتصل إلى مرتبة التمكين.

عوامل تحمل المسؤولية

ثمة عناصر على المستوى الروحي والفكري ينبغي توافرها لتحمل المسؤولية، أهمها:

- التفكر والنظر في ملكوت الله.
- الوصول إلى درجة من الوعي والبصيرة.
- الإرادة والاختيار الأقوم الذي ينتج يقينًا ثابتًا.

ولفهم أعمق للموضوع، لا بد أن نتعرف على بعض العوامل الأساسية التي تؤدي بنا إلى تحمل أمثل للمسؤولية، ونتعرف على ما يؤدي إليه غيابها.

1. عامل التفكير

فقد حث الوحي بني البشر على التفكر في آيات الله المبثوثة في الكون، سعيًا منه

إلى تبديد العادة التي تهيمن على عقول الناس حين مشاهدتهم لهذه الآيات الخالدة. وقد استعمل القرآن الكريم كثيرًا من الأساليب لتحقيق هذا الهدف، من بينها استثارة عقل الإنسان وحواسه لخوض عملية التفكر: ﴿قُلْ سِيرُواْ فِي ٱلْأَرْضِ فَٱنظُرُواْ كَيْفَ بَدَأَ ٱلْخَلْقَ ثُمَّ ٱللَّهُ يُنشِئُ ٱلنَّشْأَةَ ٱلْءَاخِرَةَ ۚ إِنَّ ٱللَّهَ عَلَىٰ كُلِّ شَيْءٍ قَدِيرٌ﴾ (العنكبوت: 20). كما امتدح القرآن كثيرًا أولي الألباب وأولي النهى؛ أي أصحاب العقول والنظر الدقيق، وذلك في كثير من المناسبات: ﴿إِنَّ فِي خَلْقِ ٱلسَّمَٰوَٰتِ وَٱلْأَرْضِ وَٱخْتِلَٰفِ ٱلَّيْلِ وَٱلنَّهَارِ لَءَايَٰتٍ لِّأُوْلِي ٱلْأَلْبَٰبِ﴾ (آل عمران: 190).

فالقرآن الكريم يؤكد دومًا أن السمع والبصر والفؤاد جميعًا هي التي تعطي للحياة الإنسانية قيمتها وتميزها عن غيرها، إذا استُفِيد من هذه النعم. وفي تأكيده هذا يدل على أن البشر بتحريكهم لهذه الطاقات، واستغلالهم لهذه القدرات أحسن استغلال، سيصلون إلى قمة الانتصار في دنياهم وأخراهم. وهذا التفعيل بحد ذاته هو الذي يؤهلهم إلى أن يتبوأوا مركزهم المسؤول، سادة في الكون وخلفاء في الأرض. كما أن من شأن تجميد هذه الطاقات أن ينزل بالإنسان إلى منزلة لا يريدها له خالقه، وهي منزلة البهائم والأنعام؛ قال (تعالى): ﴿وَلَقَدْ ذَرَأْنَا لِجَهَنَّمَ كَثِيرًا مِّنَ ٱلْجِنِّ وَٱلْإِنسِ ۖ لَهُمْ قُلُوبٌ لَّا يَفْقَهُونَ بِهَا وَلَهُمْ أَعْيُنٌ لَّا يُبْصِرُونَ بِهَا وَلَهُمْ ءَاذَانٌ لَّا يَسْمَعُونَ بِهَآ ۚ أُوْلَٰٓئِكَ كَٱلْأَنْعَٰمِ بَلْ هُمْ أَضَلُّ ۚ أُوْلَٰٓئِكَ هُمُ ٱلْغَٰفِلُونَ﴾ (الأعراف: 179).

وقد أرشد إبراهيم قومه إلى التأمل الأمثل: ﴿قَالَ بَل رَّبُّكُمْ رَبُّ ٱلسَّمَٰوَٰتِ وَٱلْأَرْضِ ٱلَّذِي فَطَرَهُنَّ وَأَنَا۠ عَلَىٰ ذَٰلِكُم مِّنَ ٱلشَّٰهِدِينَ﴾ (الأنبياء: 56). كذلك وجه القرآن الكريم تفكير الإنسان إلى نفسه وبدايات خلقه، وفي ذلك دلالات على إعجاز ودقة خلق الله (تعالى): ﴿وَفِيٓ أَنفُسِكُمْ ۚ أَفَلَا تُبْصِرُونَ﴾ (الذاريات: 21). وسعى الرسل الكرام كذلك إلى تنبيه عقول الناس إلى فضل الله عليهم الذي يتجلى في نعمه وآلائه التي وهبها لهم، مما لا يقتصر فقط على ما هو ضروري لعيشهم، بل يتعدى إلى الاستمتاع بالزينة والجمال. ومن هذه النعم ما أكرم الله به هذا المخلوق من سمع وبصر وفؤاد: ﴿وَهُوَ ٱلَّذِيٓ أَنشَأَ لَكُمُ ٱلسَّمْعَ وَٱلْأَبْصَٰرَ وَٱلْأَفْـِٔدَةَ ۚ قَلِيلًا مَّا تَشْكُرُونَ﴾ (المؤمنون: 78). فمن شأن التأمل الدقيق في هذه النعم وغيرها أن يبعث على الشكر، ويثمر قاعدة أن «فكروا جيدًا بوعي التقوى أن النعمة

الوافرة تفرض شكر المنعم، وأن كفرانها يعرِّضها للزوال».

وهذا الشكر يتنافى مع الإفساد في الأرض: ﴿وَٱذْكُرُوٓاْ إِذْ جَعَلَكُمْ خُلَفَآءَ مِنۢ بَعْدِ عَادٍ وَبَوَّأَكُمْ فِى ٱلْأَرْضِ تَتَّخِذُونَ مِن سُهُولِهَا قُصُورًا وَتَنْحِتُونَ ٱلْجِبَالَ بُيُوتًا ۖ فَٱذْكُرُوٓاْ ءَالَآءَ ٱللَّهِ وَلَا تَعْثَوْاْ فِى ٱلْأَرْضِ مُفْسِدِينَ﴾ (الأعراف: 74). والتفكر في حركة الإنسان عبر التاريخ وتجارب السابقين، وتدبر مصائر الأمم الغابرة، مدعاة إلى اكتشاف سنن الله (تعالى) في خلقه، ودور أفعال الإنسان في حركة الحياة، فأحداث الحياة لا تمشي عبثًا، وإنما وراء كل نتيجة سبب أدى إلى ظهورها؛ بهذا المنطق يمكن للإنسان أن يفهم الحياة على حقيقتها، ويدرك أن لها خالقًا عادلًا لا يُظلَم عنده أحد.

فبالنظر في قصص الأقوام السابقة، يكتشف أنه حيثما انتفت العلاقة الإيجابية بين الإنسان والله والعالم، وضاع تحمل مسؤولية الإعمار، جاء الجزاء موازيًا لجنس العمل، وآل الأمر بالبشر إلى التدهور والانهيار: ﴿سُنَّةَ ٱللَّهِ فِى ٱلَّذِينَ خَلَوْاْ مِن قَبْلُ ۖ وَلَن تَجِدَ لِسُنَّةِ ٱللَّهِ تَبْدِيلًا﴾ (الأحزاب: 62). ومن خلال التعرف على هذه السنن، يمكن للإنسان أن يتعامل معها، بما يعود بالنفع عليه، بصفته خليفة في الأرض، فيقدم الأسباب التي تأخذ به إلى النصر والتمكين.

ويتضح مما سبق أن النظر الدقيق في ما يحيط بالإنسان من آيات، وفي نفسه، وفي آلاء ربه، وفي تجارب السابقين، باعث له على إدراك معنى الحياة. فالتفكر أول مهمة على الإنسان أن ينهض بها، فمن خلالها يتوصل إلى كثير من الحقائق التي ترفع من قيمته من مجرد مخلوق كسائر المخلوقات إلى بشر يستعمل عقله وحواسه ليصل بعد تفكير عميق إلى استحالة العبثية في حياته، تمهيدًا إلى إدراك مسؤولياته التي تقع على عاتقه في فترة الحياة الدنيا.

ومن شأن إهمال هذا النظر ألا يرى الإنسان معنى وجوده، بل يمكن أن يتحول وجوده جراء ذلك التقصير إلى الإفساد في الأرض. وإغفال التفكر في الأنفس يؤدي إلى إغفال الحكمة من الحياة، والنظرة العبثية للوجود التي تُعَد أحد مصادر تعطيل العقل الإنساني، وتؤدي إلى عدم رؤية السنن والنظام الذي يسود الكون، وهذا بدوره يقود إلى عدم تقدير المسؤولية الاجتماعية، ولا الفردية، كما ينعكس سلبًا على تصوره لدوره في الحياة.

2. عامل الوعي

حيث يُعَد الوعي من أبرز العوامل التي تفعِّل الإنسان وتدفعه للنهوض بواجباته. فالوعي في مجمله هو اكتساب تصور واضح حول كثير من جوانب الحياة الأساسية: فوعي الإنسان بوحدانية ربه يجعله يحرر عقله مما سواه، وبذلك يكون قد حافظ على طاقاته وجهوده من التبديد، بتوجيهها نحو وجهة واحدة صحيحة؛ والوعي بنفسه بصفته إنسانًا مكرمًا تكريمًا لم يحظَ به أحد من المخلوقات سواه، وبمهمته المتمثلة في الخلافة، يجعله ذا غاية وهدف واضح محدد؛ كما أن الوعي بما يصلح له، وبالسبيل المؤدية إلى فوزه ونجاته، يجعله على بصيرة من أمر نفسه. ولا يخفى ما لغياب الوعي بهذه العناصر من تأثير سلبي على مسؤولية الإنسان ومهمته.

والوعي بوحدانية الله يستتبع الوعي بصفاته وأسمائه العلا التي إن آمن المرء بها كانت له خير معين على تحمل مسؤوليته في الكون، بصفته عبدًا لله. ويظهر هذا الإيمان جليًّا في سير الأنبياء ودعائهم الذي امتلأ يقينًا بحكمة الله وقيوميته، واستشعار معيته دومًا، والرجاء في جميل عونه وسداده وتوفيقه. والإعراض عن حقيقة الإله الواحد تجعل المرء بلا منهج يستنير به لينهض بمسؤولياته، بل يمكن أن تتحوَّل طاقاته إلى إفساد.

فالاستدلال على وحدانية الله (تعالى)، ومن ثم إفراده بالعبادة، لا يحتاج إلا إلى التعامل مع المظاهر الكونية على أنها آيات الله، حيث كلما ازداد التأمل فيها لمعرفة حقائقها ازداد القرب من الله. وقد أجاب عيسى ربه قائلًا: ﴿مَا قُلْتُ لَهُمْ إِلَّا مَآ أَمَرْتَنِي بِهِۦٓ أَنِ ٱعْبُدُواْ ٱللَّهَ رَبِّي وَرَبَّكُمْۚ وَكُنتُ عَلَيْهِمْ شَهِيدًا مَّا دُمْتُ فِيهِمْۖ فَلَمَّا تَوَفَّيْتَنِي كُنتَ أَنتَ ٱلرَّقِيبَ عَلَيْهِمْۚ وَأَنتَ عَلَىٰ كُلِّ شَيْءٍ شَهِيدٌ﴾ (المائدة: 117).

وقوله ﴿أَنِ ٱعْبُدُواْ ٱللَّهَ رَبِّي وَرَبَّكُمْ﴾ يختصر كل تطلعات الرسالة وامتداداتها لأن إخلاص العبادة لله تحرر النفس من الخضوع لأي شيء غير الله، سواء كان شخصًا أو جهة أو صنمًا، وتجعلك تخضع لله في كل شأن من شؤون حياتك، فتطيعه في ما أمر به فتفعله، وفي ما نهى عنه فتتركه، وفي ما رسمه من وسائل وأهداف فتلتزم بها، وفي ما أوحى به من عقائد ومفاهيم فتعتقد بها. وهكذا، تتسع العبادة لكل قضايا الحياة وأوضاعها، وسبلها، ووسائلها وغاياتها، فيمثل نهوضك بكل مسؤولياتك، الفردية والاجتماعية، المعنى الأعمق للعبادة،

وتكون الصلاة والصوم والحج ونحوها مظهرًا من مظاهرها، لا كل شيء فيها، وبذلك تكون كل آفاق الرسالة وتحركاتها لونًا من ألوان العبادة التي تحوِّل الحياة كلها إلى مسجد، يتمثَّل فيها السجود لله في أكثر من شكل.

فالتوحيد خروج بالناس من الظلمات إلى النور، وتحرير للعقل البشري الذي لن يقدر مهما أوتي من فطنة أن يعمل ويبدع ويعطي وهو متخبِّط في التيه مكبَّل بأغلال التعدد. كذلك على الإنسان أن يعرف حقيقة نفسه وغاية وجوده من خلال الوحي، كي يوجهها التوجيه المناسب، دون إفراط ولا تفريط، فلا هو المسيطر على الكون المستكبر المستعبد لغيره العابد لهواه، ولا هو الكائن الضعيف المستكين لضعفه الخاضع لسيطرة غيره. فبمعرفته خصائص نفسه وقدرها، يمكن له أن يستشعر دوره الذي أُنِيطَ به، وبالتالي ينهض به بكل ما أوتي من عوامل مساعدة في الكون المسخر له خصيصًا.

وحينما تخفى هذه المفاهيم على الإنسان يضطرب سلوكه في الكون. وقد تحدث القرآن الكريم في أكثر من مرة عن خلق الإنسان، والاحتفال بخلقه من بين سائر المخلوقات، وما اختُصَّ به من العناية الإلهية المباشرة. كما أنه استنكر استنكارًا شديدًا فعل إبليس الذي أبى أن يسجد لهذا المخلوق الأثير عند الله؛ يقول (تعالى): ﴿وَإِذْ قُلْنَا لِلْمَلَـٰٓئِكَةِ ٱسْجُدُوا۟ لِءَادَمَ فَسَجَدُوٓا۟ إِلَّآ إِبْلِيسَ أَبَىٰ وَٱسْتَكْبَرَ وَكَانَ مِنَ ٱلْكَـٰفِرِينَ﴾ (البقرة: 34).

وفي موضع آخر، يقول الله (تعالى)، تنبيهًا لخلق الإنسان في أحسن تقويم: ﴿فَإِذَا سَوَّيْتُهُۥ وَنَفَخْتُ فِيهِ مِن رُّوحِى فَقَعُوا۟ لَهُۥ سَـٰجِدِينَ﴾ (الحجر: 29). فقد صوَّره حتى تكامل خلقه إنسانًا سويًا، يملك الصورة الجميلة والجسم المعتدل، والأجهزة الدقيقة التي تتحرك في نظام محكم متوازن، فتحرك فيه العقل والإرادة اللذين يستطيع من خلالهما أن يحمل مسؤولية نفسه، ومسؤولية الكون من حوله. ولما كان خلقه بهذه الصورة الفريدة، كان ذلك مظهرًا لقدرة الله وعظمته، فأراد الله أن يمنحه الكرامة، ويحمله المسؤولية، ويظهر لملائكته ما في هذا المخلوق من عناصر الإبداع ومظاهر القدرة: ﴿ثُمَّ قُلْنَا لِلْمَلَـٰٓئِكَةِ ٱسْجُدُوا۟ لِءَادَمَ﴾ (الأعراف: 11) تحية له، وتعظيمًا لله الذي خلقه.

وللإيمان بحقيقة تكريم الإنسان أثر كبير في النفس والمجتمع، حيث إن استشعار الإنسان لرفعة ذاته يفضي به إلى استعظام دوره في الحياة، وينأى به عن اليأس والعبثية، وذلك كله

يثمر في السلوك سيرة من التعمير في الأرض، تعميرًا معنويًا وماديًا، وهو ما جاءت العقيدة الإسلامية لتعمل على تحقيقه، بصفته غاية للوجود الإنساني نفسه. إذن، فشعور الإنسان بقيمته الحقيقة وعلو شأنه يُعَد من أقوى الدوافع نحو السلوك الفعَّال في الكون وتقصي مسؤولياته.

والإنسان هو الكائن المستخلف، حيث اختاره الله (سبحانه وتعالى) لأن يكون الخليفة في الأرض، ينفذ أوامره ونواهيه في مباشرته للكون، ولا يخفى ما تحمله هذه المكانة من التشريف وإعلاء المقام، إذ الخليفة تتحدد منزلة شرفه وعلوه بمنزلة مستخلفه، فما بالك بمن كان مستخلفه الله (جل شأنه).

وما دام الإنسان قد خُلِق ليعمر الأرض، ويكون خليفة فيها، فإن عليه أن يكون واعيًا بما تصلح به حياته، وما يفسدها، وما يجعله يثابر في الإتيان بما يساعده على التحمل الأمثل لمسؤولية الخلافة في الأرض. وفي المقابل، فإن قلة الوعي بهذا الجانب باعث على تبديد الطاقات، وعدم توجيهها الوجهة الصحيحة التي تثمر الحياة الطيبة. فالإنسان ميَّال إلى اتباع ما فيه مصلحته ونفعه، لذلك نجد أن الوحي استعمل هذا الميل لتقرير بعض المبادئ والمفاهيم الأساسية في تفعيل الإنسان، أهمها: الترغيب في طيب الحياة، فقد قال الله (تعالى): ﴿مَنْ عَمِلَ صَٰلِحًا مِّن ذَكَرٍ أَوْ أُنثَىٰ وَهُوَ مُؤْمِنٌ فَلَنُحْيِيَنَّهُۥ حَيَوٰةً طَيِّبَةً ۖ وَلَنَجْزِيَنَّهُمْ أَجْرَهُم بِأَحْسَنِ مَا كَانُوا۟ يَعْمَلُونَ﴾ (النحل: 97)؛ وكذلك الترغيب في الفوز والصلاح، وينبثق منه وضوح التصور حول المصير والجزاء، فعقيدة الجزاء تَعُد أن مصير الإنسان في الحياة الأخرى مرتبط بدوره في ساحة الدنيا: ﴿مَنْ عَمِلَ سَيِّئَةً فَلَا يُجْزَىٰٓ إِلَّا مِثْلَهَا ۖ وَمَنْ عَمِلَ صَٰلِحًا مِّن ذَكَرٍ أَوْ أُنثَىٰ وَهُوَ مُؤْمِنٌ فَأُو۟لَٰٓئِكَ يَدْخُلُونَ ٱلْجَنَّةَ يُرْزَقُونَ فِيهَا بِغَيْرِ حِسَابٍ﴾ (غافر: 40).

وللإيمان باليوم الآخر أثر تربوي جليل في حياة الإنسان، حيث إنه لا يقتصر فقط على كونه طريقًا للثواب في الحياة الأخرى، إنما هو كذلك الحافز على الخير في الدنيا، بإصلاحها وإنمائها، على أن يراعى أن هذا الإصلاح وذلك الإنماء ليسا هدفًا في ذاتهما، وإنما هما وسيلة لتحقيق حياة لائقة بالإنسان الذي نفخ الله فيه من روحه، وكرَّمه على كثير من خلقه. وبالإيمان بالآخرة على هذا الأساس، يتبين الفرق بين مَن يشعر أن حياته على الأرض هي كل ما له في هذا الوجود، ومَن يشعر أن حياته على الأرض ابتلاء يمهد للجزاء.

كذلك، فإنه من مصلحة الإنسانية أن يسودها العدل والصلاح اللذان يُعَدان الأصل في الكون، وهذا ما يستنهض همم الذين بأيديهم الحق إلى مزيد من العمل والمواظبة والجهاد والدراسة لسنن التمكين، من أجل الوصول إلى مرتبة الخلافة، والأخذ بزمام الأمور، بدل الانقياد. فلم نخلق كي ننقاد، بل خلقنا لنقود الركب نحو الأمام بما يرضاه رب الأكوان؛ يقول (تعالى): ﴿وَعَدَ ٱللَّهُ ٱلَّذِينَ ءَامَنُواْ مِنكُمْ وَعَمِلُواْ ٱلصَّٰلِحَٰتِ لَيَسْتَخْلِفَنَّهُمْ فِى ٱلْأَرْضِ كَمَا ٱسْتَخْلَفَ ٱلَّذِينَ مِن قَبْلِهِمْ وَلَيُمَكِّنَنَّ لَهُمْ دِينَهُمُ ٱلَّذِى ٱرْتَضَىٰ لَهُمْ وَلَيُبَدِّلَنَّهُم مِّنۢ بَعْدِ خَوْفِهِمْ أَمْنًا ۚ يَعْبُدُونَنِى لَا يُشْرِكُونَ بِى شَيْـًٔا ۚ وَمَن كَفَرَ بَعْدَ ذَٰلِكَ فَأُو۟لَٰٓئِكَ هُمُ ٱلْفَٰسِقُونَ﴾ (النور: 55).

فالوعي بما يصلح للإنسان وينفعه يجعله راغبًا في تحصيل سعادته، والتزام السبيل المؤدية إليها بكل عزم، وذلك بالوفاء بمسؤولياته التي من شأنها أن تحقق له الصلاح في الدنيا والفوز في الآخرة.

3. عامل الإرادة والاختيار

فقد ركَّب الله (تعالى) في فطرة الإنسان الميل إلى اتباع الحق، وجعل في الكون آيات يُستدَل بها عليه، ومن رحمته أن أرسل الرسل بالوحي لهداية الإنسان. لذلك، فمسؤولية خلافة الأرض لا يمكن أن ينهض بها مَن هو ضعيف الإيمان أو مكره، بل يتحملها مَن بنى إيمانه على أساس صلب لا يتـزعزع. فبذلك، يكون مستعدًا للثبات أمام كل الابتلاءات التي سوف يواجهها، فيزداد بها صلابة ورشدًا. ويتجلى هذا في نموذج مؤمن آل فرعون، وامرأة فرعون، والسحرة من آل فرعون. لهذا ركَّز الرسل الكرام على تبيين هذا الأساس لأقوامهم، فلم يكرهوا أحدًا على الإيمان، ولو كان أقرب الناس إليهم، كأبي سيدنا إبراهيم وابن سيدنا نوح وامرأته وامرأة لوط.

وبعدما يختار طريق الحق، يكون الإنسان في حاجة إلى دوام الارتباط بخالقه، ليمشي على بصيرة من أمره. وهذا سوف يثمر سلوكًا معمرًا راقيًا، بينما لو اختار سبيل الضياع، فإنه سيكون عرضة لمختلف المؤثرات التي تجعل منه إنسانًا مقصرًا في تحمل مسؤوليته التي خُلِقَ من أجلها، وذلك كتأثير الإلف والعادة والهوى والشهوات والعظمة والسلطة،

أو الضعف والخوف وتزيين الشيطان، وغيرها من التأثيرات التي تجد سبيلها إلى الإنسان الذي اختار لنفسه سبيل الغي.

وبعد أن تتعرف الأفراد والجماعات على خالقهم حق المعرفة، وتستشعر عِظَم المهمة التي عليهم أداؤها، وهي مسؤولية الخلافة، يكونون على أتم الاستعداد لتحمل هـم الإصلاح في الأرض بكل ما أوتوا من طاقة وقدرة، فهذا الشعور الذي يتولد لديهم يكون دافعًا قويًّا لهم نحو العمل. وهذا لا ينفي أن تكون للإنسان فاعلية تحتاج إلى توجيه، وذلك بربطها بالمنهج القويم، ألا وهو الوحي. وتظهر ثمرة هذا التفعيل في أداء الإنسان مسؤولياته المتعددة شكرًا لأنعم ربه وعظيم إحسانه.

عوامل تفعيل إرادة الإنسان في الجانب العملي

تتلخص أبرز عوامل تفعيل إرادة الإنسان في الجانب العملي في: القدوة، والتدريب، والجماعة، والتنافس بين الخير والشر. وفي ما يلي تفصيل ذلك:

1. القدوة

يمثل الأنبياء قدوة للبشر بامتياز، بما حفلت به حياتهم من عمل صالح ومسارعة في الخيرات وجهاد ومثابرة وصبر. فقد كوَّنوا من خلال كل هذه العناصر وغيرها منهج الحياة الأمثل، بما تمثلوه من صفات الصلاح سلوكًا واقعًا. ومن ثم، فعلى البشر أن يتبعوا هذا المنهج في سبيل خلافة أرقى.

وعدم الإيمان بالأنبياء يفضي إلى عدم الاقتداء بهم، مما يجعل الناس من دون طريق صحيح يتبعونه في توجيه فاعليتهم، وهذا ما يجعل هذه الفاعلية تتجه نحو خدمة مصالحهم، بل يمكن أن تتعداها إلى الإفساد في الأرض.

2. التدريب

فقد وهب الله (تعالى) للإنسان طاقات هائلة وإمكانات متعددة، لكن أكثر هذه الطاقات كامن يحتاج إلى اكتشاف، من خلال التنمية والتدريب، حتى يبلغ الإنسان أعلى كمالاته المتاحة. لذلك، يُعَد التدريب من آليات تفعيل إرادة الإنسان وتوجيهها، فهو يمنح الفرصة

للأفراد لأن يحولوا الجانب النظري الذي يمثل مجموع ما اكتسبه من معلومات وإرادات إلى الجانب الفعلي، مما يجعلهم متأهلين لتحمل مسؤولياتهم بأنفسهم، كلٌ حسب قدرته.

3. الجماعة

وهي توفر العون والمواساة لأفرادها، مما يحفزهم على تحمل مسؤولياتهم. وحين يستشعرون أنهم جزء لا يتجزأ منها، يؤدون واجب التواصي بالحق بينهم، بينما في غياب المنهج الحق، يمكن أن يكون للجماعات تأثير سلبي على الأفراد، بما يمكن أن توفره من عناصر التشجيع على الإفساد، وبالتالي يغيب الشعور بتحمل المسؤوليات. وقد خص الإنسان في بنيته المعنوية بجملة من العواطف والغرائز، ذات البعد الفردي والاجتماعي، من شأنها أن تحقق له التواصل النوعي والتواصل الاجتماعي، وتضمن التآزر بين الأفراد والتعاون في تأدية الأعمال، وغيرها من المنافع.

4. التنافس بين الخير والشر

فهذا العامل يشكل حافزًا لأصحاب الخير كي يتقدموا ويتنافسوا من أجل نشر الخير، بكل ما يستلزمه ذلك من عمل ومجاهدات. لذا، فالتنافس بين الحق والباطل يُعَد من بين المحفزات لإرادة الإنسان. فقد أحسَّ مؤمن آل فرعون بمسؤولية نصرة الحق في وجه المتسلطين المغوين للناس المناصرين للباطل، ففرعون يدعو قومه ويحاول التأثير فيهم بكل ما أوتي من قوة، فكان له المؤمن بالمرصاد بكل ما أوتي من أدلة: ﴿وَيَٰقَوۡمِ مَا لِيٓ أَدۡعُوكُمۡ إِلَى ٱلنَّجَوٰةِ وَتَدۡعُونَنِيٓ إِلَى ٱلنَّارِ * تَدۡعُونَنِي لِأَكۡفُرَ بِٱللَّهِ وَأُشۡرِكَ بِهِۦ مَا لَيۡسَ لِي بِهِۦ عِلۡمٞ وَأَنَا۠ أَدۡعُوكُمۡ إِلَى ٱلۡعَزِيزِ ٱلۡغَفَّٰرِ * لَا جَرَمَ أَنَّمَا تَدۡعُونَنِيٓ إِلَيۡهِ لَيۡسَ لَهُۥ دَعۡوَةٞ فِي ٱلدُّنۡيَا وَلَا فِي ٱلۡأٓخِرَةِ وَأَنَّ مَرَدَّنَآ إِلَى ٱللَّهِ وَأَنَّ ٱلۡمُسۡرِفِينَ هُمۡ أَصۡحَٰبُ ٱلنَّارِ﴾ (غافر: 41–43).

ولا شك أن السعي إلى التغلب على إغراءات الشيطان، بالإقبال على الخيرات، ومخالفة دعوته، يُعَد من أوجه التنافس: ﴿قَالَ فَبِمَآ أَغۡوَيۡتَنِي لَأَقۡعُدَنَّ لَهُمۡ صِرَٰطَكَ ٱلۡمُسۡتَقِيمَ﴾ (الأعراف: 16). وهذا الإيحاء، وذلك الإغواء، يعتمدان على نقط الضعف الفطرية في الإنسان. وهذا الضعف يمكن اتقاؤه بالإيمان والذكر حتى لا يكون للشيطان سلطان على المؤمن الذاكر، ولا يكون لكيده الضعيف حينئذ من تأثير.

وهو ما يتقرَّر من أن الشيطان ليس له إلا الإغراء؛ قال الله (تعالى): ﴿وَقَالَ ٱلشَّيْطَٰنُ لَمَّا قُضِيَ ٱلْأَمْرُ إِنَّ ٱللَّهَ وَعَدَكُمْ وَعْدَ ٱلْحَقِّ وَوَعَدتُّكُمْ فَأَخْلَفْتُكُمْ ۖ وَمَا كَانَ لِيَ عَلَيْكُم مِّن سُلْطَٰنٍ إِلَّآ أَن دَعَوْتُكُمْ فَٱسْتَجَبْتُمْ لِي ۖ فَلَا تَلُومُونِي وَلُومُوٓا۟ أَنفُسَكُم ۖ مَّآ أَنَا۠ بِمُصْرِخِكُمْ وَمَآ أَنتُم بِمُصْرِخِيَّ ۖ إِنِّي كَفَرْتُ بِمَآ أَشْرَكْتُمُونِ مِن قَبْلُ ۗ إِنَّ ٱلظَّٰلِمِينَ لَهُمْ عَذَابٌ أَلِيمٌ﴾ (إبراهيم: 22). فليس ثمة سلطة في الإضلال، حتى للشيطان، بل كل دوره هو أن يوسوس ويثير ويدعو الإنسان إلى الاستجابة له، بعيدًا عن دعوة الله، وتلك هي مهمته الأساسية، ويبقى بعد ذلك للإنسان دوره في التفكير، والموازنة بين دعوة الله ودعوة الشيطان، فإذا سار مع فطرته كان ذلك باختياره، وإذا انطلق في طريق الشيطان فبإرادته سارت خطواته، فلماذا يلقون اللوم على الشيطان، ولا يلقون اللوم على أنفسهم، في الوقت الذي لم يكن منه إلا إثارة مكامن الشهوة وتزيينها للنفس، بينما كان منهم التصميم والإرادة والعمل؟!

ومن بين الأسس الثابتة لتحمل المسؤولية شكر النعم، وقد مثَّل الرسل الكرام أبرز النماذج في السعي في الخيرات شكرًا لأنعم الله: ﴿إِنْ أَجْرِيَ إِلَّا عَلَى ٱلَّذِي فَطَرَنِيٓ﴾ (هود: 51). كما يتجلى شكر نعم الله (تعالى) في السعي في الأرض بإصلاحها.

وتُعَد مسؤولية شكر النعم ثمرة لما يصل إليه الإنسان من وعي بعظمة خالقه، وما يسلكه في سبيل تفعيل إرادته، فتكون أعماله كلها مخلصة لوجه الله (تعالى)، راجيًا بها الوفاء ولو بجزء يسير من جميل إنعام الله عليه، كما قال الرسول: «أَفَلَا أَكُونُ عَبْدًا شَكُورًا» (رواه الشيخان)؛ مستمدًا استعلاءه على كل المثبطات من سمو هدفه.

فموضوع المسؤولية موضوع ثري حيوي في آن، فهو يهم الإنسان في كل عصر لارتباطه الوثيق بوجوده أساسًا، ويضم بين ثناياه كثيرًا من العناصر التي تحتاج إلى بحوث للتوسع فيه. كما يحسن تناول المسؤوليات الجزئية ببحوث مستقلة، وذلك لما لها من أهمية في الارتقاء بالبشر إلى حسن أدائها وإتقانها.

الفصل الرابع

الباب الأول

الخصائص الرئيسة للمسؤولية الاجتماعية

المسؤولية الاجتماعية تتميز ببعض الخصائص الرئيسة، وهي:

الخاصية الأولى: التوازن بين التكوين البيولوجي للإنسان والتكوين الاجتماعي

فالمسؤولية الاجتماعية للفرد تعكس توازنًا بين التكوين البيولوجي والتكوين الاجتماعي له، وهو ما يعني أن الإنسان بحكم تكوينه البيولوجي والخلقي مؤهل لأن يتحمل المسؤولية الاجتماعية، ويؤكد ذلك امتلاكه للعقل المدرك القادر على إدراك المسؤولية؛ قال (تعالى) في ذلك: ﴿إِنَّا عَرَضْنَا ٱلْأَمَانَةَ عَلَى ٱلسَّمَٰوَٰتِ وَٱلْأَرْضِ وَٱلْجِبَالِ فَأَبَيْنَ أَن يَحْمِلْنَهَا وَأَشْفَقْنَ مِنْهَا وَحَمَلَهَا ٱلْإِنسَٰنُ ۖ إِنَّهُۥ كَانَ ظَلُومًا جَهُولًا﴾ (الأحزاب: 72)، وهو ما يعني أن الإنسان كائن مخلوق مؤهل لأداء أدوار اجتماعية.

ويسمي عالم الاجتماع تالكوت بارسونز (Talcott Parsons) هذه الحالة «الاستعداد» (Need–Disposition)؛ أي أن الإنسان كائن مخلوق لكى يؤدي أدوارًا، ويتحمل مسؤوليات اجتماعية. واستنادًا إلى هذا البعد الفطري أو الخلقي في الإنسان، فإنه يكتسب مسؤولياته الاجتماعية، واحدة تلو الأخرى، من خلال التنشئة الاجتماعية عبر مؤسسات التنشئة الاجتماعية المختلفة، حيث تؤسس فيه هذه المؤسسات بنية المسؤولية الاجتماعية، بجوانبها المتعلقة بالواجبات أو الحقوق.

الخاصية الثانية: المتغيرات

تتباين المسؤولية الاجتماعية وفقًا لمجموعة من المتغيرات الاجتماعية، وهي:

1. متغير النوع

إذ تتباين المسؤوليات الاجتماعية التي ينهض بها الإناث عن تلك التي ينهض بها الذكور، استنادًا لمتغير النوع.

2. متغير السن

حيث يؤدي متغير السن دورًا محوريًّا في تحديد قدر المسؤولية الاجتماعية للشخص.

3. متغير المستوى الاجتماعي| الاقتصادي

فثمة فاعلية لمتغير المستوى الاجتماعي| الاقتصادي في هذا الصدد، حيث نجد أن مساحة المسؤولية الاجتماعية تتسع عند الأغنياء، في مقابل مساحة المسؤولية الاجتماعية للفقراء. وتأكيدًا لذلك، نجد أن المرجعيات الدينية تتحدث عادة عن مسؤوليات الأغنياء تجاه الفقراء، وتفرض واجبات معينة عليهم، كالزكاة مثلًا.

4. متغير التعليم

فملكية بعضهم لرأس المال التعليمي أو الثقافي أو الاجتماعي تجعل من هذه الفئة المالكة نخبة، تكون بالتالي مسؤولياتها الاجتماعية أكثر اتساعًا، في مقابل المسؤوليات الاجتماعية للجماهير. وفي هذا الإطار، نستطيع تأكيد قاعدة أنه كلما كان الإنسان أكثر انتماء للمجال العام وأكثر ارتباطًا به، اتسعت مساحة المسؤولية الاجتماعية بصورة واضحة.

الخاصية الثالثة: الأبعاد الأساسية

وتشير إلى أنها لا تختلف بين المجتمعات، فجميع البشر لديهم مسؤوليات اجتماعية تجاه المجتمع. وفي هذا الإطار، من الضروري أن نميز في المسؤولية الاجتماعية للفرد عدة أبعاد أساسية، تتمثل في طبيعة مسؤوليات الفرد تجاه التكوينات الاجتماعية داخل المجتمع، فكلما كانت التكوينات الاجتماعية ذات طبيعة إثنية، بات ثقل الواجبات بالنظر إلى الحقوق

في بنية المسؤولية أعلى. غير أننا إذا انتقلنا من نطاق التكوينات الاجتماعية الإثنية ذات الطبيعة التقليدية إلى المجتمع، فإننا سوف نلاحظ توازنًا في بنية المسؤولية بين الحقوق والواجبات.

وارتباطًا بذلك، فإنه كلما قطع المجتمع شوطًا على طريق التقدم ابتعد عن التكوينات الإثنية، وكلما تحققت بصورة نسبية دولة الرفاهية تضخم مكون الحقوق، في مقابل مكون الواجبات، بحيث تصبح حقوق المواطن على الدولة واضحة معترفًا بها، بخلاف الدولة المتخلفة التي لا تعترف بأن للمواطن حقوقًا إلا على الصفحات الورقية للدستور.

ومن الأبعاد الأساسية للمسؤولية الاجتماعية للفرد أنها تتشكل في اتجاهين، فثمة مسؤولية للفرد تجاه الآخر داخل المجتمع، إذ إن عليه عدد من الواجبات تجاه الآخرين، كما أن له حقوقًا عليهم، وهو ما يمكن أن نسميه المسؤولية في بعدها الأفقي. بالإضافة إلى ذلك، يوجد البعد الرأسي للمسؤولية الاجتماعية، وهى مسؤولية الفرد تجاه المجتمع، فعليه استنادًا إلى مرجعية المواطنة حزمة من الواجبات، في مقابل أن له حزمة من الحقوق.

الخاصية الرابعة: الاتساع

وتعني أن ثمة دوائر متتابعة للمسؤولية، ابتداء من مسؤولية الفرد في نطاق الأسرة حتى المسؤولية بصفته فردًا في هذا العالم. وفي هذا الإطار، فإننا نلاحظ أن عبور الفرد إلى دوائر أوسع من المسؤولية، يستند إلى بعدين أساسيين:

1. النمو أو التطور العمرى

إذ نجد أن الإنسان كلما كبر اضطلع بمسؤوليات أوسع، كالانتقال من حدود المسؤولية الأسرية إلى نطاق مسؤولية الفرد في العمل مثلًا، بحيث تصبح مسؤولية العمل مضافة إلى مسؤولية الفرد.

2. تحرك الفرد من مجال الأسرة

حيث الانتقال من المجال الخاص إلى المجال العام، ومن المجال العام إلى مركز المجال العام. وفي هذه الحالة، فإننا نجد أن بعض الأفراد تتوقف مسؤولياتهم عند حدود الأسرة أو العمل، وبعضهم الآخر تتسع مسؤولياتهم الاجتماعية، فينضموا إلى النخبة الاجتماعية

والثقافية، بحيث يضيفوا إلى مسؤولية العمل مسؤوليات عامة كونهم من النخبة، ومن ثم تتسع مسؤولياتهم لتصبح مسؤوليات عن المجتمع ككل. وإذا تأملنا هذه القضية، فسوف نجد أن اتساع المسؤولية الاجتماعية للفرد تتضافر مع اتساع مساحة تفاعله الاجتماعي. وعليه، نجد أن مساحة المسؤولية الاجتماعية تتسع للكبار مقابل الصغار، والرجال مقابل النساء، والعقلاء مقابل فاقدي العقل، ومن هم في أعلى السلم الاجتماعي مقابل من هم في درجاته الأدنى.

الخاصية الخامسة: التوازن بين الحقوق والواجبات

تؤكد المسؤولية الاجتماعية أهمية التوازن بين الحقوق والواجبات. فإذا كانت الواجبات مفروضة بداية على الفرد، استنادًا إلى وازع أخلاقي بداخله أو أوامر دينية تفرض عليه ذلك، أو أنها عبارة عن لزوميات متوقعة من الآخر الذى يتدرج حتى الآخر العام، فإننا في مقابل ذلك نجد أن من حق الفرد على المجتمع أن يحصل على الفرص التي تتيح له إشباع حاجاته الأساسية التي يُعبَّر عنها عادة بصيغ حقوق الإنسان.

وفي هذا الإطار، فإننا نجد أنه كلما تحقق التوازن بين الواجبات والحقوق قوي ارتباط الفرد بمجتمعه، وتأكد انتماؤه له، وانعكس ذلك على دعم المواطنة. أما إذا اهتز التوازن بين الواجبات والحقوق، كأن يفرض المجتمع (ممثلًا في الدولة) على الفرد كثيرًا من الواجبات، فإن مثل هذا الموقف يصبح قهريًا. وإذا استمر لفترة طويلة، فإنه قد يضعف انتماء الفرد لمجتمعه، خاصة أن الأخير يفرض عليه النهوض بالواجبات دون أن يمنحه حقوقه في إشباع حاجاته الأساسية. والعكس بالعكس، فإنه إذا اختل التوازن لصالح الحقوق تنتشر حالة من الاسترخاء في المجتمع، وتُقتَل الطوعية والإرادية في الأفراد، ما قد يؤدي إلى ضعف الانتماء الذي يصبح مدخلًا لحالة من عدم الاستقرار الاجتماعي الذي يحدث عادة عندما تغيب العدالة في ما يتعلق بتوزيع الحقوق والواجبات بين مختلف أفراد المجتمع أو جماعاته.

الخاصية السادسة: الوازع الأخلاقي

وتذهب هذه الخاصية إلى أن الوازع الأخلاقي يُعَد إحدى الخصائص الأساسية للمسؤولية الاجتماعية، ويرجع ذلك إلى أن سلوك الفرد والأدوار التي يؤديها في مختلف المجالات الاجتماعية تكون موجهة بثلاثة أبعاد أساسية:

البعد الأول: ويبرز من خلال منظومات القيم، بصفتها موجهات ثقافية عامة، حيث يعني توجيهها لأداء البشر لأدوارهم الاجتماعية تعبيرًا عن بعد أخلاقي.

البعد الثاني: ويستند إلى القيم والمبادئ التي تتسلل إلى داخل الفرد عبر عملية التنشئة الاجتماعية لتشكل ضميره الداخلي الذى يدفعه إلى أداء أدواره أو مسؤولياته الاجتماعية، حسبما يفرضه أو يطلبه المجتمع.

البعد الثالث: ويتصل بصيغة التوقعات المتبادلة، حيث يعمل الوازع الأخلاقي هنا باتجاه تطابق أداء الفرد لأدواره التي تعكس وفاءه بمسؤولياته الاجتماعية مع توقعات الآخر، ابتداء من الآخر الفردي إلى الآخر العام أو المجتمع.

بالإضافة إلى ذلك، فإن ثمة وازعًا أخلاقيًا للوفاء بالمسؤولية الاجتماعية من خلال تحول الثقافة ومنظومات القيم لأعراف وتقاليد وقواعد وقوانين تفرض ضرورة وفاء الأفراد بمسؤولياتهم الاجتماعية تجاه الجماعة أو المجتمع، وإلا واجه الفرد العقاب بسبب تقصيره في الوفاء بأي من متطلبات المسؤولية الاجتماعية.

الباب الثاني

المكونات البنائية لمتغير المسؤولية الاجتماعية

عرضنا في الأبواب السابقة تعريفًا لمفهوم المسؤولية الاجتماعية، وتبيَّن لنا أنها المسؤولية الأكثر شمولًا، إذ تحتوي على مختلف أنماط المسؤوليات الأخرى، كالمسؤولية الأخلاقية والأدبية والدينية والقانونية. وإذا كنا في الصفحات السابقة قد عرضنا لتعريف المسؤولية الاجتماعية، وخصائصها الأساسية، فإننا نعرض في الصفحات التالية لمكونات بنية المسؤولية الاجتماعية، بصفتها متغيرًا واقعيًّا له مفهومه الذي يرمز إليه.

وارتباطًا بذلك، فسوف نركز بالأساس على متغير المسؤولية الاجتماعية بصفته تكوينًا واقعيًّا. والمتغير بطبيعته هو عنصر له بناء ووظيفة، تنظم شروط أساسية فاعليته، وتضبط تفاعله مع مختلف المتغيرات الأخرى المشكلة لبناء المجتمع.

عناصر بناء متغير المسؤولية الاجتماعية

نعرض في ما يلي عناصر بناء متغير المسؤولية الاجتماعية، وهي: الاهتمام - الفهم- القدرة على المشاركة - التقييم - الحرية - أنماط القيود - الإرادة - العقل والوعي- توازن الحقوق والواجبات.

1. الاهتمام بالجماعة

ويتضمن الارتباط العاطفي بالجماعة، وحرص الفرد على سلامتها وتماسكها

واستمرارها، إضافة إلى تطوير قدراتها على تحقيق أهدافها، وتندرج تحته عدة مستويات أساسية:

المستوى الأول: يتمثل بالانفعال مع الجماعة. ويتحقق ذلك حينما يساير الفرد بصورة آلية الحالة الانفعالية للجماعة مسايرة موضوعية منطقية، بصفته وحدة مضمنة في بنية الجماعة. ومن ثم، يتسم توحده مع الجماعة انفعاليًّا بالتلقائية.

المستوى الثاني: يتصل بالاهتمام بالانفعال بالجماعة، وهو أمر يحدث بصورة إرادية طوعية، حيث يتحقق تضامنه مع الجماعة استنادًا إلى قناعاته الذاتية. ومن ثم، تصبح أهدافها أهدافه. وفي نطاق ذلك، نجده يسعى بصدق وشفافية لتحقيق أهداف الجماعة التي تصبح مرجعية لأهدافه الفردية في غالب الأحيان.

المستوى الثالث: يشير إلى الاهتمام بالجماعة حد التكامل معها، وهو ما يعني أن الفرد يشعر بأن مصيره مرتبط بمصير الجماعة، فيتأثر بتفاعلاتها وأحداثها حتى يشعر بأن الجماعة امتداد لذاته، وأن خيرها خير له. ومن ثم، يسعى من أجل مصلحتها، ويبذل كل جهده من أجل إعلاء مكانتها وتحقيق أمنها. وهذا الاهتمام يعبر عن العواطف الوطنية التي تُعَد أبرز نماذج التوحد مع الجماعة، حيث يهتم الإنسان بالجماعة حينما يستوعب تراثها، وتصبح هي مرآة ذاته. وهو بهذا التوحد يؤدي دورًا، إذا تبنى الآخرون السلوك نفسه، في تأكيد التضامن الاجتماعي للجماعة.

2. الفهــم

ويتضمن فهم الفرد للجماعة إدراك القوى النفسية المؤثرة في أعضاء الجماعة، والدوافع التي تشكل الطاقة المحركة لسلوكياتهم، والمعاني الأساسية التي يستوعبها من قِبل الجماعة ومنظوماتها القيمية. ويساعد هذا الفهم كذلك على إدراك اهتمامات الجماعة وقضاياها ومشكلاتها. وعلى هذا النحو، يساعد الفهم الصحيح لواقع الجماعة في دعم مشاركة الفرد في حياة الجماعة، ووفائه بمسؤولياته الأساسية.

ويتطلب الفهم الالتزام بالمعايير والاهتمامات الجماعية للجماعة، إضافة إلى مقاومة الضغوط الحياتية (إن كان لها مبرر) التي يؤدي الخضوع لها إلى إضعاف روابطه مع

الجماعة. ومن شأن الفهم، بصفته أحد أركان المسؤولية الاجتماعية، أن يؤدي دورًا في تحديد المشكلات التي تعانى منها الجماعة. ومن ثم، المساهمة بأفضل السبل والجهود لحل مشكلاتها أو تخليصها من تفاعلاتها السلبية.

علاوة على ذلك، فإن الفهم يساعد على مواجهة الأزمات التي قد تتعرض لها الجماعة، وتحمل مسؤولية المشاركة في هذه المواجهة. ومن الواضح أن الأزمات التي تتعرض لها الجماعة تدفع بها إلى أحد احتمالين: التحلل والانهيار، أو البقاء بمزيد من الحيوية. وذلك يعني أن فهم الفرد لأوضاع الجماعة يساعده في البحث عن أفضل السبل التي تيسر مشاركته الفعَّالة لدعم الجماعة بإمكانياته وطاقاته حتى تستطيع الخروج من أزمتها، حيث يقتضي هذا الفهم أن يعمل المواطنون حين مواجهة أزمة باتجاه استدعاء خبرات المجتمع، سواء تلك الكائنة في التراث (أو التي تحققت في ماضيه) وهذه التي تتوافر في حاضره، للمساهمة في حل الأزمة التي يواجهها.

3. المشاركة

ونقصد هنا المشاركة الملتزمة المسؤولة للفرد. وفي هذا الإطار، نجد أن المشاركة الملتزمة تُعَد جزءًا أو بعدًا رئيسًا من أبعاد المسؤولية الاجتماعية، وهو ما يعني الالتزام بالمشاركة في تجسيد أهداف الجماعة. وهنا، من الضروري تأكيد أن المشاركة ينبغي أن تتحقق بالنظر إلى مرجعية الجماعة، وليس بالنظر إلى مرجعية الأنظمة السياسية، لأنه قد يحدث انفصال في مجتمعات الجنوب بين أداء النظام السياسي واحتياجات الجماعة، وهو الانفصال المسؤول بقدر كبير عن تخلفها. لذلك، فإنه من الضروري أن تكون المشاركة واعية ملتزمة بتطوير أوضاع الجماعة والارتقاء بها.

وتتطلب المشاركة الجادة توفر عدة أركان أساسية: الأول تحديد الأهداف الأساسية التي تسعى الجماعة لتحقيقها، وما يتطلبه تحقيق هذه الأهداف من مناشط وجهود تنهض بها مختلف الأدوار؛ والثاني القبول، ويعني قبول الفرد النهوض بمختلف أدواره الاجتماعية تجسيدًا للمسؤولية حسبما تفرض الثقافة ذلك، ثم إنجاز الأدوار بما يساعد على رفع كفاءة المجتمع أو الجماعة، ويعني ذلك أن يؤدي الفرد أدواره المختلفة حسبما تحدد ذلك المنظومات القيمية

والمعيارية للجماعة؛ والثالث التنفيذ، ويعني أداء الأدوار بما يساعد على إنجاز أو تحقيق الأهداف، وذلك حتى يمكن أن تتحقق النتائج المرجوة من أداء الأدوار أو أداء جهود المشاركة.

4. التقييم

حيث يعمل الإنسان على تقييم أدائه ومشاركته في مختلف المجالات الاجتماعية للتأكد من أن أداءه لهذه الأدوار كانت له فاعليته في تحقيق أهداف الجماعة ومصالحها العامة. وتساعد ثقافة المجتمع ومنظومات القيم التي يستوعبها البشر من خلال عملية التنشئة الاجتماعية في تعريف الشخص بالمستويات المثلى لأداء الأدوار التي تطلبها المشاركة الاجتماعية، كما تؤهله للتضامن مع الآخرين حتى تتدفق المشاركة بطبيعة جماعية باتجاه الارتقاء بأوضاع المجتمع أو الجماعة.

5. الحـــرية

وهي شرط ومكون أساسي من مكونات المسؤولية الاجتماعية، بل هي من الشروط المنشئة لهذه المسؤولية. ويؤكد ذلك تنظير العقد الاجتماعي الذى فرض أن تكون الحرية مكونًا أساسيًّا لتطوير المسؤولية عن تطوير المجتمع وكل التكوينات الاجتماعية، بما في ذلك النظام ذاته. وعلى هذا النحو، تُعَد الحرية مصدرًا ومكونًا محوريًّا من مكونات المسؤولية الاجتماعية. ونقصد هنا بالحرية قدرة الفرد على الاختيار والمفاضلة بين الأمور، وشعوره بقيمته وأهليته لتحمل نتائج أفعاله. وهذا يعني أن الإنسان أو المواطن لا يكون مسؤولًا مسؤولية كاملة حال أدائه بعض الأفعال في ظل ضغوط داخلية أو خارجية، فالقوة التي قد تفرض على الشخص الوفاء بأدوار وجهود معينة تقود إلى تآكل المسؤولية عن أفعاله.

6. أنماط القيود

ثمة ثلاثة أنماط من القيود التي تحد من حرية الفرد، ومن ثم تجعل المسؤولية الاجتماعية ناقصة إلى حد كبير، وهي:

النمط الأول: القيود التي تفرضها الثقافة. فإذا تبنى بعض الأفراد عددًا من القيم أو القناعات الثقافية ذات الطبيعة الجامدة التي تصرفهم عن فهم احتياجات الواقع الاجتماعي،

فإن من شأن هذه القناعات أن تقلص وفاءهم بمسؤولياتهم الاجتماعية، والمثال على ذلك أعضاء الجماعات الدينية المتطرفة الذين تفرض عليهم قناعاتهم الثقافية ممارسة العنف والاعتداء على المجتمع، أو محاولة جذبه إلى الخلف أو إلى نوع من الماضوية المرفوضة، إذ نجدهم بذلك يتخلون عن المسؤولية الاجتماعية تجاه المشاركة في مجتمعهم والعمل على تطويره، وذلك لكونهم يريدون نزع المجتمع عن عصره وحاضره وعالمه. وبالمنطق نفسه يعمل العلمانيون المتطرفون الذين يسعون إلى نقل الثقافة ومنظومات القيم الغربية لكي تسيّر وتنظّم التفاعل في مجتمعاتنا، معتدين بذلك على هويتها، غير عابئين بتراثها، فارضين قيودًا على مسؤولياتهم الاجتماعية لكونهم يعبثون باستقلالية مجتمعهم، إضافة إلى تخليهم عن تراثهم وهويتهم، ومن ثم انتمائهم الذي هو الطاقة الدافعة عادة للوفاء بالمسؤولية الاجتماعية.

النمط الثاني: القيود التي تفرضها الأنظمة السياسية أو الحكومات على المواطنين. وهي قيود تقلص من حريتهم، ومن ثم تنتقص ركنًا من أركان المسؤولية الاجتماعية، والمثال على ذلك الممارسات السياسية أو الاقتصادية التي قد تتبناها الحكومات دون أن تضع في الحسبان مضامين الرأي العام، أو الممارسات التي تقلص من حرية التعبير، ومن ثم تضر بالمسؤولية الاجتماعية. ويدخل في هذا الإطار الضغوط الاقتصادية التي يتعرض لها البشر في المجتمع، وتؤدي دورًا في تقليص مساحة حركتهم وحرياتهم، وقد تصل أحيانًا إلى حرمانهم من المشاركة، خاصة إذا تزاوجت مع مظاهر الفساد في المجتمع. فإن ذلك من شأنه أن يضع قيودًا على حرية البشر في التحرك للحصول على الفرص التي هي من حقهم، الأمر الذى قد يؤدي إلى كثير من مظاهر الاحتجاج الاجتماعي التي تبدأ باللامبالاة والانسحاب وتنتهى بالتمرد والرفض، وكلها سلوكيات تعوق الوفاء بالمسؤولية الاجتماعية في مستوياتها السوية.

النمط الثالث: القيود الشخصية. وهي تلك القيود التي تنبع من داخل الشخصية، إذ يحدث أن تتكاثر في فترات التحول الاجتماعي التي تمر بها بعض المجتمعات بعض شرائح البشر، خاصة على مستوى النخبة الاجتماعية، التي تسعى لتحقيق مصالحها الخاصة تعبيرًا عن عواطف أنانية غير إيثارية. وذلك على حساب المصالح العامة للمجتمع، الأمر الذى

يسقط التزام هؤلاء البشر نحو الوفاء بمسؤولياتهم الاجتماعية نحو مجتمعهم، إضافة إلى أنه ينشر عدوى عدم التزام شرائح واسعة من المواطنين بمسؤولياتهم الاجتماعية، ما يؤدي في النهاية إلى إضعاف المجتمع.

7. الإرادة

وهي تعبر عن جوهر الشخصية الإنسانية، وتتأسس استنادًا إلى الخبرات الإنسانية المتناقضة التي تضم اللذة والألم، الخوف والإقدام، الحب والكراهية، بصفتها الأبعاد أو الجوانب التي تتحرك عبرها الشخصية الإنسانية. ونظرًا للطبيعة المتناقضة للخبرات الإنسانية، فإن ميل الإنسان إلى أي منها يكون عادة بفعل حركة الإرادة بين المتناقضات ضمن شفرة الفطرة الإنسانية.

وارتباطًا بذلك، فإنه تبرز اتجاهات عدة لمحاولة فهم أصل الإرادة الإنسانية، فهناك المصدر الديني الذى يرى أن الإنسان هو مصدر إرادته، بصفته مستخلفًا من الله، عملًا بقوله (تعالى) في كتابه الكريم: ﴿وَإِذْ قَالَ رَبُّكَ لِلْمَلَٰٓئِكَةِ إِنِّي جَاعِلٞ فِي ٱلۡأَرۡضِ خَلِيفَةٗۖ قَالُوٓاْ أَتَجۡعَلُ فِيهَا مَن يُفۡسِدُ فِيهَا وَيَسۡفِكُ ٱلدِّمَآءَ وَنَحۡنُ نُسَبِّحُ بِحَمۡدِكَ وَنُقَدِّسُ لَكَۖ قَالَ إِنِّيٓ أَعۡلَمُ مَا لَا تَعۡلَمُونَ﴾ (البقرة: 30)، وقوله (سبحانه): ﴿قُلۡنَا ٱهۡبِطُواْ مِنۡهَا جَمِيعٗاۖ فَإِمَّا يَأۡتِيَنَّكُم مِّنِّي هُدٗى فَمَن تَبِعَ هُدَايَ فَلَا خَوۡفٌ عَلَيۡهِمۡ وَلَا هُمۡ يَحۡزَنُونَ﴾ (البقرة: 38)، وقوله (عز وجل): ﴿يَوۡمَئِذٖ يَصۡدُرُ ٱلنَّاسُ أَشۡتَاتٗا لِّيُرَوۡاْ أَعۡمَٰلَهُمۡ * فَمَن يَعۡمَلۡ مِثۡقَالَ ذَرَّةٍ خَيۡرٗا يَرَهُۥ * وَمَن يَعۡمَلۡ مِثۡقَالَ ذَرَّةٖ شَرّٗا يَرَهُۥ﴾ (الزلزلة: 6–8)، وقوله (تعالى): ﴿أَلَمۡ نَجۡعَل لَّهُۥ عَيۡنَيۡنِ * وَلِسَانٗا وَشَفَتَيۡنِ * وَهَدَيۡنَٰهُ ٱلنَّجۡدَيۡنِ﴾ (البلد: 8–10). وبذلك يؤكد المصدر الديني الإرادة الإنسانية، فالإنسان سيد إرادته بحكم استخلافه تارة، وبحكم قدرته على التمييز تارة أخرى.

وتشكل الفلسفة المصدر الثاني لتأكيد الإرادة الإنسانية، حيث يذهب الفكر النفعي إلى أن الإنسان في حاله الطبيعي هو منشئ فعله. ورغم أنه يؤسس فعله لتحقيق نفع ذاتي، فإن هذا الفعل يصبح ذا طبيعة اجتماعية تسعى لنفع الآخرين. وفي هذا الإطار، يصور جون ستيورات مل إنسانًا ينصف غيره، ويعدل بين نفسه والآخرين عند توزيع المنافع، ويتجه بالخير وجهة اجتماعية خالصة. ومن ثم، فقد أقام الصلات بين سعادة الفرد وسعادة المجموع، وأوجب

أن يضحي الفرد بسعادته من أجل المجموع. وبذلك، أقر جون ستيورات مل الغيرية، وأباح التضحية، بشرط أن تكون أداة لخدمة المجموع، وأكد أن بوسع الإنسان أن يعمل على إسعاد الآخرين، دون أن يكون في ذلك مصلحة له، وذلك ما يفعله البطل الشهيد الذي يضحي بنفسه في سبيل الآخرين طائعًا مختارًا. كذلك، فقد أكدت الفلسفة الوجودية بوضوح بعد ذلك الفعل والاختيار والإرادة الإنسانية، وهو ما يعني أن الإرادة هنا تشكل بعدًا أساسيًّا في بناء المسؤولية الاجتماعية.

بيد أن هذا لم يمنع ظهور بعض الاتجاهات النظرية التي ترى أن الإرادة الفردية يستوعبها الفرد من المجتمع. فمن خلال عملية التنشئة الاجتماعية، يستوعب الإنسان القيم والسلوكيات المجسدة لأهداف المسؤولية ووظائفها في المجتمع، كأن الإرادة الفردية هي من صنع المجتمع. وفي هذه الحالة، فإن نهوض الفرد بأدواره المختلفة والمسؤولية الاجتماعية يصبح مطلبًا أو لزومية اجتماعية عليه الوفاء بها. فإذا تحقق هذا، فإنه يتسق مع حركة المجتمع، ويدعم هذه الحركة. وإذا خالف المسؤولية الاجتماعية، فإن ذلك قد يستوجب عقاب المجتمع. وهو ما يعني أن المسؤولية الاجتماعية التي يضطلع بها الفرد إنما هي غرس أو استنبات اجتماعي على ساحته، ولو بصورة غير مباشرة.

8. العقــل والوعــي

يُعَد العقل مكونًا أساسيًّا من مكونات المسؤولية الاجتماعية، وذلك أن أداء المسؤولية الاجتماعية يتطلب كائنًا عاقلًا. وهذا يعني أن المسؤولية الاجتماعية لا تقع على المجنون أو المعتوه لذهاب عقله وقصور إدراكه، ولا الطفل لعدم اكتمال نموه العقلي والنفسي والاجتماعي. وتأكيد أهمية العقل، بصفته أحد مكونات بناء المسؤولية الاجتماعية، يرجع إلى أن العقل هو الذى يختزن خبرات الماضي التي تشكل تراكمًا معنويًّا يساعد الإنسان على ترشيد أدائه للمسؤولية الاجتماعية. كما أن الإنسان يستطيع بواسطة العقل اكتساب واستيعاب المعرفة الحديثة التي تساعده على تحديد أهداف المسؤولية الاجتماعية بدقة، وكذلك الوسائل التي تساعده في تحقيق هذه الأهداف، وهو ما يعني أن المعرفة تضفي الطابع العقلاني على المسؤولية الاجتماعية للفرد.

وعلاوة على ذلك، فإنه بواسطة العقل يستطيع الإنسان أن يصل إلى درجة من الوعي الموضوعي الذى على أساسه يمارس المسؤولية الاجتماعية. وعن طريق ممارسة البشر في المجتمع مسؤولياتهم الاجتماعية بوعي يستند إلى إعمال العقل، تصبح الحياة الاجتماعية في المجتمع متوازنة، أي تمارس التفاعلات الاجتماعية على أساس من التوقع، وكذلك التكامل، دون أن تخضع لأي عشوائية، بحيث لا تسقط حياة المجتمع أسيرة الانفلات وعدم الانضباط، والسقوط في إطار حالة من الفوضى الاجتماعية، أو السقوط أسيرة للتطرف والقهر المفروض الذي من شأنه أن يعطل القدرة على أداء الأدوار الاجتماعية استنادًا إلى مرجعية المسؤولية الاجتماعية، الأمر الذى يعوق تحقيق التوازن الاجتماعي، كما يعوق إنجاز عملية التنمية والتحديث.

وبناء عليه، فإن وفاء المواطن بمسؤولياته الاجتماعية يتطلب عدم تعرضه لما يشوه وعيه. ويتشوه الوعي بالمسؤولية الاجتماعية في حال انعدام الشفافية وإتاحة المعلومات لأن الوفاء بالمسؤولية الاجتماعية يكون عادة نتيجة الوضوح في أوضاع وأحوال السياق الاجتماعي الذي تُؤدَّى في إطاره المسؤولية الاجتماعية.

كذلك قد يؤدي الإعلام دورًا أساسيًّا في تشويه الحقائق المتعلقة بالمجتمع، الأمر الذي ربما يدفع الأفراد إلى أداء مسؤولياتهم الاجتماعية بمستوى الحد الأدنى، إذا هم اكتشفوا أن الحقائق التي لديهم عن مجتمعهم ليست صحيحة.

9. توازن الحقوق والواجبات

وذلك يعني أن المسؤولية الاجتماعية عبارة عن عملية تبادل متوازنة بين الحقوق والواجبات. وفي هذا الإطار، نجد أن للمسؤولية الاجتماعية طرفين، كلاهما يتبادل مع الآخر قيمًا ذات طبيعة مادية أو معنوية، وهو ما يشير إلى أن كليهما لديه مسؤولية اجتماعية تجاه الآخر، بحيث يؤكد ذلك أن بناء المسؤولية الاجتماعية يتشكل عادة من حزمة من الواجبات، إلى جانب حزمة من الحقوق، وأنه إذا نهض أحد الأطراف بالمسؤولية الاجتماعية، بأن يؤدي واجباته، فإنه من المؤكد أنه سوف يحصل في المقابل على حقوقه. وفي كثير من الأحيان، نجد أن الواجبات الاجتماعية هي الوجه البارز أو الظاهر للمسؤولية الاجتماعية،

بينما الحقوق قد تكون ظاهرة أو كامنة أو متضمنة، غير أنها من المؤكد تشكل بعدًا محوريًا في بناء المسؤولية الاجتماعية.

ومثال على ذلك أنه إذا كان على الفرد مسؤولية اجتماعية تفرض عليه واجبات معينة تجاه العائلة أو أي جماعة أو المجتمع، فإن ذلك يكون في مقابل عضويته داخل العائلة أو الجماعة أو المجتمع. وإذا كانت عليه واجبات بحكم المسؤولية الاجتماعية تجاه أي من هذه التكوينات الاجتماعية، فإن ذلك لأن أيًا منها منحه كثيرًا من الحقوق، مثل منحه حق المواطنة، إضافة إلى تطوير نوعية حياة ملائمة له، إلى جانب توفير فرص الحياة الكثيرة له ولأولاده، كفرصة الحصول على عمل ودخل، والحصول على ما يشبع احتياجاته الأساسية في المجتمع، إضافة إلى منحه حقوق التعبير الحر والمشاركة.

وذلك يعني أنه إذا كانت المسؤولية الاجتماعية لأي طرف من الأطراف هي ضمن عملية تبادل بين طرفين، فإن عدم وفاء أي من الأطراف بالتزاماته، سواء كانت حقوق أو واجبات، من شأنه أن يدفع الطرف الآخر إلى الإخلال بالتزاماته في المقابل، أو على الأقل عدم الوفاء بها في الحدود المثلى، وهو ما يؤدي بالمسؤولية الاجتماعية إلى أن تعيش حالة أزمة، وقد يقود اهتزاز حزمة مضامين المسؤوليات الاجتماعية في المجتمع إلى التأثير على الاستقرار الاجتماعي.

وظيفة المسؤولية الاجتماعية

ما دامت المسؤولية الاجتماعية بناءً، فإنه من الطبيعي أن تكون لها وظيفة اجتماعية أساسية، بالنسبة للفرد والمجتمع والمواطنة.

1. وظيفة المسؤولية الاجتماعية على المستوى الفردي

فإننا نجد أن وفاء الإنسان وإنجازه لمسؤولياته الاجتماعية يُعَد مدخلًا لتحقيق حالة الاستقرار الاجتماعي. وهنا، ندرك أن أداء المسؤولية الاجتماعية له وظائفه على ثلاثة مستويات:

المستوى الأول: مستوى الفرد. ويرجع إلى أن أداء الفرد لمسؤولياته وأدواره الاجتماعية يجعله يحس بالرضا الاجتماعي، فالإنسان بطبيعته يشارك في الحياة الاجتماعية لكي يكسب الاعتراف والقبول الاجتماعي.

المستوى الثاني: مستوى المجتمع. فإذا افترضنا أن غالبية البشر في المجتمع يؤدون مسؤولياتهم الاجتماعية، فإن ذلك سوف ينعكس على هيئة استقرار إيجابي للمجتمع. وإن الوفاء بالمسؤولية الاجتماعية سوف يعني في المقابل توفير ما يشبع الحاجات الأساسية للفرد في المجتمع.

المستوى الثالث: مستوى الجماعات. وفي هذه الدائرة الأوسع قليلًا، وهى التي تتشكل من الجماعات التي يشارك فيها الفرد، فإن وفاء الإنسان بمسؤولياته الاجتماعية من شأنه أن يعمل على تأكيد تماسك بنية الجماعات التي يشارك فيها، بحيث تكون هذه البنية في المقابل قادرة على إشباع الحاجات الأساسية لينجز مسؤولياته الاجتماعية. وهو ما يعني أن الوظيفة الظاهرة للمسؤولية الاجتماعية تعني اتجاه المواطن لأداء واجباته بما يدعم الجماعة التي تتلقى مضامين الإسهام الناتج عن أداء الواجبات، بينما تتمثل الوظيفة الكامنة في تلقي المواطن الذى أنجز المسؤولية الاجتماعية لحقوقه التي تشبع حاجاته الأساسية، بصفته عضوًا في الجماعة أو مواطنًا في المجتمع، الأمر الذى يحقق قدرًا من التماسك والاستقرار الاجتماعي، إضافة إلى أنه إذا كانت المشاركة والوعي أحد أركان المسؤولية الاجتماعية، فإن أداء الواجبات يعطي المواطن الحق في المساءلة التي تُعَد مدخلًا لترشيد القرار الاجتماعي والسياسي.

2. وظيفة المسؤولية الاجتماعية على المستوى المجتمعي

يشكل المجتمع الدائرة الأخيرة التي تؤدي المسؤولية الاجتماعية وظيفة على ساحتها، وذلك يرجع إلى أن المسؤولية الاجتماعية تُعَد إحدى القنوات التي تدعم المصلحة العامة، وهو ما يشكِّل أساس فاعليتها، بصفتها عنصرًا أساسيًّا في تمكين العلاقات الاجتماعية، وذلك أن التوحد مع الجماعة من شأنه أن يدفع الفرد إلى بذل جهوده من أجل إعلاء مكانة جماعته أو مجتمعه.

3. وظيفة المسؤولية الاجتماعية على مستوى المواطنة

وهنا، تتداخل المسؤولية الاجتماعية مع المواطنة، في ظل أن المواطنة هي أعلى تعبير عن هذا التوحد. ومن شأن التزام الفرد والمجتمع بمعايير المسؤولية الاجتماعية أن يؤكد حالة

الاستقرار والتكامل الاجتماعي، بينما إذا حدث إخلال في الوفاء بالمسؤولية الاجتماعية، كأن يؤدي الفرد الواجبات التي تفرضها المسؤولية دون أن يحصل على حقوقه، فإن ذلك من شأنه أن يضر بتوازن المسؤولية الاجتماعية، ويدفع إلى الخروج على المجتمع من أجل أن يحصل الفرد على حقوقه الأساسية. ومن ثم، فلا سبيل إلى تحقق الاستقرار الاجتماعي إلا إذا وقع تبادل بين جناحي المسؤولية الاجتماعية، الفرد والمجتمع.

المسؤولية الاجتماعية حقيقة متطورة

فنحن نعيش في عصر لا ثبات فيه؛ كل مفاهيمه ومتغيراته قابلة للتغير أو التطور. ونقول بالتطور لأن الخبرة الإنسانية تفرض علينا أن ندرك الحقيقة الاجتماعية بصفتها ذات حقيقة متكشفة. وهو التكشف الذى يفصح دائمًا عن مساحات جديدة.

ونكشف عن تطور المسؤولية الاجتماعية من خلال بعدين:

البعد الأول: **اتساع الدوائر التي تتتابع تاريخيًا**. وهي الدوائر التي تؤدي المسؤولية الاجتماعية فاعليتها على ساحتها. فقد كانت المسؤولية ذات طبيعة جماعية في المجتمعات الأولية، غير أنها أصبحت في المجتمعات الحديثة ذات طبيعة فردية، حيث كانت الجماعة في المراحل الأولى مسؤولة عن أعمال الفرد، بينما في المراحل الأخيرة أصبحت المسؤولية فردية، استنادًا إلى منطق التبادل والتعاقد الموجه بالقيم العقلانية.

البعد الثاني: **تطور المسؤولية الاجتماعية باتجاه الاتساع**. ففي المراحل الأولى من تاريخ التطور الإنساني، كانت المسؤولية محددة بالأطر المباشرة للفرد، إذ كانت مسؤولية الفرد تجاه الأسرة والعائلة (أو الجماعة القرابية)، ثم تطورت بعد ذلك واتسعت في المرحلة التالية. ففي المرحلة الإقطاعية، تحددت المسؤولية الاجتماعية للفرد بحدود المجتمع المحلي، بالإضافة إلى مسؤوليته عن التكوينات الاجتماعية السابقة الأدنى من المجتمع المحلي. وفي المرحلة الحديثة، ومع قيام الدولة القومية، اتسع نطاق المسؤولية الاجتماعية، فأصبح الفرد في مواجهة المجتمع العام (Society)، حيث للمجتمع حقوق على الفرد، تتحول إلى واجبات مفروضة عليه الوفاء بها بحكم مواطنته في هذا المجتمع. وإذا كانت المراحل الأولى السابقة على الدولة القومية تحدد المسؤولية الاجتماعية بصفتها بنية من الواجبات نحو الجماعة القرابية

أو الإثنية التي ينتمي إليها الفرد، فإن المراحل الحديثة والمعاصرة من التاريخ بدأت تشهد ازدواجية بنية المسؤولية الاجتماعية، بصفتها واجبات على الفرد أن يؤديها تجاه المجتمع الذى تضبط إيقاع تفاعله الدولة القومية، وهى حقوق للمجتمع على الفرد مؤكدة بالمواثيق الدستورية والتشريعية، وحارسة عليها المؤسسات السيادية في المجتمع.

مؤسسات التنشئة على المسؤولية الاجتماعية

رغم أن مؤسسات التنشئة على المسؤولية الاجتماعية لا تُعَد ضمن مكونات بنائها، فإنها تؤدي دورًا محوريًّا، بصفتها آلية لتأسيس وترسيخ أسس المسؤولية الاجتماعية في بنية شخصية المواطن، فهي تتولى تدريب النشء على تحمل المسؤولية، وهو التدريب الذي يحدث في الغالب بصورة تدريجية، وعلى مساحات محدودة متتابعة من بنية المسؤولية. وتضم مؤسسات التنشئة الاجتماعية: الأسرة، والمدرسة، والإعلام وتكنولوجيا المعلومات.

1. الأسرة

وهي تؤدي الدور الأول تقليديًّا في هذا الصدد، حيث تتولى تعريف الطفل بمساحات محدودة من المسؤولية الاجتماعية. وغالبًا ما تبدأ ببنية الواجبات لأن المكون البيولوجي للطفل في مرحلة البداية يحتاج إلى وضع حدود أو قيود عليه، تشكل مدخلًا لما يُعرَف بعد ذلك بالواجبات. وهى تغرس دائمًا الواجبات متضافرة مع بعض الحقوق التي تحقق له بعض الإشباعات. وهو ما يعني أن البذور الجنينية للمسؤولية الاجتماعية تبدأ في نطاق الحياة الأسرية، وتنجح الأسرة عادة في تنشئة الطفل على مفردات المسؤولية الاجتماعية لأن غرسها لحزمة الواجبات يكون عادة مصحوبًا بالعواطف الأسرية ذات الطبيعة الوجدانية، وهو ما يجعل الطفل يستوعبها بسهولة ويسر، ويصبح محببًا إلى نفسه أن ينهض بهذا القدر المحدود من المسؤولية الاجتماعية.

2. المدرسة

وهي تتولى، عبر النظام التعليمي بمراحله المتتابعة، تدريب الأبناء على مساحات جديدة من تحمل المسؤولية الاجتماعية، تقع عادة على التخوم بين الأسرة والمجتمع العام، بحيث

تفرض عليه المدرسة عناصر جديدة من المسؤولية تتعلق بقيم المواطنة، وتوجهات الإنسان وواجباته تجاه مختلف مجالات المجتمع العام. وفي هذا الصدد، فإننا نجد أن كل مرحلة من المراحل التعليمية تضيف إلى التأهيل للوفاء بالمسؤولية الاجتماعية قيمة مضافة إلى ما قبلها حتى تنتهي إلى المرحلة الجامعية، حيث يصبح الإنسان أو يقترب من كونه بالغًا عاقلًا (Adult). ومن ثم، فإنه ما إن يتخرج من الجامعة حتى يصبح مواطنًا يمكن أن يضطلع بالمسؤولية الاجتماعية كاملة. ومن لم يلتحق بالنظام التعليمي، تدربه عادة المجالات المهنية التي يلتحق بها على تحمل المسؤولية الاجتماعية. وفي هذا الإطار، قد يحدث تشويهًا في ما يتعلق بالتدريب والتنشئة على المسؤولية الاجتماعية.

3. الإعلام وتكنولوجيا المعلومات

وهو يشكل المؤسسة الأخيرة التي تدرب الإنسان على مسؤولياته الاجتماعية. ونظراً لأن الإعلام أصبح اليوم مرهونًا بالقوى العالمية المسيطرة على نظامنا العالمي، فإننا نجد أن الإعلام وتكنولوجيا المعلومات قد يطوِّر مفهوم المسؤولية الاجتماعية وينشِّئ عليه في اتجاهين:

الاتجاه الأول: قومي. فقد أصبح الإعلام والتكنولوجيا المعاصرة يشدد على جانب الحقوق أكثر من تأكيده بعد الواجبات، الأمر الذى فرض أعباء على الدولة القومية عليها الوفاء بها تجاه مواطنيها. وهو ما دفع إلى هز الاستقرار الاجتماعي داخل حدود الدولة القومية، فبعد أن كانت هذه الدولة قهرية بالنسبة لمواطنيها، تفرض عليهم الواجبات دونما حقوق، أصبح المواطنون، بمساعدة تنظيمات المجتمع المدني، خاصة المنظمات الحقوقية، يؤكدون بإصرار ضرورة حصولهم على حقوقهم في الاتجاهات كافة.

الاتجاه الثاني: تطوير بعد عالمي للمسؤولية الاجتماعية. فقد أصبح على المواطنين في مختلف الدول القومية أن يطوروا بعض الاهتمامات بالتفاعلات العالمية التي حدثت للمسؤولية الاجتماعية، ومثال ذلك استنفار الشعوب تجاه أحداث عالمية معينة، كالحرب على غزة، أو رفض العنصرية، كما حدث في مؤتمر «دربان 2» بسويسرا. وذلك يعني أن البشر على الصعيد العالمي بدأوا يطورون مواقف تعبر عن المسؤولية الاجتماعية والأخلاقية تجاه

قضايا وأحداث معينة. هذا إلى جانب أن واقع العالم بدأ يشهد وجود جاليات أجنبية على أرض مختلف المجتمعات، خاصة المجتمعات الأوروبية، الأمر الذى يدفعها إلى تطوير نوع من المسؤولية الاجتماعية المزدوجة يتوازى مع الجنسية المزدوجة، فلديهم مسؤوليات اجتماعية تجاه أوطانهم السابقة، كما أن لديهم بالقدر نفسه مسؤولياتهم الاجتماعية نحو الأوطان التي يقيمون فيها.

وعليه، فإن الإعلام أصبح يؤدي دورًا محوريًّا في تعيين حدود المسؤولية الاجتماعية على الصعيد القومي، بما ينتجه من قيم مضافة، كما تحقق ذلك مؤسسات التنشئة الاجتماعية الكثيرة المتتابعة. وهو كذلك يتحرك، بالإضافة إلى تكنولوجيا المعلومات، باتجاه تأسيس أبعاد عالمية في بنية المسؤولية الاجتماعية لمواطني الدولة القومية.

فوائد المسؤولية الاجتماعية

- الإخلاص في العمل والثبات عليه.
- كسب ثقة الناس واعتزازهم بالشخص المسؤول.
- المسؤولية تجعل للإنسان قيمة في مجتمعه.
- السلوك المسؤول (أو المسؤولية) هو أن تؤدي العمل المطلوب منك على أكمل وجه في الوقت المحدد. وهذا التعريف للمسؤولية ليس بالأمر الهيِّن الذي يأتي صدفة، بل هو نتيجة تربية وإيمان واستعداد وشعور وممارسة لقيمة المسؤولية.

ونقيض المسؤولية هو اللامسؤولية، وتعني: الإهمال والتكاسل والتسويف. ولكي تصبح مسؤولًا، عليك اتباع ما يلي:

1. اعرف ما عملك وما المطلوب منك.
2. اعرف أهمية عملك.
3. اشغل نفسك بما أنت مسؤول عنه، فمن اشتغل بغير المهم ضيَّع الأهمَّ.
4. لا تجعل عملك روتينيًّا.
5. لا تؤجل العمل لأن تراكم العمل يُصعِّب أداء المهمة.

6. حبَّ عملك يتحسَّن إنتاجك.

7. أعطِ العمل الوقت والجهد الكافيين.

8. لا تكسل ولا تضجر، فالكسل خمول وفتور في الهمة، والضجر ملل وسأم وتبرم وانصراف عن النهوض بالعمل.

9. تدرب على الروح الجماعية في إنجاز العمل، فهي تساعد على التخفف من ثقله، والإبداع في إنجازه.

10. تذكر أن المسؤولية يمكن تعلمها والتدرب عليها منذ الصغر، فتعليم الأبناء قيمًا حياتية من شأنه أن يعزز قيمة المسؤولية. ومن هذه القيم الحياتية، على سبيل المثال لا الحصر:

- الاهتمام: أن تظهر اهتمامك بالآخرين وتشعرهم به.
- التقدير السليم: أن تضع الأمور موضعها، دون تهويل أو تهوين.
- التعاون: أن تعمل مع الآخرين لتحقيق هدف مشترك.
- الشجاعة: أن تتصرف طبقًا لمعتقداتك، على الرغم من الخوف من العواقب السلبية، شرط أن تكون تلك المعتقدات صحيحة سليمة.
- الجهد: أن تعمل ما بوسعك.
- المرونة: أن تكون راغبًا في تغيير خططك عند الضرورة.
- المبادرة: أن تعمل شيئًا بإرادتك الحرة لأنه يلزم عمله.
- التنظيم: أن تخطط وتنفذ بطريقة تجعل الأشياء مرتبة جاهزة للاستخدام.
- الصبر: أن تنتظر شخصًا ما أو شيئًا ما بهدوء.
- المثابرة: أن تبقى منهمكًا في شيء ما.
- حل المشكلات: أن تبتكر حلولًا للمواقف الصعبة والمشكلات اليومية.

الفصل الخامس:

أنواع وأهداف المسؤولية الاجتماعية

إذا تأملنا ساحة المجتمع، بصفته الهدف الذي تسعى الأطراف كافة إلى الوفاء بمسؤولياتها الاجتماعية للحفاظ على تماسكه واستقراره، نجد أن المسؤولية الفردية هي التي شكّلت نقطة البداية في ظهور أنماط المسؤولية الاجتماعية، وإن كان هناك خلاف بين الاتجاهات النظرية في ما يتعلق بذلك. وفي أعقاب ذلك، برزت:

- المسؤولية الاجتماعية للجماعة.
- المسؤولية الاجتماعية للدولة، كما يعبر عنها النظام السياسي.
- المسؤولية الاجتماعية للقطاع الخاص.
- المسؤولية الاجتماعية للمجتمع المدني الذى تبلور وجوده مع نهاية القرن العشرين.

وبذلك، نستطيع القول إن أداء هؤلاء الفاعلين لمسؤولياتهم الاجتماعية إنما يستهدف بالأساس تآزرها للارتقاء بالواقع الاجتماعي، وتقليص مساحة التهميش الاجتماعي التي تعني استبعاد نهوض بعض البشر بمسؤولياتهم الاجتماعية.

أنواع المسؤولية الاجتماعية

نعرض في ما يلي لطبيعة أنماط المسؤولية الاجتماعية التي ينهض بها كل طرف من الأطراف الفاعلة على ساحة المجتمع.

1. المسؤولية الاجتماعية للفرد

تشكل المسؤولية الاجتماعية للفرد الدائرة الأولى من دوائر المسؤولية، وهي الدائرة التي يصبح الفرد فيها هو الفاعل المحوري. وحسبما يذهب جون ستيورات مل، فإن الفعل الأخلاقي والمسؤولية الأخلاقية لا تُفرَض على الإنسان من خارجه، ولكن المسؤولية هي تعبير عن مقصد صاحبها، كما هي تعبير عن إرادته. ولأن الفرد كائن اجتماعي أخلاقي، فإن حالة الاجتماع تنبع من داخله، ومن داخله أيضًا تتشكل الأخلاق التي تنظم حالة الاجتماع.

فإذا التزم الإنسان بهذه الأخلاق للمساهمة في بناء حالة الاجتماع، فإن ذلك يُعَد تعبيرًا عن مسؤوليته الاجتماعية. وحتى تصبح الإرادة أصل المسؤولية الاجتماعية مكتملة، لا بد أن تستند إلى قاعدة من المعرفة والخبرة، وهي المضامين المعنوية التي يصل إليها الإنسان، وتحدد مسؤوليته الاجتماعية. لذلك يرى هذا الموقف أن الفرد الذي يمتلك المعرفة هو الفرد الذي يمتلك القدر الملائم من العقلانية. والعقلانية هنا تحدد غايات وأهداف المسؤولية، كما تحدد أكثر الوسائل ملاءمة لتحقيق أو إنجاز أهداف هذه المسؤولية. ولأن الفرد له طبيعته الأخلاقية، فإن المسؤولية التي تترتب على ذلك من الضروري أن تكون ذات طبيعة أخلاقية كذلك.

وفي إطار المسؤولية الاجتماعية للفرد، فإننا نجد أن الفرد عليه واجبات لكل دوائر المسؤولية الاجتماعية التي تتلو دائرة المسؤولية الفردية، فعليه مسؤولية تجاه الجماعة التي ينتمي إليها، أيًا كانت طبيعتها. ولما كان الفرد ينتمي إلى عدة جماعات، فإنه عادة ما يدرج هذه الجماعات حسب درجة اقترابها منه، وحسب مدى محورتيها في إشباع حاجاته الأساسية. وهنا، نجد أن الأسرة (أو الجماعة القرابية) هي الأكثر اقترابًا من الفرد، يتلو ذلك اتجاه المسؤولية الفردية (بواجباتها وحقوقها) إلى إطار الجماعة الإثنية، أيًّا كان المتغير الذى يحدد هوية هذه الجماعة، ثم إلى المجتمع المحلي فالمجتمع العام، وهو ما يعني أن المسؤولية الفردية تحتوي على حزمة من الواجبات توزع على الدوائر الاجتماعية المتتابعة المحيطة بالفرد. وفي مقابل ذلك، تحتوي على حزمة من الحقوق التي يحصل عليها الفرد. بيد أنه كلما كانت الدائرة المحيطة بالفرد أقرب كانت الحقوق والواجبات التي تشكِّل بنية المسؤولية موجهة بصورة مباشرة في اتجاهي الواجبات والحقوق.

حقائق مهمة عن المسؤولية الاجتماعية للفرد

إذا تأملنا المسؤولية الاجتماعية للفرد، فسوف تبرز أمامنا ثلاث حقائق:

الحقيقة الأولى: تتمثل في أن المسؤولية الاجتماعية للفرد ترتبط عادة بدورة حياته، فهي تنمو محدودة في فترة الطفولة، ثم تبدأ في الاتساع حتى تصل إلى أوجها في عقدي منتصف العمر، ثم تبدأ في التقلص في مرحلة الشيخوخة والهرم. يضاف إلى ذلك اهتزاز توازن بنية المسؤولية الاجتماعية، حيث نجد تباينًا بين حزمة الحقوق وحزمة الواجبات، يرتبط في عدم

توازنه بدورة الحياة كذلك، إذ نجد أنها تميل إلى بعد الحقوق على حساب الواجبات في مرحلة الطفولة والشيخوخة، إلا أنها تكون متوازنة عادة في عقود منتصف العمر.

الحقيقة الثانية: تتصل بأننا إذا تأملنا المسؤولية الفردية، فسوف نجد أنها غير محددة المعالم نسبيًا في الجماعات الأولية أو حتى المجتمعات الأولية (كالريف)، فالحدود غير واضحة بين مسؤولية الفرد ومسؤولية الجماعة، في حين أننا نجد في المجتمعات التي قطعت شوطًا على طريق التحديث والتقدم أن المسؤولية الفردية تصبح متميزة عن المسؤولية الاجتماعية، إضافة إلى أن بنية الحقوق والواجبات تكون متوازنة في هذه المجتمعات المتقدمة، وإن جنحت إلى اتساع مساحة الحقوق، على عكس نظيرتها في المجتمعات الأولية، حيث الجنوح باتجاه الواجبات.

الحقيقة الثالثة: وتشير إلى أنه حتى إن كانت المسؤولية الاجتماعية تستند إلى المكون أو الميل الاجتماعي داخل الفرد لتشكيل الجماعة، فإنه بمجرد اكتمال تشكل الجماعة والمجتمع، يتولى المجتمع تشكيل المسؤولية الاجتماعية للأفراد، ويعيِّن حدودها.

2. المسؤولية الاجتماعية للجماعة

ينتمي الفرد بحكم المكون الاجتماعي داخله إلى جماعات كثيرة، كما يتشكل المجتمع من الجماعات ذاتها التي قد تتسع لتأخذ شكل الفئات الاجتماعية، أو حتى الطبقات. ومن المتفق عليه أن أي جماعة اجتماعية تقع عليها مسؤولية اجتماعية محددة تجاه الأفراد في المستوى الأدنى، وتجاه المجتمع في المستوى الأعلى.

الحقائق الأساسية للمسؤولية الاجتماعية للجماعة

في هذا الإطار، يمكن أن تبرز مجموعة من الحقائق الأساسية:

الحقيقة الأولى: وتشير إلى أن الجماعات المشكلة لبناء المجتمع تتباين عادة من حيث وظيفة المسؤولية الاجتماعية التي تضطلع بها. وإذا افترضنا أن للمجتمع حاجات، فإن الجماعات والأفراد المشكلين لهذه الجماعات، حسبما يذهب إميل دوركيم، ما هم إلا أدوات لإشباع الحاجات.

وحسب محورية الوظائف التي تؤديها مختلف الجماعات بالنسبة للمجتمع، تتحدد مكانتها بالقدر نفسه. وعلى ذلك، تتباين الجماعات من حيث درجة ارتباطها العضوي ببناء المجتمع، فجماعة الأسرة أو العائلة تشغل مكانة محورية في بناء المجتمع، على خلاف جماعة النادي أو جماعة قضاء وقت الفراغ.

الحقيقة الثانية: وتتصل بأنه إذا كان بناء المجتمع متماسكًا، ويعيش في ظل حالة من التوازن أو الاستقرار الاجتماعي، غدت الواجبات والحقوق المشكلة لبنية المسؤولية الاجتماعية لهذه الجماعات متجانسة، في حين أننا نجد أنه كلما سادت المجتمع حالة من الفوضى الاجتماعية تباينت الجماعات من حيث بنية المسؤولية الاجتماعية التي تضطلع بها، فبعض الجماعات قد تحصل على حقوق أكثر بينما تضطلع بواجبات أقل، وهو الأمر الذى يؤدي إلى بروز المسؤولية الاجتماعية الناقصة، مقابل المسؤولية الاجتماعية الفائضة.

فالمسؤولية الاجتماعية الناقصة للجماعة تتميز بأن كفة ميزان الحقوق والواجبات تميل لصالح الواجبات؛ بمعنى أن الجماعة تنهض بواجبات أكثر من الحقوق التي تحصل عليها. أما المسؤولية الاجتماعية الفائضة، فتعني أن بعض الجماعات تحصل على حقوق أكثر مما تؤدي من واجبات. وذلك يعني أن تباين الجماعات من حيث طبيعة المسؤولية الاجتماعية من المحتمل أن يكون سببًا في اندلاع حالة الصراع الاجتماعي بين الجماعات من ناحية، أو بينها وبين النظام السياسي من ناحية أخرى.

الحقيقة الثالثة: وتذهب إلى تباين الجماعات المشكلة لبناء المجتمع إلى ثلاثة أنماط من الجماعات:

النمط الأول: **الجماعات الإثنية أو الأثرية**. وفيه، تكون العضوية في هذه الجماعات عادة بالمولد، كالجماعة القرابية والجماعة العرقية والجماعة الدينية. ونظرًا لأن هذا النمط من الجماعات هو الذي يخلع على الفرد بعض هويته، فإن الانتماء له يكون أقوى، إلى الدرجة التي يرى فيها الفرد أنه من الإيجابي أن يمنح الجماعة مضامين واجباته نحوها دون انتظار للحصول على حقوق بالقدر نفسه، ومن ثم يكون انتماؤه أقوى لهذا النمط من الجماعات.

النمط الثاني: **الجماعات ذات الطبيعة التنظيمية**. كالمدرسة والجامعة ومؤسسة العمل،

حيث ينتظم الأفراد في هذا النمط من الجماعات بصفتها مدخلًا لتنظيم المجتمع. وعادة، نجد أن للإنسان حقوقًا تتوازى مع الواجبات التي يؤديها لهذه الجماعات، وغالبًا ما تكون الواجبات والحقوق مدونة، وليست شفهية. وإذا كانت قيم العزوة والخصوصية هي ما يميز جماعات النمط الأول، فإن جماعات النمط الثاني تعتمد بالأساس على قيم الإنجاز. وإذا كان الفرد يعتمد على النمط الأول من الجماعات عاطفيًّا لأنها التي تحدد له مكانته في المجتمع بصفة أن مكانتها مرجعية لذلك، فإن علاقته بالنمط الثاني ذات طبيعة مصلحية بالأساس، حيث يعتمد التفاعل فيها على تبادل القيم والمصالح.

النمط الثالث: الجماعات ذات الطبيعة التطوعية. كالمنظمات غير الحكومية، ويلتحق بها الإنسان لإحساس متزايد بالمسؤولية الاجتماعية التي تفرض عليه مساعدة الآخرين وتمكينهم. وربما يحدث الالتحاق بها لعوامل وأسباب ثانوية، كما يحدث في الالتحاق بالنادي الرياضي وجماعة قضاء وقت الفراغ. وعادة، نجد أن المسؤولية الاجتماعية لهذه الجماعات ذات طبيعة إيثارية لأن الجماعة ذاتها تهدف إلى الارتقاء بحياة الآخرين غير الممكنين من الضعفاء والفقراء والشباب، وسائر المهمشين في المجتمع، حيث يؤدي الأفراد في هذا النمط من الجماعات واجباتهم، ولا يسعون كثيرًا وراء الحصول على حقوق.

3. المسؤولية الاجتماعية للقطاع الخاص

مع تحول مجتمعات العالم إلى الآيديولوجيا الليبرالية، حيث أصبحت الآيديولوجيا الليبرالية هي الموجه للفعل والأداء بالنسبة لغالبية مجتمعات الجنوب وأوروبا الشرقية منذ بداية الستينيات، بعد أن توارت إلى خلفية المسرح العالمي الآيديولوجيا الاشتراكية، كان من الطبيعي أن يتضافر هذا التحول الآيديولوجي مع تحولات واقعية دفعت بالقطاع الخاص إلى مركز الصدارة في قيادة عملية التنمية والتحديث في هذه المجتمعات.

وفي هذا الإطار، بدأت مناقشة المسؤولية الاجتماعية للقطاع الخاص، لا سيما بعد أن اتسعت فاعليته لتصبح ذات طبيعة عالمية، بانتشار صيغة الشركات متعددة الجنسية، وتضافرها مع موجات العولمة التي انطلقت من السياقات الاجتماعية الاقتصادية للقوى

الكبرى المسيطرة على النظام العالمي، مع ما صاحبها من اتساع رقعة التهميش الاجتماعي، سواء على الصعيد العالمي أو على صعيد مجتمعات الجنوب.

وبناء عليه، أثيرت قضية مهمة، تتمثل في أنه إذا كان العالم قد تحول إلى سوق كبيرة، يجني منها القطاع الخاص أرباحه التي يحصل عليها من مصادر أو موارد أساسية في هذا العالم، فإن عليه مسؤولية اجتماعية تقتضي أن يعمل على توجيه جزء من أرباحه إلى السياقات الاجتماعية التي تشكل بيئته ليساهم في تطويرها، بما يجعلها باقية بصفتها بيئة مواتية له على الصعيد الاقتصادي والاجتماعي والسياسي والثقافي.

وعلى هذا النحو، برزت أهمية المسؤولية الاجتماعية لرجال الأعمال أو القطاع الخاص، على صعيد الفكر الاقتصادي والتنموي.

عوامل عدم تعرُّف القطاع الخاص في مجتمعاتنا العربية على مسؤولياته الاجتماعية

لم يتعرف القطاع الخاص في مجتمعاتنا العربية بالتحديد على مسؤولياته الاجتماعية بعد، وذلك يرجع بطبيعة الحال إلى عوامل كثيرة، من أهمها:

- عدم وجود ثقافة المسؤولية الاجتماعية لدى معظم شركات القطاع الخاص، فقلة من الشركات الكبرى هي التي تتبنى هذه الثقافة، في حين تجهل بقية الشركات هذا المفهوم، بالإضافة إلى أن الحديث عن المسؤولية الاجتماعية للقطاع الخاص قد تطلب مستوى من الوعي الاجتماعي الملتزم، ومنظومة قيمية ذات طبيعة عصامية في الصعود الاجتماعي، ساعدت على تبلور مفهوم المسؤولية الاجتماعية لرجال الأعمال في التطور الغربي، وهو ما لم يتحقق لدى غالبية رجال الأعمال في مجتمعاتنا.
- غالبية محاولات شركات القطاع الخاص للاضطلاع بمسؤولياتها الاجتماعية عادة ما تكون مبعثرة وقتية عشوائية، الأمر الذى لا يتيح لها تحقيق الأهداف المتعلقة بالمسؤولية الاجتماعية، ويجعلها تتداخل أحيانًا مع السلوكيات الخيرية. وفي هذا الإطار، تحتاج الجهود المجسدة لمعاني ومضامين المسؤولية الاجتماعية -كي تصبح مؤثرة- إلى أن تأخذ الشكل التنظيمي المؤسسي الذي يتبنى خطة

محددة وأهدافًا واضحة، حتى لا تتحول الجهود إلى الطبيعة العشوائية المبعثرة التي لا تفيد في تحديث المجتمع.

- غياب ثقافة العطاء من أجل تحقيق التنمية، حيث نجد أن معظم جهود مؤسسات القطاع الخاص تنحصر في أعمال ذات طبيعة خيرية -إن وجدت- غير تنموية، ترتبط بإطعام الفقراء أو توفير الملابس أو الخدمات لهم، دون التطرق إلى تأسيس مشروعات تنموية تؤدي دورًا محوريًّا في حل مشكلات البطالة، وتساعد على تحسين نوعية حياة الفقراء، بما يساهم في إعادة دمجهم في المجرى الرئيس للمجتمع، ويجعلهم مشاركين فاعلين في عمليات التنمية المستدامة لمجتمعاتهم، الأمر الذى ينعكس على هيئة تحقيق درجة عالية من الاستقرار الاجتماعي.
- غياب الضغط الاجتماعي الذي يمكن أن يتنامى بواسطة النخبة الاجتماعية والثقافية، إضافة إلى الإعلام القومي الملتزم الإنتاجي، وليس الاستهلاكي. وهو الضغط الذي يمكن أن يتشكل عبر تطوير الوعي بأهمية الدور الاجتماعي لرجال الأعمال، بحيث تصبح الشركات التي تنهض بمسؤولياتها الاجتماعية في اتجاه تنمية المجتمع معروفة على المستوى الشعبي، وذلك حتى يمكن أن يشكل إبرازها زيادة التعاملات الاقتصادية معها من قبل الجمهور. وهو ما يمكن أن يشكل -في حد ذاته- عاملًا ضاغطًا يدفع رجال الأعمال الآخرين للوفاء بمسؤولياتهم الاجتماعية، مع إدراك أن ذلك ليس عملًا خيريًّا إحسانيًّا، ولكنه التزام بمجتمع يشكِّل سوقًا لتطوير مؤسساتهم وزيادة أرباحهم.

4. المسؤولية الاجتماعية للمجتمع المدني

يُعَد المجتمع المدني آخر أشكال المجتمعات التي تبلورت، بحيث أصبح يشكل بيئة حاضنة لحياة الإنسان. وإذا كان ظهور المجتمع المدني قد تضافر مع ظهور المجتمع السياسي في القرن السادس عشر، وهى المرحلة التي تعرض لها بعمق وإسهاب تنظير العقد الاجتماعي، فإن المجتمع المدني قد أصبح أكثر بروزًا في وجوده وفاعليته في عصر العولمة، بسبب ظروف كثيرة، منها:

- تراجع دور الدولة القومية، بحيث أصبحت هذه الدولة -لا سيما في نطاق مجتمعات الجنوب- عاجزة عن تنمية مجتمعاتها وإشباع حاجات مواطنيها.

- تخلف أداء القطاع الخاص على الصعيد الوطني في مجتمعات العالم الثالث، بحيث اقتصر وعيه على مسؤولياته الاقتصادية، دون أن يتسع ليشمل مسؤوليته الاجتماعية، خاصة إذا تضافر أداؤه مع القطاع الخاص الأجنبي، بحيث استفحل استغلال السوق المحلية.

- التغيرات التي طرأت على سوق العمل، الأمر الذى زاد من معدلات البطالة، بحيث أدت هذه الظروف جميعًا إلى زيادة مساحة التهميش الاجتماعي، حتى أننا نجد أن عدد السكان تحت خط الفقر في مجتمعاتنا العربية تراوح بين 34 و50 في المائة، وأن عدد السكان الذين يقعون تحت خط الفقر المدقع بلغ نحو 12.5 في المائة من هؤلاء.

- انتشار النظم الأبوية الاستبدادية في مجتمعات الجنوب عمومًا، وهى النظم التي لا تعتقد في حرية التعبير، ولا ترى جدوى في مقولة الديمقراطية، وتعمل على سد أو تضييق قنوات المشاركة الاجتماعية والسياسية، وتجعلها في غالب الأحيان ذات طبيعة قهرية دعائية سطحية.

وارتباطًا بذلك، تبرز المسؤولية الاجتماعية للمجتمع المدني، لا سيما المنظمات غير الحكومية التي تؤسس سياساتها باتجاه السعي لتطوير قدرات المهمشين الفقراء الذين عجزت الحكومة عن إشباع احتياجاتهم الأساسية، فاستبعدوا إلى ضفاف المجتمع، وانشغل عنهم القطاع الخاص، بل سحق بعضهم بسبب سعيه المحموم من أجل الربح، والدفع بهم مرة أخرى في قلب المجرى الرئيس للمجتمع.

ولإنجاز هذه المهمة، نجد أن المجتمع المدني يتبع ثلاثة أساليب:

الأسلوب الأول: ويسعى فيه المجتمع المدني إلى تطوير قدرات المهمشين بالعمل على تمكينهم من الناحية الاقتصادية، من خلال صيغ المشروعات الصغيرة تارة، أو إعادة تأهيلهم بحسب متطلبات واحتياجات سوق العمل الحديثة تارة أخرى. وفي هذا

الصدد، تبنى المنطق الجديد للتنمية، وهو التنمية المستدامة التي تتميز بأنها تبدأ التطوير من أسفل؛ أي من الجماهير المهمشة ذاتها، بتحويلها من قوى عاطلة إلى قوى قادرة على الإنتاج والعطاء، وذلك عبر تنظيمهم في أطر إنتاجية تستوعب طاقة العمل التي لديهم، خاصة أن التنمية التي ينشدها المجتمع المدني هي تنمية تعتمد على الخامات المحلية بالأساس.

بالإضافة إلى ذلك، يسعى المجتمع المدني إلى تدبير تمويل مشروعاته التنموية هذه من خلال مصادر كثيرة؛ قد تكون الدولة، وقد تكون مؤسسات التمويل الدولية، وقد يكون القطاع الخاص، وقد يصدر التمويل عن بعض أهل الخير أو المستفيدين المهمشين والفقراء أنفسهم حتى يشعروا بأنهم قد تحولوا إلى منتجين، لا متلقين للإحسان.

الأسلوب الثاني: ويعمل فيه المجتمع المدني باتجاه تطوير القدرات السياسية والثقافية والاجتماعية للمهمشين والفقراء، حيث يطور قدراتهم الاجتماعية بجعلهم ينتظمون في روابط وجماعات قادرة على إنتاج رأس المال الاجتماعي عبر صيغ كثيرة، أبرزها صيغة العون المتبادل. وذلك بالإضافة إلى محو أميتهم، وتطوير قدراتهم في ما يتعلق بمتابعة القضايا العامة، سواء تلك الخاصة بالمجتمع المحلي أو المجتمع العام، فضلًا عن أن انتظام هؤلاء المهمشين من خلال تنظيمات المجتمع المدني يساعدهم في التدريب على المشاركة السياسية والاجتماعية، ما يجعلهم مواطنين قادرين على تحمل مسؤولياتهم الاجتماعية تجاه عائلاتهم، ومجتمعهم المحلي والعام؛ أي تكون في مقدرتهم ممارسة المواطنة، حسب متطلباتها ومعاييرها الأساسية.

الأسلوب الثالث: ويستند فيه المجتمع المدني إلى التبشير بصيغة الحكم الرشيد، لتصبح الصيغة التي تضبط معايير التفاعل السياسي والبيروقراطي والاجتماعي على السواء، بحيث يصبح التبشير بهذه الصيغة الحديثة للتفاعل مدخلًا للتعجيل بالتحول الديمقراطي من ناحية، وتطوير العلاقة بين المواطن والدولة من ناحية أخرى. ولإنجاز ذلك، نجد أن تنظيمات المجتمع المدني تضمر دعوة باتجاه اللامركزية في الإدارة وممارسة السلطة، وذلك في ضوء أنه إذا كانت تنظيمات المجتمع المدني تبدأ عملها من ساحة الجماهير، فإنها تدرب هذه الجماهير على المشاركة في إدارة شؤونها، ولن يتحقق ذلك إلا من خلال تقليص المسافة

بين المستويات العليا والدنيا للإدارة، والهبوط بالمستويات العليا من مركزيتها الإدارية في العواصم إلى لا مركزية تقترب من الجماهير.

علاوة على ذلك، تعمل تنظيمات المجتمع المدني على نشر ثقافة إدارة الحكم الرشيد، وهي الصيغة التي تضبط أداء السياسة والإدارة في الدولة، أو تنظم العلاقة بين المواطنين وسائر مؤسسات الدولة، حيث تستند هذه الإدارة الرشيدة إلى منظومة من القيم التي نعرض بعضها في ما يلي:

القيمة الأولى: تتمثل في الشفافية، والقدرة على المحاسبة والقابلية لها، بحيث تتضمن هذه القيم أهمية نشر المعلومات، كي يصبح الجمهور المتعامل مع الإدارة على وعي بها. ومن ثم، يصبح قادرًا على المساءلة والمحاسبة، على أن تكون الإدارة ذاتها قابلة لهذا السلوك.

القيمة الثانية: الاحتكام للقانون، حتى يصبح التعامل مع الإدارة محايدًا، لا يشكل تربة مواتية لاستنبات أي من سلوكيات الفساد.

القيمة الثالثة: التخلي عن النزعة الأبوية في ممارسة السلطة والإدارة، والقبول بآليات تداول السلطة على المستويات كافة. وإذا كان العصر التنموي الذى نعيشه هو عصر القطاع الخاص والمجتمع المدني، بصفتهم فاعلين أساسيين، فإن جانبًا من المسؤولية الاجتماعية للمجتمع المدني يتمثل في ضرورة أن يعمل على نشر ثقافة التطوع في المجتمع، كي تصبح هذه الثقافة المرجعية التي تتحقق انطلاقًا منها ثقافة التنمية المستدامة التي تتحمل الجماهير أعباءها بالأساس.

الأسلوب الرابع: ويعمل فيه المجتمع المدني، إلى جانب ما تقدم، باتجاه حراسة ومراقبة التحول الديمقراطي، حتى يمكن إنجاز هذا التحول وفق معاييره الصحيحة، بحيث يساعد ذلك على قبول أصحاب القرار بإمكانية المشاركة، في مقابل إقبال المواطنين على المشاركة، والعمل على تصحيح أي انحراف عن الممارسة الديمقراطية من الطرفين.

5. المسؤولية الاجتماعية للدولة

تُعَد الدولة فاعلًا محوريًا عليه مسؤولية اجتماعية تجاه المجتمع. ونحن إذ نتأمل تاريخ الدولة في تحملها لمسؤولياتها المختلفة في النهوض بالمجتمع والعمل على تحديثه، نجد أن

وفاءها بهذه المسؤوليات مر بعدة مراحل أساسية. فمنذ اكتمال الدولة بصفتها ضابطًا لإيقاع المجتمع القومي في القرن السادس عشر، تحملت أعباء الاستجابة لاحتياجات المجتمع القومي. وبغض النظر عن التوجه الآيديولوجي الذي تتبناه الدولة، فإننا نجدها قد عملت على الدفع باتجاه تحديث المجتمع، بحيث عدت ذلك من مسؤولياتها الأساسية، بل إننا إذا تأملنا حركة الاستعمار في السياق الأوروبي، نجدها عبارة عن سعي الدولة لجلب موارد المستعمرات للاستفادة بها في تطوير المجتمع، وتعظيم قدراته وإمكانياته، بغض النظر عن كون الدولة هي الفاعل المباشر الذي يتولى عملية التحديث، وقد يشاركها في ذلك القطاع الخاص أو القطاع العام، كما حدث في بعض المجتمعات الأوروبية. وعبر تاريخ طويل من النضال بين الجماهير والأنظمة السياسية، استقرت العلاقة بين المواطن والدولة على أساس فتح الأخيرة لكل قنوات المشاركة أمام المواطنين، حسب ثقافة الحكم الرشيد المتطورة، وهو ما يعني أن الدولة القومية تجاوزت مرحلة الثقافة الأبوية التي تنظر إلى المسؤولية الاجتماعية بصفتها واجبات مفروضة على المواطنين عليهم الوفاء بمتطلباتها.

وإذا كانت الدولة في المجتمعات الأوروبية التي قطعت شوطًا على طريق التحديث قد قبلت بمشاركة المواطنين في مختلف مجالات التقاء الدولة بهم، الأمر الذي عجل بالتطور الديمقراطي، وجعله أكثر شفافية، فإن الدولة في مجتمعات الجنوب، بغض النظر عن طبيعة النظام السياسي، ظلت أبوية معاندة صعبة المراس، ترفض التخلي عن الثقافة الأبوية. واستنادًا إلى هذه الثقافة، فإنها تنظر إلى المسؤولية الاجتماعية من خلال نافذة فرض الواجبات على المواطنين، دون الالتفات إلى الاستجابة لآية حقوق لهم عليها. والثقافة والدولة الأبوية تبتعد قدر الإمكان عن الصيغ الحديثة لإدارة الحكم الرشيد في ممارسة السلطة، فقراراتها أبوية لا مراجعة لها، وما على الجميع سوى الخضوع لهذه القرارات. وقد يصل الأمر إلى حرمان الجماهير حتى من حقها في المطالبة بالحقوق، بوسائل الخداع حينًا، وبالقهر الأبوي أحيانًا، لذلك فشل التحول الديمقراطي في غالبية مجتمعات العالم الثالث. ولأن معادلة الوفاء بالمسؤولية الاجتماعية والقوة تميل لصالح الدولة الأبوية، ولغير صالح المواطنين، فقد أصبح مقدرًا عليهم أن يؤدوا الواجبات، دون أن يحصلوا على الحقوق، وهو ما دفع المواطنين في أغلب دول الجنوب إلى العزوف عن المشاركة، الأمر الذى أضر بالمجتمع، وأورثه كثيرًا

من الأمراض الاجتماعية الناتجة عن العزوف عن المشاركة في مختلف المجالات، وأدى إلى انخفاض الإنتاج وممارسة مظاهر الاحتجاج والتمرد والتخريب، مطالبة بالوفاء بجانب الحقوق في بنية المسؤولية الاجتماعية. غير أنه مع بروز عصر العولمة، واكتمال فاعليتها على ساحة النظام العالمي، تأثرت الدولة القومية في بعض المجتمعات بفاعلية عاملين:

العامل الأول: بروز سطوة وتأثير القوى العالمية والمؤسسات الدولية على سلوك الدولة، حتى في داخل حدودها، خاصة في علاقتها بمواطنيها، في ظل شعارات تؤكد حقوق الإنسان والأقليات، ومن ثم المواطنين. وبالتالي، لم تعد الدولة الأبوية مطلقة اليد في تعاملها مع مواطنيها. ويساعد في ذلك دور بعض تنظيمات المجتمع المدني التي أصبحت في بعض الأحيان حلقة وصل بين تفاعلات الداخل والضغوط التي يمكن أن تُفرَض من الخارج.

العامل الثاني: تراجع دور الدولة عن أن تكون الفاعل المحوري في عملية التحديث، حيث أُسلِم قيادها لفرسان القطاع الخاص. وعلى هذا النحو، وجدت دولة الجنوب نفسها، من حيث قدرتها على الاضطلاع بمسؤولياتها، في موقف لا تحسد عليه، في مقابل نظيرتها الغربية المتطورة. ونتيجة لذلك، نجد أن دولة الجنوب قد انتقلت من حيث قدرتها على الوفاء بمسؤولياتها الاجتماعية إلى مرحلة ثالثة معاصرة.

وإذا كانت الدولة الغربية المتقدمة ما زالت فاعلة، وإن تراجعت وظائفها إلى تأكيد التآزر بين العناصر والمؤسسات التي تشكل بنية الدولة وتعمل على تحديث المجتمع، فإنها غدت تؤدي دور المايسترو الذى يضبط الإيقاع، فهي تراقب الأداء الاقتصادي والسياسي والاجتماعي والثقافي، ليتدفق في قنواته الصحيحة المساعدة في حل المشكلات التي قد تعترض هذا التدفق، ولديها احتياطي كافٍ من الإمكانيات التي يمكن أن تساعدها بصفتها موارد لأداء هذا الدور. وعلى خلاف ذلك، أصبحت الدولة في مجتمعات الجنوب عاجزة، فقد انتقلت عملية التحديث من يدها، إما باتجاه القطاع الخاص وإما باتجاه المجتمع المدني، ولم يبقَ تحت سيطرتها سوى النذر اليسير. وبسبب هذا الانتقال، أصبحت مواردها محدودة. وبسبب النزعة الأبوية ذات المزاج المنحرف أحيانًا، نجدها قد فضلت أبناءها الأثرياء على أبنائها الفقراء، بحيث تداخل تزاوج نتيجة لذلك بين الاقتصاد والسياسة. وبسبب هذا التزاوج، وقعت مظاهر تجاوز وفساد كثيرة، وأدير المجتمع بمنطق العائلة، ولم يعد مهمًا أن تفي

الدولة بمسؤولياتها الاجتماعية تجاه الفقراء، ولو حتى من خلال أداء دور المايسترو في إنجاز عملية التحديث، أو صياغة التآزر بين جهود التحديث التي تقع على ساحة المجتمع، الأمر الذي دفع إلى مزيد من تردي الأوضاع، بحيث شكَّل ذلك تربة خصبة لاستنبات كل مظاهر الرفض والاحتجاج الاجتماعي.

ونتيجة لعدم الوفاء بمسؤولياتها الاجتماعية، سقطت الدولة في بعض مجتمعات الجنوب أسيرة حالة من الضعف والوهن أو الهوان، فثمة ضغط له وطأته عليها من قِبل القوى الخارجية، دولًا كانت أو مؤسسات، يشل يدها نسبيًا عن قهر الجماهير. وثمة ضغط عليها من أسفل، من القطاع الخاص الذى يسعى إلى السيطرة عليها لتوجيه سياساتها الداخلية والخارجية باتجاه تحقيق مصالحه، وضغط موازٍ من قبل الجماهير، وتمرد عليها ورفض لها لأنها لم تعد قادرة على الوفاء بالتزاماتها الأساسية نحو مواطنيها. وهكذا، باتت دولة عاجزة تتلقى صدمات ضربات ضاغطة كونها محاصرة بين مطرقة الخارج وسندان الداخل، دولة تعيش في الماضي مجترة العواطف الأبوية مرجعية لممارسة السلطة، وتعجز عن الوفاء بمتطلبات مسؤولياتها الاجتماعية، وتخادع الجماهير وتكذب عليها حينًا، وتقهرها أحيانًا أخرى، وتريد دومًا أن تبدو في ثوب الدولة الحقيقية، وهي في حقيقة الأمر عاجزة عن الوفاء بأدنى مستويات مسؤوليتها الاجتماعية.

منطلقات المسؤولية الاجتماعية

1. مسؤولية اجتماعية دينية

وتعني التزام المرء بأوامر الله (عز وجل)، واجتناب نواهيه، وتطبيق المجتمع العقوبة على كل من يخالف هذه الأوامر والنواهي.

2. مسؤولية اجتماعية أخلاقية

وتعني مسؤولية المجتمع عن تربية الفرد التي تبدأ من تربية الوالدين للطفل، وتعزيز الأخلاق الحميدة وتنميتها لخلق جيل ناشئ كريم الأخلاق، فكل طفل ينشأ على ما عوده المربي في صغره، فالتربية في الصغر كالنقش على الحجر.

3. مسؤولية اجتماعية تعليمية

وتعني مسؤولية المجتمع عن توفير التعليم ونشره بين أفراده، وتنمية قيم المسؤولية المجتمعية لدى طلاب المرحلة الثانوية والجامعية للقضاء على الجهل، لما في ذلك من رفع لقيمة الفرد ينعكس على مجتمعه اقتصاديًّا.

4. مسؤولية اجتماعية مهنية

وتعني مسؤولية المجتمع عن توفير مجالات العمل المختلفة للشباب، حسب المؤهلات التعليمية التي يحملونها، لما ينتج عن ذلك من رفع لاقتصاد الدولة. ويمكن ملاحظة المسؤولية المجتمعية في المجتمع من خلال مسؤولية كل فرد من أفراده نحو محيطه الذي يعيش فيه، من حيث الالتزام بقوانين المجتمع المفروضة، ومدى تعاونه مع هذا المجتمع ومساهمته في رفع الاقتصاد.

أهداف المسؤولية الاجتماعية

1. أهداف رئيسة للمسؤولية الاجتماعية

يُعَد الهدف الرئيس هو النهوض بواقع المسؤولية الاجتماعية في مجتمعنا العربي، وطرح الوسائل والسبل التي من شأنها إعادة مفهومها إلى الواقع التطبيقي. ولا شك أن الوعي بهذا المفهوم مهمة جسيمة، تتطلب تضافر الجهود والعمل بإخلاص، والصبر في سبيل ذلك، والنظرة التفاؤلية لمستقبل أفضل، ولو على المدى البعيد.

2. أهداف خاصة للمسؤولية الاجتماعية

وتتضح هذه الأهداف من مسؤولية كل فرد من أفراد المجتمع عن إصلاحه في شتى المجالات، سواء الدينية أو الاقتصادية أو الاجتماعية أو السياسية... إلخ. فعلى كل فرد مسلم ناضج تحقيق الهدف السامي من وجوده في هذه الدنيا، بعبادة الله (عز وجل)، وتكوين مجتمع يخلو من الجهل.

ممارسة المسؤولية الاجتماعية

تتخذ المسؤولية الاجتماعية معاني متعددة داخل المجالات الصناعية والشركات. وعلى سبيل المثال، دمجت كلٌّ من مؤسسة «ستاربكس» وشركة «بن آند جيري» المسؤولية الاجتماعية بجوهر أعمالها، واشترت كلتاهما المكونات المعتمدة للتجارة العادلة لصناعة منتجاتها، ودعمت الزراعة المستدامة بشكل فعَّال في المناطق التي تصدر مكوناتها إليها. وعلى العكس، تبرعت مؤسسة «بيج بوكس ريتيلر تارجت»، المعروفة ببرامج المسؤولية الاجتماعية الخاصة بها، بأكثر من بليون دولار من المنح المقدمة إلى المجتمعات التي تعمل بها متاجرها، بما في ذلك منح التعليم، منذ عام 2010.

الالتزام بالمسؤولية الاجتماعية

لا يعتقد الجميع أن الشركة ينبغي أن يكون بها ضمير اجتماعي. فقد صرح الخبير الاقتصادي ميلتون فريدمان بأن «المسؤوليات الاجتماعية للشركات تُعَد ملحوظة بسبب انحطاطها التحليلي وعدم دقتها». ويعتقد فريدمان أن الأشخاص وحدهم قد يكون لديهم حس بالمسؤولية الاجتماعية، ولكن الشركات لا تقدر على ذلك (بحكم طبيعتها). ويرى بعض الخبراء الاقتصاديين أن المسؤولية الاجتماعية تتحدى الهدف الحقيقي من وجود الشركات: الربح قبل أي شيء آخر.

أهمية المسؤولية الاجتماعية

تنبع هذه الأهمية في أي مجتمع من المجتمعات من النتائج المرجوة التي يسعى الأفراد والجماعات والمجتمع إلى تحقيقها. وهو ما نبيِّنه في ما يلي:

1. أهمية المسؤولية الاجتماعية للمؤسسة

إن تبني المؤسسة لمزيد من الدور الاجتماعي في استراتيجياتها يحقق لها كثيرًا من الفوائد، كما يتجسد في:

- تحسين الصورة الذهنية للمؤسسة، وترسيخ المظهر الإيجابي لها، خصوصًا لدى الزبائن والعاملين، وأفراد المجتمع بصفة عامة.

- تحسين مناخ العمل.
- بعث روح التعاون والترابط بين مختلف الأطراف.
- نمو المردود المادي وتطور الأداء جراء تبني هذه المسؤولية.

2. أهمية المسؤولية الاجتماعية للمجتمع

تمثل المسؤولية الاجتماعية تجاوبًا فعَّالًا مع التغيرات الحاصلة في حاجات المجتمع. كما أن ثمة فوائد أخرى لها، تتمثل في:

- الاستقرار الاجتماعي نتيجة توفر نوع من العدالة، وسيادة مبدأ تكافؤ الفرص الذي يُعَد جوهر المسؤولية الاجتماعية للمؤسسة.
- تحسين نوعية الخدمات المقدمة للمجتمع، وزيادة الوعي بأهمية الاندماج التام بين المؤسسات ومختلف الفئات ذات المصالح.
- الارتقاء بالتنمية انطلاقًا من زيادة التثقيف والوعي الاجتماعي على مستوى الأفراد، ما يساهم في الاستقرار السياسي والشعور بالعدالة الاجتماعية.

3. أهمية المسؤولية الاجتماعية للدولة

- تخفيف الأعباء التي تتحملها الدولة في سبيل أداء مهامها وخدماتها الصحية والتعليمية والثقافية والاجتماعية.
- يؤدي الالتزام بالمسؤولية البيئية إلى تعظيم عوائد الدولة بسبب وعي المؤسسات بأهمية المساهمة العادلة الصحيحة في تحمل التكاليف الاجتماعية.
- المساهمة في التطور التكنولوجي، والقضاء على البطالة، وغيرها من المشكلات التي تجد الدولة الحديثة نفسها غير قادرة على النهوض بأعبائها جميعًا، بعيدًا عن تحمل المؤسسات الاقتصادية الخاصة دورها في هذا الإطار.

4. أهمية المسؤولية الاجتماعية للأفراد

يُعَد هذا الجانب العنصر المهم في أي مجتمع من المجتمعات، حيث نرى ونلمس حجم المسؤولية الاجتماعية النابعة من داخل الأفراد في المجتمع من خلال ممارسة سلوكيات

وأنشطة معينة يكون الهدف العام منها تعميق روح المبادرة، والمشاركة جنبًا إلى جنب مع أبناء المجتمع الواحد.

أهم نماذج المسؤولية الاجتماعية على مستوى الأفراد

لعل النماذج حاضرة، وبقوة، في هذا المجال، ومنها:

المدرسة: فعندما يشكِّل فريق من الطلاب مجموعات مدرسية لتنظيف المدرسة وإصلاحها، من دون أي مؤثر مباشر من قِبل إدارة المدرسة، فهذا يعني أن الطلبة قد بدأ يتشكل لديهم وعي جديد مختلف، ألا وهو الوعي الاجتماعي بأهمية إحداث تغيير ملموس ينبع من مدى انبثاق الطاقات نحو العمل الجاد وتحمل المسؤولية.

الحي: فإذا أخذ أبناء أحد الأحياء بزمام المبادرة، بتنظيفهم إياه والإشراف على الاهتمام به، عبر ممارسة أنشطة معينة (كزراعة الأشجار والورود، وترميم شوارعه وأزقته، بالتعاون مع الهيئات الرسمية للحي)، فإنما يمثل ذلك طريقًا رئيسًا نحو الأخذ بزمام المبادرة والمتابعة في تنفيذها في كل زاوية من زوايا المجتمع، لما لذلك من تأثيراتٍ عميقةٍ على المجتمع بأكمله.

الأسرة: وهي المثال الأكثر وضوحًا. ويتضح ذلك عندما يتقاسم أبناء الأسرة المسؤوليات الملقاة على عاتقهم كافة، بحيث يستشعر كل واحد منهم مدى أهمية المسؤولية، وهذا ما يُعرَف بتوزيع الأدوار المنظم الذي يراد منه أن يتعلم الأبناء أهمية المسؤولية الاجتماعية، سواء في تنظيف البيت أو غسل أحدهم ملابسه أو تنظيف الأواني بعد إفراغها من الطعام... إلخ.

المجتمع: ويتجلى ذلك في تعاون جماعة من أفراد المجتمع ممن يطلق عليهم «ميسوري الحال» لمساعدة طلبة مدارس أو طلبة جامعات عبر تأمين الأدوات القرطاسية والملابس والقسط المدرسي، وكذلك مساعدة بعض الطلبة المحتاجين في تأمين أقساطهم الجامعية والإشراف على تدريسهم، شريطة أن يتحمل الطالب المسؤولية في الدراسة، وأن يهتم بها كي تستمر المساعدة له حتى يكون قادرًا على استكمال دراسته.

أهم نماذج المسؤولية الاجتماعية على مستوى الدولة

تنبع المسؤولية الاجتماعية على مستوى الدولة من الأخذ بزمام المبادرة في تحمل المسؤوليات الملقاة على عاتقها. وهذا يعني أن تتحمل السلطة السياسية والإدارية مسؤوليتهما

في الإشراف على تأمين الاحتياجات اللازمة للمواطنين كافة. ولعل الأمثلة واضحة في ذلك، وأبرزها:

وزارة الصحة: وهي التي من المفترض أن تقدِّم الخدمات الصحية العامة للمواطنين بشكل مباشر نابع من حرصها الدائم على أهمية العلاج المجاني، وأن يكون بإمكان أي مريض الذهاب للمشفى للعلاج، مع توفر الأدوية اللازمة لعلاجه. وهنا، يقع على عاتق الوزارة، ممثلة بالوزير والمدير العام للمشفى والوكلاء العامين، توفير الأدوية والعلاج اللازم للمرضى.

وزارة الشؤون الاجتماعية: ويقع على كاهلها متابعة الأسر الفقيرة والحالات المهمشة، كالأفراد الذين يعانون من الإعاقات الدائمة التي تحتاج إلى جهد مستمر من قِبل الوزارة والمديرين والاختصاصيين، وتأمين المستحقات المالية التي تكفيهم العوَز والانتظار المادي من أحدٍ ما، وإصلاح بيوتهم إذا كانت في وضع غير لائق يتطلب ترميمًا أو إصلاحًا، كي يكون المواطن قادرًا على العيش كبقية أفراد المجتمع الواحد.

ولا شك أن نجاح المسؤولية الاجتماعية لا يقتصر فقط على جهد واحد، بل يحتاج إلى تضافر جميع الجهود من أجل الإسهام الفعَّال في بناء مجتمع يتمتع أبناؤه بروح المبادرة والمسؤولية والأخذ بزمام المبادرة نحو تشكيل واقع مغاير للواقع الحالي. وهذا لن يتم إلا باقتناع كل فرد بأهمية المسؤولية الاجتماعية، وأن تكون هذه المسؤولية نابعة من داخله، حتى تتوحد هذه الجهود في بناء منظومة اجتماعية يشارك فيها الكل، ويشعرون بأنهم أعضاء فاعلون، لديهم القدرة على تحمل أعباء الواقع بروح طيبة، وإلا سنصبح عندئذ أفرادًا عاجزين، لا نتمتع سوى بالكسل والعجز والاستجداء غير المجدي من الآخرين لمساعدتنا وإنقاذنا من الواقع السلبي، ونتحول تدريجيًّا عبر الزمن إلى مجرد هياكل بشرية تتلقى المعونات والمساعدات الإنسانية من أجل الاستمرارية فقط، بعيدًا عن أي مبادرة أو استشعار داخلي لأهمية المسؤولية بصفتها مفهومًا يجب أن يكون له تأثير فعلي على أرض الواقع.

أهمية البعد الأخلاقي للمسؤولية الاجتماعية

لا يمكن الحديث عن المسؤولية الاجتماعية من دون الحديث عن أخلاقيات أفراد وجماعات ومؤسسات المجتمع في التعامل مع المسؤولية الاجتماعية في الإطار الإنساني

الذاتي الذي ينبع من مدى احترامهم لهذا المبدأ الإنساني الذي بسببه نهضت مجتمعات وتقدمت، بفعل أواصر الترابط والتماسك السائد بين أفرادها.

أبجديات البعد الأخلاقي للمسؤولية الاجتماعية

الالتزام: وهو العامل الرئيس لدى أي فرد من أفراد المجتمع، لكنه لن يتحقق من دون رغبة ذاتية وإصرار دؤوب من قِبل الفرد نفسه على تطبيقه وتنفيذه حتى يكون نموذجًا عمليًّا يقتدى به من قِبل الأفراد داخل أي وحدة من وحدات المجتمع.

التنشئة الاجتماعية السليمة: وهي بحاجة إلى توعية متكاملة الأركان من كل من الأسرة والمدرسة والمؤسسات المجتمعية لفهم المسؤولية الاجتماعية فهمًا كاملًا نابعًا من الانتماء للدولة والمجتمع حتى يستشعروا معًا أهميتها، ومدى قدرتهم الفعلية على تطبيقها وممارستها مستقبليًا داخل مجتمعهم.

الإحساس والتعاون: فلا يمكن أن يُكتَب للمسؤولية المجتمعية عناصر السلامة والنجاح من دون توافر الشعور والإحساس الذاتي تجاه أي حدث طارئ أو مشكلة ما. ولهذا يجب دائمًا المبادرة والتعاون في إطار البناء المجتمعي المتماسك، بعيدًا عن عوامل التفكك والانهيار المجتمعي.

وتشكل هذه الأبجديات الثلاث مجتمعة، في حال العمل بها وتطبيقها على أرض الواقع وممارستها عمليًّا من قِبل أفراد المجتمع الواحد، نموذجًا مهمًّا نحو إعادة تشكيل الوعي الذاتي تجاه بناء مجتمع متماسك ينحو نحو الأخذ بزمام المبادرة في إطار من التعاون والتماسك الاجتماعي.

مبادئ ودوافع المسؤولية الاجتماعية

- الجميع يتحمل المسؤولية تجاه النفس والأسرة والمجتمع.
- المشاركة في العمل الخيري أساس الاستقلال الاقتصادي.
- يجب أن تسعى الحكومات إلى تشجيع أفراد المجتمع على أن يساعدوا أنفسهم.
- لا بد من ربط المسؤولية الاجتماعية بالمعتقدات والقيم الإسلامية.

- الإنفاق على الأعمال الخيرية نوع من رد الجميل للمجتمع.
- المسؤولية الاجتماعية وسيلة للالتزام الإيجابي للشركات والمؤسسات تجاه المجتمع من خلال تنمية الموارد البشرية.

الفصل السادس

الباب الأول

المسؤولية الاجتماعية للشركات

مقدمة

مصطلح المسؤولية الاجتماعية يُستخدَم مع الشركات لوصف الأنشطة والمبادرات التي تضطلع بها المؤسسات التجارية بصفتها وسيلة للاتصال مع المجتمعات التي تعمل فيها، والتي تتنوع بين البرامج الخيرية وخدمة المجتمع المحلي والوعي بالأثر البيئي، مع ضمان التزام الشركات بتعزيز المعايير الأخلاقية السامية جنبًا إلى جنب مع مفهوم تحقيق الأرباح.

وكانت أنشطة المسؤولية الاجتماعية للشركات تمثّل منذ فترة طويلة جزءًا من النسيج التجاري، لذا انصب اهتمام معظم الشركات على البحث الدؤوب عن أفضل الطرق لإيصال هذه الجهود إلى مستحقيها.

وقد فضّلت شركات انتهاج أسلوب توعية المواطنين بمفاهيم العمل الطوعي والخيري لما له من أثر بليغ في شمولية مفاهيم العمل الطوعي، وتأكيد أهمية المسؤولية المجتمعية، وإبداء النيات الحسنة لتلك الشركات. وفي المقابل، تبنت شركات أخرى مفهوم الفصل التام بين العمل التجاري والعمل الخيري والعلاقات العامة لتفادي نظرة المجتمع لها على أنها أنانية تستغل العمل الطوعي ستارًا للوصول إلى أعلى مستوى من الربحية. ومن ثم، ينبغي على الشركات أن تتفهم أحدث الأساليب والأنظمة قبل اعتماد استراتيجيتها في مجال المسؤولية الاجتماعية.

المسؤولية الاجتماعية للشركات

تتلخص هذه المسؤولية في فكرة أن الشركات ينبغي أن توازن بين أعمال تحقيق الربح والأعمال التي تفيد المجتمع، ويشمل ذلك إقامة الشركات علاقات إيجابية مع المجتمع

الذي تعمل به. وتؤكد المنظمة الدولية للمعايير (ISO) أن العلاقة مع المجتمع والبيئة التي تعمل بها الشركة «عامل حاسم في مقدرتها على أن يستمر العمل بشكل فعَّال، وهي تُستخدَم أيضًا باستمرار بصفتها مقاييس لأدائها العام».

أولويات المسؤولية الاجتماعية للشركات

- **التعليم والتدريب**

من خلال دعم المؤسسات التعليمية لتحسين نوعية النظام التعليمي، وسد الفجوة بين مخرجات التعليم واحتياجات سوق العمل، لتأمين المهارات الضرورية لسوق العمل، وضمان جودة برامج التدريب، وتأمين فرص العمل لكل فئات المجتمع، وتوطين الوظائف، وتحقيق مبدأ تكافؤ الفرص.

- **دعم المشروعات الصغيرة والمتوسطة**

من أجل تشجيع الشباب الخريجين على العمل الحر.

- **دعم مراكز الأبحاث**

خاصة تلك التي تولي المسؤولية الاجتماعية ودراسات المجتمع اهتمامًا، وكذلك دعم المؤتمرات والملتقيات التي من شأنها النهوض بالمجتمع بصفة عامة.

- **البيئة**

عبر المحافظة على نظافتها، والقضاء على التلوث، والإقلال من الإضرار بالطبيعة.

- **الصحة**

بمساعدة المؤسسات في المساهمة في نشر الوعي الصحي بين أفراد المجتمع، بمختلف طبقاته وشرائحه، من خلال تنظيم حملات موجهة، وتدريب للموظفين على كيفية الوقاية من الأمراض، بالإضافة إلى وسائل الأمن والسلامة.

- **المجالات الاجتماعية الأخرى**

مثل القضاء على الفقر، وإعادة هيكلة المناطق العشوائية، وتشجيع ذوي الإعاقة على مساعدة أنفسهم.

- **التنسيق مع مؤسسات العمل الخيري**

من أجل تنفيذ مشروعات المسؤولية الاجتماعية، والتعرف على المشكلات الاجتماعية، وعلى أعداد ذوي الإعاقة بالمجتمع والأيتام والأرامل وكبار السن، والعمل على إنشاء مزيد من المؤسسات الخيرية التي تعمل في تخصصات مختلفة، كالرعاية الصحية، ودعم المشروعات والقروض الحسنة، والتنمية الاجتماعية، والتعليم، والتقنية، وحماية البيئة، ومكافحة التلوث، والإسكان، بالإضافة إلى تعزيز جمعيات الأيتام، وتعليم القرآن، والوقف، وذوي الإعاقة، والإغاثة، والدعوة والإرشاد والوعظ.

الأعمال غير الربحية

كان للاتجاه نحو مزيد من الشفافية في توقعات تعامل الشركات مع المواطنين أثر فعَّال، سواء من المستثمرين أو الموظفين أو العملاء أو أصحاب المصلحة أو وسائل الإعلام، فكل هذه الشرائح تسعى إلى مزيد من المعلومات حول الشركات المتفاعلة أو ذات العلاقة المباشرة. وغالبًا ما ينطوي هذا التركيز على الكشف عن الأنشطة التجارية على الأداء المالي، ولكن عند كثيرين، خاصة في المجتمع المحلي، تمثل نسبة العطاء الخيري للشركة عاملًا مهمًّا في تصور حجم تلك الأعمال.

وفي ضوء هذا الواقع، يمكن لبعضهم القول إن الشركات التي تعجز عن التواصل وتقديم الدعم من خلال أعمالها للمسؤولية الاجتماعية المنوطة بها إنما تضر نفسها، بغض النظر عن الأرباح المادية المحققة.

وسواء كانت الشركة عالمية ضخمة أو عائلية محدودة، فلا يمكن معرفة الحجم الحقيقي للأصول الثابتة المخفية، بل في كثير من الحالات يُعبَّر عن حساب القيمة التجارية للأعمال بقياس مدى إنسانيتها في التعامل مع منسوبيها، ودعم برامج البيئة، أو بإسهاماتها في الجمعيات الخيرية. وبهذا، تتمكن أي شركة من الوصول إلى المنافسة، بجعل تلك الأصول المخفية مرئية على أوسع نطاق.

أدوات وتقنيات لتسويق المسؤولية الاجتماعية

1. الإعلام بالأساليب التقليدية

يظل استخدام المنبر الإعلامي، لا سيما البيانات الصحفية، فعَّالًا جدًّا لبيان مدى التزام الشركات بمبادئ المسؤولية الاجتماعية، خاصة عند إجراء تغييرات أساسية في أعمالها، أو عندما تود تقديم مساعدات للمجتمع، مما يسهم في إيداع جزء كبير من رأس المال الاجتماعي في عقول المستهلكين.

2. الإعلام بالأساليب الحديثة

ليس من الضروري الاعتماد فقط على أساليب التسويق التقليدية لتوصيل أسباب المسؤولية الاجتماعية للشركات، فبعض الشركات تستخدم مواقع التواصل الاجتماعي (مثل «تويتر» و«فيسبوك») للتواصل، ومعرفة الردود الفورية المباشرة للجمهور، في أثناء تنفيذها حملات نظافة، أو إرسال مواد غذائية في حالات الكوارث، امتثالًا لنداء المسؤولية الاجتماعية.

كذلك، أصبحت كثير من الشركات تُضمِّن مواقعها الإلكترونية صفحات ثابتة، تبث من خلالها نشرات ومقالات صحفية تركِّز على أنشطتها المرتبطة بالمسؤولية الاجتماعية، أو خلق فرص ومنابر للتفاعل «تدعو إلى العمل الخيري»، وتوجه نداءات درءً للكوارث، وذلك بتسليط الضوء على برامج المسؤولية الاجتماعية للشركات، وتشجيع الشراكة بين جميع الأطراف المعنية.

ونظرًا لأهمية نشر المسؤولية الاجتماعية للشركات على الإنترنت، فإن كثيرًا من الشركات تتجه لجلب الموارد الخارجية الداعمة للمجتمعات، وبثها في مواقع التواصل الاجتماعي، لبيان مدى التزامها بتنفيذ برامج المسؤولية الاجتماعية، بغية الحفاظ على العملاء.

سطوع نجم المسؤولية الاجتماعية للشركات

نجحت بعض الشركات في توصيل التزامها بتنفيذ أنشطة المسؤولية الاجتماعية، عبر تسويق مسؤولية خدمات اجتماعية أو منتجات، مثل شركة «زيبكار» التي روجت لمنتجاتها عن طريق الإنترنت، فكان لها الأثر الإيجابي على البيئة الذي تضطلع به الشركة، فضلًا عن

الخفض الهائل للتكاليف الذي يتمتع به سائقو هذه السيارات، كما لا يزال صدى الهدف المتحقق من التسويق لهذه السيارات يرن في آذان المستهلكين الذين يؤمنون بمفهوم المسؤولية الاجتماعية تجاه خفض نسبة التلوث، وتقليل استهلاك النفط، وتقليص عدد المركبات من 15 إلى 20 سيارة، مقارنة بمفهوم سيارة لكل فرد.

كذلك، اكتسبت شركة «بن آند جيري» سمعة متميزة في دمج الممارسات المستدامة المسؤولة اجتماعيًّا مباشرة بنماذج أعمالها التجارية. فحين التزمت باستخدام حليبٍ خالٍ من مادة «آر بي إس تي» في منتجاتها، مهدت الطريق لغيرها للاقتداء بها. كما تعهدت باستخدام حليبٍ خالٍ من الهرمون في منتجاتها، فضلًا عن أن موقفها الداعم بقوة لمزارع ألبان الأسر المنتجة كان ذا مردودٍ عالٍ، من خلال التغطيات الإعلامية التي أخذت منحًى وطنيًّا عزّز سمعتها بصفتها رائدًا تجاريًّا يقدِّر قيمة المسؤولية الاجتماعية.

المتابعة والتشجيع من الشركات

يتضافر أغلب الناس لإنجاح العمل الخيري، مثل جمع التبرعات والبرامج التطوعية والرعائية، لذا تتناسب جميع أنشطة المسؤولية الاجتماعية للشركات مع أغراض الترويج لها، ليس لتوضيح الرؤى فحسب، بل سعيًا لزيادة رقعة المشاركة والإسهام في الأنشطة نفسها، فاستدامة سلامة الأثر البيئي، والتعليم العام، وسلامة الموظفين، كلها تندرج تحت مظلة المسؤولية الاجتماعية للشركات، وينبغي إدراجها في الجهود والمساعي العامة للشركة.

أبعاد المسؤولية الاجتماعية للمنظمات

سعى كثير من الكتاب والباحثين إلى محاولة تحديد أبعاد هذه المسؤولية من وجهات نظر مختلفة، ووضعوا لها تسميات متباينة، نذكر منهم -على سبيل المثال- pride and ferrell اللذين أشارا إلى أربعة أبعاد للمسؤولية الاجتماعية، تمثلت في ما يلي:

1. المسؤولية الإنسانية

أي أن تكون المنظمة صالحة، تعمل على الإسهام في تنمية وتطوير المجتمع، وتحسين نوعية الحياة.

2. المسؤولية الأخلاقية

بمعنى أن تكون المنظمة مبنية على أسس أخلاقية، وأن تلتزم بالأعمال الصحيحة، وتمتنع عن إيذاء الآخرين.

3. المسؤولية القانونية

أي التزام المنظمة بطاعة القوانين، واكتساب ثقة الآخرين، من خلال التزامها بتنفيذ الأعمال الشرعية، وعدم التورط في الأعمال المخلة بالقانون.

4. المسؤولية الاقتصادية

بأن تكون المنظمة نافعة مجدية اقتصاديًّا، وأن تحاول جاهدة توفير الأمان للآخرين.

وبعد ذلك، بدأ اتجاه جديد يتسم بالتأكيد على مصالح الأطراف الأخرى ذات العلاقة بالشركة في البدء، ثم العاملين والمقرضين، ثم الزبائن والموردين والمنافسين، وصولًا إلى المجتمع ككل، وذلك بالحد من حرية واستقلال الأعمال، فالشركة ليست وحدة آلية، ولا هي آلة اقتصادية لصنع النقود من أجل حملة الأسهم، وإنما هي وحدة اقتصادية اجتماعية تؤثر وتتأثر بأطراف متعددة، هم أصحاب المصلحة.

المؤيدون والمعارضون للمسؤولية الاجتماعية للشركات

إن التطور التكنولوجي والعلمي الهائل الذي تشهده بيئة الأعمال اليوم، وانتقال المجتمعات إلى مرحلة تاريخية جديدة، في ظل ما يُسمَّى اقتصاد المعرفة أو الاقتصاد الرقمي، يشير بوضوح إلى الدور المهم الذي تؤديه الأعمال في حياة الدول على مختلف المستويات. وقد صارت الشركات الكبرى تتبارى بمخترعاتها واكتشافاتها، سلعًا كانت أو خدمات، وزاد تأثير هذه المنظمات في قرارات حكومات الدول التي تنتمي إليها، بل امتد هذا الأثر إلى دول أخرى، بفعل الاستثمار الخارجي لهذه الشركات. ولا شك أن هذا الأمر يوضِّح مدى الحاجة إلى أن تكون قرارات هذه الشركات مؤطرة بإطار أخلاقي يحد من الآثار السلبية التي تؤثر في حياة المجتمع الذي تعمل فيه هذه الشركات. ولقد زاد تطلع المجتمع إلى مساهمة هذه الشركات في زيادة رفاهيته، وتقديم أنشطة اجتماعية كثيرة يمكن أن تسهم

في تطوره وازدهاره، فثمة شرائح اجتماعية كثيرة في المجتمع تُعَد من أصحاب المصالح أو المستفيدين من وجود شركات الأعمال، أبرزها:

المالكون: وهم أول المستفيدين. ولا تقتصر فائدتهم على الربح، وتعظيم قيمة الشركة وسعر سهمها في السوق، بل إنهم يتطلعون إلى سمعة طيبة لشركتهم، والتزام أخلاقي من جانب العاملين، بعدم إثارة أي شبهة أو خدش لسمعة الشركة وشهرتها.

العاملون: وهم يتوقعون تحسين الشركة لأوضاعهم، وأن تتوافر لهم ولعوائلهم ظروف جيدة، وأن تحل جزءًا من مشكلاتهم، سواء ما تعلق منها بالسكن أو الصحة أو التعليم.

الحكومة: وهي تأمل في التسديد الكامل للالتزامات الضريبية، وتطبيق مبدأ تكافؤ الفرص، والمساعدة في حل المشكلات المستعصية، كالبطالة والفقر ونحوهما.

ولقد أدى الاتجاه الواسع نحو التخصيص إلى تخلي الحكومات عن كثير من أدوارها التقليدية الاجتماعية، والتزاماتها تجاه مواطنيها، مما يتطلب وجود جهة أخرى تساعد في تأمين هذه الالتزامات. وبالطبع، فإن هذه الأعباء ستُلقَى على عاتق منظمات الأعمال وأصحاب رأس المال، وهي الجهات التي ستحل محل الحكومة في إدارة الشركات أو المؤسسات التي خُصِّصَت.

ولم تكن الدعوة إلى تبني المسؤولية الاجتماعية من قِبل منظمات الأعمال جديدة، بل تمتد إلى فترة طويلة، ولكنها ازدادت وضوحًا في ستينيات القرن الماضي، واستمرت بالتنامي إلى أن بلغ الأمر بها أن تدخل مادة دراسية في الجامعات والمعاهد في مختلف بلاد العالم، وعادة ما تُقرَن بموضوع آخر مهم، وهو «أخلاقيات الأعمال» (Business Ethics). ونجد اليوم مناهج الدراسة الخاصة بكليات التجارة وإدارة الأعمال، والعلوم المقاربة الأخرى، وقد اشتملت على مادة بعنوان «المسؤولية الاجتماعية وأخلاقيات الأعمال» أو «الأعمال والمجتمع»، وهذا الأمر لا يخص الدول المتقدمة، بل تعداه إلى الدول النامية، خصوصًا تلك التي ازدهرت فيها الأعمال والشركات الخاصة والبنوك التجارية.

وهكذا، بات الدور الاجتماعي لمنظمات الأعمال وأصحاب رأس المال، ومراعاة الجوانب الأخلاقية والاجتماعية من قِبل متخذي القرار، مطلبًا مهمًّا في عالم الأعمال

اليوم، تسنده الحكومات بوسائل متعددة، منها الإعفاءات الضريبية لكثير من المساهمات الاجتماعية، أو التشجيع عليها بوسائل مختلفة.

ولكن هل يتفق الجميع على أن تتبنى جميع منظمات الأعمال مسؤولية اجتماعية معينة؟ إن المتتبع للأدب الإداري الذى يعالج موضوع المسؤولية الاجتماعية يجد أن ثمة مواقف مؤيدة لأن تتبني المنظمة مزيدًا من الأدوار الاجتماعية. وفي المقابل، يكتشف بسهولة أن ثمة مَن يعارض هذا التوجه، ويعده مهددًا لوجود منظمات الأعمال الحرة. ويدعم الطرفان كلاهما آراءهما بحجج قائمة على أسس عقلانية علمية، يمكن أن نستعرضها في ما يلي:

أولًا: المؤيدون لتبني المسؤولية الاجتماعية

يمثِّل المجتمع الإطار أو الوعاء الكبير الذى تعمل المنظمات في ظله. ومن ثم، فإن وجود هذه المنظمات يصبح غير مبرر في حالة عدم اهتمامها بقضايا المجتمع، والأساسية منها بشكل خاص. وبالطبع، فإن تعارض أهداف المنظمة مع مصالح المجتمع مسألة محسومة من قِبل هذا الفريق، بإعطاء الأولوية للمجتمع قياسًا للمنظمة، مستندين إلى الحجج التالية:

- يتوقع الجمهور من منظمات الأعمال أن تؤدي دورًا كبيرًا في تحقيق أهدافه، وذلك من خلال مجالات متعددة، ليست اقتصادية فقط. وهذا يجسد كون منظمة الأعمال جزءًا لا يتجزأ من المجتمع الذى تعيش وتنمو وتزدهر فيه.
- يمكن للأرباح أن تزداد على المدى البعيد من خلال تبني المنظمة دورًا اجتماعيًّا أكبر، حيث إن رضا المجتمع، ومد جسور التعاون والتفاهم والثقة معه، يمثِّل مدخلًا مهمًّا ذا مردود مستقبلي كبير. ومن ثم، فإن الدور الاجتماعي، وإن كان مكلفًا اليوم، يشكِّل استثمارًا مستقبليًّا مهمًّا لمنظمة الأعمال.
- إن الالتزامات الأخلاقية تملي على منظمات الأعمال أن يكون لها دور اجتماعي، حيث إن الالتزام الاجتماعي يمثل حالة موازنة معقولة تجاه النقد الموجه إلى الأعمال، كونها تهتم فقط بزيادة الأرباح وتوسيع الاستثمار، على حساب كثير من المتطلبات الأساسية للعاملين، والمجتمع بشكل عام.

- الصورة العامة للمنظمة ستكون أفضل حينما تؤدي دورًا اجتماعيًّا، أو تمارس نشاطًا ثقافيًّا، ينعكس مستقبلًا على زيادة المبيعات. ولا شك أن تبني دور اجتماعي أكبر من قِبل منظمات الأعمال يعزِّز من الميزة التنافسية الجديدة التي تسعى منظمات الأعمال لتحقيقها: السمعة أو الشهرة الشاملة للمنظمة (Corporate Reputation).
- توفير بيئة أفضل ونوعية حياة أرقى للمجتمع ككل، حيث إن التطور الصناعي، والتوسع في مجالات الخدمة المختلفة، وزيادة الميل إلى الاستهلاك، صاحبها كثير من التأثيرات السلبية الجانبية التي لا يمكن أن تتحمل مسؤولية مكافحتها الدولة وحدها نظرًا لمحدودية مواردها وإمكاناتها. وبالتالي، يصبح من الضروري أن تساهم منظمات الأعمال بتخصيص جانب من عوائدها لمواجهة وتقليل الآثار السلبية على الحياة والمجتمع. وهنا، لا يمكن أن يترك المجال دون وجود إطار منظم للعلاقات، يستوعب مبادرات منظمات الأعمال. ومن خلال هذه المبادرات، تمد جسور الثقة والتعاون مع الدولة والمجتمع.
- تقلل من إجراءات الحكومة وقوانينها المتعلقة بالتدخل في شؤون الأعمال، إذ إن المبادرات الاجتماعية، وحل المشكلات الملقاة تقليديًّا على عاتق الحكومة، يقطع الطريق على طموحات وطروحات بعض السياسيين الراغبين في تقييد حرية الأعمال في المجتمع. وفي المقابل، فإن الإحجام عن أداء هذا الدور يولِّد الدافع لدى الحكومة لسن كثير من التشريعات والقوانين التي تقيِّد من حرية المنافسة وازدهار الأعمال، وتضع منظمات تلك الدولة في موضع تنافسي ضعيف أمام منظمات دول أخرى. ويعتقد بعضهم أن التردد والإحجام من قِبل الأعمال في الولايات المتحدة عن تبني دور اجتماعي أكبر سهَّل على الحكومات التدخل بسن تشريعات وُضِعَت بموجبها المنظمات الأمريكية في موقع ضعيف في المنافسة الدولية، قياسًا إلى المنظمات في اليابان التي تجد نفسها دائمًا في انسجام تام مع الدولة والمجتمع، كونها المبادرة إلى تبني برامج اجتماعية متنوعة تنعكس في شكل علاقات إيجابية بين جميع الأطراف.
- الموازنة بين مسؤولية المنظمة ونفوذها، حيث إن المسؤولية الاجتماعية تقلِّل من

النقد الموجه لهيمنة منظمات الأعمال على القرارات المتعلقة بحياة الناس، إذ يبدو في حالة التداخل والعلاقات الوطيدة بين السياسيين الحاكمين ورجال الأعمال المسيطرين على المنظمات، خاصة الكبيرة منها، أن ثمة ما يثير النقد، وربما يولِّد حالة من عدم الثقة بالحكومات لهيمنة أصحاب رؤوس الأموال والأعمال على القرارات السياسية. ومن ثم، فإن تبني دور اجتماعي أكبر يساهم في التقليل من الآثار السلبية هذه، ويعطي ارتياحًا وثقة من قبل المجتمع تجاه المنظمات الخاصة.

- الحفاظ على مصلحة المالكين، حيث يتعزز موقف المنظمة وتزداد مبيعاتها حينما تساهم اجتماعيًا بإنعاش الوضع العام للدولة. ومن ثم، فإن فكرة المردود المستقبلي الناجم عن الأثر الحسن الذي تتركه المساهمة الاجتماعية في نفوس الناس يجب أن تعزز، وألا يكون التركيز على المردود المادي الآني. ولحل إشكالية تعارض المصالح، خاصة مصلحة المالكين من جهة ومصالح بقية الفئات من جهة أخرى، يمكن أن تقدِّم المسؤولية الاجتماعية مدخلًا فعَّالًا يضمن عدم تعارض المصالح.
- امتلاك الموارد، حيث إن منظمات الأعمال، خصوصًا الكبيرة منها، تتمتع بموارد مالية وموارد فنية كبيرة يمكن أن تؤدي معها إنجازات اجتماعية هائلة. وأمثلة كثيرة يمكن أن تُعرَض هنا، فالجامعات مثلًا يمكن أن تساهم في زيادة الوعي الاجتماعي والثقافي، وتعزيز انتشار اللغات الأجنبية، ودعم الأعمال الصغيرة، عن طريق الاستشارات الفنية والتدريبية، وهي المبادرات التي تعزِّز من رصيد هذه المنظمات التعليمية. كذلك، يمكن لمنظمات أخرى أن تساهم في ذلك، بما يعزِّز رصيدها الاجتماعي.
- تدابير وقائية لتجنب المشكلات الاجتماعية المعقدة التي ستحدث عاجلًا أم آجلًا. وهذه التدابير يجب أن تتطور باستمرار في ضوء احتياجات المجتمع لها.

ثانيًا: المعارضون لتبني المسؤولية الاجتماعية

إن حجج المعارضين لتبني دور اجتماعي أكبر من قِبل منظمات الأعمال الخاصة هي في حقيقتها حجج علمية موضوعيه تستحق المناقشة وإبداء الرأي بشأنها، ويدور أغلبها حول واحدة أو أكثر من التوجيهات التالية:

- إن تبني دور اجتماعي أكبر من قِبل منظمات الأعمال الخاصة يؤدي إلى خرق قاعدة تعظيم الأرباح التي هي جوهر منظمات الأعمال الخاصة، فهذه المنظمات وُجِدَت أساسًا للعمل، وتقديم سلع وخدمات بنوعية عالية وأسعار معقولة، ومن حقها الحصول على عائد تعيد استثماره وتتوسع، وبالتالي يمثل هذا مسؤولية معقولة للمنظمات، كونها ستوظف مزيدًا من العاملين، وتدفع الضرائب للدولة، وتساهم في تحسين ميزان مدفوعاتها، وما يتبع ذلك من مردود إيجابي على المجتمع بمفردات متعددة. وهذه هي وجهة نظر الاقتصاديين الليبراليين، وعلى رأسهم ميلتون فريدمان (Milton Friedman) الحائز على جائزة نوبل في الاقتصاد.
- ذوبان الأهداف الأساسية للمنشأة واضمحلالها مع مرور الزمن، وزيادة مطالبة المجتمع والدولة للمنظمات بتبني أهداف اجتماعية، يجعل المنظمات تصبح عاجزة عن الارتقاء بالإنتاجية، والاستثمار في البحث والتطوير، وتطوير تكنولوجيا الإنتاج، وتقديم منتجات جديدة، وهذا الأمر سينعكس مرة أخرى في صورة ضعف في الأداء الاقتصادي لمنظمات الأعمال، وبالتالي ستتراجع مبادرتها الاجتماعية بسبب عدم قدرتها على متابعة مثل هذه البرامج.
- تحميل منظمات الأعمال كلفة عالية جراء الأنشطة الاجتماعية المتزايدة، حيث إن قدرة المنظمة مهما كانت مواردها محدودة. فإذا ما حُمِّلَت بأهداف اجتماعية تتجاوز هذه القدرة أو تحد منها، فإن المنظمة ستتعرض للمخاطر. وهنا، تبرز المقولة الشهيرة لمدير شركة «General Motors»، عن أن كل ما هو جيد صالح لشركة «جنرال موتورز» فهو بالتأكيد صالح لأمريكا، ولكن ليس كل ما هو جيد صالح لأمريكا هو بالضرورة جيد صالح لشركة «General Motors». وهذه المقولة يجب ألا تُفهَم سطحيًّا، في إطار إعطاء الأولوية لمصالح الشركة على حساب مصالح الدولة، ولكن يجب أن تُؤخَذ في إطار أن قدرة الشركة محدودة قياساً إلى قدرة الدولة أو مواردها، وأن إصابة الشركة بأذى سوف يؤدي إلى إلحاق الضرر بمصالح البلاد.
- سلطة إضافية أكبر ستتمتع بها منظمات الأعمال، وتعزِّز من نفوذها وقدرتها، فإذا كانت منظمات الأعمال تمتلك الموارد الاقتصادية، فإن تعزيز هذه الموارد بسلطة اجتماعية إضافية سيجعل منها قوة كبيرة في المجتمع.

- تفتقر منظمات الأعمال إلى المهارات الكافية التي تمكنها من النهوض بالدور الاجتماعي بشكل صحيح من جانب، ومن جانب آخر فإن ثمة مؤسسات متخصصة بهذا الدور الاجتماعي يجب أن يُعزَّز دورها، وأن تكرس منظمات الأعمال دورًا أكبر للأداء الاقتصادي وتعزيز المنافسة وتنشيط الاقتصاد.
- صعوبة المساءلة القانونية والمحاسبة عن الأنشطة الاجتماعية، لعدم وجود معايير مطورة لقياس الأداء الاجتماعي (Social Performance Measurement).
- لا توجد جهة عليا رسمية من الجمهور يمكن أن تتابع مدى الإنجاز الاجتماعي المتحقق. وبالطبع، فإن عدم وجود مثل هذه الجهة يعقِّد من عملية التأكد من مدى الإنجاز المتحقق، وقد يترك المجال لادعاء دور أكبر مما هو واقع فعلًا، أو قد يغمط حق منظمة رغم تبنيها دورًا اجتماعيًا أكبر.

وهكذا، تبدو حجج كلا الطرفين (المؤيد والمعارض للمسؤولية الاجتماعية) منطقية مقنعة، إذا أُخِذَت في إطار التطرف لزيادة الدور الاجتماعي لمنظمات الأعمال بشكل كبير، أو نقصان هذا الدور وضموره بشكل كبير جدًّا. فتحميل المنظمة دورًا اجتماعيًا يفوق طاقتها قد يربك أداء دورها الاقتصادي، وتحقيق العائد المجزي الذي من خلاله تساهم بمبادرات اجتماعية. وعلى الجانب الآخر، فإن الاهتمام بتعظيم الأرباح، ووضع مصالح المساهمين بالحسبان، بعيدًا عن مصالح الفئات الأخرى ذات العلاقة، يجعل من منظمة الأعمال نظامًا اقتصاديًّا مغلقًا قائمًا بذاته، لا تربطه علاقة طيبة مع المجتمع، ولا يتحمل ما يواجه المجتمع من إشكالات تتطلب الحل. وفي إطار هذين التناقضين، يبدو أن ثمة مدخلًا وسطًا يحاول أن يجعل من منظمة الأعمال نظامًا مفتوحًا على البيئة، تجد منظمة الأعمال ضمنه صيغة للموازنة معقولة بين الدور الاقتصادي الذي تؤديه بشكل فعَّال تنافسي كفء والدور الاجتماعي الذي تتبناه، وتحاول من خلاله أن تكون مواطنًا صالحًا في المجتمع، يساهم في تطويره ومعالجة قضاياه الملحة، ولكن حسب قدرتها.

مدخل دراسة المسؤولية الاجتماعية للمؤسسة

تتمثل مقاربة المنهج التقليدي لمفهوم المسؤولية الاجتماعية للمؤسسة في ضرورة تحقيق أقصى أرباح ممكنة، وذلك في حدود الإطار القانوني القائم. وقد استمد هذا المنهج

مقوماته من النظرية الاقتصادية الكلاسيكية التي تقوم على أن المعيار الأساسي لأداء المنظمة هو كفاءتها الاقتصادية التي تتبلور في تنظيم المصلحة الذاتية للمساهمين، بصفتها المسؤولية الأولية للإدارة. وفي أوائل الخمسينيات من القرن الماضي، ظهر اتجاه قوي (خاصة في المجتمعات الرأسمالية) يدعو إلى ضرورة التزام المؤسسة تجاه المجتمع الذي تعمل فيه، فأصبحت الإدارة مسؤولة ليس فقط عن تحقيق الكفاءة الاقتصادية لأنشطة المؤسسة، معبرًا عنها بواسطة مؤشر الربحية، ولكن أيضًا عن ما يجب أن تؤديه المؤسسة تجاه المشكلات الاجتماعية المترتبة على أداء تلك الأنشطة؛ بمعنى أن الإدارة أصبحت مضطرة إلى التسليم بالمسؤولية الاجتماعية، إلى جانب مسؤوليتها الاقتصادية.

سمعة المنظمة

مفهوم سمعة المنظمة

ازداد الاهتمام بمفهوم «سمعة المنظمة» بمرور الوقت، وذلك لإدراك المديرين والعاملين في المنظمات لأهميتها في استدامة المنظمات، وتحقيق أعلى الأرباح، وكسب ولاء الزبائن والعاملين. وتمثل سمعة المنظمة التقييم الذى تحصل عليه المنظمة من قِبل أصحاب المصالح، والمصداقية التي تتمتع بها في سياساتها وأنظمتها وعملياتها وأدائها. وتُعَد هذه السمعة أحد أهم الموجودات غير الملموسة التي تسعى المنظمات المتطورة إلى الحفاظ عليها، لدورها الفاعل في بقائها ونموها في ظروف الأزمات التي تتعرض لها.

أهمية سمعة المنظمة

تُعَد السمعة الجيد أداة مؤثرة بيد المنظمات لتحقيق أهدافها الاستراتيجية التي تتمثل بخلق القيمة، ونمو الربحية، وتحقيق الميزة التنافسية المستدامة التي تسهم في بقائها ونموها الشامل. ويُعتقَد أن السمعة الإيجابية تحقق للمنظمة مجموعة من المزايا، تتمثل في الآتي:

- إمكانية تحقيق أرباح مميزة.
- جذب زبائن جدد.
- منح المنتج أو الخدمة قيمة إضافية.

- زيادة رضا العاملين وولائهم.
- سهولة الوصول لأفضل مقدمي الخدمات المهنية، مثل وكالات الإعلان المتميزة.
- تعزيز قوة المنظمة في مجال جذب شركاء الأعمال والمستثمرين الجدد.
- تحسين علاقة المنظمة مع الموردين والموزعين وأصحاب المصلحة المباشرين.

ويضاف إلى تلك المزايا:

- استقطاب الموارد البشرية ذات الكفاءة للعمل في المنظمة والاحتفاظ بهم.
- تشكيل حواجز تمنع دخول المنافسين المحتملين.

العلاقة بين المسؤولية الاجتماعية وسمعة المنظمة

لتحقيق أداء المنظمة بشكل جيد، سواء الأداء المالي أو غير المالي، تُستخدَم بطاقة الأداء المتوازن لقياس الأداء، ويُطلَق عليها كثير من المصطلحات، منها: بطاقة الإنجاز المتوازن، وبطاقة العلامات المتوازنة. ويُقصَد بها تلك البطاقة التي تُعنَى بقياس الأداء المؤسسي على مستوى المنظمة ككل. وهي عبارة عن أداة إدارية، من خلالها تدمج المؤشرات المالية وغير المالية لتزويد المديرين بمعلومات مهمة ملائمة عن أداء منظمتهم، خصوصًا في ما يتعلق بتحقيق الأهداف الاستراتيجية، وتتكون من مجموعة من المبادئ والتقنيات التحليلية لتحسين أداء المنظمة.

نصائح حول المسؤولية الاجتماعية للشركات

- **الموقع الإلكتروني**

تستطيع أن تجعل موقع شركتك الإلكتروني أداة فعَّالة في إظهار جهودها في مجال المسؤولية الاجتماعية، بنشر قصة حول تحقيق أحد أهداف المسؤولية الاجتماعية في كل صفحة، مع تخصيص صفحة على الموقع حول جهود الشركة في تحقيق مفاهيم المسؤولية الاجتماعية.

- **مواقع التواصل الاجتماعي**

تُعَد أداة رائعة في هذا الإطار، إذ تتيح للشركة معرفة القضايا التي تشغل المجتمع، فتوجه جهودها لمعالجتها، مع استخدامها في قيادة جهود الشركة بشكل أفضل، عبر حشد

جهود الآخرين في قضيتها، مما يخلق شريحة من أنصار هذه القضايا تتولى توصيل جهود الشركة للمجتمع.

- **إشراك العاملين**

أشرك موظفيك في جهود الشركة نحو المسؤولية الاجتماعية، فذلك يشعرهم بالرضا، كما أنهم يخبرون غيرهم بتلك الجهود.

- **تدقيق المسؤولية الاجتماعية (Social Responsibility Audit)**

قيِّم وافحص المساهمات الاجتماعية لمنظمتك في مختلف المجالات.

دور المؤسسات الخيرية في المسؤولية الاجتماعية للشركات

إن المؤسسات الخيرية هي المكمل لعمل الحكومات ومؤسسات القطاع الخاص، حيث إنها تتغلغل وتتعمق داخل مشكلات القاعدة العريضة من المجتمع. كما أنها تقتحم جميع المجالات الاجتماعية والصحية والتعليمية والبيئية. لذا، زاد عدد هذه المؤسسات وأصبحت أكثر تنظيمًا، خاصة المؤسسات الخيرية السعودية التي زاد عددها على (1300) جمعية ومؤسسة خيرية، تقدم خدماتها داخل وخارج المملكة العربية السعودية. ونظرًا للدور الفعَّال الذي تنهض به تلك المؤسسات، فإنها قادرة على التنسيق بين شركات قطاع الأعمال والمؤسسات الاقتصادية من ناحية، واحتياجات المجتمع من ناحية أخرى، لأنها قادرة على تحديد أولويات المجتمع المحلي. كما أنها قادرة على الوصول إلى المؤسسات الاقتصادية، والتنسيق في ما بينها للوفاء بمسؤوليتها الاجتماعية على أكمل وجه. ولا يتوقف دور هذه المؤسسات على التنسيق، ولكنها قادرة على تولي دور الإشراف على المشروعات الاجتماعية التي تمولها الشركات.

ولا يستطيع أحد أن ينكر الدور الذي تؤديه الشركات الاقتصادية وشركات قطاع الأعمال لخدمة المجتمع، لكنها في النهاية جهود فردية ينقصها التنظيم والتنسيق وزيادة الوعي بأهداف وأهمية المسؤولية الاجتماعية. ويمكن لمؤسسات العمل الخيري أن تشرف وتنسق بين الشركات في ما بينها، وبين الشركات وقطاعات المجتمع المختلفة.

استراتيجيات تطبيق المسؤولية الاجتماعية للمؤسسات

يختلف منهج الشركات المتبع مع برامج المسؤولية الاجتماعية باختلاف ثقافة القائمين على إدارة مجالس الشركات ذاتها. والإدارة العليا في الشركات لها دور كبير في تبني ودمج المسؤولية الاجتماعية في نهج الإدارة التنفيذية.

وبعض الشركات في الحقيقة لا يهمها إلا تعظيم الأرباح فقط، وبعضها يستجيب أحيانًا ويمتنع أخرى، وبعضها يستجيب كلما طُلِب منه المساهمة في الغالب، وبعضها يلتزم شكلًا فقط، وبعضها يلتزم ويبادر إلى تلبية حاجات المجتمع.

ومقياس هذه الشركات، ونظرتها وتبينها للمسؤولية الاجتماعية، يختلف من شركة لأخرى، ومن مجتمع لآخر، لكن يمكننا أن نميز بين نوعين رئيسين في تعامل الشركات مع برامج المسؤولية الاجتماعية، يقع بينهما مستويات أخرى:

1. شركات الاستجابة

وهو هذا النوع من الشركات التي تستجيب لبعض حاجات المجتمع من خلال الاستحسان لبعض البرامج، بحيث يستحسن القائمون على إدارة الشركة هذا البرنامج أو تلك القضية، فيقدمون لها الدعم المادي أو العيني، أو الاستجابة لكارثة أو قضية طارئة، بحيث إنه عندما يطلب منها المساهمة بها، أو رعاية منتديات أو ملتقيات أو نحوها، تستجيب لهذا الأمر. وأحيانًا تستجيب هذه الشركات لضغوط بعض منظمات المجتمع المدني، من خلال منظمات الضغط، وتقدم خدمات اجتماعية للمجتمع. وهذه الاستجابات، رغم أنها جيدة تستحق التقدير، ليست من ضمن برامج المسؤولية الاجتماعية لأنها لا تُضمَّن في استراتيجيات الشركة. ولكن كثيرًا من الناس يعدها مسؤولية اجتماعية لأن ثمة خلطًا كبيرًا بين مفهومي العمل الخيري والمسؤولية الاجتماعية. بيد أن هذه الاستجابات ليست كذلك، رغم أنها حسنة، ومن باب عمل الخير أو العمل التطوعي، وتُعَد بادرة طيبة تجاه المسؤولية الاجتماعية، أو بداية أولية تجاه هذه المسؤولية. وأغلب مساهمات الشركات في العالم العربي من هذا النوع، مع استثناءات قليلة جدًّا لبعض الشركات. وهذا عائد للثقافة العامة في مفهوم المسؤولية الاجتماعية في الوطن العربي، وضبابية فهمه لدى

بعضهم، واختلاطه مع مفاهيم أخرى مثل العمل الخيري، ودخوله أحيانًا ضمن عمل العلاقات العامة أو التسويق.

2. شركات الالتزام

وهذا هو المنهج الذي ركز عليه البنك الدولي في تعريفه للمسؤولية الاجتماعية، إذ عرَّفها بأنها التزام الشركات طواعية بتحقيق التنمية المستدامة، بحيث تلتزم الشركات التزامًا ذاتيًّا نابعًا من داخل إدارة الشركة، ومن قيمها، وتعترف اعترافًا واضحًا بأن للمجتمع حقوقًا يجب عليها الوفاء بها، متوازية مع أهدافها الاقتصادية، وأنها شريك في تحقيق التنمية المستدامة، وبذلك تدمج برامج المسؤولية الاجتماعية ضمن أهدافها، من خلال الاستراتيجية العامة للشركة، وتعمل على المبادرة والمشاركة في حل مشكلات المجتمع، والتصرف تصرفًا أخلاقيًّا، والمحافظة على البيئة، وتقديم المبادرات عبر استقراء المستقبل، والاستثمار في المسؤولية الاجتماعية لخلق ابتكارات تفيد المجتمع والشركة في آن، وتحقيق التنمية المستدامة في المجتمع. ومن سمات هذه الشركات خلق كيانات أو إدارات أو أقسام تختص بتنسيق برامج المسؤولية الاجتماعية، وتخصيص ميزانيات مستقلة لهذه البرامج، وتعيين موظفين متفرغين لهذه المهام، وآليات عمل وبرامج واضحة تحقق أهداف المسؤولية الاجتماعية، وأحيانًا نماذج أعمال مبتكره تسهم في مساعدة قضية محددة أو قضايا عدة. وهذه هي المسؤولية الاجتماعية للشركات بمعناها الشامل الذي وصلت له المجتمعات الأوروبية والأمريكية، وما زلنا ننشده نحن في عالمنا العربي.

ولا تُفعَّل المسؤولية الاجتماعية للمؤسسات كافة إلا من خلال تكثيف التوعية بالمجتمع، وتكامل الأدوار بين قطاعات المجتمع الثلاثة: القطاع الحكومي بكل مكوناته، ومنظمات المجتمع المدني، والمستهلك.

الأهداف الاستراتيجية لمسار المسؤولية المجتمعية للمؤسسات أو الشركات

- زيادة الوعي بقيم المسؤولية المجتمعية للشركات.
- إطلاق شراكة تنموية مستدامة بين القطاعين العام والخاص.
- تعزيز الإدراك العام لمفهوم ممارسة المسؤولية المجتمعية.

- تشجيع الشركات على تطبيق نظم عمل المسؤولية المجتمعية.
- تنظيم وتوجيه مساهمات الشركات نحو المشاريع التنموية المجتمعية.

استراتيجيات التعامل مع المسؤولية الاجتماعية

يتمحور الأداء الاجتماعي للمنظمة حول أربع استراتيجيات، تتمثل في ما يلي:

1. استراتيجية الممانعة أو عدم التبني

وينصب اهتمامها على الأولويات الاقتصادية لمنظمات الأعمال، دون تبني أي دور اجتماعي، لأنه يقع خارج نطاق مصالحها التي يجب أن تتركز على تعظيم الربح والعوائد الأخرى.

2. الاستراتيجية الدفاعية

وتُعنَى بالوفاء بدور اجتماعي محدود جدًّا، بما يتطابق مع المتطلبات القانونية المفروضة فقط، وذلك لحماية المنظمة من الانتقادات. وبالحد الأدنى، يقع هذا الدور ضمن المتطلبات الخاصة بالمنافسة، وضغوط الناشطين في مجال البيئة.

3. استراتيجية التكيف

وتخطو المنظمة فيها خطوة متقدمة باتجاه المساهمة في الأنشطة الاجتماعية، من خلال تبني الإنفاق في الجوانب المرتبطة بالمتطلبات الأخلاقية والقانونية، إضافة إلى الاقتصادية، حيث يكون لها دور اجتماعي واضح، عبر التفاعل مع الأعراف والقيم وتوقعات المجتمع.

4. استراتيجية المبادرة التطوعية

وتأخذ الإدارة هنا زمام المبادرة في الأنشطة الاجتماعية، وذلك بالاستجابة لكثير من المتطلبات الاجتماعية، وفقًا لتقديرات المديرين، بما يتناسب مع المواقف المختلفة. وتتميز هذه الاستراتيجية بأن الأداء الشامل لمنظمة الأعمال يضع دائمًا في الحسبان ألا تكون القرارات المتخذة أو التصرفات ذات أثر معاكس لتطلعات المجتمع ومصلحته.

الأفعال التي يُنصَح بتطبيقها والأخرى التي لا يُنصَح بذلك

الأفعال العشرة التي ينبغي عليك الوفاء بها

1. **اصنع تدقيقًا للمسؤولية الاجتماعية للمؤسسات**: فهذه المسؤولية تعني التفاعل بين الشركة والمجتمع، وذلك لا يشمل فقط المتعاملين الأساسيين، مثل العملاء والموظفين والمستثمرين والموردين، بل يضم المجتمع بأكمله. لذا، اسأل نفسك: هل تتفاعل وتتعامل الشركة مع هذه المجموعات بطريقة مسؤولة؟ وهل ممارساتنا شفافة واضحة عادلة تبني أسس علاقة طيبة؟

2. **انظر إلى الممارسات في مكان العمل**: هل تتبع الشركة ممارسات مستنيرة واضحة في التوظيف والتدريب والصحة والسلامة المهنية؟

3. **انظر إلى الممارسات في سوق العمل**: هل تبني الشركة علاقات متينة مع عملائها، وتلبي توقعاتهم، وتتخطاها كذلك؟

4. **انظر إلى الممارسات في البيئة**: هل تطبق الشركة ممارسات مستدامة مسؤولة تضمن توفير الطاقة وإدارة النفايات والعمليات؟

5. **انظر إلى ممارسات المشاركة المجتمعية**: هل الشركة جارٌ جيدٌ لمحيطها؟ وهل تؤدي دورًا نشطًا بناءً في المجتمع؟

6. **انظر إلى الشركات الأخرى العاملة في مجالك، وقارن أداءك مع أفضل الممارسات**: ولا يوجد هنا حقوق حصرية أو براءة اختراع؛ طبِّق الأفضل في قطاعك.

7. **حاول إدراك لماذا تحتاج إلى المسؤولية الاجتماعية للمؤسسات**: فسمعة شركتك يمكن أن تؤثر على نظرة العملاء والموظفين والمستثمرين والشركاء لشركتك؛ أظهر صورة سلبية عن شركتك، والعملاء سيبتعدون عنك، والعمالة الماهرة لن تنجذب للعمل عندك.

8. **اشرح أهمية المسؤولية الاجتماعية للمؤسسات وواجه المتشككين**: فكل مدير وموظف ينبغي عليه أن يدرك أهمية وفوائد المسؤولية الاجتماعية للمؤسسات

في الشركة. وبرنامج واضح للمسؤولية الاجتماعية للمؤسسات سيكون له أثر إيجابي على التسويق والموارد البشرية، وغيرها من مجالات العمل. فإذا أدرك الأشخاص هذه الأمور، فإنهم سيحسون بالمسؤولية.

9. **اشرح أهمية المسؤولية الاجتماعية للمؤسسات للمتعاملين الخارجيين**: فقد يرى المستثمرون المسؤولية الاجتماعية وسيلة لزيادة النفقات، في حين أن العكس هو الصحيح. فالسياسات الواضحة السليمة في الموارد البشرية تسمح لك بتوظيف موظفين أكفاء والمحافظة عليهم. والتسويق الموجه لاحتياجات العملاء يحافظ عليهم، ويقلِّل المشكلات، ويخفِّض التكاليف. والممارسات البيئية الصحيحة تخفِّض التكاليف كذلك، وتحسِّن عمليات الشركة.

10. **احتفل بالنجاح**: فإذا أنجزت وتخطيت مرحلة مهمة في ممارساتك للمسؤولية الاجتماعية، أخبر الجميع واحتفل. فنظرة الجميع عادة ما تكون مبنية على معلومات قديمة غير صحيحة. العالم تغير، ولذلك يجب على أعمالك أن تتغير؛ أخبر الجميع عن إنجازات شركتك.

الأمور الأربعة التي لا يجب أن تتورط فيها

1. **لا تقدِّم إشارات رمزية**: فالمسؤولية الاجتماعية ليست مجرد ممارسة الأعمال العادية مع بعض الجهد الجيد، بل إن ذلك يسلط الضوء على الممارسات الضعيفة.

2. **لا تطبِّق معايير مختلفة**: فتطبيق معايير مختلفة لا تتلاءم مع نشاطات شركتك يمكن أن يسبب الأذى لسمعة الشركة.

3. **لا تتأخر عن محيطك**: فالأمور تتغير مع الزمن؛ انظر أمامك، وقس النبض العام، وتابع التشريعات والقوانين، وحدِّث برنامجك للمسؤولية الاجتماعية ليواكب المتغيرات.

4. **لا تتراجع**: عيِّن شخصًا أو فريق عمل لضمان تطبيق السياسات الموضوعة.

الخطوات العشر الواجب توفرها لتطبيق المسؤولية الاجتماعية للمؤسسات

ثمة (10) خطوات أخرى لتطبيق المسؤولية الاجتماعية للمؤسسات، يقدمها ريك جوسن، الرئيس التنفيذي لمؤسسة «إم آند إيه كابيتال»:

1. حضِّر ما يسمى «لائحة جرد المسؤولية الاجتماعية للمؤسسات»؛ أي الممارسات المسؤولة التي تنهض بها الشركة الآن. وتشمل هذه اللائحة -على سبيل المثال- التبرع بالوقت والمال لأهداف أو مؤسسات خيرية، وإعادة التدوير، واستخدام الدراجات الهوائية للعودة للمنزل، والترويج لحياة صحية بين الموظفين. عُدَّ هذه اللائحة بمثابة سيرة ذاتية لنشاطات الشركة، حتى لو لم تكن كاملة.

2. ادخل بحوار جدي مع المعنيين بالشركة، واعرف منهم ما الذي يريدونه. ويُقصَد بالمعنيين أي مجموعة تتأثر بالشركة، سواء كانت تجمعها بها علاقة تجارية مباشرة أو تتخطى ذلك لتشمل المجتمع المحلي.

3. أسِّس علاقات مع الأعضاء الرئيسين في المجتمع (أي المؤسسات والهيئات التجارية والحكومة والجمعيات الخيرية الأساسية)، لتكتشف إذا ما كان ثمة أي احتياجات خاصة يمكن لشركتك المساعدة والمساهمة فيها.

4. راجع العلاقات مع جميع الجهات المعنية المتأثرة بأعمال شركتك، لتقييم كيفية تأثير هذه العلاقات على الشركة. وحدِّد بحذر ما الذي يطلبه المعنيون، وكيفية حصولهم عليه.

5. تأكد من أن كل المستويات في شركتك منضوية في برنامج المسؤولية الاجتماعية، بدءًا من الإدارة العليا حتى الموظفين الأدنى درجة. وشجِّع وحفِّز كل موظف ليكون جزءًا من الفريق الذي سيحدث الفارق.

6. خطة المسؤولية الاجتماعية للمؤسسات يجب أن تُترجَم إلى أفعال، من خلال تحديد المسؤوليات المناطة بكل موظف، والصلاحيات التي يتمتعون بها، والموارد التي تحت أمرهم، والأولويات التي يجب تحقيقها، وغيرها من الأمور الأخرى.

7. إن توجه الشركة نحو المسؤولية الاجتماعية يجب أن يعكس طريقة الشركة في ممارسة الأعمال. وعلى سبيل المثال، فإن توجه الشركة نحو المسؤولية الاجتماعية للمؤسسات لا يجب أن يضعف العلامة التجارية للشركة.

8. الخطوات المتخذة يجب أن تتناسب مع موارد الشركة، وإلا فإنها لن تُعَد مستدامة، وستكون قصيرة المدى، أو تمرين علاقات عامة غير ناجح.

9. يجب على الشركة اختيار مؤسسة خيرية ملائمة لدعمها، تنسجم مع كفاءات الشركة الأساسية. وبهذه الطريقة، يمكن للشركة إحداث التأثير الأكبر في مساهمتها المجتمعية.

10. لا بد من وجود طريقة لتقييم خطة شركتك للمسؤولية الاجتماعية. ويمكن للشركة تقييم خطتها في ضوء أهداف محددة وُضِعَت عند بدء الخطة، ويمكن قياسها. فالتقييم وحده يمكن أن يظهر قيمة الخطة.

الباب الثاني

معيار «الآيزو 26000» للمسؤولية المجتمعية

«**آيزو** 26000» هو معيار دولي أطلقته المنظمة الدولية للمعايير (آيزو) في 1 نوفمبر (تشرين الثاني) 2010، ليقدِّم توجيهات بخصوص المسؤولية الاجتماعية، والهدف منه المشاركة في عملية التنمية المستدامة العالمية، من خلال تشجيع الشركات والمنظمات الأخرى على المشاركة في ممارسة المسؤولية الاجتماعية، وتحسين هذه الممارسة على مستوى عمال هذه الشركات والمنظمات وبيئتها الطبيعية ومجتمعاتها.

معيار توجيهي تطوعي لجميع المنظمات

قدم المعيار «آيزو 26000» دليلًا توجيهيًّا عن سلوكيات المسؤولية الاجتماعية والأفعال الممكنة. ويختلف هذا المعيار عن المعايير الأخرى الأكثر انتشارًا المصممة للشركات التي تستلزم تحقيق متطلبات معينة ضمن النشاطات، كالتصنيع والإدارة والمحاسبة ورفع التقارير.

مميزات المعيار التوجيهي التطوعي لجميع المنظمات

- معيار توجيهي تطوعي، وبالتالي فهو لا يحتوي على متطلبات مثل تلك المعايير التي يمكن استخدامها للحصول على «شهادة مطابقة».
- مصمم ليُستخدَم من قِبل جميع المؤسسات، وليس فقط الشركات والمنظمات، كالمستشفيات والمدارس والجمعيات الخيرية (غير الربحية)... إلخ، فكل ذلك متضمن في المعيار.

- طُوِّر من خلال عملية تتضمن كثيرًا من الجهات المهتمة، واجتماعات ضمن ثماني مجموعات عمل بجلسات عامة عُقِدَت بين عامي 2005 و2010، بالإضافة إلى اجتماعات اللجنة، واستشارات من خبراء عن طريق البريد الإلكتروني، ضمن عملية استغرقت خمس سنوات. وتقريبًا، ساهم خمسمائة مندوب في هذه العملية، يمثلون ستة قطاعات ذات صلة: قطاع الصناعة، والقطاع الحكومي، والمنظمات غير الربحية، والنقابات العمالية، والمستهلكين، وقطاع سادس يمثل الخدمات والدعم والأبحاث وباقي الجهات الأخرى، وهم المستشارون والهيئات الأكاديمية بشكل رئيس.

المبادئ الأساسية والموضوعات الرئيسة ضمن «آيزو 26000»

ثمة مبادئ سبعة أساسية تُعَد جذور سلوك المسؤولية الاجتماعية:

- المسؤولية.
- الشفافية.
- السلوك الأخلاقي.
- احترام اهتمامات الجهات ذات الصلة.
- احترام القواعد والقوانين.
- احترام قواعد السلوك الدولي.
- احترام حقوق الإنسان.

وثمة موضوعات رئيسة يجب على كل مستخدم لمعيار «آيزو 26000» الوفاء بها:

- حوكمة المنظمات.
- حقوق الإنسان.
- الممارسات العمالية.
- البيئة.
- عدالة ممارسات التشغيل.
- قضايا المستهلكين.
- المشاركة والتنمية المجتمعية.

إرشادات معيار «الآيزو 26000» للمسؤولية المجتمعية

يوضح معيار «ISO 26000» التوصيات الدولية المتعلقة بإضفاء مزيد من المسؤولية الاجتماعية على المؤسسات، فهو يساعد على صياغة استراتيجية طويلة الأجل للمسؤولية الاجتماعية، وكيفية تطبيقها مهما كانت طبيعة العمل. كما يدعم معيار «ISO 26000» المؤسسات في التعامل مع جميع القضايا، بداية من طريقة ممارسة الأعمال وصولًا إلى السياسات البيئية والتنمية المستدامة للمجتمعات.

ويعمل هذا المعيار على تمكين الشركات من الجمع بين الممارسات المثلى الخاصة بإنجاز الأعمال والتعاطي مع العملاء والجيران بعدل وبطريقة أخلاقية، بالإضافة إلى أفضل الممارسات المتعلقة بالموارد الطبيعية والمناخ. والمعهد البريطاني للمواصفات والمعايير يساعد كثيرًا من العملاء في المملكة المتحدة على تطبيق معيار المسؤولية المجتمعية، والتحقق من فاعلية ونجاح هذا المعيار.

ما المسؤولية الاجتماعية للشركات؟

أصبحت المسؤولية الاجتماعية للشركات أحد أهم العوامل المستخدمة لقياس أداء المؤسسات، وهو الأمر الذي يسري على جميع قطاعات العمل. فالمسؤولية المجتمعية اليوم تندرج تحت قائمة الواجبات القانونية والطوعية التي يجب على المؤسسات مراعاتها في أثناء أداء أعمالها. فعلى جميع المؤسسات مراعاة الآثار الناتجة عن أعمالها على البيئة والمجتمع، وعليها وضع الاستراتيجية المناسبة التي تساهم في استمرارية التطوير، وتحسين التفاعل مع العملاء، والمحافظة على القيم الأخلاقية.

مزايا وفوائد العمل وفقًا للمعيار الدولي للمسؤولية المجتمعية (آيزو 26000)

- تصميم وبناء استراتيجية للمسؤولية الاجتماعية مخصصة لشركتك.
- تعديل هذه الاستراتيجية للعمل في جميع البيئات القانونية والثقافية والسياسية.
- إدارة القضايا الاجتماعية والبيئية الخاصة بشركتك.

- إشراك العاملين والمجتمعات وشركاء العمل في الاستراتيجية الخاصة بك.
- كسب شركتك ثقة ومصداقية أعلى بصفتها مؤسسة مسؤولة اجتماعيًّا.

أسباب تدفعك لاختيار المعهد البريطاني للمعايير

عن المعهد البريطاني للمعايير

يُعَد المعهد البريطاني للمعايير من شركات المعايير العالمية التي تساعد المؤسسات في جميع أنحاء العالم على جعل التميز ثقافة دائمة لها. ولما يزيد على قرن من الزمان، كان المعهد البريطاني في تحدٍ دائمٍ لتحسين جودة المنتجات، والارتقاء بها، ومساعدة العملاء على تحقيق التميز في أعمالهم. وذلك من خلال إرشاد أصحاب العمل إلى كيفية تحسين الأداء، والحد من المخاطر، وتحقيق نمو مستدام. وبصفته مؤسسة رائدة عالميًّا في مساعدة المنظمات على التقدم، فإن عملاء المعهد البريطاني يندرجون من أصحاب العلامات التجارية البارزة إلى الشركات الصغيرة المحلية في 172 دولة على مستوى العالم.

الهيئة البريطانية الوطنية للمعايير

يكمن دورها في العمل مع مجتمع المعايير الدولية على تطوير المعايير المناسبة لصناعتك. كما تراجع مسودات المعايير، وترشح ممثلين للمعايير على الصعيد الإقليمي والمحلي.

الحوكمة

تتمتع بشفافية عالية في الطريقة التي تدار بها أعمالها، ويلتزم مجلس إدارة المعهد البريطاني للمعايير بأعلى معايير حوكمة الشركات التي تُعَد أساسية بالنسبة لنجاح الأعمال.

المسؤوليات الأخلاقية والمجتمعية

تهدف إلى جعل التميز ثقافة وعادة في جميع المؤسسات التي تتعامل معها، ولذلك فهم حريصين أشد الحرص على التمسك بأعلى وأرقى المعايير الأخلاقية.

ويؤدي المعهد البريطاني للمعايير دورًا رياديًّا في وضع المواصفات العالمية لما يزيد

على قرن من الزمان، ويحتل حاليًا مرتبة الصدارة في هذا القطاع. ويساعد المعهد أكثر من 65 ألف مؤسسة على تطبيق نظم الإدارة بأعمالها، ويعينها في الحصول على شهادات اعتماد هذه الأنظمة. وتضم قائمة عملاء المعهد البريطاني أشهر العلامات التجارية العالمية، بالإضافة إلى شركات صغيرة تسعى إلى التفوق على منافساتها في 150 دولة. وبصفته مؤسسة قادرة على استيعاب منظومة المعايير بشكل كامل، فإنهم لا يقيمون قدرة المؤسسات على الالتزام بالمعايير الموجودة فحسب، وإنما يضعون أيضًا ويطورون معايير جديدة، ويقدمون التدريب اللازم عالميًا للالتزام والارتقاء بها.

الفصل السابع:

المسؤولية الاجتماعية وأخلاقيات العمل مع الأشخاص ذوي الإعاقة

الباب الأول

المسؤولية الاجتماعية وأخلاقيات العمل

مقدمة

ثمة كثير من القضايا المعقدة المرتبطة بأخلاقيات الأعمال والمسؤولية الاجتماعية للمنظمة. ومن المعروف أن المنظمات ينبغي أن تتجنب التصرفات غير القانونية، والقرارات التي يمكن أن يترتب عليها أضرار تصيب المجتمع. ورغم ذلك، فليس ثمة اتفاق حول مدى مسؤولية المنظمات عن تأثير أنشطتها.

وتهدف الأخلاقيات إلى تحديد القواعد التي تحكم سلوك الناس، وما يفعلونه من أشياء حسنة لها قيمتها. وكل القرارات الأخلاقية أساسها قيم الفرد. والقيم هي مبادئ سلوك، مثل «الأمانة، والمساءلة، والالتزام بتنفيذ الوعود، والسعي إلى التميز، والولاء، والاستقامة، واحترام الآخرين». وغالبية الناس يوافقون على هذه القيم، ويعجبون بها بصفتها أساسيات للسلوك. ورغم ذلك، فإن الأخلاقيات تصبح أكثر تعقيدًا عندما يكون ثمة مواقف تتضارب فيها القيم مع أشياء أخرى. وهكذا، فإن الأخلاقيات هي مجموعة القواعد التي تحدد السلوك الصحيح، وتحدد أيضًا السلوك غير الصحيح. وهذه القواعد الأخلاقية تقول لنا متى يكون سلوكنا مقبولًا، ومتى يكون مرفوضًا خاطئًا.

والقواعد الأخلاقية موجودة في كل المجتمعات والمنظمات، ولدى الأفراد، رغم الاختلافات التي تُوجَد بين فرد وآخر. فثمة دائمًا قواعد أخلاقية تحكم سلوك الناس، وتقول لهم متى تكون أفعالهم صحيحة، ومتى تكون خاطئة. وفي ما يتعلق بأخلاقيات الأعمال، فإنها لا تختلف كثيرًا عن قواعد الأخلاقيات التي تحكم سلوك الأفراد في مجتمع ما، ذلك أن أخلاقيات الأعمال هي تطبيق للقواعد الأخلاقية العامة التي تحكم سلوك منظمات الأعمال.

ومن الواضح أن ثمة جانبًا قانونيًّا للسلوك الأخلاقي، ذلك أن أي سلوك يُعَد أخلاقيًّا هو أيضًا قانوني، يفضله المجتمع ويشجعه، إلا أنه أحيانًا تظهر سلوكيات غير أخلاقية يكون من الصعب أن نعدها غير قانونية. ومنها، على سبيل المثال، أن يأخذ العامل وقتًا أكثر من اللازم في أداء عمل معين. فهل هذا سلوك أخلاقي؟ ومنها أيضًا أن يستعمل أحد العاملين هاتف العمل من أجل مكالمات شخصية، وبذلك تتحمل المنظمة ضياع وقت العامل، وتكاليف المكالمات التي أجراها. كذلك أن يدعي العامل المرض، ولا يذهب إلى العمل. فمثل هذه التصرفات لا يعاقب عليها القانون، ولكن كثيرًا من الناس يعدون بعضها أو كلها غير أخلاقية (منقولة عن مقالة للدكتور علي عبد الله آل إبراهيم، بجريدة «الشرق»، بتاريخ 7 فبراير 2020، وهي منقولة من كتاب للأستاذ الدكتور أحمد إبراهيم عبد الهادي بعنوان «أخلاقيات الأعمال والمسؤولية الاجتماعية للمنظمة»).

الفرق بين أخلاقيات العمل والمسؤولية الاجتماعية

الشركات تهدف إلى الحصول على أقصى الأرباح لأصحابها والمساهمين. ومع ذلك، فهذا لا يعني أنها يمكن أن تفعل كل ما يتطلبه الأمر للحصول على أقصى قدر من الربحية، فلا يمكنها أن ترتكب أشياء ملتوية لمجرد الحصول على الأرباح المرجوة منها؛ وهذه هي النقطة التي تظهر عندها أخلاقيات العمل والمسؤولية الاجتماعية في الصورة. والواقع أن ثمة كثيرًا من الالتباسات بين هذين المصطلحين: أخلاقيات العمل، والمسؤولية الاجتماعية. وقد اعتاد الناس على استعمالهما بالتبادل. وبالطبع، يمكننا أن نفهم المسؤولية الاجتماعية بشكل أسهل، أما «الأخلاق» فكلمة تسبب كثيرًا من الارتباك. فيجب اتباع سياسة للشركة تعود بالنفع على المجتمع، وهذا ما يُسمَى المسؤولية الاجتماعية للشركات. ومع ذلك، فعندما يتحدث المرء عن أخلاقيات الأعمال التجارية، يصبح الأمر شيئًا مختلفًا جدًّا لأن الأخلاقيات تعتمد بالأساس على الضمير.

والحق أن ثمة فرقًا كبيرًا بين المسؤولية الاجتماعية وأخلاقيات الأعمال التجارية، وأفضل وسيلة للتمييز بين الاثنين هي تعريف كل منهما.

تعريف أخلاقيات العمل

قبل تعريف أخلاقيات الأعمال التجارية، من الأفضل فهم معنى الأخلاق أولًا.

مفهوم السلوك الأخلاقي

أحد الجوانب المتعلقة بالخير والحق، وهو يركز على الخلق الحسن والسيئ، والحق والباطل. واستخدام تكنولوجيا المعلومات في الأعمال يعني أن الشركة يجب أن تتبع السلوك الصحيح من أجل خير الجميع، بما في ذلك المساهمين وأصحاب المصلحة، والمجتمع ككل.

وإذا كانت المنشأة ترغب فقط في كسب المال، ولا يهمها من يتأذى في هذه العملية، فليس لديها أخلاقيات الأعمال التجارية المعنية. فمثل هؤلاء الناس لا يهتمون بالمجتمع أو كيف تؤثر ممارساتهم عليه.

والشركات التي لا تمارس أخلاقيات الأعمال التجارية الجيدة، أو تمارس أنشطة غير مشروعة، يعاقبها القانون. ومع ذلك، فمثل هذه الحوادث نادرة لأنه من الصعب جدًّا إثباتها. وإن اكتشفت هذه الممارسات الخاطئة، فالغرامات المرتبطة بالانخراط في سلوك غير أخلاقي لا يكون لها تأثير كبير على الأرباح الإجمالية.

ولكن الشركات التي تحافظ على أخلاقيات الأعمال التجارية يعود ذلك بالنفع عليها لشهرتها بذلك في المجتمع بأكمله. وهذا هو الهدف الرئيس من أخلاقيات الأعمال التجارية. فأنشطة المنشأة لا ينبغي أن تضر الناس، بل ينبغي أن تفيدها، وبالتالي تحقق الأرباح. وقد عُوقِبَت كثير من الشركات التي ليست لديها أخلاقيات العمل الجيد بالقانون، إلا أن هذه العقوبات ليست شيئًا نسبة إلى الأشياء غير الأخلاقية التي ترتكبها هذه الشركات، والتي لم تقع بعد تحت طائله القانون.

العوامل المؤثرة في السلوك الأخلاقي

من السهل الحديث عن الأخلاق والسلوك الأخلاقي في إطار كتاب علمي أو بحث علمي أو ندوة ثقافية، ولكن الأمر مختلف تمامًا في واقع الحياة العملية، حيث يتعرض المديرون أو العاملون لشتى الضغوط الخارجية التي تدفعهم إلى سلوكيات لا أخلاقية، أو تتعارض مع بعض القواعد القانونية.

وقد أشارت إحدى الدراسات في الولايات المتحدة الأمريكية إلى أن 56 في المائة من العاملين يشعرون بضغوط قوية لممارسة سلوكيات غير أخلاقية، وأن 48 في المائة منهم قد ارتكبوا أفعالًا تستوجب مساءلة قانونية أو تصرفات لا أخلاقية خلال السنة السابقة في مكان عملهم. لذلك يتطلب الأمر من المنظمات الاهتمام بالبناء الأخلاقي السليم، خاصة أن الفرد يستمد سلوكه الأخلاقي متأثرًا بثلاثة عناصر أساسية مهمة، وهي: الشخص ذاته، والمنظمة التي يعمل فيها، والبيئة الخارجية.

1. الفرد (The person)

يتأثر السلوك الأخلاقي للفرد بمجموعة من العوامل، ترتبط بتكوينه العائلي والشخصي، فالقيم الدينية والمعايير الشخصية، والحاجات الفردية، وتأثير العائلة، والمتطلبات المالية، وغيرها، كلها تدفع الأفراد إلى نوع أو آخر من السلوك. فالمدير الذي ليس لديه قاعدة قوية من الأخلاق المكتسبة من العائلة والدين وغيرهما نجد أن قراراته تتأرجح في المواقف المختلفة في ضوء تعظيم مصلحته الشخصية فقط. أما الذين يستندون إلى قاعدة أخلاقية قوية، فإن ثقتهم بأنفسهم تكون أكبر، ويتجسد تجانس سلوكي في قراراتهم، إذ إن القيم الأخلاقية التي تعطي الأولوية للنزاهة والعدالة والكرامة والاستقامة واحترام النفس توفر دعائم للمديرين تسندهم في عملية اتخاذ القرار، وتجعله أقرب للصواب، حتى لو كانت الظروف المحيطة غير واضحة أو غامضة، والضغوطات كبيرة.

2. المنظمة (The Organization)

إن للمنظمة تأثيرًا مهمًّا في أخلاقيات مكان العمل، من خلال الهيكل التنظيمي الموجود، وخطوط السلطة، وقواعد العمل والإجراءات، وأنظمة الحوافز، وغيرها. وللمجاميع والتنظيمات غير الرسمية الموجودة كذلك أثر في سلوكيات الأفراد. ولعل الثقافة التنظيمية السائدة (Organizational Culture) التي تعني مجموعة القيم والأعراف المشتركة التي تتحكم بالتفاعلات بين أعضاء المنظمة بعضهم مع بعض، وبينهم وبين الجهات الأخرى خارج المنظمة، تمثل مؤثرًا كبيرًا فاعلًا في السلوك، سواء كان أخلاقيًّا أو غير أخلاقي، من خلال اعتماد الفرد (العامل أو الإداري) على هذه الأعراف والقيم، ومدى تأكيدها على الالتزام أو عدم الالتزام بسلوكيات معينة.

3. البيئة (The Environment)

تعمل منظمات الأعمال في بيئة تنافسية تتأثر بقوانين الحكومة وتشريعاتها، وكذلك بالقيم والأعراف الاجتماعية السائدة. فالقوانين تلزم المنظمات بسلوكيات معينة، وتضع معايير لتصرفاتها وحدودًا معينة، في حين أن التشريعات تساعد الحكومة في التحكم بسلوك المنظمات، وجعله متماشيًا مع المعايير المقبولة. وكثيرًا ما تتدخل الحكومة بسن تشريعات جديدة بناءً على حصول خروقات للقوانين أو عدم الالتزام بها من قِبل بعض المنظمات، كما حصل مع شركة (Enron) في فضيحتها الأخلاقية الشهيرة التي دفعت الحكومة الأمريكية للتدخل بتشريعات معينة لمعالجة الوضع.

وبالطبع، فإن مجمل التشريعات والقوانين الحكومية، وكذلك الأعراف والقيم الاجتماعية، تعطي تصورًا عن طبيعة المناخ الأخلاقي السائد في صناعة معينة، التي تؤثر بدورها في السلوك الأخلاقي للمديرين.

المسؤوليات الاجتماعية

الإنسان لا يعيش معزولًا في جزيرة، وهو ما يعني أن البشر كائنات اجتماعية يتواصل بعضها مع بعض. ومن ثم، يجب أن يخضع سلوك الإنسان لمعايير مقبولة من المجتمع الذي يعيش فيه. وقياسًا على هذا التصور في العمل، يجب على الشركات أداء الالتزامات الاجتماعية، من خلال أداء الأنشطة وفقًا للقواعد التي يقبلها المجتمع وتفيده. وحتى لو كانت الشركات أكثر قلقًا على تحقيق الأرباح، ينبغي عليها تحمل المسؤولية الاجتماعية تجاه مجتمعها.

وهذا هو المعنى الرئيس للمسؤولية الاجتماعية؛ إنها أكثر من مجرد التزام أو واجب تجاه الشعب الذي تؤثر عليه الأعمال التجارية للشركة. وواحد من الأمثلة الرئيسة لذلك الحد من التلوث في الشركة، خاصة إذا كانت أنشطتها تخلق مسببات للتلوث.

وإذا كان من المتوقع أن يتصرف كل فرد بطريقة مقبولة اجتماعيًا للجميع، فالكل يتوقع هذا السلوك من الشركات أيضًا. وعلى الرغم من أن الأعمال موجودة لكسب المال، والحصول على الأرباح للمساهمين، فما يزال المتوقع منها أن تكون مسؤولة اجتماعيًا عن أفعالها.

وبذلك، يتضح أن أخلاقيات العمل والمسؤولية الاجتماعية يشكلان نوعًا من التناقض لأنه على الرغم من أن الشركات تطرح واجهة تجعلها تبدو مسؤولة اجتماعيًّا، فإن الممارسات التجارية ليست أخلاقية تمامًا، وذلك بسبب أن الشيء الذى يفيد المجتمع قد لا يفيد الأعمال التجارية، والعكس بالعكس. فعندما يعمل المجتمع بطريقة واعية، فإنه يفرض على الأعمال التصرف بشكل أخلاقي.

ولكن تذكَّر أن ثمة أشياء جيدة بالنسبة للمجتمع، غير أنها ليست جيدة لرجال الأعمال، وهذا هو المكان الذي تأتي فيه المسؤولية الاجتماعية، وتُطبَّق فيه أخلاقيات العمل. فالمسؤولية الاجتماعية أكثر من مجرد سياسة أو التزام تجاه المجتمع، في حين أن أخلاقيات العمل هي أكثر من الضمير. فالشركات تركز على الأرباح، ولكن مع التزامها بالمسؤولية الاجتماعية، وهى مضطرة لأداء الأنشطة المفيدة للمجتمع، في حين توجب أخلاقيات العمل اتخاذ خطوة إيجابية نحو المجتمع.

والواقع أنه من دون المسؤولية الاجتماعية لا يستفيد المجتمع، ومن دون أخلاقيات الأعمال التجارية تصبح المنشأة نموذجًا للرأسمالية المتوحشة في أسوأ حالاتها.

المسؤولية الاجتماعية وأخلاقيات العمل

لو تتبعنا تطور الفكر الإداري في الوقت الراهن، سوف نلاحظ أن هذه المرحلة تمثل عصر المعرفة والمعلوماتية، حيث احتلت فيها الاتصالات ونظم المعلومات والبرمجيات فضاءً واسعًا وتطبيقات مهمة في المنظمات المعاصرة. وقد ركزت هذه المرحلة، من جانب آخر، على المبادئ والقيم في تطوير أداء الأفراد العاملين، إذ أصبح الفرد الآن أفضل مورد من موارد المنظمة، وباتت نخبة كبيرة من بين هؤلاء الأفراد رأس مال فكريًّا (معرفيًّا).

وهذا العصر الذي يركِّز على الأهداف والقيم والأخلاقيات والمعرفة أصبح فيه الفرد يُبنَى بناءً من الداخل روحيًّا وفكريًّا، فهو الذي يتمثل المعارف والمهارات والقدرات والسلوك، في إطار من الثقافة المنظمة، أصبح فيه توجه المنظمات والمديرين يميل نحو انتقالة جديدة تركز على أخلاقيات العمل، من خلال السلوك الفردي والسلوك الخاص بالمنظمة، لذا يجب عليها مواكبة التغيير الذي يحصل في البيئة الخارجية.

والأخلاقيات في مكان العمل من وجهة نظر الفكر الإداري هي أعمال جيدة، إذ ارتبط هذا المفهوم بكثير من المواضيع ومهمات المنظمة، كالإدارة والعاملين والعمل والقيادة والمديرين، لأنها تعزِّز السلوك الجيد، وتقوِّم السلوك غير الجيد. ويمكن ملاحظة أن المعضلة الأخلاقية تكمن في أن المدير أو المسؤول في العمل، وحتى الفرد العامل، يواجهون جميعًا موقفًا أو حالة معينة تتضمن تحديات أخلاقية معيارية. ويعتقد هؤلاء الأفراد أن أخلاقيات العمل اليوم باتت من الأمور المهمة لشغل وظيفة في المنظمة، إذ يُشدَّد عليها من قِبل إدارتها لأنها تُعَد بمثابة الرقابة الذاتية للفرد التي يستطيع من خلالها أن يميز بين الصواب والخطأ في سلوكه في أثناء العمل.

ولهذا، يُستقطَب الأفراد ذوو الأخلاقيات العالية للعمل في المنظمة، على أساس أن هؤلاء الأفراد هم الذين يجلبون الأخلاقيات لها، أو تستمد المنظمة أخلاقياتها من مجموع الأفراد العاملين فيها.

تعريف أخلاقيات العمل في المنظمة

بناءً على ما تقدم، يمكن تعريف أخلاقيات العمل في المنظمة بأنها: اتجاه الإدارة وتصرفها تجاه موظفيها وزبائنها والمساهمين، والمجتمع عامة، وقوانين الدولة ذات العلاقة بتنظيم عمل المنظمات. وينطبق هذا التعريف ذاته على عمل الأفراد، إذ يرى بعضهم أن أخلاقيات العمل تمثل مبادئ مهمة للسلوك، مرتبطة بمعايير السلوك الجيد أو غير الجيد، أو السلوك الصحيح والسلوك الخطأ، في تصرفات الأفراد والجماعة.

تعريف أخلاقيات العمل في المنظمة من وجهة نظر Daft

يرى Daft أن أخلاقيات العمل في المنظمة هي تلك المجموعة من المبادئ السلوكية والقيم التي تحكم سلوك الفرد أو الجماعة في التمييز بين الصواب والخطأ. ويشير إلى أن المنظمات تضع معايير تعمل، إلى جانب المعايير الذاتية للأفراد والجماعات، بصفتها محددات للسلوك تجاه مسؤوليات وواجبات العمل في المنظمة.

وعليه، نلاحظ من خلال هذه النظرة أنه لا يوجد إطار أخلاقي يحيط بتصرفات الأفراد،

خاصة في الحالات المعقدة (المعضلات المعقدة)، ويوضح ما هو صحيح وما هو خطأ. ولا شك أن الأخلاقيات في موقع العمل قد تنعكس على أداء وأنشطة المديرين، إذ سيراعي هذا المدير أو ذاك كثيرًا من المحددات الأخلاقية قبل أن يظهر أي رد فعل. كما أن التصرفات اللاقانونية واللاأخلاقية، أو الانزعاجات الإدارية التي تظهر ضمن نطاق أخلاقيات العمل، لا تهتم بما هو صحيح أو ما هو خطأ في الحالات الاعتيادية، فضلًا عن ما يواجهه الفرد في عمله اليومي، كاستخدام موارد المنظمة لأغراض شخصية أو التورط في اتفاقيات غير واضحة. لذا، فإنه من المهم قياس مدى الالتزام بأخلاقيات العمل، من خلال معرفة مدى ميل المنظمة وأفرادها العاملين نحو الالتزام بالقوانين والأنظمة المعمول بها (مثال ذلك: إتاحة فرصة متساوية للعاملين، والالتزام بالقوانين والأنظمة، وتجنب الرشوة أو أي مدفوعات أو مقبوضات غير قانونية).

ويشير كثير من الكتاب والباحثين بهذا الصدد إلى أخلاقيات الإدارة أو أخلاق الإدارة التي تتأثر كثيرًا بالقيم والتقاليد الاجتماعية والتشريعات النافذة والعوامل الموقفية، وتحدد علاقات المدير بالأفراد العاملين، والأفراد الآخرين خارج المنظمة ذوي المصالح في المجتمع.

ونلاحظ من خلال تطور الفكر الإداري أن أخلاقيات الإدارة كثيرًا ما غيَّرت من طبيعة العمل الإداري. ففي الماضي، كان التركيز على حماية مصالح المالكين والاهتمام بالأرباح، في حين أن الاتجاه الحالي يركِّز على الاهتمام بالمسؤولية الاجتماعية وأخلاقيات الإدارة.

مصادر أخلاقيات العمل

يشير Daft إلى أنه لأخلاقيات العمل بشكل عام ثلاثة مصادر:

المصدر الأول: القوانين والتشريعات التي تتمثل بالمعايير القانونية الموثقة، إذ تتحدد سلوكيات الأفراد والمنظمات والقيم الأخلاقية بتطبيق هذه القوانين والتشريعات.

المصدر الثاني: العمليات التربوية والاجتماعية والمعتقدات الدينية التي تستند إلى القيم المتبادلة المشتركة بين الأفراد.

المصدر الثالث: الاعتقادات الشخصية للفرد التي من خلالها تتحدد المعايير المرتبطة بسلوكه، وحريته في التصرف المناسب وفقًا لذلك.

تعريف المسؤولية الاجتماعية

ذكرنا من قبل تعريف المسؤولية الاجتماعية، ونؤكد عليه مجددًا بهذا الفصل؛ إنه ذلك السلوك الأخلاقي الذي يرتبط بقضايا التلوث البيئي، والبطالة، والتضخم، وزيادة الفقر لدى بعض الأقليات الاجتماعية، وغيرها من المشكلات التي تنشأ نتيجة عدم وفاء منظمات الأعمال بواجباتها تجاه المجتمع.

وقد عرفها البكري بأنها: مجموعة من القرارات والأفعال التي تتخذها المنظمة للوصول إلى تحقيق الأهداف المرغوب فيها، وفق القيم السائدة في المجتمع، التي تمثل في نهاية الأمر جزءًا من المنافع الاقتصادية المباشرة لإدارة المنظمة الساعية إلى تحقيقها، بصفتها جزءًا من استراتيجيتها.

وعرفها Schermerhorn بأنها: إجبار المنظمات على العمل بطريقة تخدم ذوي الاهتمام، داخلها وخارجها، والأطراف ذوي العلاقة بالمنظمة.

وقد تعدَّدت وجهات نظر الكتاب والباحثين الإداريين نتيجة اختلاف مفهوم المسؤولية الاجتماعية باختلاف منظور مديري الشركات، إذ إنها تُعَد ممارسات تتعلق بأطراف متعددة تتعامل معها الشركة (الزبائن، والمنافسين، والحكومة، والأفراد العاملين، والموردين المعتمدين... إلخ). ومن ثم، فالمفهوم يختلف من صناعة إلى أخرى، وليس هنالك معيار أو مؤشر محدد تعتمده الشركة، بل إن المديرين يفكرون بشكل مختلف حول ما يُسمَى «السلوك الاجتماعي». فبعض المديرين يرون المسؤولية الاجتماعية التزامًا، فيما يراها بعض آخر موقفًا تفاعليًّا، ويعدها آخرون سلوكًا متحسبًا.

وهذا ما وضحه Ivancevich على النحو التالي:

1. المسؤولية الاجتماعية بصفتها التزامًا اجتماعيًّا (social responsibility as social obligation)

وهذا المدخل أو الرأي يرى أن المسؤولية الاجتماعية للشركة تتمثل في السعي للربح ضمن قيود القانون، وأن التزام أعمال الشركة بالسلوك القانوني لجني الأرباح هو السلوك المسؤول اجتماعيًّا.

ويرتبط هذا الرأي بالجانب الاقتصادي، اعتقادًا منه بأن المجتمع يبتغي هدفين فحسب: إنتاج منتجات وخدمات، وتحقيق الأرباح من منافسة مشروعة دون خداع أو احتيال. ويدعم مؤيدو هذا المدخل رأيهم بأربع نقاط:

- أعمال الشركة مسؤولة أمام أصحاب الأسهم والمالكين الذين تخدم مصالحهم وأرباحهم.
- الفعاليات المسؤولة اجتماعيًّا (كبرامج التحسين الاجتماعي) محددة بوضوح من قِبل القانون.
- الإدارة تفرض ضرائب على حملة الأسهم، تُخصَم من أرباحهم وتُنفَق على الأنشطة والفعاليات المسؤولة اجتماعيًّا.
- الإدارة قد تسبِّب إيذاء للمجتمع إذا خرجت عن هذا النطاق لأن تكاليف الخدمات والمنتجات التي تقدِّمها الشركة ربما ترتفع.

2. المسؤولية الاجتماعية بصفتها تفاعلًا اجتماعيًّا (social responsibility as social reaction)

وتشمل المسؤولية الاجتماعية هنا الأفعال الطوعية فقط. فتفسير التفاعل الاجتماعي يحدد حسب الأفعال التي تتجاوز المتطلبات القانونية بصفتها مسؤولة اجتماعيًّا.

3. المسؤولية الاجتماعية بصفتها استجابة اجتماعية (social responsibility as social responsiveness)

ويرى هذا المدخل أن السلوكيات المسؤولة اجتماعيًّا توقعيه أو وقائية أكثر منها تفاعلية مجردة. فمصطلح الاستجابة الاجتماعية شاع استخدامه في السنوات الأخيرة للإشارة إلى الأفعال التي تتجاوز الالتزام الاجتماعي والتفاعل الاجتماعي. ومميزات السلوك الاجتماعي المستجيب تشمل: تبني مواقف حول قضايا عامة، والاعتماد إراديًّا على أفعال أي مجموعة، وتوقع احتياجات مستقبلية للمجتمع، والتحرك باتجاه الوفاء بها، والاتصال مع الحكومة حول التشريع الموجود الكافي والمرغوب اجتماعيًّا.

والشركة المستجيبة اجتماعيًّا تبحث بشكل فعَّال عن حلول لمشكلات اجتماعية،

ومديروها يطبقون مهارات ومصادر مشتركة على كل مشكلة (مثل: علاج إسكان متهدم، وتشكيل شباب في مدارس محلية، وإيجاد فرص عمل صغيرة). فسلوك كهذا يعكس المعنى الصحيح للمسؤولية الاجتماعية القائمة على تبني استجابة اجتماعية.

وقد أصبح هذا الرأي بخصوص المسؤولية الاجتماعية الأوسع انتشارًا، وهو ما أبعد المديرين عن المفهوم التقليدي، فالشركات يجب أن تشترك في حل المشكلات الاجتماعية.

ولا شك أن هذه الآراء الثلاثة عن المسؤولية الاجتماعية لا تزال تترك المديرين في إطار من الإرشادات المطلقة. بيد أن ذلك زاد من تسليط الضوء على مفهوم المسؤولية الاجتماعية الذي يهتم بشكل أساسي بالبيئة الخارجية، ومفهوم أخلاقيات الأعمال الذي يهتم بالبيئة الداخلية والخارجية للمنظمات، وهذا ما أكدته المقولة التي اشتهرت عن أن «سر نجاح الشركات هو الأمانة والتعامل العادل».

العلاقة بين المسؤولية الاجتماعية وأخلاقيات الأعمال

أشار Kirrane إلى أنه ثمة ارتباط وثيق بين أخلاقيات العمل والمسؤولية الاجتماعية، إذ إن حركة المسؤولية الاجتماعية ما هي إلا أحد جوانب منهج شامل من أخلاقيات العمل. أما Daft فأوضح أن الأخلاقيات تتعلق بالقيم الداخلية التي هي جزء من البيئة الثقافية للمنظمة، وأيضًا بأشكال القرارات المتعلقة بالمسؤولية الاجتماعية، وذلك بما يتصل بالبيئة الخارجية، إذ إن المسألة الأخلاقية تؤثر على تصرفات الفرد أو المجموعة أو المنظمة (بشكل سلبي أو إيجابي) تجاه الآخرين. وذلك في حين وصف Weihrich and Koontz أخلاقيات العمل بأنها: كل ما يتعلق بالعدالة، وبعض النواحي الأخرى، مثل توقعات المجتمع، والمنافسة بنزاهة، والإعلان والعلاقات العامة، والمسؤولية الاجتماعية.

ويمكننا القول إن أخلاقيات العمل هي: ذلك الإطار الشامل الذي يحكم التصرفات والأفعال تجاه شيء ما، ويوضِّح بشكل نسبي ما هو مقبول أو صحيح، وما هو مرفوض أو خطأ، في ضوء المعايير السائدة في المجتمع بحكم العرف والقانون، والذي تؤدي الثقافة المنظمية والقيم وأنظمة المنظمة وأصحاب المصالح دورًا أساسيًّا في تحديده. وينسحب هذا أيضًا على مفهوم المسؤوليات الأخلاقية المتميزة، فالمسؤوليات الأخلاقية تشمل سلوكًا

متوقعًا يتجاوز الالتزامات القانونية، والمسؤوليات المتميزة تشمل سلوكيات محددة سابقة للفعل لحماية رفاهية المكونات الرئيسة. وإدراك المسؤوليات الأخلاقية المتميزة للأعمال لا ينبع من أن لديها التزامات بيئية وقانونية، وإنما من وعيها بأنها ليست مسؤولة فقط عن مالكيها، بل عن موظفيها وزبائنها، والمجتمع بشكل عام، إضافة إلى مجاميع أخرى. ونتيجة لذلك، فإن زيادة الأرباح يجب ألا تكون الهدف الوحيد للأعمال، بل يجب أن تسود قناعة بأن الأموال المحولة إلى أفعال اجتماعية في المدى القصير سينتج عنها تحسينات في المجتمع، تجعل من السهل بقاء الأعمال، والتمتع بأرباح طويلة الأمد.

وعليه، نستنتج مما تقدَّم أن ثمة علاقة متداخلة بين المسؤولية الاجتماعية وأخلاقيات العمل، إذ إن الكفاءة في تعظيم موارد المنظمة، من أرباح وما شابه، كانت الأولوية في المرحلة الأولى التي استمرت حتى ستينيات القرن العشرين، في حين كان التركيز في الأدبيات الإدارية في المرحلة الثانية على المسؤولية الاجتماعية، إلى جانب تأكيد أهمية الكفاءة، وذلك خلال سنوات السبعينيات. ومن ثم، حدث الانتقال أو التحرك إلى التركيز على أخلاقيات الإدارة، إلى جانب المسؤولية الاجتماعية والكفاءة.

إذن، يمكن القول إن هنالك تداخلًا كبيرًا بين المفاهيم، وبالتحديد في بدايات ممارسة شكل من أشكال المسؤولية الاجتماعية منذ الثورة الصناعية وبدايات القرن العشرين داخل المصانع، من خلال الاهتمام بظروف وبيئة العمل ونوعيتها. وهكذا، وبعد السبعينيات، أصبح للمسؤولية الاجتماعية بعد أخلاقي جعلها تتداخل مع أخلاقيات الإدارة عمومًا.

الباب الثاني

المسؤولية الاجتماعية
وأخلاقيات العمل مع ذوي الإعاقة

بحكم تخصص الكاتبة بالعمل مع الأشخاص ذوي الإعاقة، وكونها صاحبة مركز لذوي الإعاقة لأكثر من سبعة عشر عامًا، وبحكم أنها استشارية سفيرة بالشبكة الإقليمية للمسؤولية المجتمعية، حاولت جاهدة أن تركز على المجال الرابع من مجالات عمل الشبكة الإقليمية للمسؤولية الاجتماعية، وهو أخلاقيات الأعمال مع الأشخاص ذوي الإعاقة.

ومن الملاحظ في الآونة الأخيرة الاهتمام الكبير بفئة ذوي الإعاقة، وتقديم أفضل الخدمات العلاجية والتدريبية والتأهيلية لهم من أجل تطوير قدراتهم العقلية والإدراكية والمعرفية، فكان لا بد من تطبيق أخلاقيات العمل من أجل الوصول لنتائج إيجابية، لذلك سلطت الكاتبة الضوء بهذا الباب لإيضاح أخلاقيات العمل التي تقع على عاتق الأسرة والمجتمع والمعلم والإعلام من أجل تحسين أداء الأشخاص ذوي الإعاقة، بتطبيق التشريعات والقوانين الصادرة بشأن رعايتهم وتأهيلهم وتشغيلهم في جميع مناحي الحياة المختلفة الاجتماعية والتربوية والصحية، لضمان حقوقهم، ووضع الآلية المناسبة لتطبيق وتنفيذ تلك التشريعات والقوانين.

نظرة سريعة عن وجود طفل من ذوي الإعاقة بالأسرة

يُرزَق بعضهم بأطفال من ذوي الإعاقة، فيشعرون بكبر حجم المهمة التي ستقع على عاتقهم تجاه أطفالهم هؤلاء، وتتضارب المشاعر بين الحزن والإشفاق عليهم وعلى ما

يشعرون به من آلام ربما لا يقوى على تحملها الكبار. وهنا، تأتي تساؤلات أسرهم: كيف يمكن مساعدتهم على تدبير أمور حياتهم؟ وماذا سيفعلون عندما يتقدم بهم العمر؟

في هذه اللحظة، يجب عليهم الالتزام ببعض أخلاقيات العمل مع طفلهم ذي الإعاقة من أجل توفير حياة كريمة له في ظل مجتمعٍ واعٍ مثقفٍ، يضمن تحقيق المبادئ المنصوص عليها في ميثاق الأمم المتحدة التي تعترف بما لجميع أفراد الأسرة الإنسانية من كرامة وقيم متأصلة وحقوق متساوية غير قابلة للتصرف، بصفتها أساسًا للحرية والعدالة والسلام في العالم، يجب أن يتمتع بها جميع أفراد المجتمع دون تمييز من أي نوع. وهو ما يقتضي تأكيد أهمية إدماج قضايا الأشخاص ذوي الإعاقة بصفتها جزءًا لا يتجزأ من استراتيجيات التنمية المستدامة يهدف لمستقبل أفضل لذوي الإعاقة بإدماجهم في المجتمع حتى لا يتخلف أحدٌ عن الركب.

مفهوم الإعاقة

تُعرَّف الإعاقة، بصفة عامة، بأنها إصابة بدنية أو عقلية أو نفسية تسبب ضررًا لنمو الفرد البدني أو العقلي أو كليهما، وقد تؤثر في حالته النفسية وتطور تعليمه وتدريبه، وبذلك يصبح الفرد من ذوي الإعاقة أقل من رفاقه في العمر نفسه في الوظائف البدنية أو الإدراك أو كليهما.

والإعاقة ليست مرضًا، ولكنها حالة من الانحراف أو التأخر الملحوظ في النمو الذي يُعَد عاديًّا من الناحية الجسمية والحسية والعقلية والسلوكية واللغوية والتعليمية، ينتج عنها صعوبات خاصة لا تُوجَد لدى الأفراد الآخرين. وهذه الصعوبات والحاجات تستدعي توفير فرص خاصة للنمو والتعليم، واستخدام أدوات وأساليب مكيفة، ذلك أن الإعاقة وضع حرج يفرض قيودًا على الأداء العام للفرد.

أخلاقيات التعامل مع الأشخاص ذوي الإعاقة

إن جميع الدول تولي اهتمامًا خاصًّا بفئة ذوي الإعاقة إيمانًا بدورهم الفعَّال في كل المجالات. والواقع أن اهتمام المجتمعات بحقوق الأشخاص ذوى الإعاقة يُعَد أحد المعايير الأساسية لقياس التقدم الحضاري للدول. ومن المعروف أن العناية بالأشخاص

ذوي الإعاقة، والقيام على أمرهم، من فروض الكفاية على أمة الإسلام، بحيث تأثم في حال التقصير بحقوقهم. فقد اهتم الإسلام بذوي الإعاقة اهتمامًا كبيرًا، حيث تناول القرآن الكريم هذا الموضوع في بعض آياته، وتناوله رسول الله (صلى الله عليه وسلم) في أحاديثه، مع بيان طرق الوقاية من الإعاقة، وتحديد إطار عام لكيفية التعامل معهم، ومنحهم حقوقًا فيها نوع من المراعاة لهم بسبب ما يعانونه من أوضاع تختلف عن غيرهم من الناس العاديين.

وقد حثَّ الإسلام كل من يتولى رعاية ذوي الإعاقة، سواء أكان من الأسرة أم عاملًا في مؤسسة لرعاية ذوي الإعاقة، على أن يكون متصفًا بصفات وخصائص مهمة جدًّا حتى يستطيع بواسطتها الوفاء بمهمة رعاية وخدمة ذوي الإعاقة. وإذا توفرت هذه الصفات في القائمين على ذوي الإعاقة، فإننا نضمن الحياة الكريمة لهم، ونستطيع بالتالي أن نساعدهم على التغلب على إعاقتهم، ومن ثم دمجهم في المجتمع، فيعيشون الحياة الكريمة، شأنهم شأن أي إنسان آخر طبيعي.

ومن أهم هذه الصفات الإيمان بالقضاء والقدر، والإيمان بالله ربًّا خالقًا شارعًا، وأنه العليم الخبير بما ينفع ويصلح عباده، وأنه هو الذي قدَّر معايشهم وأعمارهم وأرزاقهم، وأنه لا يقدر أحد على نفع أحد أو ضره إلا بما شاء الله وقدَّره. فهذا الإيمان يعطي المسلم راحة نفسية تجعله راضيًا بقضاء الله وقدره، متحملًا للمسؤولية، استجابة لقول الرسول (صلى الله عليه وسلم): «كُلُّكُمْ رَاعٍ، وَكُلُّكُمْ مَسْؤُولٌ عَنْ رَعِيَّتِهِ» (رواه أحمد). ومن ثم، فعلى كل مَن يتصدى لرعاية ذوي الإعاقة أن يتحمل مسؤولية ما يؤديه على أكمل وجه، وذلك على النحو التالي:

أولًا: الأسرة

يجب أن تتعلم أسرة ذوي الإعاقة شيئًا عن كيفية معاملة هؤلاء الأشخاص، وكيفية تربيتهم ورعايتهم، حتى تؤدي هذه المسؤولية على أحسن وجه؛ يقول رسول الله (صلى الله عليه وسلم): «إِنَّ اللهَ يُحِبُّ إِذَا عَمِلَ أَحَدُكُمْ عَمَلًا أَنْ يُتْقِنَهُ». ويجب ألا نغفل عن دور الأسرة في تعويد الطفل الطبيعي على حسن معاملة الطفل صاحب القدرات الخاصة ومساعدته، وعدم السخرية منه. ولا بد أن نؤثر ذوي الإعاقة على أنفسنا، فإعاقته تدفعنا لمساعدته وتقديمه

على أنفسنا وعلى إخوته الأصحاء حتى نرفع من حالته النفسية، ولعل ذلك يساعده على الشفاء، أو على الأقل الاندماج في الأسرة.

ثانيًا: دور رعاية ذوي الإعاقة

يجب على دور رعايـة ذوي الإعاقة أن تكون مؤهلة لتحمل مسؤولية رعايتهم، وذلك بأن تكون مجهزة بأحدث الوسائل اللازمة لرعايتهم، وتعيين المتخصصين من أطبـاء وممرضين، شريطة أن يتسموا جميعًا بصفة الحلم، وأن يعوا قول الرسول (صلى الله عليه وسلم): «عَجَبًا لِأَمْرِ الْمُؤْمِنِ، إنَّ أمْرَهُ كُلَّهُ خَيْرٌ، وَلَيْسَ ذَاكَ لِأَحَدٍ إِلَّا لِلْمُؤْمِنِ، إِنْ أَصَابَتْهُ سَرَّاءُ شَكَرَ، فَكَانَ خَيْرًا لَهُ، وَإِنْ أَصَابَتْهُ ضَرَّاءُ صَبَرَ، فَكَانَ خَيْرًا لَهُ» (رواه مسلم). فإن أُصِيبَ الإنسان بإعاقة، فعليه أن يصبر ويحتسب، وعلى من يتعامل معه أن يتسم بالحلم، هذه الصفة التي يستطيع بها التغلب على كثير من الصعاب والعقبات التي تقف أمام ذوي الاحتياجات الخاصة، فالإنسان حينما يتحلى بتلك الصفة يسيطر على الحوادث التي تواجهه في أثناء رعاية ذوي الإعاقة.

أخلاقيات العمل مع الأشخاص ذوي الإعاقة

1. أخلاقيات الأسرة في التعامل مع الأطفال ذوي الإعاقة
2. أخلاقيات المجتمع في التعامل مع ذوي الإعاقة
3. أخلاقيات معلم التربية الخاصة
4. أخلاقيات الإعلام في التعامل مع ذوي الإعاقة

وفي ما يلي تفصيل لأخلاقيات كل فئة من هذه الفئات الأربع في التعامل مع ذوي الإعاقة:

1. أخلاقيات الأسرة في التعامل مع الأطفال ذوي الإعاقة

يجب أولًا الاعتراف والقبول والرضا من أولياء الأمور لكي يستطيعوا التفكير الصحيح في كيفية التعامل مع نوع إعاقة أطفالهم. ويجب ألا ننسى الترفق دائمًا مع الأطفال ذوي

الإعاقة، ولكن ذلك لا يجب أن يؤدي إلى إيهام الأسرة، ومن ثم إيهام الطفل، بأنه طبيعي. بل على العكس، يجب توعية الأسرة أولًا بنوع الإعاقة، وتثقيفها بالطرق الصحيحة للتعامل مع الطفل. ومن ثم، توعية الطفل قدر المستطاع بإعاقته، إذا كانت إعاقته لم تؤثر على جانب التفكير والإدراك والفهم والاستيعاب، حتى يستطيع كل من الأسرة والطفل اختيار الأمور التي تناسبه، بدلًا من اختيار أمور يصعب عليه أداؤها لاعتقاده أنه إنسان طبيعي. وفي الوقت نفسه، لا يجب الحد من أحلام وطموح الأطفال ذوي الإعاقة، فقد سبق أن نجح كثيرون مثلهم، وحققوا إنجازات عظيمة.

أما من الناحية العملية، فيجب تدريب الأسرة على كيفية تدريب أبنائهم في المنزل، وكيفية متابعة أي برنامج يُقدَّم لهم في مراكز ومدارس متخصصة. ومن ثم، تدريب هؤلاء الأطفال على مجموعة من الأعمال البسيطة التي تتناسب مع إعاقاتهم، مثل الأعمال الروتينية البسيطة التي لا تعتمد على إعمال الذهن للأطفال المصابين بإعاقات ذهنية، والأعمال التي لا تعتمد على النشاط البدني للأطفال المصابين بإعاقات جسدية، والأعمال التي لا تعتمد على الجانب السمعي والنطقي لمن يعاني من إعاقة سمعية... إلخ. وذلك مع التشديد على أهمية التوعية بمشكلات ذوي الإعاقة المعنوية والاجتماعية والنفسية.

2. أخلاقيات المجتمع في التعامل مع ذوي الإعاقة

تتمثل هذه الأخلاقيات في قسمين أساسيين:

أ. التعامل مع ذوي الإعاقة من الكبار

فثمة قواعد يجب اتباعها عند التعامل مع ذوي الإعاقة من الكبار والبالغين، أبرزها:

- رسم الابتسامة عند التعامل مع أي منهم.
- تجنب التحديق أو إظهار أي رد فعل غير طبيعي عند رؤيته تجنبًا لإحراجه.
- سؤاله في حال حاجته إلى المساعدة، وتجنب أخذ زمام المبادرة دون علمه، لئلا يشعر بالشفقة.
- التحدث معه بشكل إيجابي، والابتعاد تمامًا عن التذمر أو التحدث عن المشكلات الخاصة.

- في حال كان من ذوي الإعاقة السمعية، يجب التربيت على كتفه من أجل لفت انتباهه، ثم التحدث معه بتمهل وبشكل واضح.
- في حال كان من المقعدين، يجب الجلوس عند التحدث معه، وذلك ليكون المتحدث على مستوى الشخص المقعد نفسه.
- في حال كان من ذوي الإعاقة البصرية، يُفضَّل لمس يده ليعرف أن ثمة مَن يتحدث معه، مع وصف المكان الذي يُوجَد فيه، وذكر أسماء الأشخاص الموجودين.

ب. التعامل مع ذوي الإعاقة من الصغار والمراهقين

ثمة أخلاقيات في التعامل مع ذوي الإعاقة من الأطفال الصغار والمراهقين، يتمثل أبرزها في ما يلي:

- عدم الخوف منهم، فوجود إعاقة ما لا يعني أن الأمر مخيف.
- التعامل معهم بطريقة طبيعية، فبعض الأطفال والمراهقين يشكون من أن لديهم شعورًا غير واثق تجاه إعاقتهم، لذا يجب التعامل معهم بشكل هادئ طبيعي.
- التكلم معهم بالطريقة ذاتها التي يُتحدَّث بها مع أي طفل طبيعي آخر، دون استخدام أي تعبيرات طفولية أو نبرة صوت غير مناسبة معهم.
- التعرُّف على نقاط القوة لديهم، ثم تشجيعهم على إظهار مواهبهم، والتعامل معهم بالطريقة ذاتها المعتمدة في التعامل مع أندادهم الطبيعيين.
- إتاحة المجال أمامهم من أجل مساندة من حولهم من أشخاص، سواء كان ذلك باحتضان إنسان يحتاج إلى العاطفة أو تقديم المساعدة في حال احتاج أحدهم إليها لحل الواجبات المدرسية مثلًا.
- النظر إليهم بالطريقة التي يودون من الآخرين رؤيتهم بها، مع مراعاة احتياجاتهم والاستماع لهم.
- التعرُّف على ماهية الإعاقة المصاب بها الطفل، والتحدث مع أهل ذوي الإعاقة للحصول على معلومات لتحديد احتياجاته بشكل دقيق.
- احترام اختلاف الطفل عن الآخرين، مع تعليمه ألا يخجل من الأدوات التي

يستخدمها، وألا يحاول الظهور بشكل طبيعي كباقي رفاقه، بل عليه تقبل حاله وإعاقته، كما يجب تعليم من حوله أن يقبلوا اختلافه عنهم.

- دعوة الطفل للتعرُّف على أطفال آخرين من ذوي الإعاقة، وتعريفه على قصصهم، مما يساهم في إشعاره بأن الحياة الجيدة ممكنة مع وجود إعاقة.
- تقبل الطفل كما هو، وتعليمه أن الكرامة الإنسانية لا تتأثر بوجود الإعاقات لدى الإنسان.

3. أخلاقيات معلم التربية الخاصة

إن أخلاقيات معلم التربية الخاصة منبثقة مستمدة من تعليمات ديننا الحنيف، ومن الهدي النبوي الشريف في مجال التعامل مع ذوي الإعاقة، فقد كان لنا سيدنا محمد (عليه أفضل الصلوات وأتم التسليم) خير قدوة نقتدي بها في كيفية تعامل المعلم مع المتعلمين، سواء كانوا عادين أو من ذوي الإعاقة، لذلك كان نبينا الكريم خير معلم ورسول.

وعليه، جاء الدستور الأخلاقي لمهنة التربية الخاصة لينظِّم العلاقة ويوضِّحها ويضعها في أجمل صورة، ويبيِّن أخلاقيات معلم التربية الخاصة، بما احتواه من مبادئ، أبرزها:

- يلتزم العاملون في ميدان التربية الخاصة بتطوير القدرات التعليمية والظروف الحياتية للأشخاص ذوي الإعاقة إلى أقصى حد ممكن.
- يحرص العاملون في ميدان التربية الخاصة على بلوغ مستوى عالٍ من الكفاية المهنية والتكامل الوظيفي.
- يساهم العاملون في مجال التربية الخاصة في الأنشطة التي تعود بالفائدة على الأشخاص ذوي الإعاقة وأسرهم وزملائهم.
- يبذل العاملون في ميدان التربية الخاصة الجهود اللازمة لتطوير مهاراتهم في ما يتعلق بتربية الأطفال ذوي الإعاقة.
- يحرص العاملون في ميدان التربية الخاصة على الدفاع عن الأشخاص ذوي الإعاقة.
- لا يشارك العاملون في ميدان التربية الخاصة في ممارسات غير أخلاقية أو غير قانونية تخالف المعايير المهنية المتفق عليها.

المعايير المهنية

ويُترجَم هذا الدستور إجرائيًّا إلى المعايير المهنية التالية:

أ. علاقة المهنيين بالأشخاص ذوي الإعاقة وأسرهم

• المسؤوليات التعليمية

إن العاملين في ميدان التربية الخاصة يحرصون على توظيف خبرتهم المهنية لضمان حصول جميع الأفراد ذوي الإعاقة على البرامج التربوية الفعَّالة، وذلك من خلال:

- تحديد واستخدام الطرق التعليمية والمناهج المناسبة الفعَّالة لتلبية حاجات الأفراد ذوي الإعاقة.
- تصميم بيئة تعليمية آمنة فعَّالة تسهم إيجابيًّا في تلبية الحاجات الخاصة لذوي الإعاقة.
- المحافظة على السرية التامة للمعلومات، وعدم إخراجها إلا بموافقة أولياء الأمور.
- تحديد عدد الأطفال ذوي الإعاقة في الفصل الدراسي الواحد على نحو يسمح بتلبية حاجاتهم التعليمية على أحسن وجه ممكن.
- تقديم معلومات صادقة عن البرامج للإداريين والزملاء وأولياء الأمور اعتمادًا على ممارسات تسجيل وملاحظة موضوعية بغية اتخاذ القرارات الملائمة.

• ضبط السلوك

- تطبيق أساليب تعديل السلوك التي تدربوا عليها دون حرمان ذوي الإعاقة من حاجاتهم الأساسية.
- تحديد أهداف الضبط السلوكي بوضوح ودقة في البرنامج التربوي الفردي لذوي الإعاقة.
- اتخاذ الإجراءات اللازمة لمنع الزملاء من ممارسة سلوكيات قد تضر بمصلحة الأفراد ذوي الإعاقة.
- ملاحظة التغيرات التي قد تطرأ على سلوك ذوي الإعاقة عند تناول العقاقير الطبية.

- **العلاقة مع الوالدين**

- تطوير علاقة قائمة على الاحترام المتبادل.
- تطوير أساليب تواصل فعَّالة مع الوالدين.
- إبلاغ الوالدين بالحقوق التربوية لطفلهما والبرامج الفردية والخدمات المساندة.
- إتاحة الفرص الكافية لتدريب الوالدين.

- **الدفاع عن الحقوق**

- الالتزام بدور المدافع عن الأشخاص ذوي الإعاقة.
- محاولة تحسين الخدمات التربوية المقدمة للأشخاص ذوي الإعاقة، مؤكدين أن آراءهم الشخصية لا تعبِّر بالضرورة عن الآراء الرسمية للمؤسسة التي يعملون فيها.
- العمل جنبًا إلى جنب مع المهنيين الآخرين، وتشجيعهم على تحسين واقع خدمات التربية الخاصة والخدمات المساندة المقدمة لذوي الإعاقة.

ب. التوظيف المهني

- **الشهادة والمؤهلات**

- إن العاملين في ميدان التربية الخاصة لا يوظِّفون إلا الأشخاص الذين لديهم كفاية مهنية لتعليم وتدريب الأشخاص ذوي الاحتياجات التربوية الخاصة.
- إن العاملين في ميدان التربية الخاصة لا يميِّزون في التوظيف على أساس العرق أو اللون أو الجنس أو الدين أو العمر أو الميول أو السياسة أو الخلفية العائلية أو الثقافة أو الإعاقة.
- يقدِّم المهنيون أنفسهم بطريقة أخلاقية قانونية في ما يتصل بتدريبهم وخبرتهم عندما يبحثون عن وظيفة.
- يقدِّم العاملون في ميدان التربية الخاصة إشعارًا مناسبًا للمؤسسة، في حال رغبتهم في التوقف عن العمل.
- يلتزم العاملون في ميدان التربية الخاصة بعقد العمل والواجبات الموكلة إليهم فيه.

- يحق للعاملين في ميدان التربية الخاصة الذين تنهى خدماتهم الحصول على كتاب خطي يوضِّح أسباب إنهاء خدمتهم، ويؤكِّد احترام حقوقهم المهنية كافة.
- إن العاملين في ميدان التربية الخاصة يحصلون على الحقوق والفرص المتاحة للعاملين الآخرين في المدارس.
- يطلب العاملون في ميدان التربية الخاصة المساعدة، بما فيها خدمات المهنيين الآخرين، عندما تهدد المشكلات الشخصية قدرتهم على تأدية وظائفهم المهنية.
- يستجيب العاملون في ميدان التربية الخاصة بموضوعية عندما يُطلَب منهم تقييم المتقدمين للعمل في الميدان.
- يحق للعاملين في ميدان التربية الخاصة أن يحلوا المشكلات المهنية التي تعترضهم، وذلك بتوظيف الإجراءات المتبعة، بما فيها استخدام الشكاوى، إذا اقتضت الحاجة ذلك.

• التعيين والدور المهني

- يجب أن يحصل العاملون في ميدان التربية الخاصة على كتاب خطي واضح يبيِّن جميع الواجبات والمسؤوليات، بما في ذلك الأمور التي تُحدَّد بصفتها ظروفًا للعمل.
- إن العاملين في ميدان التربية الخاصة يطوِّرون كفاياتهم المهنية، وسبل تعاونهم في تنفيذ وتقييم برامج التربية الخاصة، وكذلك البرامج التربوية العامة، لكي تستجيب هذه البرامج للحاجات المتغيرة للأشخاص ذوي الإعاقة.
- إن العاملين في ميدان التربية الخاصة يعملون مع الإعاقة والمراحل العمرية المختلفة في البيئة التعليمية التي أعدتهم شهاداتهم وخبرتهم للعمل فيها.
- تُقدَّم الخدمات الاستشارية الداعمة الكافية للعاملين في ميدان التربية الخاصة على أيدي مهنيين آخرين يتمتعون بالكفاية المهنية العالية نتيجة للخبرة أو التدريب.
- إن تنظيم الخدمات التي يقدِّمها العاملون في ميدان التربية الخاصة والإشراف عليها يحصلان وفقًا لمعايير مساءلة واضحة.
- إن عدم توفر المعلم البديل أو الكوادر المساندة، بمن في ذلك مساعدو المعلمين،

يؤدي بشكل من الأشكال إلى عدم تقديم الخدمات التربوية الخاصة، أو يجعلها تصل إلى حد قد يقل عن الخدمات التربوية التي تقدمها البرامج الأخرى.

• النمو المهني

- يحرص العاملون في ميدان التربية الخاصة على تطوير معرفتهم ومهاراتهم على نحو منظَّم، بهدف الحفاظ على كفاية عالية، والاستجابة للحاجات المتغيرة للأشخاص ذوي الإعاقة، وذلك من خلال المشاركة في برنامج تربية مستمرة، يشمل المشاركة في نشاطات التدريب في أثناء الخدمة وورشات العمل والندوات وحلقات العمل المتخصصة وقراءة الأدبيات المتخصصة.
- يساهم العاملون في ميدان التربية الخاصة في التقييم المنظم الموضوعي لأنفسهم وزملائهم وخدماتهم والبرامج المقدمة، بغية تطوير الأداء المهني على نحو مستمر.
- يحرص الإداريون والمشرفون العاملون في ميدان التربية الخاصة على دعم وتطوير النمو المهني.

ج. علاقة المهنيين بالمهنة وبالمهنيين الآخرين

• العلاقة بالمهنة

- يتحمل العاملون في ميدان التربية الخاصة مسؤولية المشاركة في المنظمات المهنية، والالتزام بالمعايير المهنية والأخلاقية للمنظمات التي ينتمون إليها.
- على العاملين في ميدان التربية الخاصة مسؤولية تقديم الخبرات الميدانية المتنوعة والنموذجية للملتحقين ببرامج البكالوريوس وبرامج الدراسات العليا.
- يسهم العاملون في ميدان التربية الخاصة بشكل فاعل في تنظيم المهنة، وذلك باستخدام الإجراءات المناسبة لإحداث التغييرات اللازمة.
- يبادر العاملون في ميدان التربية الخاصة إلى دعم البحوث العلمية المتصلة بتربية الأشخاص ذوي الإعاقة، وذلك بهدف رفع سوية الخدمات التربوية، وإفادة الأشخاص ذوي الإعاقة.

- **العلاقة بالمهنيين الآخرين**

يدرك العاملون في ميدان التربية الخاصة أنهم أعضاء في فريق متعدد التخصصات، واضعين في الحسبان أن سمعة المهنة تعتمد عليهم، لذا يحرصون على ما يلي:

- الاعتراف بكفاية وخبرة أعضاء الفريق الممثلين للمهن الأخرى، والممثلين لمهنتهم أيضًا.
- الحرص على تطوير اتجاهات إيجابية (هم والمهنيون الآخرون) نحو الأشخاص ذوي الإعاقة، والتعامل بموضوعية في ما يتعلق بقدراتهم ومواطن العجز لديهم.
- تقديم الخدمات الاستشارية المناسبة لكل من العاملين في ميدان التربية العامة أو التربية الخاصة، والآخرين الذين يقدمون خدمات للأشخاص ذوي الإعاقة.
- تقديم الدعم والمشورة للمهنيين العاملين مع الأشخاص ذوي الإعاقة خارج نطاق المدرسة.
- الحفاظ على علاقات عمل فاعلة مع الزملاء والمهنيين الآخرين، فيساعدونهم على تطوير مفاهيم إيجابية صحيحة عن مهنة التربية الخاصة.

4. أخلاقيات الإعلام في التعامل مع ذوي الإعاقة

تؤدي وسائل الإعلام التقليدية والحديثة أدوارًا كبيرة متعاظمة في التأثير على الجماهير العالمية، وتُعَد قضية الإعاقة من أهم المواضيع التي يجب أن تهتم بها هذه الوسائل، لنشر التوعية والإخبار والتثقيف والمساعدة والأمل الذي تحتاج إليه هذه الفئة وبقية الفئات في المجتمع.

أسباب ضعف دور الإعلام بقضايا ذوي الإعاقة

في الحقيقة، يعاني دور الإعلام بقضايا ذوي الإعاقة من ضعف شديد جدًّا بسبب غلبة أنماط معينة للإعلام في هذا السياق، وهي:

إعلام المناسبات: وتكتفي فيه مختلف وسائل الإعلام بنقل ما يحدث في الفعاليات والمناسبات المحلية والدولية التي تُعنَى بالإعاقة.

إعلام التعتيم: وتمتنع فيه وسائل الإعلام عن تسليط الضوء على قضايا هذه الفئة المهمة، من منظور أنهم أقلية مهمشة في المجتمع، وهو ما يزيد الأمر تعقيدًا، ويبعد دمج ذوي الإعاقة في المجتمع.

إعلام التشويه: وفيه تقدِّم وسائل الإعلام صورة نمطية مغلوطة سلبية عن فئة ذوي الإعاقة، خاصة في الوسائل المرئية (السينما، والتليفزيون، واليوتيوب... إلخ). فبعض الأعمال الدرامية تظهر ذوي الإعاقة في صورة العالة على أسرته وعلى المجتمع، غير المنتج، المتكل على الآخرين، وأحيانًا تصل وقاحة بعض المواد الدرامية إلى أنها تركِّز على إظهار هذه الفئة بشكل لا أخلاقي، فتصوره مهرجًا أو لصًّا أو كاذبًا أو مخربًا أو حتى عضوًا في جماعة إرهابية.

أهمية تفعيل دور التغطية الإعلامية

الإعلام يُعَد من وسائل الاتصال التي لها تأثير مباشر في توجيه اتجاهات الجماهير والحشود العالمية، على مختلف فئاتها ولغاتها وأعمارها وحالاتها وظروفها الخاصة. ومن هنا تأتي أهمية تفعيل دور التغطية الإعلامية نحو النشر العادل الموضوعي لقضايا الإعاقة وتحدياتها، وآمالها وآلامها، ما يمكنه أن يصحح الصورة الذهنية المغلوطة لدى الجماهير عن هذه الفئة، وما يدور حولها. فبحسب الإحصاءات الجديدة، فإن ذوي الإعاقة في العالم يقدر عددهم بنحو مليار شخص، أي أن 15 في المائة من سكان العالم يعانون من إحدى الإعاقات الجسدية أو العقلية المختلفة. وترتفع هذه النسبة لتصبح 20 في المائة في الدول النامية. وهذه الإحصاءات في تزايد كبير. ولأن القضية كبيرة متشعبة، فإن تضافر جهود الجهات كافة، والمؤسسات الحكومية والخاصة، مع الأجهزة الإعلامية، أمر في غاية الأهمية، وذلك لتحقيق المردود الإنساني والاجتماعي المنشود.

أهم أخلاقيات عمل الإعلامين

أولًا: تُعَد عملية تدريب الإعلاميين على كيفية التعامل مع قضايا الإعاقة، وإبرازها بالطريقة المناسبة عبر الوسيلة الإعلامية، من أهم الخطوات الأساسية لخلق ثقافة تأثير وتأثر صحيحة مع هذه الفئة.

ثانيًا: تأكيد أهمية إشراك ذوي الإعاقة في إعداد وتطوير الرسائل الإعلامية المتنوعة التي تُبَث عبر مختلف المنافذ الإعلامية التقليدية والحديثة، وذلك بهدف تحسين الأداء الإعلامي، ورفع جودة الرسالة الإعلامية، وتطويرها بشكل يحقق هدف إظهار قدرات ذوي الإعاقة، ودمجهم بطريقة محفزة واقعية في المجتمع، إضافة إلى تكوين رأي عام إيجابي يزيد من توقعات المجتمع من هذه الفئة العريضة فيه.

ثالثًا: تأكيد عدم تأطير وسائل الإعلام المختلفة لذوي الإعاقة، وإبرازهم بصورة الجبابرة أو بصفتهم فئة مقهورة تستحق الشفقة والإحسان.

رابعًا: الانتباه إلى المصطلحات، فعلى الإعلامي أن يكون واعيًا بموضوع المصطلحات التي يستخدمها في برامجه التي تخص ذوي الإعاقة. وبالتالي، فعلى الإعلاميين إتقان المصطلحات، وهذا يتطلب منا (أفرادًا ومؤسسات معنية) بناء قدرات إعلامية حقيقية تواكب وتعمل وتستقصي عن كل ما هو مفيد إيجابي لبيان الرؤية، ومعالجة الصعوبات، وإزالة المعوقات والمشكلات في هذا الجانب، بالتعاون مع الجهات المعنية، وتحقيق هدف الدمج الواقعي لهذه الفئة في المجتمع.

الباب الثالث

تدريب ذوي الإعاقة
على المسؤولية الاجتماعية

كما ذكرنا سابقًا، فإن مفهوم المسؤولية الاجتماعية أعمق وأشمل من كونه النهوض بأعمال تطوعية أو مساعدة الآخرين أو التبرع بالمال للجمعيات أو الأفراد، بل هو منهج أو سلوك ينتهجه الفرد (أو المنظمة) في سبيل الوفاء بواجباته تجاه نفسه، وتجاه المجتمع الذي ينتمي إليه بكل مكوناته، فهو ببساطة «ممارسة المواطنة الحقة». فمتى شعر الفرد أو المنظمة بهذا الأمر، فإنه سوف ينهض بواجباته البيئية والاجتماعية والاقتصادية، وهذه هي المحاور الثلاثة الرئيسة التي يقوم عليها مفهوم المسؤولية الاجتماعية. وبما أن ذا الإعاقة فرد من أفراد المجتمع تقع عليه مسؤولية اجتماعية، فإنه يكون بحاجة إلى التدريب على ممارسة هذه المسؤولية المجتمعية، وأن يُضمَّن هذا في البرامج التدريبية التي تُطبَّق على ذوي الإعاقة، ولذلك سوف تعرض الكاتبة في هذا الفصل برنامج المسؤولية الاجتماعية لذوي الإعاقة.

ويأتي برنامج المسؤولية المجتمعية الذي صممته الكاتبة ليصب في اتجاه تعزيز مشاركة الأبناء من ذوي الإعاقة للمساهمة المجتمعية الفاعلة المؤثرة. ويُطبَّق هذا البرنامج حاليًّا بمركز الدوحة العالمي لذوي الاحتياجات الخاصة.

المعايير الأساسية لبرنامج تدريب ذوي الإعاقة على المسؤولية الاجتماعية

لوضع برنامج خاص لتدريب ذوي الإعاقة على المسؤولية الاجتماعية، تحكمنا ستة معايير أساسية:

1. المدة الزمنية.
2. صلة البرنامج بحاجات فئات المجتمع.
3. مدى تأثير البرنامج الاجتماعي المعد في زيادة الوعي المجتمعي.
4. مدى مواءمة ما يقدِّمه المركز من برامج لذوي الإعاقة.
5. الشفافية؛ كأن يُعِد المركز تقريرًا سنويًّا عما يقدِّمه من أنشطة تخص المسؤولية الاجتماعية.
6. الالتزام بالقانون في مضمون البرنامج.

مراحل تدريب ذوي الإعاقة على المسؤولية الاجتماعية

المرحلة الأولى: تدريب ذوي الإعاقة على الاعتماد على النفس، أو المسؤولية الذاتية، عبر تنفيذ جميع أعماله بنفسه.

المرحلة الثانية: التوسع في تحمل مسؤولية الآخرين، حيث يبدأ الطفل بتحمل مسؤولية خدمة الأم أو الأب أو الإخوة، ثم تلي ذلك مسؤولية دائرة الجيران، ثم دائرة الأقارب، ثم دائرة الشارع أو الحي، وتظل تلك الدوائر تتصاعد حتى تشمل مشكلات المسلمين في العالم، ثم مشكلات الناس بصفة عامة.

الهدف من برنامج المسؤولية الاجتماعية

- شعور ذوي الإعاقة أنهم أعضاء مفيدون في جماعات مختلفة، بدءًا من الإخوة حتى جماعة البشر بصفة عامة، ويعني ذلك أنه مسؤول دومًا أمام نفسه، ثم أمام الآخرين.
- إدراك ذوي الإعاقة مفهوم الإنسانية.

- غرس مفهوم الوقوف بجانب كل شخص محتاج.
- غرس مفهوم المساعدة والشعور بالآخرين.
- ربط المسؤولية الاجتماعية بجميع المهارات التي يتدرب عليها ذوو الإعاقة.
- غرس مفاهيم ومشاعر مختلفة، كالشعور بالآخرين، وحب ومساعدة الآخرين، وغيرها من المفاهيم التي يتدرب عليها طلاب المركز.
- المساعدة في عمليه الدمج المجتمعي، حيث يشعرون أنهم أفراد من مجتمع عليهم واجبات نحوه، ويستطيعون أن يكونوا أعضاء فاعلين فيه.

نتائج البرنامج

- يستطيع ذو الإعاقة أن يهتم بمصالحه الشخصية.
- يستطيع الاهتمام بمصلحة إخوته، بأن تتحمل البنت هموم أهلها، أو يفكر كلاهما في هموم المسلمين أو مشكلات المظلومين في العالم كله.
- يخرج الطفل شيئًا فشيئًا من أنانيته البغيضة إلى عالم المعاملات الإنسانية الراقية التي تجعل الإنسان إنسانًا.
- يستطيع أن يتحرر من رغباته الضيقة المحدودة، ويرى العالم الرحب الجميل الذي يتجلى في خدمة الآخرين، ويستطيع أن يستشعر المتعة الموجودة في قضاء مصالح الناس.

نصائح واجبة لمن يدرِّب ذوي الإعاقة على برنامج المسؤولية الاجتماعية

1. تهيئة ذوي الإعاقة باكتساب مهارة الاعتماد على النفس

ذكرنا في بداية الفصل مهارة الاعتماد على النفس التي تُعَد ضمن مهام مسؤولية الفرد تجاه ذاته. لذلك قبل البدء بالتدريب، يجب أن نتأكد أن الطفل من ذوي الإعاقة قد اكتسب مهارة الاعتماد على النفس. وفي حالة عدم اكتسابه لها، ينبغي تدريبه عليها لأنها بداية أساسية لبرنامج المسؤولية الاجتماعية (مسؤولية الشخص نحو نفسه).

2. الإيمان بقدرات ذوي الإعاقة

يجب على من يتعامل مع ذوي الإعاقة أن يؤمن بقدراتهم، ويغيِّر الصورة المغلوطة عن أن الطفل ذا الإعاقة لا يستطيع الاعتماد على ذاته. وإذا كانت الأسرة الحاضنة الأولى للطفل لا تعتمد عليه في شيء، ولا تثق بقدراته وإمكاناته، وبالتالي لا تعتمد عليه في إنجاز بعض الأمور، فكيف إذن سيتسنى له تعلم الاعتماد على نفسه، وكيف سيثق في ذاته، ويتعرف على قدراته وإمكانياته؛ يجب أن تدعه يتصرف بنفسه وينجز بعض أعماله بنفسه (مثلًا: ترتيب غرفته أو حقيبته بنفسه، أو أن يحاول أن يشتري احتياجاته أو أن يدفع بنفسه، أو أن يحاول إنجاز واجباته المدرسية بنفسه، أو أن يأكل أو يشرب أو يلبس ملابسه بنفسه). ويجب على الأسرة أن تكون مع طفلها ذي الإعاقة بمثابة الصاحب الموجه المشرف. وعند قدرته على أداء سلوك ما، فلا بد أن تساعده بطريقة غير مباشرة، وتفسح له المجال حتى يستطيع أن ينجزه معتمدًا على نفسه.

3. تعزيز السلوك الصحيح

يجب ألا يُنسَى موضوع الاهتمام بتعزيز السلوك الصحيح الذي ينفرد الطفل بأدائه لأن التعزيز يشجع الطفل ذا الإعاقة على ترسيخ الهدف والاكتساب السريع للسلوك. ويجب أن يكون التعزيز مباشرة بعد الاستجابة الصحيحة، وأن يكون واضحًا حتى يقترن بالاستجابة.

4. التدريب على الصبر

يجب على من يطبِّق برنامج المسؤولية الاجتماعية على الأشخاص ذوي الإعاقة أن يتحلى بأخلاقيات هذا العمل، متمثلة في التمتع بالصبر في التعامل معهم، وإدراك أنه يتعامل مع شخص يعاني قصورًا بجوانب مختلفة، ويحتاج إلى فترة طويلة حتى ينجز الهدف بطريقة صحيحة، والأهم الوعي بوجود فروق فردية بين ذوي الإعاقة.

5. التدريب على التكرار والاستمرار بالتدريب

تُعَد الطرق المتبعة في التدريس لذوي الإعاقة إحدى الوسائل المهمة في توفير العلاج لهم، وجعلهم جزءًا فعالًا داخل المجتمع، وتمكينهم من الاستفادة من المهارات التي

تعلموها في النهوض بكثير من الأمور. ويجب على من يدرب على برنامج المسؤولية الاجتماعية أن يتحلى بالقدرة على توصيل الهدف بطريقة صحيحة، مع استخدام أسلوب التكرار والاستمرار بالتدريب حتى يستوعب الطفل ذو الإعاقة. كما يجب إعادة التذكير بما تعلمه من وقت لآخر. فعندما يأتي مفهوم جديد، نحاول أن نعود للمفهوم القديم الذي تعلمه ونربطه به، ولكن بشكل جديد.

6. استخدام أسلوب اللعب

اللعب يزيد من نشاط الطفل، ويجعله يتفاعل مع الأطفال المحيطين به، ويقوي تركيزه نحو الأشياء، خصوصًا عند استخدام الألعاب التعليمية التي تساعد على تنمية العقل بشكل جيد. فمن خلال اللعب، يصبح للطفل دور إيجابي، ويتميز بكونه عنصرًا نشطًا فعَّالًا داخل الصف، لما يتسم به هذا الأسلوب التدريسي من التفاعل بين المعلم والمتعلمين خلال العملية التعليمية، وذلك من خلال أنشطة وألعاب تعليمية أُعِدَت بطريقة عملية منظمة تتناسب مع الهدف المعد، حيث تغري المتعلم بالتفاعل مع المواقف التعليمية، بما تتضمنه من مواد تعليمية جيدة وأنشطة تربوية هادفة. ومن ثم، فاللعب يساعد الطالب على أن يدرك العالم الذي يعيش فيه.

7. إزالة كل عوامل الإحباط

يجب على كل من يتعامل مع أي من ذوي الإعاقة إزالة كل عوامل الإحباط التي تقف عائقًا أمام عملية تعليمه، ومعالجة المشكلات السلوكية التي تجعله غير متكيف، والحرص على تشجيعه باستمرار.

8. التنوع في استخدام الأدوات والوسائل التعليمية

يجب تنويع الأدوات والوسائل التعليمية المستخدمة لتحقيق هدف تدريب أي من ذوي الإعاقة على مهارة المسؤولية الاجتماعية، إذ ينبغي تغيير الأدوات باستمرار، بعد التأكد من أن الأدوات القديمة أصبحت مألوفة معروفة بالنسبة له.

المهارات المطلوبة في التدريس الفعَّال للمسؤولية الاجتماعية لذوي الإعاقة

- فهم المعلم الخصائص الفردية لكل شخص من ذوي الإعاقة.
- تعاون المعلم مع الوالدين، والاستماع إلى آرائهما حول ما ينبغي للطالب أن يتعلمه.
- تحديد المعلم مستوى الأداء الحالي للطالب.
- تحديد المعلم المهارات (الخاصة بالمسؤولية الاجتماعية) التي يحتاج الطالب أن يتعلمها في ضوء نتائج التقييم.
- تحديد المعلم الأهداف المرجوة من التدريب على المسؤولية الاجتماعية.
- تجزئة المعلم الأهداف التدريبية إلى أهداف فرعية صغيرة قابلة للتدريب والقياس، واستخدام أسلوب تحليل المهمة.
- اختيار المعلم الطرق المناسبة لتحقيق الأهداف التدريبية.
- اختيار المعلم المواد التعليمية والمهمات والترتيبات المكانية وجداول النشاطات الملائمة للأهداف وطرق التدريب التي اختِيرَت.
- إجراء المعلم التعديلات اللازمة على الأدوات التي يستخدمها الأشخاص العاديون، أو تصميم أدوات جديدة، تكنولوجية أو غير تكنولوجية، لمساعدة الشخص ذي الإعاقة على استخدامها بشكل فعَّال، وتحقيق الأهداف التعليمية والتدريبية الموضوعة له.
- تنفيذ المعلم على نفسه أولًا خطوات البرنامج التدريبي (على مهارة المسؤولية الاجتماعية) الموضوع لذوي الإعاقة.
- تعديل المعلم سرعة تنفيذ التدريب بناءً على مستوى أداء الطالب وتقدمه، أو إعطاء الطالب الفرصة الكافية لاكتساب المهارة وتعميمها.
- قياس المعلم مدى تقدم الطالب نحو الأهداف بغية تحديد فاعلية التدريب الحالي، وتوثيق التحسن في أداء الطالب.
- تقييم المعلم فاعلية التدريب في ضوء تطور أداء الطالب.

معلومة مهمة

العمل الخيري والعمل التطوعي والمسؤولية الاجتماعية مهارات مكملة لجميع المهارات والبرامج التدريبية التي يتدرب عليها ذو الإعاقة، ويستطيع أن يكتسبها من خلال اتباع المعلم لأسلوب التكرار والاستمرار. ويجب علينا (المتخصصين) أن نحذف من قاموسنا جملة «ذو الإعاقة لا يستطيع... إلخ»، فلا شيء مستحيل على من خلقنا، ويجب أن يكون برنامجنا كاملًا شاملًا جميع المهارات والاحتياجات لكي يشعر ذو الإعاقة بذاته، وأنه مثل الشخص العادي.

برامج المسؤولية الاجتماعية لذوي الإعاقة

يُعَد برنامج المسؤولية الاجتماعية برنامجًا مهمًا للأشخاص ذوي الإعاقة، يضيف لهم الكثير من خلال المشاركات الاجتماعية، ويكون له أثر طيب في نفوسهم، إذ يشعرون في أثناء مشاركتهم في المناسبات الاجتماعية والدينية أنهم لا يختلفون عن أقرانهم الآخرين.

المهارات التي يشملها برنامج المسؤولية الاجتماعية

1. مهارة تدريب ذوي الإعاقة على الاعتماد على النفس

حيث يُعَد تدريب ذوي الإعاقة على الاعتماد على النفس بناءً لمسؤولية الفرد نحو ذاته. ومن الملحوظ أنها نوع من الفكر التربوي غير موجود -كما ينبغي- في تربية أبنائنا في عالمنا العربي، فلا نجد اهتمامًا كافيًا بتدريب الأبناء عليه منذ الصغر. ونتيجة لذلك، يشب أولادنا غير متحملين مسؤولية أنفسهم التحمل الكافي، غير معتمدين على أنفسهم الاعتماد الواجب. لذلك، سلطت الكاتبة الضوء عليه ضمن برامجها التي تُطبَّق بالمركز لكي تنمي جانب الذاتية والاستقلالية والاعتماد على النفس.

والآن، نريد أن يتعلم الطفل الاعتماد على النفس، والاستقلال عن الآخرين، في قضاء حاجاته؛ وهذه مبادئ تربوية رئيسة مهمة في تربية الطفل. والسؤال: كيف أربي ابني ذا الإعاقة على تحمل المسؤولية والاعتماد على النفس؟ تقول القاعدة التربوية المهمة: إذا أردت أن يعتمد ابنك على نفسه، جرِّب أنت أن تعتمد عليه حتى تعلمه الاعتماد على

نفسه. فإذا كنت أنت لا تعتمد عليه في شيء، وإحساسك دائمًا أنه شخص ضعيف يحتاج إلى الآخرين، فكيف إذن سيتسنى له تعلم الاعتماد على نفسه؟ وإذا كنت أنت غير واثق في قدراته وإمكاناته، وبالتالي لا تعتمد عليه في إنجاز بعض الأمور، فكيف سيثق هو في نفسه ويوظِّف قدراته؟ ومن ثم، فالمطلوب منك أن ترفع يدك عنه، وتتوقف عن مساعدته، وتفسح له المجال ليقضي مصلحته بنفسه. وحتى إذا أخطأ، أعطه المجال ليتعرف بنفسه على الخطأ والصواب.

والواقع أن المشكلة الأساسية التي تعترض طريق تعليم الأبناء الاعتماد على النفس أن الآباء أنفسهم، خصوصًا الأمهات، هم الذين لا يستطيعون أن يفطموا أنفسهم عن التدخل في شؤون الأطفال، ولا أن يوقفوا أنفسهم عن الاشتراك معهم في قضاء مصالحهم، ولا أن يتركوا لهم الفرصة ليمارسوا حياتهم بأنفسهم. وقد يكون هذا التدخل بسبب حبهم لأبنائهم، أو بقصد حمايتهم، ولكن الحقيقة أنك تعوقه عن أداء دوره، وتسلبه الفرصة التي تجعله يجرب الاعتماد على نفسه، فيكون حبك له حبًا ضارًا، وتكون حمايتك له حماية مؤذية، فالحماية الزائدة مضرة لا تأتي إلا بخلل جسيم في تربية الطفل.

ولا بد من تعزيز السلوك الصحيح الذي ينفرد الطفل بأدائه. فبعد أن يصنع الطفل ما يريده بنفسه، لا بد أن تثني عليه، وتمدح أداءه السلوك الصواب منفردًا، وتجعله يسمع مدحك له، وكأنك تتفاخر بابنك الطيب، أو تتباهي بابنتك اللطيفة، فهذا يعزِّز لديه السلوكيات الجيدة، ويشجِّعه على الاعتماد الدائم على نفسه.

2. مهارة تدريب ذوي الإعاقة على صيام رمضان

الهدف من التدريب على الصيام

تنمية جانب المسؤولية الاجتماعية، خاصة أن المسؤولية تختص بأربعة جوانب (العمل، والدين، والتعليم، والأخلاق). وبصيام رمضان، نحقق جميع جوانب المسؤولية الاجتماعية، حيث إنها تُعَد منهجًا وسلوكًا ينتهجه الفرد، سواء كان شخصًا عاديًا أو من ذوي الإعاقة، بغية الوفاء بواجباته تجاه نفسه أولًا، ثم تجاه المجتمع الذي ينتمي إليه بكل مكوناته ثانيًا.

فوائد الصيام لذوي الإعاقة ودوره في التدريب على المسؤولية الاجتماعية

- المشاركة الاجتماعية الفعَّالة مع الأسرة، مما يساعد على تنمية المسؤولية الاجتماعية لديهم.
- الدمج المجتمعي من خلال مشاركتهم الأسرة بأمور كثيرة (الصيام، وإعداد الفطور، والجلوس على مائدة واحدة مع أسرهم، والصلاة، والذهاب لرؤية مدفع الإفطار، والسحور، والذهاب للمسجد... إلخ).
- اكتساب مهارة التقليد والنمذجة، بمحاولة تقليد الوالدين والإخوة، مما يشجعهم على تقليد مهارات أخرى للمسؤولية الاجتماعية يؤديها أفراد الأسرة.
- التعود على السلوكيات الاجتماعية الجيدة، مثل: الصبر في أثناء الصوم، واحترام الدين، وتهذيب النفس، وانتظار الدور.
- التدريب على النظام، واحترام الوقت، والتعرف على الساعة والتوقيت (متى الإمساك؟ متى الإفطار؟ متى السحور؟).
- التدريب على التحكم بالذات (كيف يستطيعون الإمساك عن الطعام والماء؟ ومتى يستطيعون الأكل والشرب؟).
- التدريب على الأعمال الخيرية المصاحبة للصيام.
- الشعور بالراحة النفسية التي يوفرها الصوم للصائم.
- تنشيط خلايا الدماغ، وإعادة برمجتها، وزيادة قدرتها على العمل والإبداع.
- تحسين السيطرة على النفس، وزيادة قوة الإرادة.
- الشعور أكثر بالأسرة، إذ تزيد فترة جلوس الأسرة مع الطفل، مما يؤثر عليه بشكل إيجابي، ويزيد من المشاعر العاطفية (كالحب والاهتمام) بينه وبينها.

3. مهارة تدريب ذوي الإعاقة على الشعور بالآخرين

- درِّب ذوي الإعاقة على الأعمال الخيرية، واجعلهم يشاركون فيها، من خلال أخذ الطعام وتوزيعه على المحتاجين مثلًا.
- اجعل لكل طفل بالمنزل صندوقًا خاصًّا به، عليه صورته واسمه، يضع فيه جزءًا

من مصروفه، مع شرح الهدف من هذا الصندوق. ومن ثم، يمكن أن يكون له صندوق للتبرع بالمركز الذي ينتسب له.

- في نهاية الشهر، اجعل كل شخص من ذوي الإعاقة هو مَن يفتح الصندوق بنفسه، وعلِّمه مهارة العد (للمال المتجمع بالصندوق). ومن ثم، نرى مَن استطاع أن يجمع أكثر في الصندوق الخاص به من بينهم، لنمنحه مكافأة.
- اصطحب طفلك ذا الإعاقة وإخوته عند الذهاب للسوق لشراء ملابس لتوزيعها على المحتاجين.
- اجعل طفلك ذا الإعاقة يدفع ثمن الملابس من المال الذي جمعه بصندوقه الخاص، ودعه يوزِّع الملابس بنفسه على المحتاجين.
- اجعله يفتح خزانة الملابس، ويختار بعضًا من ملابسه الجميلة، كي يعلم أن الشيء الجيد هو ما نوزعه على المحتاجين.

أهداف برنامج الشعور بالآخرين

- تدريب ذوي الإعاقة على الملكية الخاصة وملكيه الغير.
- تنمية مهارة النمذجة والتقليد لإخوته.
- تنمية حب التنافس مع إخوته على العمل الخيري.
- التدريب على جوانب سلوكية جيدة، وتوظيف الطاقة الزائدة بعمل مفيد، وتحمل جانب من المسؤولية المجتمعية تجاه المجتمع والأفراد المحتاجين.
- غرس الشعور بالآخرين لدى ذوي الإعاقة.

4. مهارة تدريب ذوي الإعاقة على النظافة العامة

النظافة سلوك حضاري، والإسلام هو القدوة لكل المجتمعات الإنسانية في تعليم النظافة والمحافظة عليها. والنظافة ليست نظافة شخصية فحسب، بل تشمل نظافة الجسم والمدرسة والمنزل والشارع والحدائق العامة وشاطئ البحر. فالبيئة المحيطة بنا خلقها الله نظيفة طاهرة، ومن واجبنا أن نحافظ على نظافتها لنستمتع بها كما خلقها الله.

ولا شك أن تنظيف المدرسة والشارع والحدائق والشواطئ من الأعمال التطوعية ذات

الفائدة المجتمعية الكبيرة، ونستطيع أن ندرب ذوي الإعاقة على نظافة الأماكن العامة ضمن برامج المسؤولية المجتمعية التي نعودهم على ممارستها.

نصائح عامة

- يفضل أن يبدأ التدريب في مراحل عمرية مبكرة، ويكون أولًا من خلال الأسرة.
- يجب أن تكون قدوة حسنة بالممارسات الجيدة (لا ترم القمامة بالأماكن العامة).
- ينبغي مكافأة ذوي الإعاقة كلما أدوا نشاطًا يتعلق بالنظافة العامة لتعزيز السلوك الجيد.

الفصل الثامن:

أزمة المسؤولية الاجتماعية

يجب أن نؤكِّد أن المسؤولية الاجتماعية في مجتمعاتنا، بصفتها متغيرًا، تعيش حالة أزمة. وهذه الأزمة يمكن أن تقود إلى الانهيار، فالمتتاليات السلبية للأزمة تقود إلى حالة من الفوضى الخلاقة التي قد تقود إلى تغيير موضوعي شامل ربما يسلم إلى استقرار جديد. ويمكن أن تقود الأزمة إلى حالة من العافية الاجتماعية، حينما يستطيع المجتمع التغلب على أزمته، بأن يتولى تصحيح أو علاج جوانب العطب أو المرض الذى أصاب المسؤولية الاجتماعية في كل مستوياتها على ساحته. فالأزمة تؤدي إلى العافية، إذن، في كلتا الحالتين؛ تارة إلى العافية بصورة مباشرة، وتارة أخرى من خلال المرور بدرامية الفوضى الخلاقة. غير أن الأمر المؤكد أن المسؤولية الاجتماعية في مجتمعاتنا تعيش في ظل حالة أزمة نعرض في ما يلى لبعض أبعادها.

غياب ثقافة المسؤولية الاجتماعية

أبعاد غياب ثقافة المسؤولية الاجتماعية

1. المعرفة بالحقوق والواجبات

المسؤولية الاجتماعية هي توازن بين جناحي الواجبات والحقوق، والحالة الافتراضية أن يكون المواطن على معرفة كاملة بواجباته، وكذلك حقوقه، إضافة إلى القيم والمبادئ التي تحفزنا للوفاء بمسؤولياتنا الاجتماعية. ويتحدد دور هذه الثقافة في دفع كل الأطراف للوفاء بالتزاماتهم نحو المجتمع. غير أننا نلاحظ أن ثمة مجموعة من الظروف التي تعمل على إضعاف ثقافة المسؤولية الاجتماعية، بل وخضوع هذه الثقافة لحالة من الأنومي. وتُعَد الأمية الأبجدية والخاصة بالثقافة السياسية أبرز هذه العوامل، حيث لا يدرك المواطنون بصورة محددة في الغالب، خاصة الشرائح الطبقية الدنيا، واجبات وحقوق مسؤولياتهم الاجتماعية. ومن ثم، فهم في غالب الأحيان لا يؤدون واجباتهم في مستوياتها المثلى، ولا يدركون أن لهم حقوقًا ينبغي أن يحصلوا عليها، وذلك لأن تضافر الواجبات والحقوق من شأنه أن يؤسس المواطن الملتزم بأداء مسؤولياته الاجتماعية.

2. تشوه المعنى الثقافي للمسؤولية الاجتماعية

حيث يغيب الاتفاق حول المعاني والمضامين الثقافية للمسؤولية الاجتماعية. فقد يدركها بعضهم من باب الواجبات؛ أي أن المواطنين عليهم واجبات ينبغي الوفاء بها. وقد يدركها بعض آخر من مدخل الحقوق؛ أي أن لهم على الدولة حقوقًا ينبغي الوفاء بها. وبذلك، تصبح ثقافة المسؤولية الاجتماعية (أو المسؤولية الاجتماعية ذاتها) ليست موضع اتفاق ثقافي بين مختلف أطراف المسؤولية الاجتماعية، الأمر الذى يشير إلى حالة من الأنومي الثقافية في ما يتعلق بالمسؤولية الاجتماعية.

3. انتشار ثقافة الفساد

ويزيد من حدة الأنومي في بنية ثقافة المسؤولية الاجتماعية انتشار ثقافة الفساد على ساحتها، حيث نجد أن بعض الشرائح أو الفئات الاجتماعية تحصل على حقوق أكثر مما تؤديه من واجبات، أو حتى تتخلى عن الوفاء بمسؤولياتها الاجتماعية، في مقابل شرائح أو فئات أخرى يقع عليها غرم الوفاء بالواجبات المرتبطة بمسؤولياتهم الاجتماعية، دون أن يحصلوا على الحقوق التي ينبغي أن تتوفر لهم نتيجة لإنجازهم مسؤولياتهم الاجتماعية. وتؤدي مثل هذه الظروف إلى إضعاف التزام الوفاء بالمسؤولية الاجتماعية، وبالتالي غياب ثقافة المسؤولية الاجتماعية الذي قد يدفع المواطنين إلى الوفاء بمسؤولياتهم الاجتماعية بصورة ناقصة أو مشوهة، أو حسب طبيعة عشوائية، فغياب التوجيه القيمي يجعل الوفاء بالمسؤولية الاجتماعية له طابع مؤقت متناقض، وربما عشوائي.

انهيار مؤسسات التنشئة وفق ثقافة المسؤولية الاجتماعية

يتطلب التعريف بالمسؤولية الاجتماعية، والتأهيل لممارسة مضامينها، مؤسسات تنهض بذلك. وقد طوّرت المجتمعات مجموعة مؤسسات عدتها آلياتها في التنشئة والتدريب على المسؤولية الاجتماعية، وهي: الأسرة، والمؤسسة التعليمية، والإعلام، وتنظيمات المجتمع المدني. وإذا تأملنا هذه المؤسسات، فسوف نجد أنها تعاني من حالة من الانهيار، تتضح في ما يلي:

1. الأسرة

لم تعد الأسرة قادرة على تنشئة أو تدريب الأبناء على أصول المسؤولية الاجتماعية، بسبب الانهيارات التي أصابتها من جوانب كثيرة، ما يعني أن التفاعل الأسرى لم يعد ملائمًا لإنجاز هذه الوظيفة، نتيجة:

- حالة التربص والصراعات التي بدأت تظهر على ساحة الأسرة التي اختُرِق فضاؤها بأفكار غريبة على تراثها ما زالت تتدفق لتقضي على البقية الباقية من حياتنا الأسرية.
- ارتفاع معدلات الطلاق، حيث تذهب الإحصاءات إلى أن ثمة ستة ملايين مطلقة، وأن ثمة حالة طلاق كل ست دقائق.
- ارتفاع الجرائم والانحرافات الأسرية، ارتباطًا بما تقدم، كأنما تُوجَد حالة انتحار للأسرة في مجتمعاتنا. ولا يمكن عد ذلك من مصاحبات عملية التحديث أو مرحلة الانتقال الطويلة التي يمر بها المجتمع، بل هو مؤشر لانهيار في بنية المجتمع أثر كثيرًا على الحياة الأسرية.

يُضَاف إلى ما تقدم الظروف التي فُرِضَت على الأسرة، وجعلتها تقف عاجزة عن الوفاء بعملية التنشئة الاجتماعية في مستوياتها المقبولة، فضلًا عن التنشئة على المسؤولية الاجتماعية. فإذا كان الأبوان داخل الأسرة اليوم، خاصة الأسرة الحضرية، يتهربان من مسؤولياتهم الاجتماعية نحو الأسرة، فكيف يتحملون هم عبء تدريب الأبناء على استيعاب مضامين المسؤولية الاجتماعية.

والواقع أنه بسبب هذه الظروف جملة، لم تعد الأسرة قادرة على تدريب الأبناء بكفاءة على مضامين المسؤولية الاجتماعية داخل الحياة الأسرية. ومن الملحوظ عمومًا أنه نظرًا لانصراف الأبوين عن متابعة الحياة الأسرية بسبب ظروف كثيرة، فإنهم قد يعوضون ذلك بمزيد من العطاء لأبنائهم، الأمر الذي يمنحهم حقوقًا دونما اهتمام بضرورة إنجازهم لواجبات مسؤولياتهم المحدودة، وهو الأمر الذى يدفع إلى تنشئة الأبناء وفق بنية مسؤولية اجتماعية عرجاء، يدركها الطفل من حيث أن له حقوقًا في مقابل الالتزام بمساحة محدودة

من الواجبات، مما يؤسس في بنية شخصية الطفل ميلًا لإدراك المسؤولية الاجتماعية بصفتها حقوقًا أكثر منها واجبات، في ظلها يسعى الفرد لتحقيق مصالح خاصة، دون الاهتمام بالسعي لإنجاز المصالح العامة.

2. المدرسة

تشكِّل المدرسة إحدى آليات تنشئة التلاميذ وفق مضامين المسؤولية الاجتماعية الصحيحة. وإذا كان من المفترض أن تشكل جهود المدرسة قيمة مضافة إلى جهود الأسرة (بافتراض أنها صحيحة)، فإن ما يحدث أن أداء المؤسسة التعليمية يبدد النذر اليسير من التدريب على المسؤولية الاجتماعية الذي حققته الأسرة. ويرجع ذلك لعدة أسباب، أبرزها:

- التنوع الذى أصاب المؤسسات التعليمية، فثمة تعليم أجنبي مقابل تعليم حكومي، إلى جانب تعليم نصف حكومي ونصف أجنبي، الأمر الذى يجعل النظام التعليمي نظامًا مترهلًا رخوًا، لا يعمل وفق أسلوب واحد يغرس مضامين واحدة للمسؤولية الاجتماعية.
- تأسيس النظام التعليمي لتفاوتات اجتماعية وتعليمية بين التلاميذ، يتلوها تفاوت في القدرة على الحصول على نصيب من الفرص الاجتماعية، تترتب عليه تفاوتات في مستويات الالتزام بمضامين المسؤولية الاجتماعية.
- غياب القدوة الحسنة، بل إنه مما يثير الدهشة أن المدرسة تدرب الأبناء على تصور مشوه للمسؤولية الاجتماعية! فالتلميذ الذي يتابع ويدرك سلوك المعلم الذى يتخلى عن أداء واجباته نحو تعليم التلاميذ، مفضلًا أن يحول المصلحة العامة إلى مصلحة أنانية خاصة، من خلال آلية الدروس الخصوصية، يكتسب من معلمه هذا السلوك (سلوك إهمال الواجبات، والسعي إلى الحصول على أكبر قدر ممكن من الفوائد والحقوق). ولأن هذا النموذج متكرر في حياة الإنسان، كل يوم ولفترة طويلة من عمره، فإنه يكون الأكثر فاعلية وحسمًا في تدريب التلاميذ على تصور مشوه للمسؤولية الاجتماعية يضر بالتأكيد بالاستقرار الاجتماعي للمجتمع.
- تضاؤل المضامين الواردة في المقررات الدراسية التي تتصل بالتدريب على

المسؤولية الاجتماعية، الأمر الذى يجعل التلميذ ينتقل من تدريب ضعيف على المسؤولية الاجتماعية في نطاق الأسرة إلى تدريب أضعف في نطاق المؤسسة التعليمية.

3. الإعلام وتكنولوجيا المعلومات

يُعَد الإعلام وتكنولوجيا المعلومات من الآليات التي يُفترَض أن تنشئ الأبناء على مضامين المسؤولية الاجتماعية تجاه المجتمع وتكويناته المختلفة، غير أن متابعة أداء الإعلام وتكنولوجيا المعلومات في هذا الصدد تشير إلى تحركه، بحكم ثقافة القنوات الفضائية الدولية وانزواء القنوات القومية، إلى أن يصبح إعلامًا يبث مضامين عالمية. وهو ما يعني أن الإعلام، إذا عددناه إحدى آليات التنشئة الاجتماعية، يعمل وفق مضامين عالمية، ويدفع المشاهدين والمتابعين له إلى تطوير واجبات وحقوق ذات طبيعة معنوية، ولكن لها طبيعتها العالمية. فانفعالنا بأحداث العراق وإيران والحرب على غزة قد يفوق أحيانًا متابعتنا لأوضاعنا وأحداثنا القومية. ومد المحاربين بالمساعدات إنما يُعَد تعبيرًا عن مسؤولية اجتماعية تتجاوز الحدود الوطنية.

علاوة على ذلك، فإن الإعلام وتكنولوجيا المعلومات وهو يبشر وينشئ المشاهدين وفق مضامينَ غير قومية للمسؤولية الاجتماعية ربما يشيع حالة من الفوضى، ويهز الاستقرار الاجتماعي، نتيجة ممارسة المواطنين مسؤولياتهم الاجتماعية في الإطار القومي وفق مضامين غير قومية تشكل مرجعية لحزمة مختلفة من الواجبات والحقوق.

بيد أن الإعلام وتكنولوجيا المعلومات يؤدي، رغم ذلك، دورًا إيجابيًّا في الضغط على النظم السياسية لبعض المجتمعات لدفعها باتجاه التخلي عن نزعتها الأبوية، والاعتراف بأن للمواطنين حقوقًا عليها الوفاء بها نظير مطالبتهم بالواجبات، إضافة إلى الضغط عليها باتجاه فتح القنوات لضمان تدفق المشاركة الديمقراطية، فضلًا عن التوعية الدائمة للمواطنين، خاصة القادرين على التكامل مع تكنولوجيا المعلومات، بحقوقهم في المشاركة والمساءلة، وحتى الاحتجاج، على مرجعية مبادئ وأسس إدارة الحكم الرشيد التي أصبحت صيغة عالمية للممارسة السياسة والإدارة، وإن كانت ما تزال غائبة عن بعض المجتمعات.

4. الدولة والقطاع الخاص والمجتمع المدني

يشكِّل بعد الدولة والقطاع الخاص والمجتمع المدني ضلعًا أساسيًّا في أزمة المسؤولية الاجتماعية. ويتجلى ذلك على النحو التالي:

الدولة أصبحت عاجزة في عصر العولمة عن الاعتراف بحقوق البشر في المجتمع، والعمل على إشباع حاجاتهم بما يؤمن حصولهم على حقوقهم. كما أنها أصبحت عاجزة أيضًا عن صياغة التآزر بين مختلف الجهود التي عليها تحديث المجتمع، ويقع ذلك على خلفية نزعتها الأبوية بطبيعة الحال. وبسبب تضافر هذا العجز عن الأداء والإنجاز مع النزعة الأبوية، فإننا نجدها دولة تميل إلى سد منافذ وقنوات المشاركة الديمقراطية الصحيحة التي قد تتدفق عبرها عناصر تطالب بالحقوق، وتنشر حالة من القلق وعدم الاستقرار. يضاف إلى ذلك أنها تلجأ بسرعة عادة إلى العصا الأمنية لإسكات المطالبة بالحقوق. ورغم ذلك، فهي تطالب مواطنيها بأداء الواجبات، وهو ما يشير إلى إخلالها بمسؤولياتها الاجتماعية على نحو قد يؤدي -إذا استمر طويلًا- إلى إضعاف الانتماء، والتأثير على بنية الهوية.

أما القطاع الخاص فهو أبرز الفاعلين في المجتمعات التي تتخلى عن مسؤولياتها الاجتماعية. وقد يرجع ذلك إلى عدم الوعي بالمسؤولية الاجتماعية التي تشكل البعد المهم لمصالحه من منطق نفعي بحت. لذا، نجد أنه نقل عن القطاع الخاص الأجنبي شرهه باتجاه الربح، وفشل في أن ينقل عنه إنجازه لمسؤوليته الاجتماعية التي تُعَد قناة لإشباع هذا الشره، فوفاء القطاع الخاص بهذه المسؤولية يؤدي إلى زيادة أرباحه الاقتصادية. وعلى هذا النحو، نجد أن القطاع الخاص أحد أسباب الأزمة لأنه يدرك المسؤولية الاجتماعية من مدخل أن له حقوقًا على المجتمع، دون أن يهتم ببعد الواجبات. علاوة على ذلك، فإن القطاع الخاص في أحيان كثيرة -وبسبب سيطرته على الدولة- يعمل باتجاه توسيع حقوقه على حساب المجتمع، بممارسة الاحتكار حينًا، ونشر سلوكيات الفساد في شتى مجالات المجتمع حينًا، وعدم الإحساس بمصاعب ومشكلات أبناء وطنه حينًا.

والمجتمع المدني يعاني أيضًا من أزمة اضطلاعه بمسؤولياته الاجتماعية كاملة، رغم كونه الفاعل الذي عليه أن ينشئ ويدرب الآخرين وفق أصول ممارسة المسؤولية الاجتماعية.

وأحد أبعاد الأزمة، في سياق المجتمع المدني، القيود الكثيرة التي تفرضها الدولة على حركته، فهو متهم دائمًا في ما يتعلق بمصادر وقدر التمويل. كما أنه متهم كذلك بتدريب المواطنين للخروج على الدولة، وهز الاستقرار الاجتماعي، وعدم اتساق أدائه مع متطلبات النزعة الأبوية. أضف إلى ذلك أن المجتمع المدني يسقط في أخطاء كثيرة، أبرزها أنه يخون صيغة إدارة الحكم الرشيد الذي يبشر به، ويحاول أن ينشره في المجتمع، فمن الأمراض التي يعانى منها المجتمع المدني بأجنحته المختلفة الإصابة بمرض النزعة الأبوية التي يغيب في إطارها تداول السلطة، فرئيس الحزب أو المنظمة غير الحكومية أو النقابة يظل قابضًا على السلطة فيها إلى أن يقبض الله روحه، وهو ما يُعَد خيانة لمبدأ تداول السلطة. ثم إن القرارات في الغالب تصطبغ بالنزعة الأبوية التي تغلق قنوات المشاركة، مع أنه من المفترض أن تدرب تنظيمات المجتمع المدني المواطنين على المشاركة. كذلك فإنه لا يقبل المحاسبة، سواء من قِبل جمعياته العمومية أو من قِبل المستفيدين أو المواطنين عمومًا، ناهيك من عدم الاحتكام إلى القانون في تسوية النزاعات الدِاخلية، واللجوء إلى أدوات البلطجة، كإشعال الحرائق في مقار تنظيمات المجتمع المدني. فإذا كان المجتمع المدني يتخلى على هذا النحو عن الالتزام بأصول المسؤولية الاجتماعية، فكيف يمكنه أن يدرب الجماهير على أصول ممارستها والحكمة تقول إن «فاقد الشيء لا يعطيه»؟!

تدويل المسؤولية الاجتماعية

المفترض أن تكون ممارسة مضامين المسؤولية الاجتماعية، على مختلف الأصعدة، ومن قِبل مختلف الأطراف، في نطاق المجتمع القومي والدولة القومية، وذلك لأنها تشكّل موضوع تفاعل بين أطراف كثيرة في الداخل. بيد أننا نلاحظ بعض المظاهر المحددة -وإن كانت ذات طبيعة جنينية قابلة للنمو والاتساع- التي قد تسلم إلى اقتلاع بعض جوانب المسؤولية الاجتماعية من حدودها القومية، لتصبح ذات آفاق عالمية. ويتضح ذلك من حضور البعد العالمي على ساحة الحوار بشأن المسؤولية الاجتماعية من جوانب عدة.

ويتمثل أحد هذه الجوانب في الضغط الذى تتعرض له الدولة القومية من قِبل القوى الخارجية للوفاء بمسؤولياتها الاجتماعية تجاه مواطنيها، وهو الضغط الذى أصبح من

المفروض على الدولة القومية أن تستجيب له. ورغم أن ذلك قد يكون في صالح الجماهير الخاضعة لسيطرة الدولة الأبوية القهرية العاجزة عن الوفاء بمسؤولياتها، فإنه يمكن أن يصبح منفذًا للتدخل في شؤون المجتمع والدولة القومية، بسبب استنفاره للأقليات وبعض الفئات الاجتماعية، بدعوى الدفاع عن حقوق الأقليات وحقوق الإنسان، وهو ما يجعل المسؤولية الاجتماعية بتنوعاتها محل تدخل وموضوع حوار من قبل أطراف خارجية، ما يهدد استقلال المجتمع، وقد يطيح باستقراره، ويذهب باتجاه نشر الفوضى على ساحته.

بالإضافة إلى ذلك، فإن الدور الذى يؤديه الإعلام في تطوير وعي المواطنين بحدود المسؤولية الاجتماعية، سواء مسؤوليتهم أو مسؤولية الدولة، كونه ينقل العالم الخارجي إلى داخل حجرة في مسكن الأسرة، قد يدرب هؤلاء المواطنين على مسؤوليات اجتماعية ذات مضامين جديدة تشغل مساحة من اهتماماتهم، وتأتي بطبيعة الحال على حساب إنجاز مسؤولياتهم الاجتماعية داخل نطاق الحدود القومية. وذلك لأنه يدفعهم إلى تطوير مسؤولية اجتماعية ذات مضامين عالمية، تتسع قنوات فاعليتها كلما سُدَّت قنوات فاعلية المسؤولية الاجتماعية داخل الحدود القومية.

الفصل التاسع

الباب الأول

المرأة ودورها بالمسؤولية الاجتماعية

دور المرأة في المجتمع

المرأة جزء لا ينفصل بأي حال من الأحوال عن كيان المجتمع الكلي، وهي مكون رئيس من مكوناته، بل تتعدى ذلك لتكون الأهم بين كل المكونات. وقد أدت المرأة عبر العصور أدوارًا مهمة، وكانت فاعلة نشيطة في وضع القوانين والسياسات، وتسيير حركة الحياة السياسية. ولما خلق الله (تعالى) الجنسين (الذكر والأنثى) ليكمل كل منهما الآخر، وفر لهما جميع الأدوات والأساليب الممكنة لإنماء الحياة ونهضتها على الأرض، وجاءت الأديان السماوية لتنظم علاقاتهما، وتدفعهما لبذل أقصى الجهود لتحقيق غاية الله التي خلق الإنسان لأجلها.

ودور المرأة في المجتمع كبير جدًّا، ذو أثر بالغ الوضوح، حساس للغاية. لذا، فإن تحييد دورها وابتذالها واستغلال قدراتها بشكل يفوق قدرتها واستنزافها يقود لضياع المجتمعات وتشتتها، وهدم الأسر وتقويض بنائها.

أدوار المرأة وإسهاماتها في الحياة والمجتمع

1. الأمومة

دور الأمومة من أهم الأدوار في حياة المرأة، وهو دور أساسي في قيام المجتمع والحضارات والأمم، فمن دونه لا يمكن أن يكون لدينا علماء وعظماء يمنحون الحياة معناها، ويساهمون في تغيير الواقع تغييرًا جذريًّا بما يفيد الإنسانية كلها. ويشمل هذا الدور كثيرًا من الأدوار الفرعية التي تندرج تحت مفهومه الواسع، ومنها:

- الاهتمام بأفراد العائلة ومشكلاتهم.

- منح الدعم العاطفي والنفسي لأفراد العائلة، خاصة في أوقات الشدائد، بتثبيتهم واحتوائهم.
- التنشئة والتربية على المبادئ الصحيحة والقيم المجتمعية الحقة، إذ يتعدى دور المرأة كونه مجرد تربية إلى كونه إعدادًا لجيل يستطيع التعامل مع المجتمع، ويحسن قيمة العطاء ويفهمها، وذلك عبر رفد أبنائها بالمهارات الاجتماعيّة، وتوضيح ما لهم من حقوق وما عليهم من واجبات.

وهذه الأدوار الفرعية بلا ريب شديدة الأهمية، كونها تضمن الاستقرار العاطفي والنفسي لأفراد العائلة، وتصنع منهم أشخاصًا متزنين أصحاب قيم وأخلاق ترفع المجتمع وتعلو به، مما ينعكس على المجتمع ككل. وكما يقول الشاعر حافظ إبراهيم:

الأُمُّ مَدرَسَــةٌ إِذا أَعدَدتَهـا   أَعـدَدتَ شَـعبًا طَيِّـبَ الأَعـراقِ

2. تقديم الخدمات لأبناء المجتمع

ويشمل هذا المفهوم الواسع كثيرًا من الأدوار الفرعية التي باستطاعة المرأة أن تؤديها في مجتمعها، ومنها:

- العمل في الجوانب والمجالات التي تبرع فيها المرأة وترغب بها، وأخذ العلم المناسب الكافي الذي يرشحها للعمل بكفاءة في هذه المجالات.
- تعلم العلوم الشرعية والإقبال عليها حتى تستطيع المرأة توعية النساء اللواتي تعرضن للإساءات من قِبل الرجال، وتعليمهن حقوقهن الشرعية.
- كفالة الأعمال الخيرية، وتخصيص جزء من وقتها لذلك، لما للمرأة من امتيازات وقدرات وسمات شخصية ونفسية، فقد أثبتت البحوث العلمية أن قدرة المرأة العاطفية أهم صفاتها، مما يساعدها على التعامل مع بعض الحالات التي لا يستطيع الرجل التعامل معها، كالحالات التي تخص النساء، وما يتعلق بهن من اضطهاد وتعنيف، لقدرتها ومهاراتها في الإقناع والتواصل والتأثير واستثارة العواطف. فالمرأة تستطيع أن تتولى أمر كثير من المؤسسات والهيئات الرسمية التي تُعنَى بالأمور الأسرية والاجتماعية والحقوقية بكفاءة.

3. مساندة الرجل

فمن أدوار المرأة التي تفرضها عليها المسؤولية التي تنبثق في نفسها أن تساند زوجها، وتشد من أزره في وقت المصاعب والشدائد، فقد تعينه في الإنفاق فتعمل، وهذا مما لا يُعَد واجبًا عليها، إنما تفعله رغبة منها في مساعدة شريكها، حيث إن المرأة هي من تدفع الرجل وتحفزه ليخطو للأمام.

4. توطيد العلاقات بين أفراد العائلة والمجتمع

فمن أدوار المرأة أن تشجع زوجها وأباها وإخوتها وعائلتها أجمع على صلة الأرحام، ومشاركة الناس أفراحهم وأتراحهم، وزيارة المرضى، مما ينشر المحبة والتعاون، فتقوم الأجيال على المبادئ السامية وقيم الإسلام الحسنة والمحبة والود.

5. النهضة العلمية

فثمة دور كبير للمرأة في إعلاء النهضة العلمية في المجتمعات. وقد كان لها حضور واسع في المجتمع الإسلامي منذ ظهوره، إذ كانت المتعلم والمعلم الذي يُقصَد ليُؤخَذ العلم عنه، إضافة لدورها في الإفتاء والاستشارات. فلم تكن المرأة في هذا المجتمع، إذن، جاهلة أو جالسة في بيتها يقتصر دورها داخله فقط، بل يزخر التاريخ الإسلامي بكثير من الأمثلة التي تبين أهمية دور المرأة في نهضة العلم، كأم المؤمنين عائشة (رضي الله عنها)، والخنساء الأديبة الشاعرة، والعالمة عائشة الباعونية، والعالمة فاطمة بنت محمد بن أحمد السمرقندي.

6. الدعوة

وفي مواقف الصحابيات المؤمنات ما يؤكد أن للمرأة دورًا كبيرًا تستطيع أن تقدمه في سبيل الدعوة إلى الإسلام. فقد قال أحد الذين يتعجبون من دور المرأة في الدعوة من غير المسلمين: «ومما يثير اهتمامنا ما نلاحظه من أن نشر الإسلام لم يكن من عمل الرجال وحدهم، بل أخذت النساء المسلمات أيضًا نصيبهن في هذه المهمة الدينية». والسر في ذلك أن المرأة أكثر اندفاعًا إذا آمنت بشيء ما، حيث تبذل غاية وسعها في نشره، ولا تبالي في أثناء ذلك بالمصاعب التي تواجهها.

واقع المرأة ودورها في المجتمع

تشير الإحصائيات إلى أن نسبة مشاركة المرأة في صنع القرار في الدول الإسلامية والعربية لا تتجاوز 5.6 في المائة، بينما تقارب 39.7 في المائة في الدول الإسكندنافية، وتصل في الدول الأوروبية إلى 31 في المائة، وفي الولايات المُتحدة الأميركية 17.6 في المائة، مما ينبئ بتردي وتدهور وضع المرأة العربية ومشاركتها الفاعلة في مراكز اتخاذ القرار وصناعته.

ولقد أسهمت كثير من العوامل في هذا التردي، يعود بعضها لأصول ضاربة بجذورها في المجتمع، ويعود بعضها لعوامل سياسية واجتماعية. كما يؤدي العامل الاقتصادي دورًا كبيرًا في هذا السياق، إذ لا يستطيع الإنسان الالتفات إلى صناعة نفسه وحياته ومجتمعه وأساسيات الحياة (كالغذاء والماء والنوم) لا تتوفر له، حسب هرم ماسلو للحاجات. وقد بلغت نسبة النساء العاملات المعيلات لأفراد عائلاتهن 35 في المائة من نسبة النساء الكلية، أغلبهن يعملن خارج النطاق الحكومي الرسمي، مما يفقدهن امتيازات الرعاية الصحية والتأمينات والتعويضات.

أهم القضايا التي تهم المرأة

1. دور المرأة في المجتمع الإنساني

تعامل المجتمعات مع المرأة كان قضية مطروحة على بساط البحث بين المجتمعات والحضارات المختلفة منذ القدم، فكانت النساء دومًا نصف سكان العالم، وتولت المرأة بشكل طبيعي أعظم المهام في الخلقة، إذ وقعت المهام الرئيسة في الخلقة (مثل الإنجاب وتربية الأطفال) على عاتقها. إذن، فقضية المرأة قضية على جانب كبير من الأهمية، وقد كانت مطروحة منذ القِدم بين المفكرين، وفي إطار الأخلاق والعادات المختلفة للشعوب.

2. النظرة الصحيحة للمرأة

يجب أن يُنظَر للمرأة بعين الإنسان السامي لتتضح حقيقة تكاملها وحقوقها وحريتها، وأن يُنظَر لها بصفتها كائنًا يستطيع أن يكون سببًا في صلاح المجتمع وتربية أفراد متسامين لتتضح ماهية حقوقها، وكيف يجب أن تكون حريتها. وينبغي كذلك أن يُنظَر لها بصفتها العنصر

الرئيس في تشكيل العائلة. فهذه العائلة رغم تشكلها من الرجل والمرأة اللذين يساهمان كلاهما ويؤثران في تشكيلها وإيجادها، فإن السكينة في أجوائها، والهدوء والسكون السائد في المنزل، إنما هو ببركة المرأة والطبيعة النسوية. ومن ثم، يجب أن يُنظَر للمرأة من هذه الزاوية ليتجلى كيف تحرز الكمال، وتتضح ماهية حقوقها.

3. الظلم التاريخي ضد المرأة

تعرضت المرأة للظلم على امتداد التاريخ، وفي شتي المجتمعات. وهذا ناجم عن الجهل، فمن طبيعة الإنسان الجاهل أنه حينما ينعدم داخله الإيمان القوي الجلي الصريح، ويغيب خارجه القانون (أي سيف القانون وهراوته)، يتسلط عادة القوي على الضعيف. وللأسف، وقع على مر التاريخ نوع من الظلم ضد المرأة، كان في الأغلب بسبب الجهل بقدر المرأة ومكانتها الكبيرة. والحق أنه يجب أن تكتسب المرأة منزلتها الحقيقية، وينبغي ألا يطالها ظلم من أي نوع لمجرد كونها امرأة، سواء سُمِّي ذلك باسمه الحقيقي أو حمل لافتات ظاهرها براق وباطنها ظلم مبين، كدفع المرأة نحو التبرج والنزعة الاستهلاكية والتجمل العبثي والتكاليف الباهظة، وتحويلها إلى أداة استهلاك، فهذا ظلم كبير ضد المرأة، وربما أمكن القول إنه ما من ظلم فوق هذا الظلم لأنه يصرفها عن مبادئها وأهدافها التكاملية، ويلهيها بأشياء جد صغيرة حقيرة.

4. قضية المرأة في العالم

البشر رغم كل ادعاءاتهم، ورغم كل الجهود التي بذلها المخلصون الصادقون، ورغم كل الأعمال الثقافية الواسعة التي أنجزت في ما يخص قضية المرأة، لم يستطيعوا حتى الآن بشكل من الأشكال التوصل في ما يتصل بقضية المرأة، وتبعًا لها قضية الرجل، إلى صراط مستقيم وطريق صواب. بعبارة أخرى، فإن التطرف والاعوجاج وسوء الفهم، وتبعًا لذلك حالات الاعتداء والظلم والنواقص النفسية والمشكلات العائلية والمشكلات ذات الصلة بطريقة الاختلاط والارتباط بين الجنسين، لا تزال من القضايا غير المحلولة عند الإنسان؛ أي أن العنصر البشري أنجز كل هذه الاكتشافات في المجالات المادية، وفي الأجرام السماوية وأعماق البحار، وراح يتشدق بدقائق الأعمال في علم النفس والقضايا الاجتماعية والمسائل

الاقتصادية وسائر المجالات (والحق أنه تقدم بالفعل في كثير من هذه الحقول)، بيد أنه ظل يراوح مكانه في هذه المسألة.

5. دور الحجاب في التكامل الاجتماعي للمرأة

في المدرسة الإسلامية ثمة حجاب بين المرأة والرجل. وهذا لا يعني أن للنساء عالمًا منفصلًا غير عالم الرجال، فالنساء والرجال يعيشون في المجتمع، وفي بيئة العمل، ويتعاملون في كل مكان، ويعالجون المشكلات الاجتماعية، ويديرون قضايا الحرب، ويديرون العائلة ويربون الأولاد، وهم يفعلون كل ذلك معًا يدًا بيد. ولكن ذلك الحجاب المانع يجب أن يبقى بالتأكيد خارج بيئة البيت والعائلة. وهذه هي النقطة الأصلية في النموذج الإسلامي التي إذا لم تُراعَى، كانت النتيجة هذا الابتذال الذي يعاني منه الغرب اليوم، وقعدت المرأة عن الريادة في المسيرة نحو القيم. والواقع أن الغربيين يرغبون في ترسيخ هذه الحالة بكل قدراتهم.

وينبغي الانتباه إلى أن قضية الحجاب ليست لعزل المرأة، وأنه إذا تصور شخص مثل هذا الأمر بخصوص الحجاب، فإن تصوره ذلك خطأ منحرف تمامًا. فالحجاب معناه الحيلولة دون الاختلاط غير المقيد أو المشروط بين المرأة والرجل في المجتمع، ذلك الاختلاط الذي يضر المجتمع، ويضر المرأة والرجل، وهو في ضرر المرأة أخص، بينما يساعد الحجاب المرأة على بلوغ مرتبتها المعنوية العليا، بعيدًا عن الانزلاقات بالغة الخطورة التي تعترض طريقها.

وأي حركة للدفاع عن المرأة يجب أن تكون مراعاة العفاف ركنها الرئيس، فالعفاف عند المرأة وسيلة لسمو شخصيتها وتكريمها في أعين الآخرين، حتي في أعين الرجال الوقحين غير الملتزمين، إذ تكون عفة المرأة سبب احترامها. ويهتم الإسلام بمسألة عفاف المرأة، جنبًا إلى جنب مع الاهتمام بعفاف الرجل، فليس العفاف شيئًا خاصًا بالمرأة. وعلى الرجال أن يكونوا عفيفين، ويتجنبوا نزع الحجاب عن المرأة، ودفعها صوب التعري والتحلل، ففي ذلك خطر على أمن المرأة بالدرجة الأولى، ومن ثم أمن الرجال والشباب. ومن أجل أن تتمتع بيئة الحياة بالسلامة والأمان، ولكي تستطيع المرأة النهوض بمهماتها في المجتمع، ويستطيع الرجل أيضًا الوفاء بمسؤولياته، قرر الإسلام الحجاب.

6. مسؤولية المرأة ودورها

المجال في المجتمع الإسلامي مفتوح للمرأة والرجل على السواء. والشاهد على هذا المعنى ظاهر جلي في جميع الآثار والتكاليف الإسلامية التي تحمل المرأة والرجل المسؤوليات الاجتماعية بشكل متكافئ. وحين يقول رسول الإسلام (صلى الله عليه وسلم): «وَمَنْ لَمْ يَهْتَمَّ بِأَمْرِ المُسْلِمِيْنَ فَلَيْسَ مِنْهُمْ»، فهذا شيء لا يختص بالرجال، إذ على النساء أيضًا الشعور بالمسؤولية، والاهتمام بأمور المسلمين وشؤون العالم الإسلامي وجميع القضايا الجارية في العالم، لأن ذلك واجب إسلامي. ونموذج السيدة فاطمة الزهراء (سلام الله عليها) في فترة طفولتها، وبعد هجرة الرسول إلى المدينة، وفي داخل المدينة، وفي الشؤون كافة التي مر بها والدها آنذاك، وقد كان قطبًا لجميع الأحداث السياسية والاجتماعية، دليل على أهمية دور المرأة في النظام الإسلامي.

وعلى أساس الآية الكريمة من سورة الأحزاب، يتساوى الرجل والمرأة في الإسلام والإيمان والقنوت والخشوع والتصدق والصوم والصبر والاستقامة وصيانة العفاف وذكر الله. ونشاط المرأة في المجتمع مباح محبذ مسموح به تمامًا، ويمكن مزاولته بحفظ الحدود الإسلامية، وهو يوفر للمجتمع نصف الطاقة الفاعلة فيه. فحينما يطلب الرجل والمرأة كلاهما العلم، سيكون عدد المتعلمين ضعف عددهم في حال طلب الرجال فقط للعلم. وحينما تدرس المرأة إلى جانب الرجل، سيكون عدد المدرسين ضعف عددهم في حال اقتصار التدريس على الرجال. وكذلك الأمر في النشاط العمراني والاقتصادي، وفي التخطيط والتفكير لشؤون البلاد والمدينة والقرية. وحتى في الشؤون الشخصية العائلية، لا فرق بين النساء والرجال؛ الكل مسؤول، والكل يجب أن ينهض بمسؤولياته.

7. أساس الحركات الاجتماعية النسوية

في أي حركة اجتماعية، لا تكون المسيرة صحيحة، ولا تُحصَد نتائج سليمة، إلا في حضور العقل والتأمل والتشخيص الصحيح للمصلحة والأسس العقلية الصائبة. وأي حركة تنطلق لإحقاق حقوق المرأة يجب فيها ملاحظة هذا المعنى بالتحديد. بمعنى أن أي حركة يجب أن تقوم على ركائز رؤية عقلانية، وعلى أساس حقائق الوجود، ومعرفة الطبيعة

والفطرة عند المرأة والرجل، والمسؤوليات والمشاغل الخاصة بكل منهما، وما يمكن أن يكون مشتركًا بينهما، لا أن تنطلق من الانفعال والتقليد. فإذا قامت تلك الحركة على أساس الانفعال والتقليد والقرارات العمياء، فإنها ستغدو ضارة بالتأكيد.

8. دور المرأة في التنمية الوطنية

إذا أراد بلد ما إطلاق نهضة بناء حقيقية، فعليه تركيز جل اعتماده ونظرته واهتمامه على الإنسان والطاقات الإنسانية. وحينما يتعلق الأمر بالطاقات الإنسانية، ينبغي الالتفات إلى أن النساء نصف عدد السكان، ونصف الطاقات البشرية. وإذا كانت ثمة رؤية خاطئة بخصوص المرأة، فلن يكون من الممكن إعادة البناء بالمعنى الحقيقي للكلمة، وعلى نطاق واسع. وعلى نساء البلد أنفسهن أن يتمتعن بوعي كافٍ ضروري حول موضوع المرأة من وجهة نظر الإسلام، ليستطعن اعتمادًا على النظرة السامية للدين الإسلامي المقدس الدفاع عن حقوقهن بشكل كامل. وكذلك على جميع أفراد المجتمع في البلد الإسلامي أن يعرفوا نظرة الإسلام للمرأة، وأهمية مشاركتها في ميادين الحياة، وممارستها لأنشطتها وتعليمها وعملها ومساعيها الاجتماعية والسياسية والاقتصادية والعلمية، ودورها في العائلة وخارج نطاق العائلة والمنزل.

9. وجوب طلب العلم

بإمكان المرأة أن تطلب العلم وتدرس بمستويات عليا، وإن كان بعضهم يخال أن البنات يجب ألا يدرسن، وهذا خطأ واشتباه. فعلى الفتيات أن يدرسن في الفروع المفيدة لهن والتي يرغبن فيها ويتشوقن إليها، وذلك أن المجتمع بحاجة لدراسة الفتيات، كما هو بحاجة لدراسة البنين. وبالطبع، يجب أن تكون بيئة الدراسة سليمة، فليس من لوازم طلب العلم عدم التقيد بالموازين الأخلاقية في ما يتصل بالتعايش بين المرأة والرجل، وإنما يمكن مع مراعاة الموازين والمعايير بشكل كامل تحصيل العلم وطلبه، والوصول إلى أعلى المدارج.

ومن المهام الأساسية جدًّا ابتكار أساليب جديدة تجعل النساء في البيوت يقرأن الكتب، فالكتب وعاء المعارف البشرية التي تعد الأذهان لفهم وتفكير أفضل، وتموضع في المواقف أصح. والعلم عزيز جدًّا، وأنا أنحاز إلى أن تصبح النساء في المجتمع الإسلامي عالمات

في الفروع والحقول كافة، وإن كان بعض النساء يتصورن أن المرأة إذا درست الطب فعليها دراسة الأمراض الخاصة بالمرأة فقط (كقضايا الولادة)، والحال أنه ينبغي على المرأة دراسة مختلف الفروع الطبية، كالقلب والباطنية والأعصاب، فهذه فريضة شرعية واجتماعية.

10. عمل المرأة

ثمة جدل حول عمل المرأة، ففريق يتحدث عن أن الإسلام يوافق دون قيد على ذلك، وفريق يؤكد -على العكس- أنه لا يوافق إطلاقًا، وفريق يرى أن عمل المرأة ضروري ما لم يتزاحم مع المهمة الأساسية للمرأة، وهي تربية الأولاد والحفاظ على العائلة، وأن أي بلد لا يمكن أن يستغني عن طاقة عمل المرأة في الميادين المختلفة.

والواقع أن ثمة إفراطًا لدى بعضهم وتفريطًا لدى بعضهم الآخر. فأنصار الفريق الأول يقولون إن النشاط الاجتماعي لا يسمح للمرأة برعاية بيتها وزوجها وأبنائها، ومن ثم لا يجب أن تزاول النشاط الاجتماعي، بينما يجادل أنصار الفريق الآخر بأن البيت والزوج والأبناء إذا لم يسمحوا للمرأة بالنشاط الاجتماعي، فعلى المرأة تركهم. والحق أن كلا التصورين خاطئ، فلا يجب أن تترك المرأة هذا من أجل ذاك، ولا ذاك من أجل هذا.

وطبعًا، قضية العمل ليست من قضايا الدرجة الأولى بالنسبة للمرأة، مع أن الإسلام لا يمانع عمل المرأة وتوليها المسؤوليات المختلفة إلا في حالات استثنائية، بعضها مجمع عليه من قبل الفقهاء وبعضها موضع اختلاف. لكن يبقى أن العمل ليس قضية المرأة الأساسية، بل القضية الرئيسة للمرأة هي تلك التي غابت واضمحلت اليوم في الغرب للأسف، ألا وهي الشعور بالهدوء والأمن، والشعور بإمكانية تفجير الطاقات والمواهب، وعدم الخضوع للظلم في المجتمع والعائلة، وفي بيت الزوج وبيت الأب، وما إلى ذلك. وعلى الذين يناضلون من أجل المرأة العمل في هذه المجالات.

11. المرأة والمسؤولية الاجتماعية

كفل الإسلام للمرأة حقوقها الاجتماعية والحياتية، بل جعلها مسؤولة في بيتها ومجتمعها. وتحفل السيرة النبوية بكثير من الأحاديث والمواقف التي تؤكد هذا المعنى، وترسم للمرأة المسلمة ملامح مسؤوليتها في مجتمعها، من خلال علاقتها ببيتها وزوجها وأبنائها، والتعبير

عن رأيها، والدفاع عن حقوقها، وكذلك مسؤوليتها في الدفاع عن دينها ووطنها، وما إلى ذلك من أمور يوضحها التفصيل التالي:

أ. مسؤولية المرأة في حياتها الخاصة

- مسؤولية المرأة في اختيار شريك حياتها.
- مسؤولية المرأة في علاقتها بزوجها وأبنائها.
- مسؤولية المرأة في تربية أبنائها.

ب. مسؤولية المرأة في حياتها العامة

- مسؤولية المرأة في طلب العلم.
- مسؤولية المرأة في التعبير عن رأيها والدفاع عن حقوقها.
- مسؤولية المرأة في الدفاع عن دينها ووطنها.

الباب الثاني

دور المرأة بتدريب أبنائها على تحمل المسؤولية

إن تدريب أبنائنا على تحمل المسؤولية، ومساعدتهم في ذلك، أمر مهم جدًّا، خاصة إذا نجح أبناؤنا في تحمل بعضها، وأظهروا براعة في ذلك، إذ يدفعهم هذا النجاح نحو مزيد من الجهد والثقة بالنفس. ومن ثم، يمكن الاعتماد عليهم. فالطفل في صغره خالٍ من المسؤوليات، صغيرها وكبيرها، وهو يتدرج في تحملها شيئًا فشيئًا، بدءًا بتحمل أعباء خلع الملابس وارتدائها وقضاء الحاجة، مرورًا بالأدب في مجالس الكبار والصمت، والتحكم في العواطف والانفعالات، انتهاءً بتحمل المسؤولية الكبرى والأمانة العظمى التي كُلِّفَ بها البشر؛ قال (تعالى): ﴿إِنَّا عَرَضْنَا ٱلْأَمَانَةَ عَلَى ٱلسَّمَٰوَٰتِ وَٱلْأَرْضِ وَٱلْجِبَالِ فَأَبَيْنَ أَن يَحْمِلْنَهَا وَأَشْفَقْنَ مِنْهَا وَحَمَلَهَا ٱلْإِنسَٰنُ ۖ إِنَّهُۥ كَانَ ظَلُومًا جَهُولًا﴾ (الأحزاب: 72).

وهذه الأمانة لا يمكن أن يتحملها البالغ الراشد إلا بعد أن يتدرب على تحمل المسؤوليات الصغرى، ويتدرج في تحملها من الأسهل إلى الأصعب، لهذا كان دور الأسرة (الأم والأب) مهمًّا في تدريب أبنائهم على الثقة بالنفس وتحمل الأعباء. وقد روى الإمام البخاري في صحيحه أن أمير المؤمنين عمر بن الخطاب (رضي الله عنه) سأل بعض الصحابة عن آية في القرآن الكريم، فلم يعرفوا الإجابة، وكان بينهم عبد الله بن عباس وهو صغير السن، فقال: «في نفسي منها شيء، يا أمير المؤمنين»، فقال عمر: «يا ابن أخي، قل ولا تحقر نفسك»، فأجابه. ويعلق على هذا الحديث ابن حجر، فيقول: «وفي الحديث قوة فهم ابن عباس، وقرب منزلته من عمر، وتقديمه له من صغره، وتحريض العالم تلميذه على القول بحضرة

من هو أسن منه إذا عرف فيه الأهلية، لما فيه من تنشيطه وبسط نفسه وترغيبه في العلم». والشاهد هنا هو تشجيع الولد على الإقدام، وإعطاؤه الثقة في نفسه، وقد كان هذا واضحًا من فعله، رغم وجود كبار الصحابة في مجلسه.

والأسرة المسلمة الواعية تحاول قدر المستطاع أن تعطي الفرصة لأبنائها ليبرزوا قدراتهم لحل مشكلاتهم الصغيرة في عالم الطفولة، فلا تنبري دونه لحل كل ما يواجهه من مشكلات، إذ تنمو شخصية أبنائنا الصغار بشكل أفضل من خلال مواجهتهم للصعوبات المختلفة، وتغلبهم عليها، فيكون ذلك دافعًا نحو مزيد من الجهد والعطاء. وليس معنى هذا أن يُترَكَ أبناؤنا وشأنهم في مواجهة جميع المشكلات، بل على الأسرة مساعدتهم والأخذ بيدهم للوصول إلى أفضل حل للمشكلة، خاصة إن كان حلها صعبًا عليهم لصغر سنهم وقلة خبرتهم.

ويمكن للأم والأب أن يبدأوا في تحميل أبنائهم المسؤوليات في وقت مبكر، خاصة عندما يظهرون الرغبة في ذلك، فيشجعونهم عليها، ولا يمنعونهم أو يحبطونهم لصغر سنهم، فإنه لا يوجد سن معينة تبدأ فيها الأسرة بتحميل أبنائها المسؤوليات.

تعويد الأبناء على تحمل المسؤولية

يرى جميع المربين أن تنمية الشعور بالمسؤولية لدى الأبناء ينبغي أن يكون الهدف الذي تسعى إليه تربيتهم وتعليمهم في ما تقدمه لهم من خبرات وتتبعه معهم من أساليب. وذلك أن الإنسان اللاهي العابث لن يفيد أمته، ولا نفسه، بشيء ذي بال. وقد غرس الإسلام في نفوس أتباعه منذ فجر الدعوة الإحساس بمشاعر الأخوة والتزاماتها، إذ إن الإحساس بالمسؤولية تجاه الآخرين لن يتكون إلا نتيجة تحمل المسؤولية فعلًا؛ أي عن طريق المشاركة مع الآخرين من أفراد الجماعة في دراسة ومواجهة المشكلات العامة التي تضمهم وتربط بينهم جميعًا. وهذا نموذج من توجيه النبوة يرشدنا إلى أسلوب بناء شخصية الناشئ، قال (تعالى) في قصة إبراهيم (عليه السلام): ﴿فَلَمَّا بَلَغَ مَعَهُ ٱلسَّعْىَ قَالَ يَٰبُنَىَّ إِنِّىٓ أَرَىٰ فِى ٱلْمَنَامِ أَنِّىٓ أَذْبَحُكَ فَٱنظُرْ مَاذَا تَرَىٰ ۚ قَالَ يَٰٓأَبَتِ ٱفْعَلْ مَا تُؤْمَرُ ۖ سَتَجِدُنِىٓ إِن شَآءَ ٱللَّهُ مِنَ ٱلصَّٰبِرِينَ﴾ (الصافات: 102).

فلم يتعجل (عليه السلام) على ولده ليقضي أمر الله (تعالى)، وإنما شاوره لتكون الاستجابة عن رضا نفس. فاحترام شخصية الطفل، وإشعاره بالثقة، خير معين له على تحمل المسؤولية، والقدرة على حمل التبعات.

ولتحميل الأطفال المسؤولية حدود لا يجوز للمربي أن يتعداها، فلا يصح تكليف الأطفال فوق طاقتهم، وكذا الاستعانة بهم أو استغلالهم في أمور تجري فيها الإجارة. كما أنه لا يصح بحال أن نئد شخصياتهم، ونهدم فيهم روح الابتكار والتجديد، بالتسلط وحد باب الحرية أمامهم، حيث إن التحكم الفارغ من الأبوين لمجرد الإلزام بالطاعة، وتعويد الطفل عليها، ينتهي بالطفل إلى التمرد إذا كان ذا شخصية قيادية، أو الاستكانة والانطواء إن كان لين القوام؛ وكلاهما فاسد لأبنائنا.

ويبقى التوازن بين الضبط والحرية هو الأسلوب الحكيم، وخير الأمور أوسطها. ولنعود الطفل الاعتماد على نفسه في الأكل والشرب -بل واختيار ملابسه- فتنمو شخصيته، وكذلك المشاركة في ترتيب السرير والمائدة والكتب ونحوها، فينبذ الكسل والتوكل والخمول، ويتجه إلى العمل المنتج. ولنسمح له بالتعامل مع مصروفه الشخصي بحرية موجهة: ماذا يشتري؟ وماذا يترك؟ وفي العمل كذلك، تشاوره المربية: ستترتب ألعابك وتمسح غبار الغرفة، فأيهما ترغب في تقديمه الآن، وأيهما تود تأخيره لنحو ساعة؟

ولعل ذلك يساعد في قدرته على تحمل المسؤولية، والإحساس برغبات الآخرين، وتقدير قيمة ما سيعمله لأنه سيجني نتائجه. فعندما يخطئ، ندربه ليعلم كيف يتعلم من أخطائه، ونعالج الخطأ بحكمة، فيصلح الطفل ما أفسد، ويزيل آثار فعلته: فإن وسخ ينظف، وإن تكلم بكلمة خاطئة يعتذر، أو يحرم من لعبة ما؛ وفي كل حال، لا بد من الحكمة في التعامل مع الأطفال، والنظر إلى الأسباب الكامنة وراء أعمالهم من وجهة نظرهم هم، لا كما يراها الكبار. ومن ثم، معالجتها بتحميلهم تبعات أعمالهم. وفي المقابل، تشجيع من يبدي استعدادًا لتحمل المسؤولية، فنشعرهم بلهجة الحب والثقة بإمكانياتهم، وأنهم سيصبحون من أبطال الإسلام، فقد كان هؤلاء الأبطال أطفالًا مثله. وبذلك، نبعث الثقة في نفوسهم فيتوثبون نحو العمل الخير المفيد، فإذا بالبنت تعين أمها، والولد يساعد أباه، كل منهم حسب إمكانياته، باذلًا جهده راضيًا ليعمل بعيدًا عن اللهو والعبث.

طريقة تنمية تحمل المسؤولية لدى أبنائنا

مهمة تربية وإعداد طفل متوازن ناجح سعيد نافع لنفسه ومجتمعه تحدٍ كبيرٌ يواجه كل أسرة، خاصة في ظل وجود عدة مؤثرات خارجية لا يمكن للأهل التحكم بها، تؤثر بصورة أو بأخرى على شخصية الطفل. ولكن يبقى للأم والأب الدور الأكبر بتربية الأبناء على حسن الخلق، وتنمية حب المسؤولية فيهم. وبحكم وجود الأم الوقت الأطول مع أبنائها، فعليها دور كبير واضح بتربية أبنائها على تحمل المسؤولية الاجتماعية. ويمكن للأم أن تدرب ابنها بعد سن التمييز على تحمل المسؤولية، من خلال تكليفه بإدارة ما يملك من النقود، كأن يتولى شراء بعض الحلوى مثلًا من دكان قريب من المنزل، فيتعلم حسن إدارة ما يملك، ويتأهل لواقع الحياة الاقتصادي، إلى جانب أنه يحس بنشوة عظيمة، حيث تولى هو بنفسه شراء ما يريد، فترتفع معنوياته، وتزيد ثقته بنفسه.

أما الطفل الصغير دون التمييز، فيمكن تدريبه على تحمل المسؤولية من خلال أمر الأم بإعطائه فرصة تولي الأكل بنفسه مثلًا، مستفيدة من أن كثيرًا من الأولاد يحاولون أن يتولوا هذه المهمة بأنفسهم كالكبار. فإذا طلب الولد أن يتولى إطعام نفسه، فلا بأس بإعطائه الفرصة في بعض الأحيان، وتدريبه على ذلك، مع أخذ الاحتياطات اللازمة لضمان عدم اتساخ ملابسه، والمكان من حوله، فإن الولد الذي يتدرب على الأكل بنفسه منذ صغر سنه يمكن الاعتماد عليه في ذلك بعد فترة قصيرة من الزمن، فيسبق أقرانه من الأولاد الذين لم تؤهلهم أسرهم لذلك، وتكون تلك ميزة له، وتفوقًا يعتز به على أقرانه.

أما في مجال تحمل الولد أعباء أخطائه ليتدرب على تحمل مسؤولية ما يفعله من أعمال، ويؤهل للجزاء فيستيقن أنه مجازى بما يعمل، فيمكن أن نبدأ معه من تحميله مسؤولية تنظيف الموقع من السجادة الذي لطخه بالعصير أو الحلوى مثلًا، إذ يُؤمَر الولد بتنظيف ذلك المكان بكل جدية وحزم، ليتولى ذلك بنفسه، فيتعلم أن أعماله التي تصدر عنه هو المسؤول الأول عنها، وإذا قيل له مستقبلًا إنه مسؤول عن أعماله أمام الله، وإنه سوف يُسأَل عنها، سهل عليه الاعتقاد في ذلك والتيقن به، حيث إنه تدرب عليه من قبل في أمور سهلة بسيطة، فكيف بالأمور العظام الجسام؟

ويمكن تحميل الولد المميز أعباء خطئه، فيشعر بالمسؤولية ويحس بها، من خلال تحميله مسؤولية تنظيف ألعابه وأدواته التي تركها في فناء المنزل، فأصابها المطر وأتلف بعضها. كما يتحمل تكاليف كسره زجاج النافذة بالكرة، حيث أهمل ولم يلعب في المكان المخصص لذلك.

ويُلاحَظ في تحميل الولد تبعات أخطائه أن ذلك يكون في الأخطاء التي ارتكبها عمدًا أو بتفريط منه. أما الأخطاء التي وقعت منه من دون قصد أو سابق إرادة، فإنه لا يُعاقَب على ذلك، بل يُشرَح له ويُبيَّن، ويُؤمَر بأخذ الاحتياط في المستقبل. كذلك على الأم أن تثيب الولد بعد اعترافه بخطئه وتحمله تبعاته، ونجاحه في ذلك، فتعطيه هدية أو تظهر له الثناء على عمله، وأنها راضية عنه، وذلك لئلا يشعر الولد بأن أمه تكرهه أو تحقد عليه، بل يتعلم أن خطأه هذا هو الذي جر عليه غضب والدته، وأن تحمله أعباء خطئه وإصلاح ما أتلفه أعاد له رضا والدته عنه مرة أخرى.

تربية الشخصية القيادية عند أبنائنا

أحد أهم الجوانب التي ترغب كل أم في زرعها في طفلها، سواء كان صبيًّا أو فتاة، تربيته على أن يكون صاحب شخصية قيادية في مجتمعه، وربما تكون هذه ميزة كبيرة، ولكنها ليست شيئًا أساسيًّا لنجاح الإنسان أو بروزه في الحياة، فكم من قادة لم يضيفوا كثيرًا لأنفسهم ولا لمجتمعاتهم، وكم ممن يسمون «تابعين» نجحوا في حياتهم وتميزوا وبرزوا، وأضافوا لأنفسهم وللآخرين الكثير. بيد أن ذلك لا ينفي أهميه غرس صفات القيادية وقوه الشخصية في نفس الطفل من قِبل الأب والأم والأهل. فالعمل على إعداد جيل قائد يثق بنفسه، ويتحدى العقبات التي تعترض طريق أمته، هدف ضروري في تربية النشء القادم، وزرع تلك الصفة فيهم يكسبهم القدرة على الثبات والصراع، وامتلاك المؤهلات الضرورية للحفاظ على هويه الأمة ورقيها، بعيدًا عن التبعية والذوبان والانهيار.

وليس معنى القيادية التحكم في الآخرين، والتعالي عليهم، والإفراط في إبراز الذات، والبلطجة على خلق الله، أو فرض الرأي والفكر. ولكن القيادية هي قبل كل شيء احترام للذات وللآخرين، وثقه بالنفس، وتحمل للمسؤولية، وقدرة على إدارة الأمور والنجاح في الحياة والتأثير الإيجابي في الآخرين.

وتشكو كثير من الأمهات دومًا من أن أطفالهم تابعين لأصدقائهم في المدرسة أو في الجامعة، أو حتى تابعين وهم كبار لزملائهم في العمل أو شريكهم في الحياة الزوجية. ولعل هؤلاء لا يمكنهم أن يرأسوا أو يقودوا أي مجموعة أو أفراد في عمل ما، ولا يمكنهم التعبير عن أنفسهم بسهولة، وهم يعجزون عن إبراز مواهبهم كاملة أو إثبات ذاتهم للآخرين، وربما يعانون من خجل أو قصور في التعبير. كما أنهم لا يتمكنون من رفض سلوك ما سلبي يكون على عكس عقيدتهم أو مبادئهم أو تنشئتهم، وكثيرًا ما يتأثرون بمن حولهم في كل شيء، ويفعلون ما يمليه عليهم الآخرون تمامًا، وهذا بالتأكيد شيء مرفوض لأي إنسان.

الصفات المطلوبة في الإنسان القيادي

إن أردنا أن نحصر جميع الصفات التي يمكن أن تميز الشخصية القيادية أيًّا كان المجال الذي تقود فيه، فإننا نستطيع حصرها في سبع عشرة صفة:

- التفوق علمًا وتقوى والاتصاف بالذكاء وسرعة البديهة.
- الالتزام بالمسؤوليات التي عليه أيًّا كان نوعها.
- الثقة بالنفس.
- الطموح والهمة العالية والنشاط.
- الجدارة بالثقة والاعتماد عليه.
- الحسم في قراراته.
- قوة الشخصية وحسن الحديث والطلاقة في التعبير.
- الحكمة والعقل.
- التواضع.
- العطاء والالتزام المتواصل.
- التأثير الإيجابي في من حوله.
- تحديد أهدافه ومعرفتها.
- القدرة على الإقناع وإدارة المجموعات.
- الاتصاف بالنظام والالتزام بالوقت والمرونة.
- الأمانة والصدق.

- مراعاة مشاعر الآخرين ورغباتهم، والبعد عن التعصب لرأيه ورؤيته فقط.
- الاهتمام بمظهره، سواء على مستوى النظافة أو الملبس أو المظهر العام، دون إفراط أو تفريط.

وعلى ذلك، تقول الكاتبة إن تحميل الطفل المسؤولية من الصغر، وجعله يمارس هوايات ويبرع فيها، ويريها لأهله، ويرى مدى انبهارهم بنجاحاته، يجعله واثقًا بنفسه. وهذا إن لم يكن بارعًا في دراسته، فيكون ثمة تعويض، ويشعر بأنه ناجح في أمر ما. ولكن حتى لو كان بارعًا في دراسته، فلا مانع من أن يكون بارعًا في مجالات أخرى.

إذن، بوسعنا القول إنه عندما تربي الأسرة أبناءها على المسؤولية الشخصية تجاه ذاتهم في مراحل النمو المختلفة، فسيكون ذلك دافعًا لهم للشعور بالآخرين. ومن ثم، العمل على تحقيق المسؤولية المجتمعية المستقبلية نحو الآخرين.

كيف نربي أبناءنا على تحمل المسؤولية؟

الشخصية القيادية السليمة التي ربتها الأسرة أولًا بالطفل، ومن ثم المدرسة، جعلته يفكر بأمور واحتياجات الآخرين، ونلاحظ أن الطفل في عمر ثلاث السنوات لديه الرغبة في المشاركة في أعمال الكبار، وهذه نقطة إيجابية منها نبدأ.

مثلًا، عندما تكون الأم بصدد تحضير سفرة الأكل، وتطلب الطفلة مساعدتها، فما عليها إلا أن ترحب بالمبادرة، وتبتسم في وجهها، وتعطيها صحنًا صغيرًا أو ملاعق... إلخ، مع الانتباه لطاقتها وسنها (الأدوات الحادة والزجاجية ونحوها تشكّل خطرًا عليها فاجتنبوها). وعندما يكون الطفل مع الأب بالسوق، فليسمح له بأن يأخذ الجبنة من ثلاجة السوق ويضعها في السلة، ثم الحليب،... إلخ. ثم ليدعه يحمل بيده وهو خارج من السوق ولو كيسًا صغيرًا به شيء بسيط (الحليب أو نحوه) حتى يشعر بأنه لا فرق بينه وبين أبيه، مما يجعله يشعر بأنه عضو فعَّال ويحس بالفخر، خاصة إذا عاد الأب إلى البيت، وقال إن ابني ساعدني في السوق، مع تزكية الوالدة لابنتها ومدحها حين دخول الوالد: ابنتي ساعدتني في تحضير السفرة. وفي المستقبل، يمكن أن تشارك الابنة في تحضير السلطة، وأن تأخذ مسؤولية أكبر، حسب سنها.

وكل صباح، تطلب الأم من ابنها (أو ابنتها) ترتيب سريره، وتعرض عليه المساعدة حتى يفهم أنها مسؤوليته، وأن وجوده ضروري لتقديم المساعدة. بالطبع، تنهض الأم في البداية بأغلب المهمة، لكنها تترك له كل يوم جزءًا حتى يصير ترتيب السرير وغرفته من مسؤولياته بنسبة 100 في المائة عندما يصبح بعمر 7 أو 8 سنوات. أيضًا، يمكن تعويده على جمع ألعابه لكي يشعر أنه مسؤول عنها. وهكذا، يكبر الطفل وتكبر المسؤولية معه في أمور شتى.

ولما يتجاوز السنوات العشر، يمكن أن يتحمل مسؤولية مادية؛ مثلًا عندما نقرر الذهاب للنزهة، نستشيره أولًا في المكان والزمان، ونعطيه ثانيًا قدرًا من المال لتخصيصه للنزهة، ونتفق معه أن هذا مقابل كذا وكذا (تذاكر دخول، وماء للشرب،... إلخ)، وأنه المسؤول عن الأداء. ورويدًا رويدًا، ندمج أبناءنا ونلقنهم معنى المسؤولية بسلاسة وهم يستمتعون بذلك، بحيث نرفع من معنوياتهم، فالطفل والمراهق يريد أن نحترمه، وأن نشعره بأهميته، ومن ثم نمدحه. وهكذا، عندما يصبح الابن شابًا، يستطيع أن يفتح بيتًا، ويتحمل مسؤولية بيته وزوجته وأسرته.

بداية المسؤولية

ها أنت تغادر مسرح طفولتك وملعب صباك لتطأ أعتاب شبابك. تلك مرحلة انطوت لم تكن فيها مسؤولًا؛ أبوك وأمك كانا يتوليان رعايتك، وينهضان بمسؤولية تربيتك والإنفاق عليك. اليوم، اختلف الأمر؛ ما زلت قريبًا منهما، تحظى بعنايتهما، لكنك لم تعد ذلك الطفل الصغير اللاهي. لقد تغيرت فيك أشياء كثيرة، سواء في جسدك أو مداركك العقلية؛ إنك الآن تدخل عالم الكبار، تتحول من طفل إلى رجل.

هذا التغير الذي يحصل لكل فتى وفتاة يمثل انتقالة طبيعية لكل منهما، لكنه أيضًا يمثل مرحلة جديدة في عالم المسؤوليات، فمن «طفلٍ لاهٍ» إلى «رجل مسؤول» أو «امرأة مسؤولة». وفي هذه السن التي يُطلَق عليها «المراهقة»، يصبح الشاب والشابة مسؤولين أمام الله (سبحانه وتعالى)، ضمن تكاليف وفروض وواجبات عليهما أن يمارساها خلال فترة حياتهما. ماذا يعني ذلك؟ يعني أن الشاب (فتى كان أو فتاة) سيقف منذ اليوم هو والأكبر سنًا منه على قدم المساواة في ساحة المسؤولية والمحاسبة.

أمور مهمة يجب أن تُوضَع في الحسبان لتحمل المسؤولية الاجتماعية

- المسؤوليات معرفة؛ اعرف تفاصيل المسؤولية لتعرف ماذا يُرَاد منك، واعرف أهميتها حتى تتفاعل معها وتسعى لتحقيقها.
- كن مشغولًا بما أنت عنه مسؤول، فمن اشتغل بغير المهم ضيَّع الأهم، وليس في الحياة متسع للهوامش والقشور والتوافه من الأمور.
- الروتين والرتابة يقتلان روح المسؤولية؛ حاول أن تجدد في أسلوب التعامل مع مسؤولياتك، ولا تجمد على حالة معينة، فالركود والتقليد الأعمى يحولان المسؤوليات إلى أعباء لا يطيق الكاهل حملها.
- لا تؤجل المسؤوليات لأنها تتراكم، وبالتالي فقد تُهمَل لصعوبة الوفاء بها.
- تعاطَ مع المسؤولية بروح منفتحة، وكأنك أنت الذي أخذتها على نفسك، حتى تتمكن من إنجازها على أحسن وجه؛ أحب المسؤولية يتحسن إنتاجك.
- المسؤولية إثراء لأبعاد الشخصية، فبقدر ما تأخذ المسؤولية من وقتك وجهدك تعطيك عقلًا أنضج، وقدرة على التحمل أكبر، وتجربة أغنى، ومعرفة أوسع.
- الكسل والضجر عدوان لدودان للمسؤولية (إياك والكسل والضجر، فمن كسل لم يؤد حقًّا، ومن ضجر لم يصبر على حق)؛ الكسل خمول وفتور في الهمة، والضجر ملل وسأم وتبرم وانصراف عن الوفاء بالمسؤولية.
- الروح الجماعية في إنجاز المسؤوليات تساعد على التخفيف من ثقلها، والإبداع في إنجازها، والشعور بالمسؤولية في أثناء تحقيق مهام مشتركة يقرب الأهداف البعيدة.
- قراءة كتاب الله والأحاديث الشريفة الصحيحة التي توافق كتاب الله أفضل مجال للتثقيف بالمسؤوليات: ما هي؟ ولماذا يجب أن ننهض بها؟ وكيف نتحمل متاعبها بصدر رحب؟ وكيف نتبين نتائجها الحاضرة والمستقبلية؟ فلا بد للشاب والفتاة المسلمين من الرجوع إلى هذين المرجعين الكبيرين ليزدادا معرفة بمسؤولياتهما.

نتائج الالتزام بالمسؤولية

إن العمل بأية مسؤولية، والوفاء بمهامها على أكمل وجه، سيؤدي إلى واحدة أو أكثر من النتائج التالية:

- الأخذ بمبدأ المسؤولية يفتح باب الحرية بطريقة منظمة، لا تعدي فيها ولا ظلم، وبالتالي فإن من شأن المسؤوليات أن تغلق الباب بوجه الفوضى والانحراف واللانظام.
- من طبيعة المسؤولية الإسلامية أنها تفتح الآفاق الواسعة على مجالات الخير كله، فليس هناك حد للاستزادة من الخير في المسؤوليات كلها.
- المسؤولية توجه نشاط الإنسان، وتجعله ذا موقف وإرادة وقدرة على تقرير المصير؛ أي أن الإنسان المسؤول يتحول بتحمله لأعباء المسؤولية إلى إنسان هادف لا ينطلق ولا يتحرك إلا نحو هدف مرصود.
- تهدف المسؤولية إلى إحداث حالة من التطابق بين الأفكار والسلوك، فما يحمله الشاب المسلم أو الفتاة المسلمة من نظرة أو رؤية عن أي مسؤولية يتبلور ويتجسد من خلال ما تفرضه تلك المسؤولية من التزامات، ويهب الشاب أو الفتاة للوفاء بها كما ينبغي، فلا تناقض ولا ازدواجية.
- المسؤولية الإسلامية لا هوية جغرافية لها، فمساحتها العالم كله. صحيح أن الأقربين أولى بالمعروف، لكننا مسؤولون عن الإصلاح في الأرض كلها، ولو اقتصرت المسؤولية على حدود الوطن والأمة لما شهدنا انتشار الإسلام في بقاع الأرض وأرجاء الدنيا.
- المسؤولية بما تفرضه من روح الالتزام تقلص وتحجم دوائر الانحراف والجريمة والتهاون والخيانة والذلة، وكل أشكال السقوط والتواكل والكسل والتبعية، فالإنسان المسؤول يراعي متطلبات دوره في حركته في الحياة، فينضبط وينتظم من خلالها.

- المسؤولية في الإسلام تخلق حالة من الانسجام بين إرادة الله (تبارك وتعالى) وإرادة العبد المسلم، فلا تكون هناك إرادتان، إنما إرادة واحدة: الله يطلب والعبد يستجيب ويمتثل؛ أي أنه يمضي إرادة الله ويحققها في الأرض، مما يقدم صورة ناصعة عن كونه خليفة صالحًا.
- النماذج الإيجابية الناهضة بمسؤولياتها على ما يرام تعمل بصفتها أدوات محرضة أو محفزة على الاحتذاء والتأسي من قِبل المتقاعسين أو المتنصلين أو المتساقطين أو المتخففين من أعبائها، فما دام بوسع الشاب الآخر أو الفتاة الأخرى الوفاء بهذه المسؤولية أو تلك، فإن بإمكاني النهوض بها أنا الآخر.
- منظومة المسؤوليات الإسلامية تتكفل بإصلاح الحياة، وتغيير ما فسد منها من أفكار وعواطف وعلاقات ومواقف وأخلاق، ولا يكون ذلك إلا من خلال الفرد المسؤول والمجتمع المسؤول.
- بقدر تحمل أعباء المسؤولية في الدنيا تتحدد مستويات الثواب والعقاب في الآخرة، فهي أشبه شيء بالسعي السنوي للتلميذ في المدرسة، الأمر الذي يجعل إمكانية الحصول على مزيد من الثواب مفتوحة لكل راغب.

دور الوالدين بالمسؤولية الاجتماعية

المسؤولية سلوك يكتسبه الطفل ويتعلمه من والديه، ومن مجتمعه، ومن الحياة برمتها. فدور الوالدين هو منحه هذا السلوك وتربيته عليه معرفيًّا وعمليًّا، فليست العملية تلقينية بحتة، وإنما لا بد أن يصاحبها نموذج سلوكي، يتعلم منه الطفل كيف يدير وقته، ويحافظ على ماله، ويتحكم في أفعاله وأقواله. والطفل بحاجة لمن يبني فيه الشعور بالمسؤولية مبكرًا، لذا من المهم أن نمنح أطفالنا الشعور بالمسؤولية في السنين المبكرة من أعمارهم، فكلما شعر الطفل أنه مسؤول عن تصرفاته وأفعاله -ولو في بعض القضايا- منحه ذلك القدرة على التعامل مع الأمور بفاعلية أكبر، وكلما تأخر إحساس الطفل بالمسؤولية كان بناء ذلك أصعب وأشد. والحق أنه لن يكون قادرًا في المستقبل على تحقيق إنجازات رائعة ما لم يشعر بالمسؤولية.

وسائل تساعد المرء في تحقيق المسؤولية

ثمة وسائل تساعد المرء على تحقيق المسؤولية لدى طفله، نذكر في ما يلي بعضًا منها:

1. دعه يعمل

نخطئ كثيرًا عندما نمنع أبناءنا من أن يشاركونا في تأدية بعض الأعمال، فنحن بذلك لا نبني فيهم المسؤولية والثقة. وثمة أعمال بسيطة يستطيع الطفل تأديتها، ويشعر معها بالمسؤولية، فيمكنه تنظيم سريره، وترتيب ألعابه، وشراء بعض الحاجات البسيطة، وغير ذلك من الأشياء البسيطة التي تبني فيه المسؤولية، ولكن المهم في الأمر أن يكون ذلك على شكل عمل منتظم دائم، فلا يرتب يومًا ويهمل أسبوعًا، إذ بذلك يتعلم الفوضى والإهمال، لا المسؤولية.

2. عامله باحترام

لقد أسس لنا الشرع قاعدة ذهبية في التعامل مع الآخرين «أَحِبَّ لِأَخِيْكَ مَا تُحِبُّ لِنَفْسِكَ». وبناء على ذلك، فتعاملك مع ابنك لا بد أن يكون فيه احترام لشخصيته وكينونته، وإن كان طفلًا. ولا تجعل الاحترام والتقدير يقتصر على تعاملك مع ابنك، بل لا بد أن يرى الابن والديه كيف يتعاملان مع الآخرين باحترام وتقدير، فيتعلم أن هذه هي طبيعة العلاقات بين الناس. وعندما يرى الابن والديه كيف يختلفان مع الآخرين، ومع ذلك يحترمونهم، فإنه يتعلم أيضًا أن الاختلاف لا يمنع الاحترام والتقدير للآخرين.

3. الانضباط ضرورة

فلا يمكن لشخص فوضوي في حياته أن يحقق نجاحًا، بل هو إلى الفشل والإخفاق أقرب. فالفوضوي لا يشعر بالمسؤولية، لذا لا يتقيد بشيء. أما عندما يتربى الطفل على الانضباط، فإنه يعزز في نفسه المسؤولية. ونحن نعلم أن أي عمل ناجح يعتمد بدرجة عالية على مقدار الانضباط والالتزام بقواعد العمل؛ أخبر طفلك وعلمه كيف ينضبط، ودربه على الالتزام ببعض القواعد التي تناسب عمره، فهذا يجعله يشعر بالمسؤولية، وأن تفريطه في هذه القواعد يعني التعثر.

4. اجعله يهتم بالآخرين

علم طفلك أن يشارك الآخرين في أشيائه وألعابه، ويتعامل بلطف معهم، ويشاركهم بمشاعره، فهو لا يعيش وحده، وإنما هو فرد من المجتمع، يتأثر ويحزن لما يصيب الآخرين من آلام، فشعوره بالآخرين يعزز فيه المسؤولية، ويدفعه للمساهمة في بناء المجتمع. ومشاركته مع الآخرين ستظهر أخطاء؛ دعه يتعامل مع أخطائه بصورة طبيعية، إذ تدخلك مباشرة ووضع حل له يعني أنه غير مسؤول.

5. وافقه على بعض خياراته

لنبتعد عن الفرض والسيطرة الدائمة لأننا بذلك نحرمه من أن يتعلم كيف يتخذ القرار وهو تحت مظلتنا. وفي الحياة مساحات كثيرة فيها خيارات متعددة ليس لها تأثير كبير على الطفل، فمن المناسب أن ندعه يتعلم كيف يختار من بينها، ومن الأفضل في بعض الأحيان أن نكون مرشدين ناصحين، فهذا يساعد الطفل على أن يتخذ القرار المناسب، ويشعر بمسؤوليته في اتخاذ القرار.

6. تقدير العمل

لا بد أن يرى الابن أن والديه يحترمان ويقدران العمل. فعندما نظهر لأبنائنا الملل وتضجرنا من العمل، لا ينبغي أن نستغرب إذا تضجر الأبناء من العمل، وأصبحوا غير قادرين على الإنجاز، فهم بذلك يفعلون ما نفعل؛ كن قدوة حسنة لأبنائك، وادفعهم إلى العمل وفق ما يتناسب مع قدراتهم، فلا تكلفهم ما لا يطيقون. ومما يجعل بعض الشباب يترك العمل، ولا يتحمل مسؤوليته، أنه لم يتربَّ عليه منذ الصغر، فهو فقط يعيش مع كتابه وألعابه، حتى إذا بلغ أشده، وكُلِّفَ بالعمل، أُصِيبَ بالملل والضجر، وبالتالي الإهمال أو الترك.

7. حدثه عن المسؤولية

يتعلم الطفل المسؤولية من خلال كلماتنا وأفعالنا، فحدثه عن المسؤولية، واروِ له القصص، وأرسل له رسائل معينة تتجه إلى أعماقه، وابحث له عن قصص جميلة تحوي معاني سامية، كالوفاء والصدق وحب البذل والإنفاق ومساعدة الآخرين، وغيرها من الصفات الجميلة التي يعطي مجموعها الطفل الشعور بالمسؤولية، والله أعلم.

الباب الثالث

أدوار ومساهمات المرأة وأثرها في المجتمع

تميزت المرأة عبر العصور القديمة والحديثة بمشاركتها الفاعلة في شتى المجالات، فأدت دور الشاعرة والملكة والفقيهة والمحاربة والفنانة. وما زالت المرأة حتى العصر الحالي تتعب وتكد في سبيل بناء الأسرة ورعاية البيت، حيث يقع على عاتقها بصفتها أمًّا مسؤولية تربية الأجيال، وتتحمل بصفتها زوجة أمر إدارة البيت واقتصاده، وذلك ما يجعل المهام التي تمارسها المرأة في مجتمعاتنا لا يمكن الاستهانة بها أو التقليل من شأنها. ومنذ بداية العقد العالمي للمرأة حتى مؤتمر بكين عام 1996، ازداد الاهتمام بقضية تمكين المرأة، وإتاحة الفرصة لها لممارسة دورها بفاعلية مثل الرجل، والمساهمة في صنع القرار في مختلف مجالات الحياة الثقافية والاجتماعية والسياسية والاقتصادية. وقد أظهرت كثير من المنظمات والهيئات والدول الاهتمام بهذا المجال، وذلك من خلال إقامة مجموعة من المؤتمرات والندوات. وقد أشارت هذه الفعاليات بأشكالها المتنوعة كافة إلى أهمية تمكين المرأة، وإعطائها الحق الكامل بالعمل في الميادين كافة.

ويعرف الدور بأنه: «مجموعة من الصفات والتوقعات المحددة اجتماعيًّا المرتبطة بمكانة معينة. وللدور أهمية اجتماعية لأنه يوضح أن أنشطة الأفراد محكومة اجتماعيًّا، وتتبع نماذج سلوكية محددة. فالمرأة في أسرتها تشغل مكانة اجتماعية معينة، ويتوقع منها الوفاء بمجموعة من الأنماط السلوكية تمثل الدور المطلوب منها».

مساهمة المرأة وأثرها في المجتمع

تتجلى تلك المساهمة وهذا الأثر من خلال عدة أدوار، منها:

1. دور المرأة في بناء الأسرة ورعاية الأبناء

لا تقتصر مسؤولية المرأة على عملها خارج البيت، وإنما تمتد إلى دورها في بيتها، بصفتها ربة منزل وزوجة وأمًّا لأبنائها، فهي تبذل جهدًا هائلًا للحفاظ على سعادة عائلتها واستقرارها، وتعطي كل ما لديها في سبيل ذلك. كما أنها مرشدة مربية لأطفالها، وذلك يقتضي منها حسن الإدارة، وتحقيق التوازن بين الوظيفة الداخلية بصفتها أمًّا، والخارجية بصفتها امرأة عاملة تزيد من دخل الأسرة. وقد قال نابليون: «امنحني أمهات جيدات، وسوف أمنحك أمة جيدة»، فالرجل العظيم كان لديه أم عظيمة، ويعتمد تقدم الأمة على طريقة تربية الأمهات لأطفالهن.

2. دور المرأة في إصلاح المجتمع

يمكن للمرأة المتعلمة أن تفعل الكثير من أجل إصلاح مجتمعها، حيث إن كثيرًا من السلوكيات الخاطئة تصدر من أولئك الأشخاص الذين تمت تربيتهم على يد أمهات غير متعلمات، لذلك فإن المرأة تساهم بشكل جيد في جميع مجالات التقدم، فهي تعمل معلمة وطبيبة ومهندسة ومسؤولة. ومن الجدير بالذكر أن تقدم المجتمع يعتمد على تعليم النساء.

ويُلاحَظ أن بعض النساء حُرِمنَ من حق التعليم في الماضي، وذلك لاعتقاد المجتمع بأنها ليست بحاجة إلى شهادة تعليمية، ويكفيها أن تتعلم القراءة والكتابة، أو أنها بتعلمها تأخذ دورًا لا يحق لها، فالرجل في نظرهم أحق أن يكون متعلمًا مثقفًا ناجحًا في حياته العملية. ولكن مَن يتولى تربية الأولاد؟ ومَن يسهر الليالي محاولًا تعليمهم؟ ومَن يشقى ويتعب لغرس القيم والمبادئ والأخلاق فيهم؟ ونحن لا نغفل هنا دور المرأة غير المتعلمة، ولا نقلل من شأنها، فالله (سبحانه وتعالى) زرع فيها من الحب والحنان والخوف على أولادها ما يلزمها لرعايتهم، والاهتمام بهم أحسن اهتمام، وهي بحبها تحرص على ألا يصيبهم أي مكروه، وتحاول جاهدة أن تؤمن من سبل الحياة ما يضمن مستقبلًا واعدًا مشرقًا لهم، سواء من الناحية الاجتماعية أو التعليمية. وتطمح كل أم إلى أن يعيش أبناؤها حياة أفضل

من حياتها، وأن توصلهم لمراتب أعلى مما كانت تحلم بها، سواء كانت المرأة متعلمة أو غير متعلمة، فهي أساس هذا المجتمع، ومن واجبنا أن نعتني بها، ولا نقلل من قيمتها، فمن دونها فسدت المجتمعات، ولم تكن لِتظهر الفئة العظمى من المفكرين والمبدعين والقادة، فهي التي تحرص على النهوض بهم، وتوفير سبل الراحة والفرص لهم.

3. دور المرأة في التربية

إن الأم مصدر الرعاية والحنان في الأسرة، وقد أثبتت كثير من الدراسات أن الطفل بحاجة في مراحله العمرية الأولى إلى الرعاية والاهتمام أكثر من حاجته إلى الأمور المادية. والأم تُعَد المعلم الوحيد لطفلها، ووظيفتها التربوية ذات أثر عميق في نفسه، لما لها من دور في تنمية وعيه بذاته، وثقته بنفسه، وتكوين شخصيته وتهيئتها. وبسبب أهمية هذه المرحلة في حياة الطفل، لا بد أن يبقى تحت مراقبة الأم ومتابعتها الحثيثة، إذ إن ما يتلقاه في السنوات الأولى يستمر معه لباقي حياته.

4. دور المرأة في سوق العمل

لمشاركة المرأة العربية في سوق العمل أهمية كبيرة، نظرًا لكونها تشكل جزءًا لا يستهان به من المجتمعات العربية، إذ تشكل ما نسبته 50 في المائة من السكان، و63 في المائة من الطلاب الجامعيين. ولكنها على الرغم من ذلك، لا تتجاوز نسبتها 29 في المائة من الأيدي العاملة. وتُشجَّع المرأة على المساهمة في سوق العمل من باب مكافحة الفقر، ورفع المستوى المعيشي للسكان، من خلال دعم ميزانية الأسرة، بما يوفره عمل المرأة لها من دخل، خاصة إذا كانت هي المعيل الأساسي للأسرة.

ويشير جين لو تشين، في كتابه «المرأة والقيادة»، إلى أن إمكانية المرأة وقدرتها ظاهرة في مختلف أنواع الوظائف والمهن، حيث إن جميع النساء تقريبًا يستطعن إنجاز الأعمال كما يفعل الرجال. فلا يوجد عمل يصعب عليها إلا إذا كان يتطلب كثيرًا من الطاقة. وعلى العكس من ذلك، فإنه يوجد كثير من الأعمال التي تتطلب أنوثة المرأة لتُنجَز بشكل أفضل. كما ساهم ازدياد أعداد النساء العاملات في التنمية الاقتصادية، إذ شاركت في مجال التدريس والتمريض، وغير ذلك من المهن والصناعات.

5. دور المرأة في السياسة

على المستوى العالمي والمحلي، تحظى النساء بفرص محدودة من القيادة والمساهمة في العملية السياسية، إذ يعانين من التقييد في أدوارهن بصفتهن ناخبات أو مسؤولات، سواء في مكاتب الاقتراع أو الخدمة المدنية، أو في القطاع الخاص والأوساط الأكاديمية. وهذا يحدث على الرغم من إثباتهن لقدراتهن بصفتهن قائدات ورائدات في عملية التغيير، بالإضافة إلى حقهن في المشاركة في العملية الديمقراطية بشكلٍ متساوٍ مع الرجل. وتواجه النساء كثيرًا من المعوقات التي تحول دون مشاركتهن في السياسية، كالحواجز الهيكلية التي تُفرَض من خلال مؤسسات وقوانين عنصرية لا تزال تحد من خيارات المرأة في الترشح للمناصب.

6. دور المرأة في الزراعة

تساهم المرأة بشكل أساسي في الأنشطة الزراعية والاقتصادية الريفية في البلدان النامية، ويختلف دورها اختلافًا كبيرًا بين منطقة وأخرى نتيجة التغيرات الاجتماعية والاقتصادية التي تحدث في قطاع الزراعة. وكثيرًا ما تتكفل المرأة بإعالة أسرتها، وتتبع طرقًا وأساليب معينة لكسب العيش، فهي تعمل مزارعة في مزرعتها الخاصة، أو دون مقابل في مزرعة أسرتها، أو بأجر أو من دون أجر في مزارع المؤسسات الريفية. ويتمثل دورها في إنتاج المحاصيل الزراعية، وتجهيز الطعام، والعناية بالحيوانات، وجلب الماء، والعمل بالتجارة والتسويق. ووفقًا للدراسات، فإن النساء يمثلن 43 في المائة من القوى الزراعية في البلدان النامية. كما تصل نسبة النساء العاملات في الزراعة إلى ما يقارب 50 في المائة في أفريقيا وشرق وجنوب شرق آسيا والصحراء الكبرى، و20 في المائة في أمريكا اللاتينية.

7. دور المرأة في القوات المسلحة

أصبح عدد النساء في بعض الجيوش مقاربًا لعدد الرجال. وتختلف النسب المئوية بين عدد الرجال وعدد النساء من دولة إلى أخرى، وذلك وفقًا للحاجة والحوافز والقوانين التي تعتني بانضمامهن للقوات المسلحة. وتتراوح هذه النسب بين 5 في المائة و25 في المائة أو أكثر في بعض الجيوش. وتساهم النساء في القوات المسلحة في عدة مجالات، كالإدارة وأماكن المراقبة والصحة والهندسة والإطفاء ودراسة المواكب. وما زال عدد البلدان التي

تعطي للنساء مهامًّا نشطة في الجيش والجبهات الفاعلة قليلًا، على الرغم من بلوغهن رتبًا عسكرية عالية، وتسلمهن مهامًّا مختلفة في جيوش العالم.

8. دور المرأة في الطب

منذ القِدم، كان للنساء دور أساسي في الرعاية الصحية، وذلك من خلال التمريض، واستعمال الأعشاب الطبية، وتأمين العلاجات المنزلية. أما الطب بصفته مهنة، فقد اقتصر على الرجال وحدهم. وفي بدايات القرن الخامس عشر، صدر قانون في أوروبا يمنع ممارسة الطب دون التدرب في الجامعات، ولم يكن مسموحًا للنساء بالالتحاق بالجامعات حتى بدايات القرن العشرين. ولكننا نرى اليوم النساء ينافسن الرجال في هذا المجال. وعلى الرغم من ذلك، نرى اختلافات في الاختصاص الطبي بين الجنسين، إذ تفضل النساء التخصصات التي تتلاءم مع حياتهن العائلية، لذا فإنهن يفضلن اختيار الطب العام أو طب الأطفال أو الطب النفسي، على تخصصات الجراحة والقلب.

ومن الصعوبات التي تواجه الطبيبات فرق الأجور المدفوعة لهن. فبناء على دراسة أُجرِيت عام 2011، تبين أن الطبيبات يحصلن على 79 في المائة من رواتب زملائهن من الأطباء والجراحين. كما تحصل طبيبات الأطفال على ما نسبته 66 في المائة من رواتب أطباء الأطفال الذكور، على الرغم من أنهن يمثلن الأغلبية في هذا الاختصاص. كما تعاني الطبيبات أيضًا من عدم مشاركتهن في القرارات الإدارية، وعدم شمولهن بنظام الترقيات والمكافآت.

وقد تراجعت أعداد الإناث العاملات طبيبات في النصف الأول من القرن العشرين، ولكن عددهن عاد للارتفاع ثانية في النصف الثاني من القرن نفسه، وأصبح الإناث يمثلن 9 في المائة من تعداد الطلاب الملتحقين للدراسة بكليات الطب في أمريكا عام 1969، ثم ارتفع ذلك إلى 20 في المائة عام 1976. وبحلول عام 1985، أصبح الإناث يمثلن 14 في المائة من تعداد الأطباء العاملين في أمريكا.

وفي مقتبل القرن الحادي والعشرين، حققت المرأة كثيرًا من المكتسبات في البلدان الصناعية، وحصلت على المساواة مع الذكور في كثير من التخصصات الطبية، وشكلت

أغلبية الكتلة الطلابية في المجال الطبي في أمريكا عام 2003. وفي عام 2007–2008، شكلت الإناث 49 في المائة من تعداد المتقدمين لدراسة الطب، و48.3 في المائة من تعداد المقبولين. وحسب الجمعية الأمريكية لكليات الطب، فإن 48.3 في المائة (16.838) من الدرجات الطبية في أمريكا منحت لإناث عام 2009–2010، في مقابل 26.8 في المائة عام 1982–1983. كما تستمر المرأة في اكتساح مجال التمريض. ففي عام 2000، وصل عدد الإناث العاملات في مجال التمريض إلى 94.6 في المائة من إجمالي العاملين بالمجال. وقد وصل تعداد الإناث العاملات بالطب في أمريكا ككل إلى 14.8 مليون عام 2011.

وتشير الإحصائيات الحالية إلى أنه في عام 2017، أصبح عدد الطبيبات الإناث يفوق عدد الأطباء الذكور، بما تجاوزنه من صعوبات دراسية ومجتمعية، وإثباتهن لجدارتهن وكفاءتهن، إذ نرى اليوم طبيبات يتولين إدارة المستشفيات بطريقة ناجحة، ويحصلن على جوائز نوبل لإنجازاتهن الطبية، بعد أن كان المجتمع يشكك في قدرتهن على مزاولة هذه المهنة.

الباب الرابع

المرأة القطرية والمسؤولية الاجتماعية

مساهمات المرأة القطرية

شاركت المرأة القطرية في كثير من المجالات، وحازت أعلى المراتب العلمية في مختلف التخصصات، وشغلت كثيرًا من المناصب المهمة في البلاد. وقد تنوعت التخصصات التي دخلتها المرأة القطرية، إذ أدت دورًا محوريًّا في مجال التربية والتعليم والطيران والهندسة والطب والصحة والقانون والشؤون الدولية والمؤسسات الخيرية والشريعة والإعلام والآداب والصحافة والسياسة والبنوك والفنون والعلوم التطبيقية بمختلف أنواعها، وكثير من المجالات الأخرى.

وما زالت المرأة في قطر تتوسع في نطاق التخصصات التي تدرسها لتثري بها الدولة في مجالات واسعة تنافس وتواكب بها مجريات العصر. كما تولت المرأة القطرية كثيرًا من المناصب على الصعيد العالمي. وعلى سبيل المثال، في فبراير من سنة 2001، أصبحت سعادة الشيخة الدكتورة غالية بنت محمد بن حمد آل ثاني عضوًا في لجنة حقوق الطفل بالأمم المتحدة، وفازت في الانتخابات التي عقدت في مبنى الأمم المتحدة بنيويورك بعد تنافس 21 دولة من الدول التي وقعت على اتفاقية حقوق الطفل.

كذلك خاضت الفتاة القطرية في مجالات جديدة، حيث التحقت بكلية قطر لعلوم الطيران لدراسة هندسة الطيران، علاوة على عملها في المراقبة الجوية. أما في المجال السياسي، فقد شهدت سنة 1997 إقرار حق المرأة القطرية في الترشح والانتخاب، خلال خطاب صاحب السمو الشيخ حمد بن خليفة آل ثاني في أثناء دورة الانعقاد العادي لمجلس الشورى.

وفي مجال الاستثمار والشؤون المالية، برز دور المرأة القطرية عام 1998، من خلال إنشاء شركة الاستثمار للسيدات، وهي عبارة عن شركة يتقاسم ملكيتها مجموعة من السيدات القطريات وبنك قطر الدولي، وتديرها سعادة الشيخة هنادي بنت ناصر آل ثاني. وفي عام 2000، تأسست رابطة سيدات الأعمال القطريات، وعُدَّت إحدى لجان غرفة تجارة وصناعة قطر، بهدف تهيئة مناخ ملائم للسيدات من أجل المساهمة الفعَّالة في إقامة المشاريع، وتعزيز دورهن في اتخاذ القرارات الاقتصادية.

أما في المجال السياحي، فقد حظيت خريجات جامعة قطر في أقسام التاريخ والآثار والإدارة بدور ملحوظ، من خلال الاضطلاع بدور المرشدات السياحيات، حيث تتولى الفتيات الشرح الوافي للآثار والمواقع السياحية القطرية. ويأتي هذا التوجه من جانب القيادة القطرية تشجيعًا للكوادر وفتحًا لآفاق جديدة للسيدات.

وبالتالي، نجد أن المرأة القطرية بدأت تنافس وبقوة الرجل في التميز في العمل والمثابرة. وتؤدي الدولة دورًا كبيرًا في دعم المرأة القطرية للحصول على حقوقها، وتعزيز أوضاعها ودورها في المجتمع، حيث أثبتت المرأة القطرية وجودها وفاعليتها في المواقع التي تحتلها. كما تدعم الدولة المساواة بين الجنسين في الحصول على الفرص التعليمية، وتدريب المرأة بحيث ترتقي بمهارتها الإدارية والقيادية، وتعمل على بناء الأسرة القطرية، إيمانًا منها بدور المرأة القطرية، وقدرتها على تولي أعلى المناصب، وأداء دورها بفاعلية، لذا جاء القرار الأميري الذي نص على إنشاء المجلس الأعلى لشؤون الأسرة.

وتبلغ نسبة السيدات «النشطات اقتصاديًّا» حوالى 15 في المائة من إجمالي السكان «النشطين اقتصاديًّا». ويذكر أن 70 في المائة من الموظفات القطريات في الجهاز الحكومي لديهن مؤهل علمي جامعي.

وقد أولت صاحبة السمو الشيخة موزا بنت ناصر اهتمامًا خاصًّا بالجوانب كافة الهادفة إلى إبراز دور المرأة القطرية، وتحفيزها للنهوض بأعبائها الاجتماعية، والمشاركة في الحياة العامة. وترعى سموها المؤتمرات النسائية التي تهدف إلى مناقشة قضايا المرأة، ووضع الحلول المقترحة للمشكلات والتحديات التي تواجهها في سوق العمل.

وقد ركزت سموها على المؤسسات التعليمية، الحكومية والأهلية، وبات لها حضور دائم في لقاءات القيادات التربوية، لا سيما في الفعاليات العلمية والتعليمية والرياضية. ولم تدخر صاحبة السمو جهدًا في سبيل تحقيق نقلة نوعية في مستوى التعليم، وتأهيل جيل قادر على مواجهة تطورات العصر وتقنياته. فكانت سموها من الداعمين المباشرين لمؤسسة قطر للتربية والعلوم وتنمية المجتمع التي أنشئت في عام 1996، بصفتها مؤسسة خاصة مستقلة، كان من أولى ثمراتها إنشاء أكاديمية قطر التي أُوكِلَت مسؤولية رئاسة مجلس أمنائها إلى الدكتورة شيخة بنت عبد الله المسند.

ولم يخل مجال القانون من عمل المرأة القطرية، فقد ترأست عدة أقسام في وزارة العدل، وعُيِّنَت السيدة مريم عبد الله الجابر أول وكيل نيابة على مستوى الخليج، في سابقة عُدَّت أيضًا الأولى من نوعها على مستوى دول المنطقة.

وشمل دور المرأة القطرية العمل الدبلوماسي الذي تبوأت به المناصب العليا، مؤكدة بذلك مشروعية حقها في تمثيل دولة قطر بالخارج، حيث عُيِّنَت سعادة الشيخة علياء أحمد بن سيف آل ثاني أول سفيرة في منصب المندوب الدائم لدولة قطر لدى المقر الأوروبي للأمم المتحدة بجنيف، ثم أصبحت المندوب الدائم لدولة قطر في الجمعية العامة للأمم المتحدة بنيويورك. كما عُيِّنَت سعادة لولوة الخاطر متحدثة رسمية باسم الوزارة، لتكون بذلك أول امرأة قطرية تتقلد هذا المنصب.

وشاركت القطريات في الانتخابات البلدية التي بدأت عام 1998 بنسبة 47 في المائة، بعد إقرار حقي الانتخاب والترشيح للمرأة القطرية في خطاب سمو الأمير في الدورة الاعتيادية لمجلس الشورى عام 1997، وكان لها نصيب في الفوز بمقعد.

وبرزت المرأة القطرية أيضًا في القطاعات المالية والاستثمارية، حيث أدارت سعادة الشيخة هنادي بنت ناصر آل ثاني شركة الاستثمار الأولى التي أُنشِئَت في المنطقة، مؤكدة بذلك قدرة المرأة القطرية على تحمل عبء الأدوار القيادية، وتكونت رابطة سيدات الأعمال القطريات. ولم تقتصر مشاركة المرأة على ذلك الدور وحسب، بل امتدت للعمل في البنوك، مستندة إلى مؤهلاتها العلمية العليا التي استحقتها بجدارة، ووصلت بها إلى مناصب رئاسية، محققة كثيرًا من النجاحات والتميز المالي الإداري في العمل.

لجنة شؤون المرأة

وهي تابعة للمجلس الأعلى لشؤون الأسرة الذي أُنشِئ عام 1998. **ومن مهامها:**

- الاهتمام بشؤون المرأة من خلال اقتراح السياسات والخطط والبرامج اللازمة لتنمية المرأة ثقافيًّا واقتصاديًّا وسياسيًّا.
- حث المرأة على المشاركة في الحياة العامة، واغتنام الفرص المتاحة لها في مجال التعليم والعمل.
- الاهتمام بحقوق المرأة، ودورها في التنمية، وحقها في المشاركة في الأدوار القيادية ومواقع صنع القرار.
- تعزيز دور الجمعيات الأهلية لتنفيذ البرامج المتعلقة بالمرأة.
- تشجيع العمل التطوعي والمشاركة في الأنشطة والفعاليات المحلية والدولية المعنية بقضايا وشؤون المرأة.

المرأة القطرية في مجال التربية والتعليم

لقد دخلت المرأة القطرية مجال العمل من خلال حقل التعليم الذي يُعَد أهم المجالات الحيوية للمرأة. وكشفت إحصائية للوزارة ارتفاع عدد الطالبات القطريات بمدارس الدولة للعام الدراسي الحالي، في مقابل أعداد الطلاب. وباتت النساء القطريات يشكلن نسبة كبيرة في وظائف وزارة التربية والتعليم، حيث تجاوزت النسبة الـ50 في المائة. كما تتعدى نسبة وجود المرأة في جامعة قطر، سواء أكانت عضوًا في هيئة التدريس أم موظفة إدارية، الـ50 في المائة من حجم العاملين بالجامعة.

وبذلك، يتضح دور المرأة القطرية بالقطاعات المختلفة من الدولة، وكيف بدأت هذا الدور بالتعلم في المدارس التي قادتها المرأة أيضًا، من خلال السيدة آمنة محمد (رحمها الله)، مبينة بذلك الأثر المهم في تكوين وصناعة نهضة جديدة للدولة مبنية على أسس عليا. وتبوأت المرأة القطرية مناصب عليا في التعليم، حيث كانت سعادة السيدة شيخة المحمود أول وزيرة للتعليم، وأول سيدة قطرية وخليجية تتبوأ هذا المنصب الوزاري

المهم. كما عُيِّنَت الدكتورة شيخة عبد الله المسند رئيسًا لجامعة قطر، وهي أول سيدة تتولى هذا المنصب.

المرأة القطرية في مجال الصحة

ساهمت المرأة القطرية في المجال الصحي منذ أواخر الستينيات، من خلال انخراطها في سلك التمريض، ودراستها له في مدرسة التمريض التي تهدف إلى إعداد الكوادر الوطنية العاملة في التمريض. وتتجاوز نسبة الممرضات القطريات 21 في المائة من عدد الممرضات العاملات في المجلس الأعلى للصحة. كما حصلت الفتاة القطرية على فرصتها في مجال دراسة الطب، وتخرجت لتعمل في مؤسسة حمد الطبية والمراكز الصحية. وتعمل المرأة القطرية كذلك في الطب الوقائي الذي يضم أقسام مكافحة الأمراض الانتقالية والصحة المهنية والصحة البيئية وصحة الأغذية والمختبرات المركزية وعيادة المطار.

وواصلت المرأة القطرية عملها في المجال الصحي الذي تبوأت به مناصب عليا دلت على نجاحاتها في التطوير والعمل، حيث عُيِّنَت سعادة الشيخة غالية بنت محمد بن حمد آل ثاني وزيرة للصحة. كما عينت المرأة في كثير من المنصب، فباتت مديرة لمؤسسة حمد الطبية، ومسؤولة عن إدارة التمريض والصيدلة والمراكز الصحية.

المرأة القطرية ومساهماتها في المؤسسات الخيرية

تؤدي المرأة في المؤسسات الخيرية دورًا محوريًا في تقديم أنواع المساعدات والإعانات كافة، داخل المجتمع القطري وخارجه، بالإضافة إلى الأنشطة المتعددة، مثل: إعداد البحوث الميدانية عن الأسر المتعففة، وإقامة الأسواق الخيرية، وتنفيذ أطباق الخير، وتنظيم حملات التبرعات للمناطق المنكوبة.

وكانت جمعية «الهلال الأحمر القطري» أول من أسس الفرع النسائي عام 1982م. ومن ثم، اعتمدت الجمعيات الأخرى هذا التوجه، وباتت المرأة القطرية تعمل في هذه الجمعيات موظفة ومتطوعة.

المرأة القطرية والقانون

تتمتع المرأة القطرية بمراكز مهمة في وزارة العدل، وتترأس عدة أقسام في تلك الوزارة، مثل: أقسام التشريع والترجمة، وقسم الصحف الرسمية، بالإضافة إلى وجود عدد لا بأس به من الباحثات القانونيات.

المرأة القطرية والسياحة

كان للمرأة القطرية في قطاع السياحة إسهام كبير، حيث شاركت في الفعاليات السياحية التي تنظمها الدولة وهيئة متاحف قطر وكتارا للضيافة. كذلك أبدعت المرأة القطرية في مجال الفن التشكيلي والتصوير الفوتوغرافي والديكور المسرحي، وخاضت مجال الإعلام منذ بدايته، واستمرت به إلى أن شغلت المناصب الكبرى في الإعلام المرئي والمسموع.

المرأة القطرية والمسؤولية الاجتماعية

بعد أن أثبتت المرأة القطرية حضورها الاقتصادي بقوة في السوق القطرية، وقدرتها ونجاحها في عالم المال والأعمال، خصصت سيدات الأعمال القطريات جزءًا من وقتهن وخبرتهن وأعمالهن بما يخدم العمل الاجتماعي، وأسهمن به بشكل لافت لدعم الأجيال القادمة من أبناء المجتمع، وكان لهن دور بارز في الجانب الاقتصادي وفاعليته في التنمية الاقتصادية والاجتماعية، مع التزامهم بتطبيق مفهوم المسؤولية الاجتماعية، فالمرأة هي خير من طبق المسؤولية الاجتماعية.

ولا شك أن وفاء الشركات بدورها تجاه المسؤولية الاجتماعية يضمن بدرجة كبيرة دعم جميع أفراد المجتمع لأهدافها ورسالتها التنموية، والاعتراف بوجودها، والمساهمة في إنجاح أهدافها، وفق ما خُطِّطَ له مسبقًا، علاوة على المساهمة في سد احتياجات المجتمع ومتطلباته الحياتية والمعيشية الضرورية، وخلق فرص عمل جديدة من خلال إقامة مشاريع خيرية واجتماعية ذات طابع تنموي.

ورغم أنه لم يُعرَّف مفهوم المسؤولية الاجتماعية بشكل محدد قاطع، يكتسب بموجبه قوة إلزام قانونية (وطنية أو دولية)، فلا تزال هذه المسؤولية في جوهرها أدبية معنوية (أي أنها

تستمد قوتها وقبولها وانتشارها من طبيعتها الطوعية الاختيارية)، فإن هذا الجانب يدعو إلى الاعتزاز والفخر الذي تتقاسمه سيدات الأعمال القطريات مع حكومة قطر وشعبها، بقيادة حضرة صاحب السمو الشيخ تميم بن حمد آل ثاني أمير البلاد المفدى.

وللشركات ومؤسسات القطاع الخاص دور مهم في المسؤولية الاجتماعية، خاصة في قطر، إذ تحاول هذه المؤسسات أن تنهض بدورها الاجتماعي، كل منها حسب تخصصه، فمثلًا القطاع الصحي يُعِد أنشطة تخدم مختلف أوجهه، إضافة للندوات التي تتحدث عن التوعية في المجال الصحي الطبيعي في ما يتعلق بالمواد الغذائية وغيرها التي أصبحت منتشرة في دول العالم لسلامتها وأمنها على صحة الإنسان.

وبالطبع، فإن ممارسة المسؤولية الاجتماعية مهمة لبناء مجتمع متعاون، وهي تستمد قوتها وقبولها وانتشارها من طبيعتها الطوعية الاختيارية. والحق أن الدور الاجتماعي للشركات مفعل منذ فترة طويلة في قطر، وفي شتى المجالات، وهو يزيد من عملية التوعية.

ولما كانت المسؤولية الاجتماعية واجبًا اجتماعيًّا في الأساس، صار من الضروري أن يُفعَّل الدور الاجتماعي لأن المسؤولية الاجتماعية تُعَد مبادرة ضرورية لغرس الوطنية، ودعم الاقتصاد الوطني، خاصة من جانب القطاع الخاص، وهو توجه التزمت به دولة قطر منذ سنوات.

وتتمثل أهمية المسؤولية الاجتماعية للمرأة في خلق جيل من سيدات الأعمال الواعيات المثقفات اللاتي يعرفن الأنظمة والقوانين، وحقوقهن وواجباتهن، ويتجاوزن عقبات واجهت مسيرتهن التجارية التي افتقدت لمساندة غير الأهل.

مبادرات لسيدات قطريات بالمسؤولية الاجتماعية

- **صاحبة السمو الشيخة موزا بنت ناصر المسند**

ساهمت صاحبة السمو الشيخة موزا، على مدار 20 عامًا، في عملية التطور الاقتصادي والاجتماعي لدولة قطر، وذلك من خلال حزمة واسعة من المبادرات الابتكارية التنموية التي تؤكد أهمية المسؤولية الاجتماعية. فمنذ عام 1995، قادت صاحبة السمو الجهود المبذولة

لتطوير النظام التعليمي في قطر، من خلال قيادتها لمؤسسة قطر للتربية والعلوم وتنمية المجتمع. وتُعَد المدينة التعليمية التابعة لمؤسسة قطر أحد أهم إنجازات الدولة، حيث تحتضن كوكبة من أبرز الجامعات العالمية، فضلًا عن جامعة حمد بن خليفة الوطنية. ولقد كان حماس صاحبة السمو للتعليم، وإيمانها بقدرته على توفير الفرص وتطوير المجتمعات، مصدر إلهام لجهودها في الترويج للتعليم النوعي، وحمايته في أرجاء العالم كافة. وفي إطار دعم دورها الأممي، والتزامها بالحق في التعليم، أطلقت صاحبة السمو مجموعة من البرامج العالمية التي تروج لإتاحة فرص التعليم، وضمان إمكانية الوصول إليه، ويتضمن ذلك مؤسسة التعليم فوق الجميع التي تركز بشكل أساسي على تمكين 59 مليون طفل خارج المدارس حول العالم من الحصول على حقهم بالتعليم. ومن خلال بناء القدرات، وحشد الموارد، وإنشاء الشراكات بين القطاعات، تتصدى مؤسسة التعليم فوق الجميع للتحديات التعليمية، ملتزمة بتلبية احتياجات الفئات الأكثر تهميشًا في العالم. كما أطلقت صاحبة السمو كثيرًا من المشاريع المرموقة التي تدعم التعليم والإصلاح الاجتماعي، وتوفير الفرص الاقتصادية، في أنحاء العالم العربي كافة، ومن أبرز هذه المشاريع مبادرة «صلتك». ومن منطلق اعتزازها بتقاليد قطر وتراثها الثري، قادت صاحبة السمو عددًا من المبادرات الرامية لحمايته، على غرار المكتبة الوطنية والتطوير العمراني والتدريب على فنون الفروسية.

وفي ضوء حقيقة أن الأجيال التي تتمتع بصحة جيدة شرط أساسي من أجل بناء مجتمع مزدهر، كانت صاحبة السمو في طليعة العمل الإصلاحي الشامل لتوفير رعاية صحية متقدمة لجميع القطريين، ودعمت عملية إعادة هيكلة نظام الرعاية الصحية في قطر، وذلك من خلال دورها السابق بصفتها نائب رئيس مجلس إدارة المجلس الأعلى للصحة (2009–2014). كما تساهم صاحبة السمو، بصفتها رئيس مجلس إدارة مركز سدرة للطب والبحوث ومؤسس مؤتمر القمة العالمي للابتكار في الرعاية الصحية (ويش)، في توطيد مكانة قطر بصفتها مركزًا للبحوث في مجال الطب الحيوي، وحاضنة للإنجازات الطبية.

- **شخصية 2018 للمسؤولية الاجتماعية**

اختارت جامعة قطر السيدة شيخة أحمد المحمود (رحمها الله) شخصية للمسؤولية الاجتماعية لسنة 2018، وذلك في قرار استثنائي، تقديرًا لجهودها المبذولة على مدار حياتها

المهنية في إلهام الأجيال، من خلال كثير من الإنجازات والمبادرات، لا سيما في المسيرة التعليمية الممتدة لعقود. ويرصد التقرير الوطني السنوي للمسؤولية الاجتماعية إنجازات الشخصيات الملهمة التي تبدي درجة استثنائية من القيادة في المسائل التي تنضوي تحت مفهوم المسؤولية الاجتماعية، ويصدر تحت رعاية معالي الشيخ عبد الله بن ناصر بن خليفة آل ثاني، رئيس مجلس الوزراء وزير الداخلية، حيث تصدره جامعة قطر بالشراكة مع شبكة قطر للمسؤولية الاجتماعية، وبرعاية وزارة الخارجية (شريك التوزيع إلى سفارات قطر حول العالم)، وبالشراكة الإعلامية مع المؤسسة القطرية للإعلام وبريد قطر (شريك التوزيع داخل قطر)، ويساهم فيه وزراء وسفراء وشخصيات قيادية، ويحظى برعاية كبرى المؤسسات. وتفخر الجامعة بأن تحمل هذه الدورة عنوان «العمل التطوعي»، وتقديم محاكاة لمعاييره العالمية استعدادًا للمونديال، إضافة إلى تخصيص ملف بعنوان «مبادرة القرن الـ21 لقطر 2022: رسالة قطر لإرساء السلام من خلال الرياضة».

وقد أفاد رئيس جامعة قطر بأن سعادة السيدة شيخة المحمود أول وزيرة للتعليم، وأول سيدة قطرية وخليجية تتبوأ هذا المنصب الوزاري المهم، ما يدلل على الثقة المجتمعية في قدرات وإمكانيات المرأة القطرية. ولسعادتها دور كبير في التطور النوعي المتمثل في وعي المجتمع وتغير نظرته للتربية والتعليم، وانخراط الفئات كافة في هذا الشأن التربوي، حيث دعمت تطوير ثقافة مجتمعية تعي البعد التربوي، وتدرك متطلبات جودة التعليم، وحقوق الأسرة في تأمين أحسن الفرص التعليمية للأبناء.

وكانت شيخة المحمود تقول: «لطالما كانت قيادة عملية التحديث تقع على كاهل منظومة المدارس المستقلة، واضعين في الحسبان أن المتعهد والمدير والفرق التربوية والإدارية شركاء في المسؤولية الاجتماعية للتعليم التي تقتضي أن تكون استقلالية المدرسة قائمة على هدف التنافس في المجالات التربوية، كالمناهج وطرائق التدريس واستخدام الوسائط التكنولوجية، وتنمية قدرات الأبناء وبناء شخصياتهم البناء السليم الذي يؤهلهم للتعامل مع الغد بتوازن وثقة واقتدار، والارتقاء بمهنية المعلم، وصولًا إلى تحقيق الجودة في التعليم».

• شخصيات قطرية رائدة ضمن الـ100 الأكثر تأثيرًا في مجال المسؤولية المجتمعية لعام 2019

أعلنت «الشبكة الإقليمية للمسؤولية الاجتماعية»، في بيان صحفي لها بمناسبة عقد فعالية الكونجرس الدولي للمسؤولية المجتمعية في مدينة الرباط المغربية، عن إطلاقها «قائمة المائة شخصية عربية الأكثر تأثيرًا في مجال المسؤولية المجتمعية لعام 2019»، وذلك تفاعلًا مع فعاليات شهر منظمة الأمم المتحدة. وجاء الاختيار وفق تصنيف مهني عربي أطلقته «الشبكة الإقليمية للمسؤولية الاجتماعية»، أتاح الفرصة للشخصيات العربية للتقدم لهذه المسابقة عبر الإعلان عن شروط التقدم لها. كما حددت الهيئة الاستشارية لهذا التصنيف العربي التي تضم شخصيات مهنية وأكاديمية عربية معتبرة خمسة مجالات تخصصية اعتُمِد الترشيح على أساسها، وهي: المسؤولية المجتمعية، والتنمية المستدامة، وأخلاقيات الأعمال، والخدمة المجتمعية، والتطوع المؤسسي. وقد رشحت الهيئة الاستشارية لهذا التصنيف العربي المهني الذي أُطلِقت دورته الأولى هذا العام شخصيات عربية مؤثرة لها دور بارز مجتمعيًّا.

ومن أبرز من اختِيروا من دولة قطر في قائمة «المائة شخصية عربية الأكثر تأثيرًا في مجال المسؤولية المجتمعية لعام 2019»: من سيدات الأعمال القطريات المستشارة في مجال شؤون الإعاقة الناشطة الاجتماعية التي لها كثير من المشاريع الخيرية التطوعية الدكتورة هلا السعيد، ومن الرجال كل من الشيخ الدكتور ثاني بن علي بن سعود آل ثاني عضو مجلس إدارة مركز قطر الدولي للتحكيم والتوفيق بغرفة قطر، والدكتور محمد بن سيف الكواري نائب رئيس اللجنة الوطنية لحقوق الإنسان، والدكتور سيف بن علي الحجري، والمستشار في مجال شؤون الإعاقة الدكتور محمد عبد الرحمن السيد، والأكاديمي التربوي القدير الدكتور صالح آل إبراهيم مدير مدرسة الدوحة الثانوية، إضافة إلى المهندس أحمد جاسم جولو رئيس اتحاد المهندسين العرب.

الفصل العاشر

الباب الأول

الشبكة الإقليمية للمسؤولية الاجتماعية

التعريف بالشبكة الإقليمية للمسؤولية الاجتماعية

الشبكة الإقليمية للمسؤولية الاجتماعية هي مؤسسة مهنية دولية غير هادفة للربح، أُسِّسَت في عام 2007، ولها فروع ومكاتب واتفاقيات تمثيلية في مملكة البحرين، ودولة قطر، ودولة الكويت، والمملكة العربية السعودية، وجمهورية مصر العربية، والجمهورية التونسية، والجمهورية اليمنية، وجمهورية السودان، والجمهورية التركية، ومملكة هولندا، ومملكة بريطانيا، ودولة الإمارات العربية المتحدة، وسلطنة عمان، والجمهورية الجزائرية الديمقراطية الشعبية، وجمهورية الصومال، والولايات المتحدة الأمريكية.

وتهدف الشبكة الإقليمية للمسؤولية الاجتماعية إلى رفع مستوى الوعي حول المسؤولية المجتمعية لدى الشركات والمؤسسات، والعمل على تعزيزها في هذه الشركات والمؤسسات، وفي القطاعات الحكومية والأهلية والخاصة، وذلك من خلال:

- تقديم الخدمات الاستشارية.
- تنفيذ البرامج التدريبية وورش العمل المتخصصة.
- تنظيم الملتقيات والمؤتمرات الصحفية في مجالات المسؤولية المجتمعية، والتنمية المستدامة، والاقتصاد الأخضر، والخدمة المجتمعية، والتطوع المؤسسي.
- مساعدة الشركات والمؤسسات على أن تصبح ممارساتها وأعمالها وأنشطتها مسؤولة متوافقة مع معايير التنمية المستدامة.
- تنفيذ دراسات وبحوث متخصصة.

- إصدار دوريات ومطبوعات متنوعة لتثقيف قطاعات الأعمال والمؤسسات الأخرى بممارسات المسؤولية المجتمعية وفقًا للمعايير العالمية المعتمدة.
- توفير مرصد مهني لممارسات المسؤولية المجتمعية الفاعلة في المنطقة العربية.
- دعم المؤسسات المانحة من خلال تقديم استشارات وخدمات تدريبية ودراسات متخصصة تساهم في تحويلها إلى مؤسسات تُدَار بمعايير عالمية.
- الاهتمام بمؤسسات القطاع الثالث، خاصة المؤسسات والجمعيات الخيرية والتطوعية ومنظمات المجتمع المدني، من خلال تقديم خدمات تُصمَّم بعناية وفق حاجاتهم المهنية.
- التعريف بالمبادرات والممارسات المسؤولة للشركات والمؤسسات، والقطاعات الحكومية والأهلية، وكذلك منظمات المجتمع المدني، وتقدير أصحابها والقائمين عليها، من خلال فعاليات تكريمية تقديرية مهنية معتبرة.
- الترويج لمفاهيم الاقتصاد الأخضر والتنمية المستدامة، وتطبيقاتها في مختلف المجالات.

ميثاق ومبادئ الشبكة الإقليمية للمسؤولية الاجتماعية

- ترسيخ فكرة مسؤولية الشركات ورجال الأعمال تجاه المجتمع بصفتها مبدأً جديدًا في التخطيط والعمل، بعيدًا عن الجانب المادي المجرد وفكرة الربح والتنافس الأعمى.
- تسليط الضوء على كل نشاط يهدف لتقديم المساعدة أو المساهمة في الحياة الاجتماعية أو البيئية في المنطقة، وإعطاؤه حقه الإعلامي الذي يستحقه، وحث الآخرين على الاقتداء به.
- التخفيف قدر الإمكان من المعاناة الإنسانية، والاقتراب من المجتمع، وتوثيق الروابط بين أفراده، والحفاظ على الصحة العامة والبيئة، ومحاولة التخلص من التصرفات المخالفة للقانون المضرة بالصالح العام، وتقليص هامش الألم والخطأ لصالح المحبة والتكافل والوعي المجتمعي.

- العمل على بناء علاقات بين المؤسسات المانحة والمؤسسات المنفذة، وكذلك فئات المجتمع المستفيدة، لتلبية احتياجاتها وفق معايير مهنية.

رؤية الشبكة الإقليمية للمسؤولية الاجتماعية

نحن في الشبكة الإقليمية للمسؤولية الاجتماعية نعتمد مبادئ التميز في الإنجاز، والمهنية في الأداء، لترسيخ ثقافة المسؤولية المجتمعية، وتقديم الدعم الاستشاري والتدريبي والمعلوماتي للشركات والمؤسسات الحكومية والأهلية في الدول العربية والشرق الأوسط، بما يجسد مبادئ ومعايير تلم بالمسؤولية في استراتيجياتها وعملياتها وخدماتها الأساسية، ما يحقق التنمية المستدامة لها وللمجتمعات التي تعمل ضمنها، من خلال خبراء احترافيين وبرامج معتمدة وتحالفات وشراكات وطنية وإقليمية ودولية.

رسالة الشبكة الإقليمية للمسؤولية الاجتماعية

نتطلع إلى أن نكون منظومة متميزة في مجال المسؤولية المجتمعية، من خلال تقديم أفضل الممارسات، وفقًا للمعايير العالمية للشركات والمؤسسات الحكومية والخاصة، بما يخدم التنمية المستدامة في المجتمعات التي تعمل ضمنها.

أهداف الشبكة الإقليمية للمسؤولية الاجتماعية

- نشر ثقافة المسؤولية المجتمعية في المنطقة العربية على وجه الخصوص، وعموم دول الشرق الأوسط على وجه العموم.
- تشجيع وتمكين القطاع الخاص في المنطقة العربية، وعموم دول الشرق الأوسط، على تبني وتنفيذ مبادرات المسؤولية المجتمعية.
- مساعدة الشركات والمؤسسات الحكومية والأهلية والخاصة في تلبية معايير الاستدامة والتحول نحو ممارسات المؤسسات المسؤولة.
- تقديم برامج جديدة مسؤولة تتوافق مع احتياجات المنطقة العربية، وعموم دول الشرق الأوسط.

- تطوير العلاقات بين الشركات والمؤسسات المسؤولة، ومنظمات المجتمع المدني، والهيئات الحكومية، ووسائل الإعلام، عبر أدوات مهنية مسؤولة.
- تأسيس منبر إعلامي إقليمي للتعريف بأفضل الممارسات المسؤولة.
- نشر ثقافة التنمية المستدامة والاقتصاد الأخضر، وتقديم الدعم الفني لتطبيقاتها في المؤسسات والشركات.

خدمات الشبكة الإقليمية للمسؤولية الاجتماعية

- نشر الأخبار والتقارير عن أنشطة المسؤولية المجتمعية للمؤسسات الأعضاء في مرصد الشبكة الإقليمية للمسؤولية الاجتماعية، الممثل في «وكالة مسؤولية للأنباء».
- رصد الأخبار والتقارير الدولية عن أنشطة المسؤولية المجتمعية، وإعدادها للنشر في موقع الشبكة الإقليمية للمسؤولية الاجتماعية.
- إعداد الدراسات والبحوث في مجالات المسؤولية المجتمعية في المنطقة.
- إصدار دليل سنوي للمسؤولية المجتمعية في المنطقة العربية.
- تقديم دورات وخدمات تدريبية في مجالات المسؤولية المجتمعية والتنمية المستدامة.
- إصدار نشرات دورية ومجلات إلكترونية وتقليدية دورية بمجالات المسؤولية الاجتماعية.
- تقديم خدمات استشارية في مجالات المسؤولية المجتمعية وفق متطلبات «الآيزو 26000»، وكذلك المعايير والمقاييس العالمية الأخرى.
- تنظيم مؤتمرات وندوات وحلقات علمية متخصصة في مجالات المسؤولية المجتمعية، والتنمية المستدامة، والاقتصاد الأخضر، والخدمة المجتمعية، والتطوع المؤسسي.

إنجازات الشبكة الإقليمية للمسؤولية الاجتماعية

حققت الشبكة الإقليمية للمسؤولية الاجتماعية جملة من الإنجازات خلال مسيرتها الممتدة، أبرزها تلك التي أشار إليها البيان الصحفي الذي أصدرته الشبكة بمناسبة ختام أعمالها وأنشطتها، في المنطقة العربية وخارجها، لعام 2019 الذي حمل شعار «عام تمكين الشركاء»، وكانت على النحو الآتي:

- من أوائل المؤسسات العربية المتخصصة في مجال المسؤولية المجتمعية، حيث كان تأسيسها في عام 2007.
- أسست أول أكاديمية متخصصة في مجالات المسؤولية المجتمعية في العالم العربي، حملت اسم «الأكاديمية الدولية للمسؤولية الاجتماعية».
- أطلقت أول برنامج عربي لسفراء المسؤولية المجتمعية بمعايير دولية.
- أطلقت برنامجًا أمميًّا لسفراء الشراكة المجتمعية في العالم العربي.
- دعمت الترويج لممارسات برنامج الأمم المتحدة للاتفاق العالمي، وناصرت مبادئه العشرة المعنية بحقوق الإنسان وحقوق العمال والحماية البيئية ومكافحة الفساد، وانتسبت له منذ عام 2014.
- رعت إطلاق يوم عالمي للمسؤولية المجتمعية، ليكون 25 سبتمبر من كل عام الذي يتوافق مع تبني دول العالم أهداف الأمم المتحدة للتنمية المستدامة. وقد بدأ العالم يحتفل بهذا اليوم ابتداءً من عام 2016، وكانت السابقة الأولى في العالم.
- تبنت إطلاق برنامج دولي لمفوضين أمميين للترويج لأهداف الأمم المتحدة للتنمية المستدامة 2030.
- أطلقت منذ عام 2015 أول برنامج بمعايير دولية للمدن العربية المسؤولة مجتمعيًّا. وفي هذا العام، نحتفل بالمدينة العربية الخامسة المسؤولة مجتمعيًّا.
- ساهمت في تأسيس أول مجلس ومركز للجهات المانحة في العالم الإسلامي.
- أطلقت أول مدينة رقمية لكبار السن في الدول العربية، تُعَد اليوم واحدة من أهم المرجعيات البحثية والمعلوماتية في مجالات كبار السن في المنطقة العربية.

- أطلقت وكالة إخبارية في مجال المسؤولية المجتمعية تُعَد أول وكالة أنباء متخصصة في مجالات المسؤولية المجتمعية والتنمية المستدامة عالميًا.
- ساهمت في تأسيس أول مركز للمرأة في مجال المسؤولية المجتمعية في المنطقة العربية.
- أطلقت وتبنت برنامجًا دوليًا لتأهيل باحثين في العالم العربي، يتمثل في «الزمالة البحثية المهنية في مجال المسؤولية المجتمعية».
- دشنت أول مشروع عربي لدعم تزويد المكتبة العربية بإصدارات متخصصة، وكان هذا المشروع هو «الكتاب العربي للمسؤولية المجتمعية». كما تبنت طباعة عشرات الإصدارات المتخصصة.
- تبنت تصنيفًا عربيًا سنويًا للمائة شخصية عربية الأكثر تأثيرًا في مجال المسؤولية المجتمعية.
- ساهمت في إطلاق برنامج «المبعوث الدولي لتمكين الشركاء في تعزيز تطبيقات التنمية المستدامة» في العالم العربي.
- ساهمت في دعم تأسيس الاتحاد الدولي للمسؤولية المجتمعية، ليكون أول اتحاد متخصص في العالم.
- تبنت تدشين مشروع منصة رقمية لخبراء المسؤولية المجتمعية في الدول العربية.
- أعلنت عن مشروع عربي لإطلاق كرسي تدريبي في مجال المسؤولية المجتمعية، وذلك لتمكين المتخصصين والمهتمين من الوصول إلى أحدث البرامج التدريبية في مجال المسؤولية المجتمعية عبر الوسيط الرقمي.
- أسست أول صحيفة عربية متخصصة في مجال المسؤولية المجتمعية تحت اسم «التزام»، تُعَد حاليًا مرجعًا مهمًا للمتخصصين في العالم العربي.
- حظيت خلال مسيرتها الممتدة لـ13 سنة برعاية ودعم الحكومات العربية والإسلامية، وحققت شراكات دولية متميزة مع كثير من المنظمات الأممية، وكذلك نجحت في تحقيق شراكات نوعية مستدامة مع منظمات المجتمع المدني والقطاع الخاص في المنطقة العربية، عبر دوائر تعاونية وتحالفات مهنية يُساهَم من خلالها في تنمية مجتمعاتنا العربية.

- أطلقت جوائز مهنية ذات معيارية مرجعية في عموم المنطقة العربية تحظى بمكانة وتقدير من قِبل المؤسسات الدولية والمحلية.
- تعمل الشبكة من خلال مقارها الرئيسة ومراكزها المتخصصة ومكاتبها التمثيلية وشراكاتها المهنية في كثير من الدول، حيث وصلت أنشطتها خلال الثلاثة عشر عامًا من تأسيسها إلى الدول الآتية: مملكة البحرين، والمملكة العربية السعودية، ودولة الكويت، ودولة قطر، وسلطنة عمان، وجمهورية السودان، وجمهورية تونس، وجمهورية لبنان، والمملكة المغربية، وجمهورية الهند، والولايات المتحدة الأمريكية.
- ينتسب إلى عضويتها حاليًّا نخبة من كبار الشخصيات، من وزراء ورؤساء مؤسسات حكومية وخاصة ومجتمعية وخبراء ومتخصصين، بالإضافة إلى كبرى المؤسسات العربية والدولية.
- تبنت إطلاق أول مجلة عربية محكمة في مجال المسؤولية المجتمعية في المنطقة العربية.
- أعلنت عن إطلاق «ائتلاف المدن العربية المسؤولة مجتمعيًّا».
- أعلنت عن الـ100 شخصية الأكثر تأثيرًا بالمسؤولية الاجتماعية على مستوى الوطن العربي، وفق معايير أساسية وُضِعَت من قبل الشبكة الإقليمية للمسؤولية الاجتماعية.
- أعلنت عن تدشينها «نادي الشخصيات العربية الأكثر تأثيرًا في مجال المسؤولية المجتمعية».
- تنتسب إلى عضوية كبرى وأشهر المنظمات والاتحادات الدولية، وأصبحت عضويتها في هذه المنظمات فاعلة مؤثرة.
- عملت على تأسيس مكتب متخصص يتبع لها لخدمات منظمات الأمم المتحدة والاتحادات الدولية، ليكون هذا المكتب هو الجسر الذي يحفز منظماتنا الحكومية والخاصة والمجتمعية العربية إلى الانتساب إلى منظمات الأمم المتحدة والاتحادات والهيئات الدولية، والاستفادة من إرثها المعرفي، والتعرف عبرها على أفضل الممارسات والتطبيقات في مجالات تخصصاتهم.

- تُعَد مظلة للباحثين عن تحويل مبادراتهم إلى واقع، وتعظيم أثر جهودهم وخبراتهم.

والواقع أن الشبكة الإقليمية للمسؤولية الاجتماعية مؤسسة مهنية دولية عملت خلال مسيرتها الممتدة على مدار ثلاثة عشر عامًا متواصلة لتكون المؤسسة الأكثر عطاءً في مجالات المسؤولية المجتمعية، في المنطقة العربية وخارجها.

إنجازات الشبكة الإقليمية للمسؤولية الاجتماعية لعام 2019

جاء البيان الصحفي سالف الذكر الصادر عن الشبكة الإقليمية للمسؤولية الاجتماعية خلال الكشف عن هوية وشعار أنشطة الشبكة الإقليمية لعام 2020، وبمناسبة تنظيم خاتمة فعاليات عام 2019، المتمثل في تنظيمها فعاليات «الملتقى الدولي للسفراء الأمميين للشراكة المجتمعية لعام 2019» الذي عُقِد في دولة الكويت.

ومن الملاحظ أن أنشطة الشبكة الإقليمية للمسؤولية الاجتماعية توسعت، وأصبحت تنشط حاليًّا بفضل الله في (11) دولة تعمل على تطبيق المسؤولية المجتمعية، والتنمية المستدامة، وأخلاقيات الأعمال، والتطوع الاحترافي، والخدمة المجتمعية.

وقد أعلن سعادة البروفيسور يوسف عبد الغفار، رئيس مجلس إدارة الشبكة الإقليمية للمسؤولية الاجتماعية، أن عام 2020 سيحمل شعار «عام التحالفات الدولية» لأنشطة الشبكة الإقليمية للمسؤولية الاجتماعية الذي يعكس رغبة الشبكة الإقليمية في بناء جسور مع المنظومات الدولية، وفق مرجعيات مهنية معيارية متميزة، وذلك بعد أن حمل عام 2019 شعار «عام تمكين الشركاء» الذي حققت الشبكة من خلاله إنجازات استثنائية.

وبهذه المناسبة، فقد حثت الشبكة الإقليمية للمسؤولية الاجتماعية أعضاءها، من مؤسسات وأفراد، وكذلك سفراءها للمسؤولية والشراكة المجتمعية، ومفوضيها المعتمدين، ومستشاريها وخبراءها، وشركاءها في المنطقة العربية وخارجها، إضافة إلى الجهات الحكومية والخاصة والمجتمعية، على استدامة دعمها لهذه المؤسسة المهنية التي أثبتت خلال ثلاثة عشر عامًا من تأسيسها مساهمتها الحقيقية في بناء المجتمعات، من خلال تحقيقها لإنجازات رائدة ساهمت في ترسيخ ممارسات وتطبيقات المسؤولية المجتمعية في منطقتنا.

دور الشبكة الإقليمية للمسؤولية الاجتماعية وما قدمته في الفترة الماضية

لدى الشبكة مجموعة من المبادرات، أهمها مرصد إلكتروني لمساهمات القطاع الخاص في دول مجلس التعاون الخليجي في تنمية المجتمع المدني ودعم المجتمع المحلي، إذ يرصد تلك المساهمات في قطر والكويت والبحرين والإمارات وعمان. وقريبًا، أقرت الشبكة في الاجتماع الأخير لمجلس الإدارة إضافة مرصد لمتابعة برامج المسؤولية الاجتماعية في اليمن والعراق، ليصبح المجموع ثمانية مراصد في دول عربية مطلة على الخليج، ونأمل في أن تشمل جميع الدول العربية.

قائمة المائة شخصية عربية الأكثر تأثيرًا في مجال المسؤولية المجتمعية لعام 2019

أعلنت الشبكة الإقليمية للمسؤولية الاجتماعية، في بيان صحفي لها بمناسبة عقد فعالية «الكونجرس الدولي للمسؤولية المجتمعية» في مدينة الرباط المغربية، عن إطلاقها «قائمة المائة شخصية عربية الأكثر تأثيرًا في مجال المسؤولية المجتمعية لعام 2019»، وذلك تفاعلًا مع فعاليات شهر منظمة الأمم المتحدة.

وجاء الاختيار وفق تصنيف مهني عربي أطلقته «الشبكة الإقليمية للمسؤولية الاجتماعية»، أتاح الفرصة للشخصيات العربية للتقدم لهذه المسابقة عبر الإعلان عن شروط التقدم لها. كما حددت الهيئة الاستشارية لهذا التصنيف العربي التي تضم شخصيات مهنية وأكاديمية عربية معتبرة خمسة مجالات تخصصية اعتُمِد الترشيح على أساسها، وهذه المجالات هي: المسؤولية المجتمعية، والتنمية المستدامة، وأخلاقيات الأعمال، والخدمة المجتمعية، والتطوع المؤسسي. إضافة إلى ذلك، رشحت الهيئة الاستشارية لهذا التصنيف العربي المهني الذي تُطلَق دورته الأولى هذا العام شخصيات عربية مؤثرة لها دور بارز مجتمعيًّا.

ومن أبرز من اختِيروا من دولة قطر في قائمة «المائة شخصية عربية الأكثر تأثيرًا في مجال المسؤولية المجتمعية لعام 2019»: سعادة الشيخ الدكتور ثاني بن علي بن سعود آل ثاني عضو مجلس إدارة مركز قطر الدولي للتحكيم والتوفيق بغرفة قطر، وسعادة الدكتور محمد بن سيف الكواري نائب رئيس اللجنة الوطنية لحقوق الإنسان، وسعادة الدكتور سيف بن علي

الحجري، والأكاديمي التربوي القدير الدكتور صالح آل إبراهيم مدير مدرسة الدوحة الثانوية، إضافة إلى المهندس أحمد جاسم جولو رئيس اتحاد المهندسين العرب، والاستشاريان في مجال شؤون الإعاقة الدكتور محمد عبد الرحمن السيد والدكتورة هلا السعيد.

وضمت قائمة «المائة شخصية عربية الأكثر تأثيرًا في مجال المسؤولية المجتمعية لعام 2019» كذلك شخصيات عربية رائدة أخرى، منها: سعادة الدكتور طلال أبو غزالة رئيس مجموعة طلال أبو غزالة، ومعالي الوجيه منيب المصري رئيس صندوق ووقفية القدس، ومعالي الدكتور عبد الله معتوق المعتوق المبعوث الخاص للأمين العام للأمم المتحدة رئيس الهيئة الخيرية الإسلامية العالمية، وسعادة الشيخ علي بن ناصر المحروقي الأمين العام لمجلس الشورى العماني، ومعالي الشيخة عائشة السيابية رئيسة الهيئة العامة للصناعات الحرفية في سلطنة عمان، وسعادة الدكتور بدر مال الله عثمان مدير عام المعهد العربي للتخطيط في دولة الكويت، وسعادة الشيخ عبد الله بن سالم الرواس رئيس المؤسسة الدولية للتنمية المستدامة، وسعادة الدكتورة انتصار أحمد فلمبان رئيس لجنة المرأة بالمنظمة العربية للسلامة المرورية، وسعادة الأستاذ جمال عبيد البح رئيس منظمة الأسرة العربية، وسعادة الشيخ الدكتور مساعد محمد منذني رئيس مجلس إدارة جمعية التكافل الاجتماعي الكويتية لرعاية السجناء المعسرين، وسعادة النائب البرلماني اللبناني المهندس فؤاد مخزومي مؤسس مؤسسة مخزومي، وسعادة المهندس طارق حمزة الرئيس التنفيذي لشركة «سوداتل» السودان، وسعادة الدكتورة أمل البكري البيلي وزير التنمية الاجتماعية السابقة بولاية الخرطوم الخبير في مجال المسؤولية المجتمعية. كما ضمت القائمة سعادة الدكتور وليد الوهيب مدير عام صندوق التضامن الإسلامي للتنمية التابع للبنك الإسلامي للتنمية بجدة، وكذلك الخبيرة التربوية الكويتية سعادة الشيخة سهيلة بنت سالم الصباح، وعطوفة اللواء مصطفى البزايعة نائب رئيس المجلس الأعلى للدفاع المدني الأردني، وسعادة السيد محمد بن فلاح العتيبي مدير عام بيت الزكاة الكويتي، وسعادة الدكتورة نعيمة بوعيش الخبيرة المغربية في مجال التنمية البشرية، وسعادة الدكتورة عروب الرفاعي الأكاديمية الكويتية الحاصلة على الدكتوراه في مجال المسؤولية المجتمعية.

وأيضًا، ضمت قائمة «المائة شخصية عربية الأكثر تأثيرًا في مجال المسؤولية المجتمعية لعام 2019» شخصيات عربية مهنية عملت في ميدان المسؤولية المجتمعية لسنوات كثيرة،

منها: الخبير الأردني الدكتور صالح الحموري، والخبير السوري الدكتور عماد سعد، وسعادة الدكتور زهير المزيدي رئيس المؤسسة العربية للقيم المجتمعية. هذا بالإضافة إلى شخصيات عربية بارزة مؤثرة كان لجهودها نتائج واضحة مؤثرة في العالم العربي، منهم سعادة الدكتور محمد حسن أمين مستشار رئاسة الوزراء اليمنية للشؤون الإنسانية، والخبير الدولي في الشؤون الإنسانية السيد سعيد حرسي.

وقد وجه مجلس إدارة الشبكة الإقليمية للمسؤولية الاجتماعية الشكر الجزيل للهيئة الاستشارية لهذا التصنيف العربي المهني، ولكل الخبراء والمتخصصين الذين تفاعلوا إيجابًا مع هذه المسابقة. كما أكد مجلس الإدارة على أن المنطقة العربية تضم أعدادًا كبيرة ممن يستحقون أن يكونوا ضمن هذه القائمة، وبالتالي تسعى الشبكة الإقليمية للمسؤولية الاجتماعية إلى أن تكون هذه الفعالية واحدة من عشرات الفعاليات والأحداث التي تنظمها الشبكة الإقليمية للمسؤولية الاجتماعية في المنطقة العربية للوصول إلى هؤلاء الخبراء والمتخصصين العرب لبناء جسور مهنية معهم/ معهن، بما يعود بالنفع على قضايا التنمية في المنطقة العربية، علمًا بأنه ترشح للمشاركة في هذا التصنيف المهني العربي في دورته الأولى مشاركون من (18) دولة عربية.

الباب الثاني

الاستراتيجية الوطنية للمسؤولية الاجتماعية في دولة قطر

الاستراتيجية الوطنية للمسؤولية الاجتماعية في قطر تُعَد في مراحلها الأخيرة، حيث حرصت قطر على دعم برامج المسؤولية الاجتماعية في الخليج والدول العربية. والتجربة القطرية في المسؤولية الاجتماعية تجربة متطورة اهتمت الدولة ببرامجها، ما ساهم في سرعة هذا التطور. ولعل إطلاق المؤشر القطري للمسؤولية الاجتماعية يعكس هذا التطور، خاصة بعد أن صُنِّفَت قطر ضمن أغني الدول في العالم.

التجربة القطرية في المسؤولية الاجتماعية

رغم حداثة التجربة القطرية، فإنها متطورة سريعة. فالدولة تعقد المؤتمرات التي ترعاها الحكومة القطرية، من خلال وزارة التجارة والصناعة، وهو ما يعطي مؤشرًا إلى اهتمام الدولة بدعم مبادرات المسؤولية الاجتماعية. كما شُكِّلَ فريق عمل لإعداد مواصفة محلية للمسؤولية الاجتماعية، استنادًا إلى المواصفة الدولية للمسؤولية الاجتماعية. وأعلنت وزارة الأعمال والتجارة عن تخصيص جهاز متخصص ضمن هيكلها الإداري للمسؤولية الاجتماعية، وهو ما يعطي دورًا للمؤسسات عمومًا في التقنين، والعمل على توظيف خدماتها وبرامجها من منظور مفهوم المسؤولية الاجتماعية. كما أعلنت غرفة صناعة وتجارة قطر عن مجموعة من البرامج التدريبية تنظمها للقطاع الخاص، وهي برامج توعية خاصة بتطبيق مفاهيم المسؤولية الاجتماعية. وأعلنت أيضًا وزارة الأعمال والتجارة أنه فور الانتهاء من

صدور المواصفة القطرية، سيكون ثمة مؤشر قطري للمسؤولية الاجتماعية، وجائزة خاصة للمسؤولية الاجتماعية، وهو ما يعكس الاهتمام الكبير من الدولة بهذه البرامج والمبادرات التي ترصدها الشبكة الإقليمية في دول مجلس التعاون.

المسؤولية الاجتماعية والدعم في قطر

تحظى المسؤولية الاجتماعية بدعم كبير وأولوية، خاصة بعد إطلاق المؤشر القطري للمسؤولية الاجتماعية الذي يأتي انعكاسًا طبيعيًّا لتصنيف قطر ضمن أغنى الدول العالمية، وفي ضوء أن دخل الفرد فيها هو الأعلى في العالم. وثمة دور كبير للدولة في هذا الصدد، خاصة أنها أعلنت عن تصفير المنتظرين على القوائم الإسكانية، وهو ما يؤكد اهتمام الدولة ودعمها للمسؤولية الاجتماعية. كما أن زيادة الأجور التي أعلنت عنها الدولة مؤخرًا هي الأعلى، وهو ما يؤكد أيضًا الدعم للمسؤولية الاجتماعية، فضلًا عن أن القطاع الخاص القطري والمؤسسات القطرية لديها إدارات معنية بالمسؤولية الاجتماعية، وليست جزءًا من العلاقات العامة، بل أصبحت برامج منظمة ممنهجة.

وقطر من الدول السبَّاقة في الاهتمام بالمسؤولية الاجتماعية على المستوى الإقليمي والعربي والدولي، وثمة مبادرات قطرية كبيرة من خلال المؤسسات الرسمية والأهلية والخاصة. ومن الملاحظ أن الدول كافة بدأت في تطبيق أهداف الأمم المتحدة للتنمية المستدامة، وأنها تتنافس حاليًّا، حسب قدراتها وإمكانياتها، إلى جانب موقعها الجغرافي، في تنفيذ الأجندة الجديدة التي تتضمن (17) هدفًا و(169) غاية. وإذا نظرنا إلى هذه المبادئ، سنجد أن دولة قطر متقدمة في تطبيقها، نظرًا لإمكانياتها والتزامها بالمعاهدات الدولية، وأن هذه المبادئ تنطلق من القيم قبل كل شيء. وقبل أن تأتي هذه المبادئ، تنطلق قيم دولة قطر من الإسلام الذي هو خير منهج يحتوي على قيم ومبادئ المسؤولية المجتمعية. ونلاحظ بالفعل أن ثمة مؤسسات تنهض بهذا الدور في دولة قطر، بالإضافة إلى تعاون الدولة مع القائمين على أمر المسؤولية المجتمعية في المنطقة والإقليم لتطبيق هذه المبادئ. وإذا نظرنا إلى دستور دولة قطر، نلاحظ أنه يؤكد هذه المبادئ. وإذا نظرنا كذلك إلى «رؤية قطر 2030»، نجد أنها غنية بتطبيق هذه المبادئ التي هي جزء من التنمية المستدامة.

وثمة جهود مبذولة على المستوى الحكومي ومستوى القطاع الخاص، وعلى مستوى منظمات المجتمع المدني كذلك، في دولة قطر، والدليل على ذلك انتشار كثير من المبادرات الإنسانية، سواء كانت من أفراد أو منظمات مجتمع مدني، التي تعمل على تحقيق الهدف المنشود سنويًّا من أهداف التنمية المستدامة. وأرقام دولة قطر واضحة في الإحصائيات التي تُنشَر من قِبل جهات محايدة، حيث تبرز جهودها في مجال التعليم والصحة والبيئة، وغيرها من المجالات الإنسانية الأخرى، لذلك فهي متقدمة على مستوى العالم العربي، وأيضًا نلاحظ أنها تحمل أرقامًا متطورة بالنسبة للعالم.

المعوقات التي واجهتها دولة قطر في هذا المجال

أكبر معوق هو حداثة التجربة فقط، ولكن مفهوم المسؤولية الاجتماعية بات مقبولًا، والجميع يسعى إلى أن تكون ثمة عدالة اجتماعية، سواء محليًّا أو دوليًّا، ولذلك نحتاج إلى فترة للتعرف على المواصفة ومبادئ المسؤولية الاجتماعية، وكيفية الاستفادة منها وتطبيقها.

الدور القطري في دعم المسؤولية الاجتماعية في الخليج والعالم العربي

تؤدي قطر دورًا كبيرًا في دعم برامج المسؤولية الاجتماعية في الخليج والدول العربية. وثمة -مثلًا- مبادرة لدعم سلطنة عمان والبحرين أقرها مجلس التعاون الخليجي، وقطر من أبرز المساهمين فيها. كذلك أنشأت قطر منظمة متخصصة اسمها «أيادي الخير نحو آسيا» تصل إلى كل الدول الآسيوية، فضلًا عن مبادرة قطر في دعم الثورات العربية اجتماعيًّا، بجانب الدعم السياسي، كما حدث في مصر على سبيل المثال، عندما قدمت 500 مليون دولار لدعم الموازنة المصرية، وهكذا مع الدول الأخرى، فمشاريع المسؤولية الاجتماعية في قطر لم تتخذ الجانب الخيري، بل أخذت الطابع الاقتصادي. ودور قطر معروف في دارفور وجزر القمر والصومال ودول أخرى.

تأثير الرأسمالية والعولمة على المسؤولية الاجتماعية

مفاهيم المسؤولية الاجتماعية جاءت الآن لتخفف من ضرر العولمة. فرغم أن للعولمة إيجابيات، فإن لها إضرارًا كثيرة، ولذلك جاءت المسؤولية الاجتماعية لتنشر مفهوم العدالة

الاجتماعية، بداية من مؤسسات قطاع الأعمال إلى القطاعات الأخرى، إذ لم تقتصر على قطاعات الأعمال والمؤسسات، ولكن أصبحت مسؤولية القطاع الحكومي والأفراد والموردين. وهي مسؤولية مجتمعية ساهمت في تخفيف الضرر الناجم عن مفاهيم العولمة المجردة التي كانت تهتم بجني الأرباح، وتنسى الجانب الاجتماعي.

المسؤولية الاجتماعية بعد الثورات

الثورات العربية استطاعت أن تغير هذا الفكر، خاصة أن أساس الثورات اجتماعي. وليس الثورات العربية فقط، بل الخريف الدولي أيضًا أساسه مطالب اجتماعية. وفي حالة تطبيق مفاهيم المسؤولية الاجتماعية المرتكزة على العدالة الاجتماعية، فسيكون لذلك دور ورواج كبير، خاصة أنها في السابق كانت عبارة عن مبادرات فردية وخيرية طوعية، والآن أصبح لها بعد أن قُدِّمَت في مواصفات عالمية رواج كبير جدًّا.

دور الشبكة الإقليمية في قطر والمساهمة في تطبيق المسؤولية الاجتماعية

ترصد الشبكة مساهمات الشركات الخاصة في قطر، خاصة أن الحكومة القطرية دشنت صندوقًا للدعم في عام 2010، تساهم فيه الشركات المدرجة في البورصة بنسبة 2.5 من أرباحها. وترصد الشبكة مساهمات هذه الشركات من خلال صندوق دعم الأنشطة الاجتماعية والثقافية والرياضية الذي جاء بمرسوم أميري أصدره سمو الشيخ تميم بن حمد آل ثاني ولي العهد الأمين. ومنذ أن تأسس، أعطى العمل الاجتماعي والخيري والثقافي والرياضي دعمًا كبيرًا جدًّا، وهو ما يحسب لدولة قطر، خاصة أنها من الدول القليلة التي قننت المساهمات لصالح برامج المسؤولية الاجتماعية.

أهم المشروعات القطرية التي قُدِّمَت مؤخرًا

قُدِّمَت مجموعة من المشاريع ذات فائدة كبيرة للمجتمع العربي، منها مثلًا ما قدمته قطر لمملكة البحرين، حيث قدمت مشروعًا للتوعية المجتمعية بالأحداث التي وقعت في البحرين بصفتها مسؤولية اجتماعية، وذلك من خلال مجموعة استشارية تساعدهم في معرفة كيفية

فهم ما يحدث في البحرين. كما أن الشبكة تطورت في دولة قطر، وقدمت بورصة المشاريع الاجتماعية، بالتعاون مع مؤسسة متخصصة في دراسة الجدوى، وهي تؤسس حاليًّا شراكة مع المنظمة العربية للتنمية الإدارية.

المبادرات القطرية بالمسؤولية الاجتماعية

1. مبادرة شركة «قابكو» والتنمية المستدامة

شركة «قابكو» ملتزمة التزامًا قويًّا بتحقيق الازدهار والتنمية المستدامة لدولة قطر، وذلك من خلال سعيها لإحراز الأهداف الطموحة الواردة في الرؤية الوطنية لدولة قطر 2030 التي تبنت مجموعة متنوعة من برامج المسؤولية الاجتماعية، ترتكز على أربعة جوانب أساسية، وهي: التعليم، والبيئة، والرياضة، والصحة. وتدعم «قابكو» هذه الركائز الأربع، فضلًا عن تنمية المواطن القطري والقدرات المحلية.

- **الركائز الأربع في برامج المسؤولية الاجتماعية**

الركيزة الأولى: دعم قطاع التعليم. وذلك من خلال المساهمة في تطوير قطاع التعليم والمهارات المحلية وبناء القدرات، في إطار تعزيز التنويع والاقتصاد المعتمد على المعرفة، مع التركيز على مناهج العلوم والتكنولوجيا والهندسة والرياضيات وتنمية المهارات القيادية. وقد مثَّل الخريجون ذوو المهارات العالية في مجالات العلوم والتكنولوجيا والهندسة والرياضيات عوامل دقيقة الأهمية في دعم اقتصاد سليم ديناميكي مزدهر. وتُعَد المهارات في مجال العلوم والهندسة من الأمور الحاسمة لنجاح أعمال شركة قطر للبتروكيماويات (قابكو)، وتحقيق طموحات قطر ومستقبلها في صناعة البتروكيماويات وصناعة النفط والغاز بالتأكيد. وثمة اعتقاد راسخ لدى الشركة في ضرورة تطوير الجيل المقبل من الخريجين المؤهلين تأهيلًا عاليًا، وأن التعليم في مجالات العلوم والتكنولوجيا والهندسة والرياضيات هو أحد العناصر الأساسية في المسؤولية الاجتماعية وبرنامج المشاركة بشركة «قابكو» واستراتيجية الاستدامة لديها، وهي تسعى بصورة عامة إلى توفير الدعم للمهارات والتعليم الفني والعلم. وقد دعمت مؤخرًا برامج كلية الهندسة بجامعة قطر، مثل: الحياة هندسة، وأسبوع الهندسة، ومسابقة الحوسبة كلية الهندسة للحوسبة، ومسابقة التصميمات

الكبرى، والجسر الخشبي، ومسابقة غازنا والمكعب الرقمي، ويوم التصميمات الميكانيكية، والدورات التدريبية السنوية التي يقيمها مركز معالجة الغاز؛ بصفة ذلك جزءًا من دعمها المستمر لجامعة قطر. كما نظمت شركة «قابكو» ورشة عمل لكتابة السير الذاتية ومهارات المقابلات للطلاب من كلية الهندسة بهدف مساعدتهم على الانتقال بنجاح إلى العمل بعد تخرجهم.

الركيزة الثانية: البيئة. فقد اهتمت شركة «قابكو» بحماية البيئة الطبيعية ورعايتها في دولة قطر، مع التركيز على حماية السواحل، وتثقيف المجتمع المحلي بشأن استخدام منتجات البلاستيك، وإعادة التدوير وإدارة النفايات على نحو مسؤول. وتكرس الشركة جهودها للحد من الآثار البيئية الضارة في المجالات المرتبطة بأعمالها الأساسية، وهو أحد الأسباب الرئيسة وراء المشاركة في الأنشطة الاجتماعية المتعلقة بإدارة النفايات وإعادة التدوير. فلدى «قابكو» قناعة بأن بناء مجتمعٍ واعٍ مسؤولٍ مهتمٍ بإعادة التدوير يعود بالنفع ليس على البيئة فحسب، إنما يضيف قيمة إلى صناعات تكرير النفط الخام أيضًا.

برامج حماية البيئة

وتعكف الشركة حاليًّا على مباشرة مجموعة متنوعة من برامج حماية البيئة المعدة بقصد رفع الوعي البيئي بين كل الموظفين في «قابكو» لضمان بيئة تشغيل صحية لكل موظفيها. وتشمل هذه البرامج:

- برامج الوعي البيئي.
- الامتثال للتشريعات البيئية.
- نظام إدارة البيئة.
- برنامج مراقبة حماية البيئة.
- برنامج المشروعات والتطورات البيئية.

الركيزة الثالثة والرابعة: الرياضة والصحة. فقد ركزت شركة «قابكو» على دعم التوجه العام لدولة قطر لمواجهة تحديات الصحة العامة الرئيسة، والتشجيع على أنماط حياة صحية. ومنذ تأسيسها في عام 1974، تتسم ثقافة المؤسسة في «قابكو» باحتضانها للأحداث

والمسابقات الرياضية، إذ إن لديها قناعة راسخة بأن الرياضة تزيد من ثقة الموظفين، وتحسن مهاراتهم وصحتهم البدنية والذهنية. كما أنها تساعد أيضًا في تعزيز الترابط الاجتماعي والأسري، من خلال تجميع الأفراد في الأحداث المختلفة، ولها القدرة كذلك على إيجاد ثقافة تقدر أهمية النشاط البدني ونمط الحياة الصحي. وبالطبع، تساهم هذه المزايا في تحقيق نتائج أشمل، مثل: تحسين الصحة العامة ومتوسط العمر المتوقع، أو زيادة انخراط الموظفين أو إنتاجيتهم في العمل. لذا، فالرياضة جزء لا يتجزأ من ثقافة الشركة، وهي تسعى إلى مشاركة هذه الثقافة مع المجتمع.

• المبادئ الإرشادية

تتعامل «قابكو» مع كل البرامج التي توفرها وفق المبادئ الإرشادية التالية:

- توفير برامج اجتماعية ذات جودة عالية متماشية مع رؤية قطر الوطنية لعام 2030 التي تدعم التنمية المستدامة داخل الدولة.
- توفير مزايا طويلة المدى مستديمة لقطر وشعبها.
- التعاون مع الشركاء المناسبين لتعزيز الآثار الإيجابية، وتوفير حلول مستديمة.

• استراتيجية تطوير البحوث

ثمة أولوية استراتيجية لتطوير البحوث المتعلقة بعلم البوليمرات بالنسبة لشركة قطر للبتروكيماويات (قابكو)، حيث إنها تبتكر استخدامات جديدة لمنتجات البولي إيثيلين، وتحفز تطوير الوظائف التي تتطلب مهارات وتكنولوجيا عالية، بداية من المختبر إلى الفصول الدراسية، كما تخلق أسواقًا جديدة لمنتجات الشركة.

ومن خلال الشركات الست عشرة، وُضِعَت الاستراتيجية مع المدارس والجامعات القطرية، بحيث يقدمون الدعم اللازم لتطوير مجال جديد من البحوث والخبرات في علم البوليمرات، ومبادرات العلوم والتكنولوجيا والهندسة والرياضيات، التي ينشأ عنها مساهمة أكاديمية اقتصادية قوية لدولة قطر.

2. هيئة تنظيم مركز قطر للمال

وضعت هيئة تنظيم مركز قطر للمال برنامج المسؤولية الاجتماعية الذي يعكس مبادئ هيئة التنظيم ومسؤولياتها الأخلاقية والاجتماعية والبيئية.

- **مهمة هيئة تنظيم مركز قطر للمال في إطار المسؤولية الاجتماعية**

إنشاء بيئة تنظيمية للخدمات المالية تتمتع بمستوى عالمي، وتساهم في تحقيق الرفاهية الاقتصادية والبيئية والاجتماعية لدولة قطر وشعبها.

- **أهم ركائز هيئة تنظيم مركز قطر للمال**

الركيزة الأولى: **التنمية البشرية**. وهي الركيزة الأولى الواردة في رؤية قطر الوطنية 2030، وتهدف إلى تطوير وتنمية سكان دولة قطر لكي يتمكنوا من بناء مجتمع مزدهر. وبالتماشي مع أهداف الرؤية الوطنية، تُوظِّف هيئة التنظيم وتُطوِّر المواطنين القطريين على جميع المستويات، بمن فيهم الخريجون القطريون، من خلال «برنامج تطوير الخريجين الجامعيين».

وتسعى هيئة التنظيم إلى إنشاء قوة عاملة مستدامة في مجال الخدمات المالية في دولة قطر. ومع التركيز على تعزيز الخبرة والروابط المحلية في المجتمع، فقد تحقق ذلك من خلال توفير فرص عمل نوعية للموظفين الحاليين من أجل اكتساب المهارات الجديدة، وعملية التوظيف الاستراتيجية لموظفين جدد ليكونوا مصادر للأفكار الجديدة والخبرة التنظيمية. ويكمن الهدف في تطوير فريق قوي واسع الخبرة، وبالتالي توفير المعرفة الشاملة العميقة المطلوبة حتى التساوي مع أفضل الجهات الرقابية في العالم. ولا شك أن التطوير المستمر لفرص العمل النوعية للموظفين القطريين ذو أهمية بارزة في تعزيز فريق عمل هيئة التنظيم، بما يتماشى مع التزامها بركيزة التنمية البشرية في رؤية قطر الوطنية 2030.

ومن ناحية أخرى، يصب برنامج تطوير الخريجين الجامعيين في قلب جهود الشركة لخلق فرص جديدة للمواطنين القطريين. ويقدم هذا البرنامج 12 شهرًا مكثفًا من التدريب للخريجين القطريين المميزين. ومنذ عام 2006، يأخذ خريجون متميزون على عاتقهم هذا التحدي، ومن المتوقع توسيع الخطط للاستفادة من هذه الموارد، بهدف ضمان نجاح واستمرارية هيئة التنظيم في المستقبل. وتظهر نتائج البرنامج من خلال المسار المهني

للمشاركين السابقين فيه الذين يساهمون حاليًا بشكل متزايد في أدوار تنظيمية عليا، خاصة في مجال صنع السياسات.

وتعمل هيئة التنظيم وفقًا لأعلى المعايير الدولية في التوظيف، بما يتوافق مع قانون التوظيف الصادر عن مركز قطر للمال، والمعايير الدولية الصادرة عن منظمة العمل الدولية، والركيزة الأولى لرؤية قطر الوطنية 2030 التي تنص على: «تطوير وتنمية سكان دولة قطر لكي يتمكنوا من بناء مجتمع مزدهر».

تطوير الموظفين

تتمتع هيئة التنظيم بفريق متنوع من الموظفين المحترفين والخبراء من حول العالم (من أكثر من 20 جنسية)، إذ يعتمد نجاح وإنجازات هيئة تنظيم مركز قطر للمال على نوعية موظفيها. وهي تعين الموظفين الذين يتمتعون بالإمكانات العالية والاندفاع اللازم، وتشجعهم على النمو والتقدم في وظيفتهم، من خلال خطط تطوير الفرد التي تشمل التدريبات والندوات والتطوير المهني الذاتي. ولدعم هذا الالتزام، تهدف هيئة التنظيم إلى تحقيق معدل ساعات تدريبية لكل موظف يتراوح بين 40 و60 ساعة كل سنة.

الركيزة الثانية: التنمية الاجتماعية. وهي تشجع على تطوير مجتمع عادل آمن، مستند إلى الأخلاق الحميدة والرعاية الاجتماعية، قادر على أداء دور مهم في الشراكة العالمية من أجل التنمية. وتساهم هيئة التنظيم في التطوير الاجتماعي والاقتصادي لدولة قطر من خلال دعم المجتمع بالمنتديات التقنية والمحاضرات والدروس في الجامعات القطرية وبرنامج «إنجاز قطر».

وتسعى هيئة التنظيم إلى التواصل مع المؤسسات التعليمية المحلية، من خلال المشاركة في المعارض المهنية، وتوفير المحاضرين الخبراء والتوجيه الأكاديمي، بالشراكة مع أكاديمية قطر للمال والأعمال أو برنامج إنجاز. وتعترف هيئة التنظيم بأنه من الضروري أحيانًا التزود بالخبرة من الخارج، لذلك دعمت الموظفين القطريين في إتمام دراساتهم العليا في الخارج لتعزيز خبرتهم، والمساهمة في خلق قوة عاملة مستدامة في قطاع الخدمات المالية في الدولة.

ترويج الثقافة القطرية

تحث هيئة التنظيم موظفيها على معرفة المزيد عن الثقافة المحلية، وتشجع الزوار الأجانب على التعرف على قطر وتراثها. ويتحقق ذلك جزئيًّا من خلال التدريب الدوري وبرامج التوعية التي تركز على التوعية الثقافية، وتاريخ قطر وشعبها، واللغة العربية، والتقاليد المحلية.

وتشمل مسؤوليات هيئة التنظيم مسؤولية المساهمة في «تطوير مجتمع عادل آمن، مستند إلى الأخلاق الحميدة والرعاية الاجتماعية، قادر على التعامل والتفاعل مع المجتمعات الأخرى، وأداء دور مهم في الشراكة العالمية من أجل التنمية» (الركيزة الثانية). وتعمل هيئة التنظيم وفقًا لأعلى المعايير الدولية في ما يتعلق بالحوكمة المؤسسية والسلوك المهني. ويوقع كل موظف على نسخة مفصلة من قواعد السلوك التي تشمل أعلى المعايير المهنية، ويُقيَّم كل مدير سنويًّا على أساس مجموعة من «مبادئ الإدارة» المألوفة التي تركز على السلوك الأخلاقي واحترام الفرد.

وتدعم هيئة التنظيم الجمعيات الخيرية، من خلال التبرعات بالطعام في أثناء شهر رمضان المبارك، والتبرعات الخيرية لجمعيات أخرى (كالهلال الأحمر القطري)، والشراكة مع «Reach Out to Asia».

الركيزة الثالثة: التنمية الاقتصادية. وتمثل الركيزة الثالثة لرؤية قطر الوطنية 2030، وهي تشجع على تطوير اقتصاد وطني متنوع تنافسي، قادر على تلبية احتياجات مواطني قطر في الوقت الحاضر وفي المستقبل، وتأمين مستوى معيشي مرتفع. وتساهم هيئة التنظيم في ذلك من خلال التطوير المستمر للقطاع المالي في قطر. وبالإضافة إلى الدعم المقدم إلى الشركات المرخصة المصرح لها في مركز قطر للمال، تتعاون هيئة التنظيم مع الأجهزة القطرية المعنية بالامتثال الدولي.

وتلتزم هيئة تنظيم مركز قطر للمال بإنشاء بيئة خالية من كل أشكال الجريمة المالية، وتساهم في رفاهية بيئة الخدمات المالية والمواطنين القطريين. كما تلتزم، إلى جانب اللجنة الوطنية لمكافحة غسل الأموال وتمويل الإرهاب والجهات القطرية الأخرى، بتطبيق التدابير الخاصة بالامتثال المستمر للقواعد الدولية.

وقد أظهرت الأحداث الأخيرة الأهمية المتزايدة للتعاون والتواصل الدولي الفعَّال في تنظيم الخدمات المالية. ويُعَد التعاون التنظيمي الدولي، وفهم الأنظمة التنظيمية المطبقة في دوائر الاختصاص الخارجية، غاية في الأهمية. كما تساهم علاقات التعاون مع الجهات الرقابية الوطنية والدولية في تسهيل عملية تبادل المعلومات الرقابية بين هذه الجهات.

ومنذ عام 2008، بدأت هيئة التنظيم بتقديم مجموعة من المحاضرات إلى طلاب كلية القانون، شملت مجموعة من مسائل القانون الأوروبي والدولي، والهيكل التنظيمي لمركز قطر للمال وهيئة التنظيم. وتظهر هذه المحاضرات التزام هيئة التنظيم المستمر بمشاركة معارفها، إلا أنها تشكل أيضًا طريقة جديدة مهمة تستطيع هيئة التنظيم من خلالها الاتصال بغيرها من المؤسسات، وتوسيع آفاق الاهتمام بعملها، وفهم طبيعة هذا العمل.

فضلًا عن ذلك، اشتركت هيئة التنظيم مع برنامج «إنجاز قطر» عام 2011، وقدمت خبرة المحترفين الذين يستطيعون مساعدة الطلاب على فهم فرص العمل المتاحة لهم، وتعليمهم المهارات التي لا تُعلَّم دائمًا في المدارس. ويُعَد برنامج «إنجاز قطر» جزءًا من مؤسسة «إنجاز الشباب العالمية» (Junior Achievement Worldwide)، وهي أكبر منظمة تعليمية في العالم تهدف إلى تهيئة القوة العاملة، وتوفير روح المبادرة والمعرفة المالية، وتصل سنويًّا إلى 8.3 مليون طالب في 119 دولة.

الركيزة الرابعة: التنمية البيئية: تلتزم هيئة التنظيم بالاستعمال الفعَّال للموارد، وتخفيف آثارها على البيئة، بهدف المساعدة في تأمين الانسجام بين النمو الاقتصادي والتنمية الاجتماعية والحماية البيئية، على النحو المبين في الركيزة الرابعة من رؤية قطر الوطنية 2030.

وارتأت هيئة التنظيم التركيز على خطوات محددة من شأنها أن تساهم بمجرد ارتباطها بعضها ببعض في إحداث أثر إيجابي على البيئة. ويظهر اهتمامها بالحفاظ على البيئة من خلال الخطوات المبينة أدناه:

- تسيير معظم الأعمال المكتبية من خلال الأنظمة المعلوماتية، والتخفيف من استهلاك الأوراق.

- تشجيع حفظ المواد المطبوعة من خلال الطباعة ذات الوجهين، وتدوير محابر الطابعات، والإضاءة على الأثر السلبي للطباعة على البيئة، من خلال إدخال رسائل التذكير بعد التواقيع الإلكترونية، والإشارة إلى ذلك أيضًا عبر المطبوعات المعلقة إلى جانب الطابعات في المكتب.
- تدوير المعدات الخاصة بتكنولوجيا المعلومات، من خلال الاشتراك بالبرامج الوطنية، بالتعاون مع «كيوتل».
- تدوير الورق.
- استخدام أكياس القمامة القابلة للتحلل بيولوجيًا.
- تعميم الرسائل عن التوعية البيئية في الأماكن المشتركة.
- استخدام الأضواء والإلكترونيات التي توفر الطاقة.
- إدخال نظام التصريف المزدوج في الحمامات.
- التشجيع على النظافة من دون استهلاك المياه، من خلال توفير معقم اليدين في الأماكن المشتركة.

الحد من النفايات

تعمل هيئة التنظيم في بيئة مكتبية آمنة خاصة، بحيث تمزق الأوراق السرية، ويُعَاد تصنيع الأوراق الممزقة وتدويرها من قِبل شركة محلية. وضمن البرنامج البيئي الخاص بهيئة مركز قطر للمال، تنقل هيئة التنظيم نفاياتها إلى المصدر لتسهيل تدوير النفايات في مكان مركزي.

تعزيز نمط حياة صحي

تشجع هيئة التنظيم موظفيها على اتباع نمط حياة صحي، والتعاون مع المؤسسات التي تدعم الرياضة في حياتنا اليومية. وبمناسبة الاحتفال السنوي الأول باليوم الوطني للرياضة، شاركت هيئة التنظيم في سباق على الكورنيش، بالتعاون مع مصرف قطر المركزي وعدد من مؤسسات الخدمات المالية في الدولة.

3. مبادرة «ساسول» في المسؤولية الاجتماعية لقطاع الطاقة في دولة قطر

وهي من المبادرات المتميزة والجهود الرائدة التي تبذلها «ساسول»، الشركة الدولية المتكاملة للكيماويات والطاقة، في مجال المسؤولية الاجتماعية. وقد حصلت على جائزة أفضل مبادرة في المسؤولية الاجتماعية لقطاع الطاقة في دولة قطر عن تطبيقها «Qatar e-Nature». وهذه الجائزة هي التكريم الرابع الذي يحظى به تطبيق الهواتف الذكية الأول من نوعه الذي يسعى لغرس شغف حب البيئة في نفوس سكان قطر. وكان هذا التطبيق قد حظي بتقدير سعادة وزير البيئة في 2015 لمساهمته القيمة في التعريف بالموارد البيئية لدولة قطر، كما فاز بجائزة أفضل خدمة حكومية عبر الهاتف المحمول، وجائزة أفضل التطبيقات الذكية للحكومات العربية عن فئة البيئة على المستوى الإقليمي.

ويشكل هذا التطبيق مصدرًا قيمًا للمجتمع المحلي، حيث يستخدم في كثير من المدارس ضمن مسابقة «Qatar e-Nature» المدرسية التفاعلية. وتهدف جميع هذه الجهود إلى نشر الوعي حول التنوع البيئي في قطر، وتأتي في إطار النظرة الدولية للمسؤولية المجتمعية للشركات التي تؤكدها الشركة الأم في جنوب أفريقيا. وتسعى «ساسول» لتقديم الفائدة للمجتمع المحلي والاقتصاد في قطر من خلال مبادراتها المبتكرة المفيدة. وقد أُطلِق تطبيق «Nature-Qatar e» والموقع الإلكتروني في ديسمبر 2013. ويحتوي التطبيق على معلومات عن النباتات والطيور والحشرات والثدييات والزواحف والحياة البحرية والمحميات الطبيعية في قطر، وقد طوَّرته «ساسول» في إطار برنامج المسؤولية الاجتماعية للشركة، وذلك بالتعاون مع مركز أصدقاء البيئة. ويهدف التطبيق الذي يقدم المعلومات باللغتين العربية والإنجليزية إلى دعم أهداف رؤية قطر الوطنية 2030 في نشر التنمية المستدامة، من خلال المساهمة في نشر الوعي البيئي بين السكان.

ويتمثل هدف مبادرة «Qatar e-Nature» على المدى البعيد في ترسيخ حب وتقدير الطبيعة الغنية لقطر. ومن خلال الشراكة المثمرة مع مركز أصدقاء البيئة ووزارة التعليم والتعليم العالي، أمكن تعريف الآلاف من طلاب المدارس في قطر على الطبيعة القطرية الجميلة المنوعة. والحقيقة أن نشر الوعي البيئي هو أحد الجوانب المهمة التي تركز عليها «ساسول» في إطار مسؤوليتها الاجتماعية الدولية.

وتماشيًا مع رؤية قطر 2030، ستعمل الشركة جاهدة على دعم النجاح الذي تحقق، من خلال إثراء محتوى «Qatar e-Nature»، وإشراك أصحاب العلاقة الرئيسين بشكل فعَّال في النشاطات المقبلة لهذه المبادرة. وكانت «ساسول» ومركز أصدقاء البيئة ووزارة التعليم والتعليم العالي قد أعلنت عن إطلاق الدورة الرابعة من مسابقة «Qatar e-Nature» للمدارس 2017. وقد ضمت المسابقة الموجهة لجميع مدارس المرحلة الابتدائية في قطر فرقًا مكونة من ثلاثة طلاب من كل مدرسة ستتنافس معًا ضمن مجموعات مكونة من أربع مدارس في مسابقة مباشرة أمام الجمهور. وقد بدأت الاتصالات مع جميع المدارس الابتدائية للشروع بعملية اختيار الفرق منذ 1 ديسمبر 2016، واستمر ذلك حتى 28 فبراير 2017.

يشار إلى أن تطبيق «Qatar e-Nature» السهل الاستخدام يتوفر للتحميل مجانًا على متجر «آب ستور» ومتجر «غوغل بلاي» ومتجر «ويندوز فون ستور»، وعلى الموقع الإلكتروني «www.enature.qa». ويمكن أيضًا متابعة أحدث المعلومات على قنوات التواصل الاجتماعي «فيسبوك» و«تويتر» و«إنستغرام». ويُحدَّث التطبيق والموقع الإلكتروني بشكل منتظم.

4. QNB البنك الرائد في مجال المسؤولية الاجتماعية

تتفوق مجموعة «QNB» بصفتها أفضل بنك في مجال المسؤولية الاجتماعية نظير كثير من المعايير والمقاييس التي وضعتها المجموعة لتحديد آليات عمل أنشطة مسؤوليتها الاجتماعية التي تضمنت فرص الرعاية والمشاركة في المناسبات والأحداث والتبرعات والشراكة مع الجمعيات الخيرية المعترف بها رسميًّا. بالإضافة إلى ذلك، التزم البنك بتخصيص نسبة معينة من صافي أرباحه السنوية لتوفير الدعم العام عبر القنوات المذكورة أعلاه، وضمن المجالات التالية: الثقافة والفنون، والشؤون الاقتصادية والدولية، والصحة والبيئة، والشؤون الاجتماعية والإنسانية، والرياضة، والشباب والتعليم.

- **سياسة مشاركة الموظفين بالمسؤولية الاجتماعية**

ضمن مسؤوليات ومهام وظائفهم، يُشجَّع موظفو مجموعة «QNB» على التطوع للمشاركة في أنشطة البنك المستمرة للمسؤولية الاجتماعية. ويدعم موظفو البنك مجالات المسؤولية الاجتماعية التي يختارونها، سواء عبر تخصيص جزء من وقتهم أو خبراتهم

للقضايا التي تستحق الاهتمام ويملك فيها البنك حضورًا أو من خلال المساهمات المادية في مبادرات جمع التبرعات التي تتكفل بها الجمعيات الخيرية الرسمية. والواقع أن موظفي مجموعة «QNB» أعضاء ناشطون في المجتمع المحلي، ومنهم كثير من المتطوعين الذين يكرسون أنفسهم من خلال استعمال مهاراتهم ومواهبهم لتحسين المجتمع ككل.

ويفتخر البنك بفريق عمله، ويشجع جميع موظفيه على تكريس قدر من وقتهم لدعم أهم قضايا المجتمع، ومنها:

- الاشتراك بحملات نظافة المرافق البيئية سنويًا.
- المساعدة في كثير من المناسبات الدولية وجمع التبرعات.
- مساعدة الشباب في تعلم مهارة جديدة في أحد المراكز الاجتماعية المحلية، واستخدام مهاراتهم القيادية لتدريب فريق الأطفال الرياضي، وحتى توفير وجبات طعام لمن لا يستطيع تحمل تكاليفها.

ويشكِّل الدعم الذي تقدمه مجموعة «QNB» في المجالين الإنساني والاجتماعي أحد أهم أركان مسؤولياتها الاجتماعية. وسواء كان هذا الدعم متمثلًا في الأنشطة التي يقيمها البنك على المستوى المحلي لدعم الأيتام والفئات الأقل حظًا أو من خلال إرسال المساعدات الدولية إلى ضحايا الكوارث الطبيعية حول العالم، فإن هذا الجزء من برنامج المسؤولية الاجتماعية يركز على التوزيع العادل للثروة.

- **دعم فئات المجتمع المختلفة**

خلال العقد المنصرم، استفادت كثير من المؤسسات المحلية من دعم مجموعة «QNB» المتواصل للأعمال الخيرية، مثل: معهد النور للمكفوفين، ومركز الشفلح، ومركز قطر للعمل التطوعي، ومركز قطر للتطوير العائلي، ودار الإنماء الاجتماعي التابعة لمؤسسة قطر للتربية والعلوم وتنمية المجتمع. كما قدمت مجموعة «QNB» رعايتها لمشروع هدايا العيد، وهي حملة سنوية ينفذها «الهلال الأحمر القطري» لمساعدة الأسر المحتاجة في قطر.

- **شراكة متميزة مع مؤسسة قطر**

استطاعت مجموعة «QNB» دعم عدد من المبادرات الاجتماعية والإنسانية المهمة،

بالتعاون مع مؤسسة قطر للتربية والعلوم وتنمية المجتمع، بما في ذلك تقديم المساهمات إلى حملة «أَدْوَمَهُ وإنْ قَلّ» الخيرية التي تساعد العائلات المحتاجة على تلبية المتطلبات التعليمية والطبية لأفرادها. ومن المبادرات الرئيسة الأخرى التي استفادت من دعم مجموعة «QNB» برنامج الخطوة الأولى التابع لدار الإنماء الاجتماعي الذي يمهد الطريق للمرأة القطرية لكي تصبح عضوًا فاعلًا في المجتمع، من خلال تزويدها بالمهارات العملية الأساسية.

- **مبادرات عابرة للحدود**

جائزة «QNB» للعمل التطوعي هي ثالث نشاط للمسؤولية الاجتماعية يتعاون فيه البنك مع مؤسسة قطر للتربية والعلوم وتنمية المجتمع. فمنذ عام 1999، قدم البرنامج خمس جوائز سنويًّا؛ اثنتان للأفراد وواحدة للمؤسسات وواحدة للطلاب وواحدة للمشاريع الفعَّالة. ويؤدي هذا البرنامج دورًا مهمًا من خلال تكريم الأعمال التطوعية الهادفة إلى جعل قطر مكانًا أفضل للحياة، بالإضافة إلى تشجيع الأفراد على المشاركة الفاعلة في الأنشطة الإنسانية والخيرية، وهو يشتمل على حفل عشاء خيري سنوي يُكرَّم خلاله المتطوعون نظير جهودهم.

وتهدف جائزة «QNB» للعمل التطوعي التي تُنظَّم بالتعاون مع دار الإنماء الاجتماعي إلى الحث على التطوع، وتشجيع المؤسسات والأفراد من جميع الأعمار على تخصيص جزء من مهاراتهم وأوقاتهم ومواردهم لمساعدة الفئات الأقل حظًّا، ودمجها في المجتمع القطري.

- **إرسال المساعدات الدولية**

على المستوى الدولي، ساهم دعم مجموعة «QNB» المتواصل لجمعية «الهلال الأحمر القطري»، وحملة «أيادي الخير نحو آسيا»، بإثراء حياة كثير من الأفراد في المجتمعات خارج حدود دولة قطر. كما ساعدت المبالغ التي جُمِعَت بواسطة بطاقة ائتمان «QNB» التذكارية التي أُصدِرَت بمناسبة الألعاب الأولمبية الآسيوية الناجين من الزلزال المأساوي الذي ضرب باكستان، ورعت كذلك مجموعة «QNB» حفل العشاء الذي أقامته حملة «أيادي الخير نحو آسيا» لجمع التبرعات لصالح الأعمال الخيرية في مختلف أنحاء العالم.

• **تحقيق الأحلام المستقبلية للأيتام**

ضمن جهودها لدعم المجتمع على مختلف الأصعدة، قدمت مجموعة «QNB» الدعم للمؤسسة القطرية لرعاية الأيتام (دريمة). وقد تمثَّل هذا الدعم في مساعدة الأيتام داخل قطر على اكتشاف إمكانياتهم لكي يصبحوا جزءًا لا يتجزأ من جيل المستقبل ذي الكفاءة العالية والتعليم المميز الذي يسهم في تنمية الوطن، وتحقيق التطور الاجتماعي الذي يمثِّل أحد الأركان الأربعة لرؤية قطر الوطنية 2030.

• **التمكين الاجتماعي**

وقع «QNB» اتفاقية تعاون مع وزارة العمل والشؤون الاجتماعية لتدريب مجموعة من الشباب القطري، وتأهيلهم لسوق العمل، خاصة في القطاع المصرفي. وتأتي هذه الاتفاقية لتأكيد الدور الرائد الذي تؤديه المجموعة، وجهودها في تأهيل وتوظيف الشباب القطري، والاستفادة من طاقاتهم الكامنة في نهضة المجتمع.

ومن شأن هذه الاتفاقية أن تمكن خبراء مجموعة «QNB» من تدريب وتطوير الكفاءات القطرية وفقًا لأعلى المعايير العالمية، بما يحقق رؤية المجموعة للاستثمار في أهم عناصر منظومة العمل، وهو العنصر البشري، حيث يهدف البرنامج لإرساء أهم قواعد وقيم العمل المؤسسي لدى الشباب، وتوعيتهم بأهم معايير اختيار وظيفة المستقبل، والتعريف بالعمل المصرفي ومتطلباته، في الوقت نفسه الذي يقدم فيه إطارًا من التدريب التفاعلي الذي سيُقَام في مركز التدريب التابع للمجموعة.

• **دعم سيدات الأعمال القطريات**

وقَّع «QNB» ورابطة سيدات الأعمال القطريات مذكرة تفاهم وتعاون تهدف إلى بناء علاقات عمل ناجحة وتعاون مثمر بين الجانبين، إضافة إلى تركيز الجهود الرامية لتعزيز مساهمة المرأة في النشاط الاقتصادي، مع التركيز على المشاريع الصغيرة والمتوسطة. وبموجب الاتفاقية، يستضيف «QNB» ورشتي عمل سنويًا لتقديم خدمات التمويل لجميع عضوات رابطة سيدات الأعمال القطريات، من خلال تعريفهن بمجموعة المنتجات والخدمات الشاملة المخصصة لقطاع المشاريع الصغيرة والمتوسطة لدى البنك، والعمل

بشكل وثيق لاستباق التحديات، وتحديد الفرص المتاحة. علاوة على ذلك، سيوصي البنك بعضوات رابطة سيدات الأعمال القطريات لدى مختلف شركائه للحصول على المساعدة والدعم.

- **تأهيل الموظفين**

رحَّب «QNB» بمجموعة من الموظفين الجدد خلال حفل تخريج للمشاركين في البرنامج التأهيلي لعام 2015. ويعقد البنك، في إطار التزامه تجاه تطوير مهارات موظفيه، برامج تأهيلية لموظفيه الجدد بشكل منتظم ليساعدهم على التأقلم والاندماج بشكل أسرع في عمليات شبكة أعماله العالمية.

وقد انضم المتخرجون من هذا البرنامج التدريبي لخدمة البنك في مختلف الوظائف والمواقع، صرافين وموظفي خدمة عملاء بالفروع الخاصة بالخدمات المصرفية للأفراد، بالإضافة إلى وظائف في إدارة العمليات بالمجموعة. وسيستمر البنك بتنظيم برامج التأهيل لجميع الموظفين الجدد بغرض تطوير مهاراتهم، والتعرف على قدراتهم، لكي يتفوقــوا في عملهم، ويتمكنوا من تسخير إمكانياتهم كافة لخدمة وطنهم.

- **التميز الرياضي**

يدعم «QNB» الفعاليات والمبادرات الرياضية والأنشطة المختلفة للمؤسسات الوطنية، بصفتها إحدى ركائز برنامج المسؤولية الاجتماعية للبنك. ويُعَد هذا الدعم ترجمة لرؤية قطر الوطنية 2030 التي تطمح إلى أن تصبح الدولة مركزًا للتميز الرياضي في منطقة الشرق الأوسط وشمال أفريقيا، ووجهة استثنائية للسياحة الرياضية.

ويُعَد نشر القيم الرياضية واللياقة البدنية من أكثر أنشطة مجموعة «QNB» للمسؤولية الاجتماعية انتشارًا وتأثيرًا. وكانت المجموعة من الداعمين الرئيسين لنجاح ملف قطر لاستضافة نهائيات كأس العالم 2022.

- **تكريم المنتخب الوطني لكرة اليد**

بصفته الراعي الاستراتيجي لكل من بطولة العالم الرابعة والعشرين لكرة اليد للرجال، ومنتخب اليد الوطني القطري للرجال، احتفل «QNB» بالإنجاز التاريخي الذي حققه

المنتخب الوطني بوصوله للدور النهائي في هذه النسخة التي انتهت فعالياتها بالدوحة. وقد كرَّم «QNB» كلًا من لاعبي منتخبنا الوطني لليد والإداريين، اعترافًا منه بهذا الإنجاز الكبير، بصفتهم أول فريق من خارج أوروبا يصل إلى النهائيات، عقب التصفيات التي تمكَّن خلالها منتخبنا الوطني من الفوز على كل من النمسا وألمانيا وبولندا.

- **تكريم فرسان قطر لقفز الحواجز**

كرَّم «QNB» فرسان قطر لقفز الحواجز على الإنجاز التاريخي بالتأهل إلى أولمبياد ريو دي جانيرو، بالإضافة إلى كأس الأمم التي أقيمت في برشلونة بإسبانيا. وأتي هذا الاحتفال تكريمًا لهؤلاء الفرسان، ودعمًا للاتحاد القطري للفروسية الذي استطاع رفع اسم دولة قطر في المحافل الرياضية العالمية، ليصبح الفريق القطري أول فريق عربي يصل إلى نهائيات قفز الحواجز في الأولمبياد المقبلة. وقدَّم البنك درعًا تذكاريًّا للسيد حمد بن عبد الرحمن العطية، رئيس الاتحاد القطري للفروسية، بهذه المناسبة.

- **دعم التعليم**

يُعَد التعليم أحد المجالات الستة الأساسية التي تستهدفها مبادرات المسؤولية الاجتماعية الخاصة بمجموعة «QNB»، حيث لا يكتفي البنك بتقديم الرعاية لفعاليات قطاع التعليم محليًّا فقط، ولكن حتى الفعاليات التي تقام خارج قطر هي محط اهتمام ورعاية خاصة منه. كما يقدم «QNB» برامج ومنحًا دراسية في الجامعات العالمية المنضوية تحت مظلة مؤسسة قطر للتربية والعلوم وتنمية المجتمع بهدف تخريج كوادر قطرية مؤهلة لسوق العمل.

- **تنمية روح الادخار لدى الأطفال (كتاب المال والاقتصاد بلمحة مبسطة)**

انطلاقًا من حرصه على توعية أجيال المستقبل بأهمية إدارة مواردهم المالية، وتشجيعهم على الادخار من أجل مستقبل أفضل، أصدر «QNB» كتاب «المال والاقتصاد بلمحة مبسطة» الذي يهدف لترسيخ المفاهيم الاقتصادية بشكل عصري لدى طلاب المدارس، ممن تزيد أعمارهم على تسع سنين.

ونظَّم البنك مسابقات تشجيعية وبرامج ترفيهية على هامش زيارة لبعض المدارس، في خطوة تهدف لشرح فصول الكتاب بصورة شيِّقة. وكرَّم البنك الطلاب الذين أظهروا تفاعلًا

جيدًا خلال الشرح، وقدم للمتميزين منهم جوائز، تتمثل في نماذج مصغرة لأجهزة الصراف الآلي التي تحمل علامة وشعار «QNB»، وتعمل في الوقت نفسه أداة للادخار (حصالة) تشجعهم وتنمي فيهم روح الادخار والاستثمار.

ولضمان استمرار استفادة قطاع عريض من الطلاب في أنحاء الدولة كافة من تلك المبادرة بصورة مستدامة سهلة، أتاح «QNB» كتاب «المال والاقتصاد بلمحة مبسطة» عبر التطبيق الذكي «money made easy book app» الذي طوَّره البنك خصيصًا لهذا الغرض، ويمكن الاطلاع على هذا التطبيق وتنزيله من موقع «ITunes»، حيث يتوافر التطبيق باللغتين العربية والإنجليزية.

والكتاب مبادرة تتماشى مع رؤية «QNB» لأهمية التعليم الذي يُعَد من الركائز الأساسية لاستراتيجية المسؤولية الاجتماعية الخاصة بالبنك. وتأتي المبادرة بالتعاون مع الشركاء من المؤسسات التعليمية وكثير من مدارس الدولة التي وزَّع ممثلو المسؤولية الاجتماعية في «QNB» الكتاب على طلابها لضمان وصوله إلى أكبر عدد ممكن، وتعريفهم بالمصطلحات المالية والمصرفية المتداولة بمجال الخدمات البنكية، والأدوات المستخدمة في هذا الصدد. وقد لاقى كتاب «المال والاقتصاد بلمحة مبسطة» استحسانًا كبيرًا وصدًى طيبًا من المدارس والتربويين الذين ثمَّنوا حرص البنك على أداء دوره، بصفته مؤسسة وطنية مسؤولة اجتماعيًّا، مؤكدين أن تلك المبادرة تستحق الإشادة، كونها تدعم العملية التعليمية، وتعمل على تحقيق أهداف الدولة التي تضمنتها رؤية قطر الوطنية 2030.

- **قمة جامعات الشرق الأوسط وشمال أفريقيا**

قدم «QNB» رعاية للقمة الأولى لجامعات الشرق الأوسط وشمال أفريقيا التي استضافتها جامعة قطر، تحت الرعاية الكريمة لسمو الشيخ عبد الله بن حمد آل ثاني، نائب أمير دولة قطر. وتناول المؤتمر مواضيع مهمة، منها نقاط القوة والضعف في قطاع التعليم في المنطقة، والتعليم عبر الأقمار الصناعية، والتعاون بين القطاع الجامعي والصناعة.

- **التراث الوطني**

يلتزم «QNB» بتعزيز التواصل الثقافي الذي يدعو إلى التعايش السلمي ودعم الازدهار

والتنمية، ويحرص على مشاركة آراء وقيم الشعب القطري مع المقيمين داخل قطر والجماهير في الخارج. وفي هذا الإطار، نظَّم البنك كثيرًا من الفعاليات المميزة التي تسهم في إحياء العادات القطرية التراثية بطرق مختلفة تتناسب مع جميع فئات المجتمع، منها دمج التراث القطري بالتكنولوجيا الحديثة، وذلك بهدف تعزيز ارتباط الجيل الجديد بالعادات الأصيلة، بالإضافة إلى تعريف الوافدين بالتراث القطري العريق، من خلال إبراز هذا التراث كما تناقله المجتمع من الجيل الماضي.

وعلى مر السنين، تميزت كثير من أنشطة «QNB» في مجال المسؤولية الاجتماعية بالتعاون الوثيق مع مؤسسة قطر. ومن توفير الدعم للمعارض التي تبرز عراقة التراث القطري إلى رعاية المناسبات الاجتماعية التي تقدم لمحة عن المواهب الوطنية، استطاع البنك المساهمة في تسليط الضوء على التراث الغني لدولة قطر.

- **تحدي القرنقعوه**

أطلق «QNB» لعبة «تحدي القرنقعوه» الإلكترونية على الهواتف الذكية والأجهزة اللوحية، وهي الأولى من نوعها التي تهدف إلى إحياء التراث القطري الأصيل عبر التكنولوجيا الحديثة التي طوَّرها البنك بالتعاون مع شركات متخصصة. وجاءت فكرة اللعبة امتدادًا للجهود التي يبذلها «QNB» لابتكار أفكار جديدة تتواكب مع احتفاله بليلة القرنقعوه في رمضان. ويتوفر التطبيق الخاص باللعبة على «App Store» و«Google Play»، مع ملاحظة أن هذه اللعبة يمكن أن يلعبها الشخص منفردًا أو بالدخول في مجموعات، لا سيما أن بها أربع شخصيات مختلفة: عبد الله ونورا وسالم وعلي، حيث تُجرَى اللعبة على خلفية الموسيقى التي ينطق لحنها بكلمات الأغنية التراثية «اعطونا الله يعطيكم»، وصور مستوحاة من المباني داخل دولة قطر، بما في ذلك المبنى الرئيس للبنك. وتُعَد حملة القرنقعوه الأولى من نوعها في قطر والخليج العربي، وهي فرصة لجميع الأعمار لقضاء أوقات ممتعة في لعبة تجمع بين جمال التراث والتكنولوجيا بأسلوب قطري مميز.

وقد احتفل «QNB» بليلة القرنقعوه في فعالية خاصة أتاحت للأطفال التصوير مع شخصيات لعبة التطبيق الجديد، والمشاركة في التحدي الخاص باللعبة داخل جناح البنك. ولم يقتصر الأمر على إطلاق اللعبة فحسب، بل صاحب ذلك مسابقة التحدي بين الأطفال

التي أقيمت بهذه المناسبة، حيث تمكن 25 من المشاركين من الفوز بجهاز لوحي (جالاكسي) لكل منهم، بالإضافة إلى توزيع القرنقعوه على جميع الزوار، في وجود الشخصيات الأربع للعبة. وقد شهد الجناح إقبالًا كبيرًا من قِبل الأُسَر للتصوير مع شخصيات لعبة التطبيق الجديد.

وشارك «QNB» في الاحتفالية الخاصة بليلة القرنقعوه التي أقيمت في سوق واقف مع جميع مؤسسات الدولة، حيث شهد جناح البنك إقبالًا كبيرًا من الزوار والأطفال الذين تمتعوا بالتقاليد التراثية، لا سيما التي يقيمها البنك في هذا الصدد، حيث يحرص على استعراض عراقة التاريخ القطري والموروثات الأصيلة في أجواء تحمل عبق الماضي الجميل، وتحيي التقاليد القطرية التي يفخر بها جميع أبناء الوطن.

الفصل الحادي عشر:

مبادرات عربية بخدمة المسؤولية الاجتماعية

المسؤولية الاجتماعية في الوطن العربي

ثمة تطور كبير في الدول العربية واهتمام بالمسؤولية الاجتماعية. وعلى سبيل المثال، تمتلك مصر أول مؤشر وطني للمسؤولية الاجتماعية في الوطن العربي، وليس في الشرق الأوسط إلا مؤشران: الأول في الهند، والثاني في مصر. ويؤكد ذلك لنا -نحن العرب- أن ثمة اهتمامًا بالمسؤولية الاجتماعية. والواقع أن كل الدول العربية تسعى إلى أن تكون لديها استراتيجية وطنية خاصة في هذا المجال، بما فيها قطر التي تعمل في المرحلة الأخيرة منها للإعلان عن أول استراتيجية وطنية للمسؤولية الاجتماعية في قطر، وهي في المؤسسات التشريعية حاليًّا، بالإضافة إلى أن كل الدول العربية شاركت في صياغة المواصفة الدولية للمسؤولية الاجتماعية، وكلها لديها الآن لجان متخصصة تعمل على كيفية الاستفادة من المواصفة العالمية للمسؤولية الاجتماعية، ولذلك فمبادرة قطر والخليج والدول العربية في تقدم مستمر.

المسؤولية الاجتماعية ودورها الفعَّال في تغير فكر الحكومات

الثورات العربية استطاعت أن تغيِّر هذا الفكر، خاصة أن أساس الثورات اجتماعي. وليس الثورات العربية فقط، بل الخريف الدولي أيضًا أساسه مطالب اجتماعية. وأتوقع أن تطبيقات مفاهيم المسؤولية الاجتماعية المرتكزة على العدالة الاجتماعية سيكون لها دور ورواج كبير، خاصة أنها في السابق كانت عبارة عن مبادرات فردية خيرية طوعية، والآن سيكون لها بعد تقديمها في صورة مواصفات عالمية رواج كبير جدًّا.

أهم المبادرات العربية بالمسؤولية الاجتماعية

1. مبادرات «صافولا»

تأسست «صافولا» في المملكة العربية السعودية عام 1979، بنحو 200 موظف، وأسهم رأس مال بقيمة 40 مليون ريال سعودي، وهي تسعى دائمًا للدخول في شراكات، وإطلاق مبادرات جديدة تهدف إلى تحسين أداء الشركة، وجعل العالم مكانًا أفضل.

وتعد «صافولا» شركة استثمار استراتيجي قابضة رائدة في قطاعي الأغذية والتجزئة في منطقة الشرق الأوسط وشمال أفريقيا وتركيا. وهي تؤمن أن الشركات تزدهر وتحقق أفضل النتائج عندما تكتشف نقاط قوتها ومهاراتها الخاصة لتحسِن استغلالها، الأمر الذي يفرض تركيز كل المواد والطاقات على بناء محفظة أصول استثمارية قوية في قطاعي الأغذية والتجزئة. ولديها حاليًّا أعداد كبيرة من الأسواق والمراكز التجارية العاملة، بخلاف المنتجات الغذائية الأساسية التي تنتجها، ويقبل عليها المستهلكون في 30 دولة. وتعمل الشركة تحت مظلة قطاعين رئيسين: شركة «صافولا» للأغذية، وقطاع التجزئة في «صافولا». هذا إلى جانب عائدات أسهمها في الشركات الأخرى العاملة في قطاعي عملها الرئيسين أنفسهما، وفي غيرهما من الصناعات.

أهم مبادرات «صافولا»

- **مبادرة «مكين»**

يركز برنامج «مكين» على تدريب الأشخاص ذوي الإعاقة وتوظيفهم في «صافولا» وفي شركات أخرى. وبالفعل، وفرت «صافولا» فرصًا تدريبية ووظيفية لنحو 911 شخصًا من ذوي الإعاقة منذ بداية البرنامج حتى عام 2016. كما تسعى، في إطار المشروع، إلى تجهيز مرافق الشركة لتكون مؤهلة سهلة الوصول لاستقبال ذوي الإعاقة، مع حرصها التام على توفير بيئة عمل تشجع الموظفين على الإنتاجية، وترحب بجميع الزملاء.

- **مبادرة «نقدِّرها»**

وفقًا لإحصاءات منظمة الأمم المتحدة للأغذية والزراعة، يُهدَر 1.3 مليار طن من المواد الغذائية الصالحة للأكل عالميًّا كل عام (FAO.org, 2016). ولا يهدد هذا المستوى الضخم من الهدر الأمن الغذائي فحسب، بل ينبئ أيضًا بعواقب اقتصادية واجتماعية وبيئية وخيمة.

وهذا ما يدفعهم في عالم «صافولا» للعمل بحماس من أجل الحد من الهدر الغذائي، من خلال رفع مستوى الوعي بالأخطار التي يسببها، وتشجيع تبني الممارسات المثبتة عالميًّا لقيادة التغيير السلوكي نحو إدارة الموارد الغذائية بشكل أمثل بين المستهلكين وأصحاب المصلحة. ومشروع «نقدِّرها» هو برنامج لمنع الهدر الغذائي أو الحد منه طُوِّرَ لتناول الهدر الغذائي

بصفته قضية وطنية. ويعمل المشروع على تطوير وتنفيذ برامج تُعنَى بالأبحاث في مجال الهدر الغذائي، وكيفية تجنبه أو الحد منه.

أهداف المشروع

- الوصول إلى فهم عميق لمسببات الهدر الغذائي، والشريحة الممارسة له، وحجمه على المستوى الوطني.
- وضع خطة عملية للتغيير، وإشراك المستهلكين في الحد من الهدر، من خلال الحملات الإعلانية المستندة إلى أكثر الخبرات العالمية فاعلية.
- خلق إطار عمل لتتبع بيانات الهدر الغذائي، وقياس مستوى التقدم نحو الأهداف الاستراتيجية النهائية.

ويتناول «نقدِّرها» قضايا الهدر الغذائي على مستويات مختلفة، تتضمن 3 وحدات تستهدف شريحتين رئيستين في المجتمع: الأسر، وقطاع الـHORECA (الفنادق، والمطاعم، والمقاهي).

- **مبادرة «إنجاز»**

«إنجاز» برنامج غير هادف للربح، يهدف إلى مساعدة الشباب وإعدادهم لسوق العمل. ويقدم البرنامج ورش عمل تدريبية، بالتعاون مع متطوعين من القطاع الخاص، لتنمية المهارات الشخصية والعملية للمشاركين، وتهيئة فرص عمل لهم، وفتح آفاق جديدة أمامهم.

وقد دخلت «صافولا» في شراكة مع مؤسسة «إنجاز» السعودية منذ عام 2010، وباتت واحدة من أكبر داعميها.

- **مبادرة شبكة «قادرون» لأصحاب الأعمال والإعاقة**

هي شبكة غير ربحية، تهدف إلى تفعيل دور الأشخاص ذوي الإعاقة بصفتهم قوى عاملة وطنية في المملكة العربية السعودية، وذلك عبر نشر التوعية، وتقديم المشورة والتدريب وأفضل الممارسات لتطوير بيئات عمل وثقافة منشآت مواءمة للأشخاص ذوي الإعاقة، إلى جانب تأييد حق الأشخاص ذوي الإعاقة في العمل والتفاعل المجتمعي.

- **مبادرة «كن صحيًّا»**

أطلقت شركة «بنده» مبادرة «كن صحيًّا» في عام 2013 لتشجيع عملائها على اتباع أسلوب حياة صحي سليم. وتضمنت الحملة استخدام وسائل التواصل الاجتماعي لنشر نصائح ووصفات صحية ومقاطع فيديو تعليمية، فضلًا عن عقد ورش عمل حية في المتاجر.

- **مبادرة «بيئتي صديقتي»**

ركزت مبادرة «بيئتي صديقتي» على تحويل كل أكياس التسوق البلاستيكية إلى أكياس صديقة للبيئة تتسم بقابليتها للتحلل، واستبدال أكثر من 300 مليون كيس سنويًّا. ثم اتسعت دائرة أهداف المبادرة لتشمل مجالات أخرى، أثمرت عن اتفاقية بين شركة «بنده» وشركة المياه الوطنية (في المملكة العربية السعودية). وكان الهدف المبدئي للاتفاقية ترشيد استهلاك المياه في متاجر «بنده»، ونشر الوعي بهذه القضية المهمة بين جميع العملاء. كما تضمنت مشروعات الاتفاقية الأخرى قضايا ترشيد استهلاك الورق، والحفاظ على الصحة.

- **مبادرة «دع الباقي لهم»**

يشجع برنامج «دع الباقي لهم» عملاء «بنده» على التبرع بالمبالغ الصغيرة للمحتاجين، وترك الباقي في أثناء التسوق الأسبوعي. وقد نجحت الحملة في جمع 66.408.457 ريالًا سعوديًّا منذ إطلاقها في عام 2006، بفضل كرم عملائها ورغبتهم في مساعدة الغير.

2. مبادرات «زين»

الشركة السودانية للهاتف السيار (زين) المحدودة هي الشركة الأولى الرائدة في مجال خدمات الهاتف السيار في السودان، حيث بدأت الشركة رحلتها بصفتها أول مشغل للهاتف السيار في السودان منذ عام 1996، وأطلقت الخدمة تجاريًّا في عام 1997، من خلال نظام «GSM» بتقنية الجيل الثاني. ثم مُنِحت رخصة الهيئة القومية للاتصالات، وفق قانون الاتصالات لسنة 2001. وفي عام 2008، مُنِحَت رخصة العمل بتقنية الجيل الثالث، ثم أطلقت في بداية عام 2016 تكنولوجيا الجيل الرابع، لتصبح «زين» السودان الأولى بالقطر في إطلاق هذه التقنية.

وتمتلك «زين» السودان أكبر حصة سوقية في سوق الاتصالات في السودان (46 في المائة)، بقاعدة مشتركين أكثر من 12.5 مليون مشترك، وصافي أرباح سنوية بلغت 91 مليون دولار.

و«زين» السودان هي إحدى شركات مجموعة «زين» التي تُوجَد في كل من: الكويت، ومملكة البحرين، والمملكة العربية السعودية، والعراق، والأردن، ولبنان، والسودان، وجنوب السودان.

وتدرك «زين» أن المشاريع التي تقدمها في مجالات المسؤولية المجتمعية سوف تؤدي دورًا مهمًّا في تنمية القدرات نحو تحقيق الأهداف الرامية إلى أن تنمو بصفتها كيانًا رائدًا، فهم يؤثرون إيجابيًّا على حياة المجتمع، وهو أمر يحتل يومًا بعد يوم مكانة أكثر عمقًا في استراتيجية أعمالهم.

وتفخر «زين» السودان بأنها تحتل مركزًا متقدمًا بين مجموعة شركات «زين»، من حيث مشاركة الموظفين في العمل التطوعي وخدمة المجتمع، لتقديم أكثر مبادرات المسؤولية المجتمعية تأثيرًا.

ويؤمن مجلس إدارة «زين» بأن المستقبل المستدام هو المستقبل المشرق، وأنهم من خلال أدائهم العالي وشبكاتهم المتطورة يدعمون بشكل كامل المجتمع، حيث تُسخَّر تقنيات الاتصالات الحديثة التي توفرها عملياتهم لخدمة توجهات وطموحات الأفراد كافة، من الغني والكبير إلى الفقير والصغير، وتمكينهم جميعًا من الانخراط والاندماج مع العالم من حولهم. ولأنهم يتحركون دائمًا إلى الأمام بعين يملأها الأمل والتفاؤل، في سبيل خلق عالم جميل، فإن خدمة الاتصالات لا تعني لديهم مجرد الحديث بالهاتف أو تمتين العلاقات الاجتماعية بين أفراد المجتمع، رغم أهمية ذلك، وإنما لها دور أساسي في تحقيق التنمية الاقتصادية وتسهيل إنجاز الأعمال وكسب الوقت.

وخلال السنوات الأخيرة، عكفت شركة «زين» على صقل وتطوير الأطر المنهجية في مجال المسؤولية الاجتماعية. وقد اشتمل ذلك على إنشاء إدارة مركزية للمسؤولية الاجتماعية على مستوى مجموعة «زين»، مع وجود إدارات فرعية في كل واحدة من

شركاتها العاملة، الأمر الذى طوَّر من مبادراتها تجاه المجتمعات التي تعمل بها. وفي قلب كل هذه المبادرات، كان العنصر الأساسي في نجاح الشركة يتمثل في وجود موظفي «زين» الموهوبين المتفانين في العمل.

أهم خدمات «زين» للمجتمع

- خلق التواصل بين الناس في شتى بقاع السودان.
- الربط بين العائلات والأصدقاء.
- مساعدة الشركات في تلبية احتياجاتها.
- الربط بين شتى أرجاء العالم، بغض النظر عن الموقع الجغرافي.
- الالتزام بالاستمرار في جعل الاتصالات معقولة الأسعار وفي متناول الجميع.
- تقديم خدمات مبتكرة من أجل سد «الفجوة الرقمية» القائمة بين أولئك الذين لديهم إمكانيات تكنولوجية وافرة وأولئك الذين ليس لديهم.
- تقديم الرعاية لعملائها، بما يتيح لهم الوصول إلى أحدث التقنيات.

مساهمات «زين» بالمسؤولية الاجتماعية

تهتم «زين» بتقديم خدماتها في أربعة جوانب، وهي:

- التعليم.
- الصحة.
- تنمية المجتمع.
- المحافظة على البيئة.

وقد وضعت «زين» السودان استراتيجية متكاملة في مجال خدمات المجتمع خلال الأعوام الماضية، ونفذت كثيرًا من المبادرات في مجال التعليم، شملت إنشاء وتأهيل المدارس، وبناء القاعات الجامعية، وتمكين مئات الآلاف من الطلاب من الحصول على مقاعد وزي ومعينات مدرسية، ومساعدة الآلاف منهم بوجبة إفطار يومية؛ كل ذلك من أجل خلق بيئة تعليمية تدفعهم لمواصلة التعلم.

وأولت «زين» أهمية مماثلة للصحة، فأنشأت عددًا من المستشفيات والمراكز الصحية،

وحفرت آبار مياه للشرب، وزودت كثيرًا من المرافق الصحية بالمعدات والأجهزة والمعامل، ونشطت في حملات التوعية بالأمراض المميتة. والواقع أن الصحة مثَّلت جوهر اهتمام الشركة، عبر تنفيذ مشاريع ومبادرات مهمة جسدت حرص «زين» على رد قليل من دين المجتمع عليها، وثقته الكبيرة فيها. فالشركة السودانية للهاتف السيار (زين) بعلامتها المميزة أصبحت شريكًا أصيلًا في تطوير الصحة، وعنصرًا أساسيًّا داخل كل مستشفى ومرفق صحي ومؤتمر طبي. ونستعرض بعد قليل بعضًا من المبادرات في مجال دعم «زين» للصحة.

وترتكز استراتيجية المسؤولية الاجتماعية للشركة على المساهمة في مبادرات بناء القدرة، بما في ذلك تمكين الشباب والتعليم والتطوير وسد الفجوة الرقمية وتقليص البصمة الكربونية، بالإضافة للدور الكبير في خلق التواصل بين الناس في شتى بقاع السودان، ولها كثير من البرامج والمشاريع الهادفة إلى تأهيل آلاف الشباب، وتزويدهم بالمهارات الضرورية لسوق العمل، مع إفراد عناية خاصة لذوي الإعاقة في هذه البرامج.

وتعهدت الشركة كذلك في السنوات الأخيرة بتبني الحلول الهجينة والشمسية بغية الحد من انبعاثات الكربون، والتخفيف من تعرض البيئة للمخاطر. ونظرًا إلى أن «زين» عرضة لكثير من المخاطر الخاصة بالصناعة، وكذلك المتعلقة بالصحة والسلامة وسلسلة التوريد وغيرها، فإنها تضع في أولوياتها معايير عالية من الأخلاق والانخراط الشامل في المجتمع، بصفتها وسيلة للتخفيف من ذلك التعرض، حيث صممت «خطة الإدارة البيئية والاجتماعية» للحد من التأثيرات الاجتماعية والثقافية والبيئية التي قد تنجم عن توسيع شبكات الاتصالات الخلوية وتشغيلها وصيانتها، حيث تخدم هذه الخطة إجراءات السلامة والبيئة، وترسم أدلة توجيهية عن كيفية مراقبة استخدام المصادر لغرض تحسين الكفاءة. كما تتضمن الخطة استشارة المساهمين، وهي من العناصر الرئيسة في عملية اختيار المواقع التي من شأنها تقليل مخاطر السلامة التي قد تصيب العامة إلى حدها الأدنى.

وتعمل الشركة على تنسيق الصفقات مع الموردين، ليعكسوا أفضل الممارسات مع البيئة، ومكافحة الفساد. كما تسعى إلى خفض الانبعاثات في أعمالها التشغيلية كافة، تأكيدًا لالتزاماتها البيئية. وينعكس ذلك بشكل واضح في أنشطة الشركة، من خلال تحويل نظام الشحن لهواتف شبكة «زين» من البطاقات البلاستيكية إلى البطاقات الورقية، وكذلك تحويل

232 من محطات تشغيل الشبكة إلى نظام الطاقة الهجينة التي تستهلك وقودًا أقل بنسبة 40 في المائة، ونظام الطاقة الشمسية في بعض المحطات، مما أدى لتخفيض استهلاك الوقود فيها بنسبة 100 في المائة. كما تحتفل الشركة سنويًّا بالشهر العالمي للبيئة، بإطلاق ورعاية برامج تستهدف التوعية بقضايا البيئة، بمشاركة موظفي «زين»، مثل تنظيف الحديقة النباتية في المقرن وغابة السنط.

وتولي «زين» الثقافة أيضًا اهتمامًا غير مسبوق، لإيمانها العميق بأن الثقافة عماد التنمية الاجتماعية. لذا تقيم «زين» في فبراير من كل عامٍ تظاهرة ثقافية باسم الأديب السوداني العالمي الطيب صالح، وهي جائزة الطيب صالح العالمية للإبداع الكتابي، بتشريف أدباء من المحيطين العربي والأفريقي. وتهدف الجائزة إلى تشجيع المواهب والترويج للغة العربية في العالم.

وستعمل «زين» السودان خلال السنوات المقبلة على التوعية بأهداف التنمية المستدامة 2030 التي اعتُمِدَت من قادة العالم في قمة أممية تاريخية من أجل تحقيق الأهداف السبعة عشر للقضاء على الفقر بجميع أشكاله، ومكافحة عدم المساواة، ومعالجة تغير المناخ.

أهم مبادرات «زين»

- **مستشفى «شركيلا»**

تكفلت «زين» بتشييد مستشفى «شركيلا» للأمومة والطفولة الآمنة بشمال كردفان، بتكلفة بلغت 545 ألف دولار أمريكي، لتوفير الرعاية الطبية لأكثر من خمسة آلاف أسرة. ويُعَد المستشفى الأول من نوعه بالمنطقة.

- **جهاز الرنين المغناطيسي**

وقعت «زين» اتفاقية لتوريد أحدث جهاز للرنين المغناطيسي لولاية البحر الأحمر، تفوق قيمته 5 ملايين جنيه سوداني، وهو يوفر خدمة جيدة لمرضى الولاية، ويساعد على سرعة التشخيص، ويسهم في تخفيف الضغط على المركز، وتخفيف تكلفة العلاج بالولاية.

• العيادات المتحركة لمجلس تنمية وتطوير الرحل في دارفور

تبرعت «زين» بثلاث عيادات متنقلة مجهزة تجهيزًا كاملًا لإقليم دارفور، مخصصه لخدمة 10 آلاف من الرحل والمتجولين (وفقًا لنمط حياتهم) بمناطق لا توجد بها رعاية صحية، حيث توفر هذه العيادات كل الخدمات الصحية والبيطرية للرحل ولغير الرحل من أهالي المنطقة.

• حملة التبرع بالدم

نظَّم موظفو الشركة السودانية للهاتف السيار (زين) حملة للتبرع بالدم للمرضى احتفالًا باليوم العالمي للتبرع بالدم، حيث تدافع موظفو الشركة لتلبية نداء المجتمع، وتطبيق مبدأ الريادة والقيادة في الفعل، وكان التجاوب الكبير من موظفي الشركة، والإسراع في التبرع بدمائهم، أبلغ دليل على رسالة الشركة السامية، ووقفتها القوية مع قضايا الصحة في البلاد التي انتهجتها منذ تأسيسها حتى الآن.

• مشاريع «زين» في محور التعليم

يعد التعليم جزءًا أصيلًا في استراتيجية المسؤولية المجتمعية للشركة، إذ تفرد «زين» السودان اهتمامًا خاصًا لهذا المحور، ويتدفق عالم «زين» الجميل خيرًا وفيرًا وعطاءً ممتدًّا على كل ولايات السودان دون استثناء لإقليم أو مدينة، مساهمة منها في بناء أجيال واعدة قادرة على قيادة عجلة التنمية.

• بناء المدارس

أنشأت شركة «زين» 10 مدارس، وساهمت في إعادة تأهيل وترميم 26 مدرسة في الأعوام الثلاثة السابقة. وعلى سبيل المثال، أنشأت الشركة مدرسة «زين» الثانوية بنات في السديرة بمحلية حلفا ولاية كسلا. وفي منطقة العباسية بمحلية السوكي ولاية سنار، أنشأت الشركة مدرسة «زين» الثانوية المشتركة. واختِيرت ولاية القضارف لتشييد مدرسة «زين» الأساسية بمحلية قلع النحل. وفي ولاية الخرطوم، شيدت «زين» مدرسة أساسية بحي مايو. وقد نالت الولاية الشمالية نصيبها من تطوير العملية التعليمية، وذلك بمبادرة زين ببناء مدرستين بمقاصر وكرمة. أما في ولاية شمال كردفان، فقد تكفلت الشركة بإنشاء مدرسة أم صيقعون

الجاك وأم روابة. كما بنت الشركة مدرسة بمنطقة أبوزبد (قليصة) بولاية غرب كردفان. وفي ولاية نهر النيل، أُنشِئَت مدرسة «زين» بمنطقة ديم أم الطريفي.

● مشروع الإجلاس المدرسي

أُجلِس 30 ألف طالب خلال الفترة (2012–2013) بقيمة فاقت 4 ملايين جنيه سوداني، وُزِّعَت بكل من ولايات شمال وجنوب كردفان، وولايات دارفور الخمس، والنيل الأزرق، وكسلا، والقضارف، وولاية الجزيرة. وقصدت «زين» من ذلك المشروع المساهمة في استمرارية التعليم في تلك المناطق التي لا تتوفر بها مقاعد للدراسة لإتاحة حد أدنى من مقومات بقاء الطلاب بقاعات الدرس وعدم هجرهم المدارس.

● الزي والمعينات المدرسية

امتدادًا لمبادرات دعم التعليم، واستشعارًا من الشركة للمسؤولية تجاه المجتمع عمومًا، والتعليم خصوصًا، أطلقت الشركة مشروع الزي المدرسي في عام 2011 الذي وُفِّرَت عبره حتى الآن أكثر من 154 ألف لبسة غطت معظم ولايات السودان، بتكلفة بلغت 80 مليونًا و115 ألف جنيه سوداني. وبجانب الزي المدرسي، وُزِّعَت المعينات المدرسية التي تتمثل في الأقلام والكراسات على مدارس مختلفة في ولايات دارفور، وجنوب كردفان، والنيل الأزرق، والخرطوم، والولاية الشمالية، وولاية الجزيرة، بالتركيز علي الشرائح الأكثر فقرًا في المُجتمع والأيتام، مما كان له أثر في استمرار هؤلاء الطلاب بالدراسة، وخلق مستقبل أفضل لهم. ويستفيد من المشروع سنويًا أكثر من 555 ألف طالب وطالبة.

● معامل الحاسوب

دعمت شركة «زين» عددًا مقدرًا من المدارس والكليات والجامعات بمعامل حاسوب كاملة، وذلك لمواكبة التقدم التكنولوجي الكبير الذي شمل المجال التربوي وطرق وأساليب تدريسه، وذلك حرصًا من الشركة على تعميم الاستفادة من التطور التكنولوجي، وتسخيره لخدمة المجتمع. وقد بلغ عدد المعامل التي أنشأتها «زين» بالجامعات والمؤسسات التعليمية 19 معملًا متكاملًا، ضمت عدد 296 جهاز حاسوب بجميع ملحقاته، بالإضافة إلى الأثاث المكتبي الذي تطلبته هذه المعامل. ومن المعامل التي تكفلت بها «زين»: معمل

الحاسوب بـمكتبة جامعة نيالا الافتراضية بولاية جنوب دارفور (120 جهاز حاسوب). وفي ولاية الخرطوم، تبرعت الشركة بمعمل «زين» لمدرسة الشيخ مصطفى الأمين، كما أُنشِئَت «مكتبة زين بالمركز القومي لرعاية الطفولة»، وكذلك تبرعت الشركة بمعمل لجامعة الزعيم الأزهري، ومكتبة إلكترونية بمقر الملكية الفكرية التابعة لوزارة العدل بالخرطوم. ومن جانب آخر، تبرعت «زين» بمعمل حاسوب متكامل لمدرسة «السرة بت خبير» الثانوية بنات بـأم درمان. وفي ولاية الجزيرة، أهدت «زين» معمل حاسوب لكلية «اقرأ» بمنطقة فداسي هو الأول من نوعه في الكلية، كذلك تبرعت بمعمل «زين» للحاسوب لجامعة الجزيرة. ومواصلة لمشاريع «زين» في الدعم التقني، تبرعت بمعمل حاسوب لجامعة القضارف يعد كذلك المعمل الأول من نوعه.

- **قاعات الكليات الجامعية**

تتسع كل قاعة لعدد 500 طالب وطالبة. وتتمثل هذه القاعات في: قاعتان بكليتي التربية والشريعة والقانون بجامعة دنقلا بمنطقة رومي البكري بالولاية الشمالية، وقاعة بكلية المحيريبا التقنية، وقاعة «زين» بالهلالية بولاية الجزيرة.

- **إفطار تلميذ**

منذ عام 2012، دأبت الشركة على توفير 3 آلاف وجبة إفطار يوميًّا للتلاميذ في المدارس الطرفية بولاية الخرطوم في محلياتها السبع، ضمن مشروع «إفطار تلميذ»، حيث بلغ إجمالي الوجبات على مدى السنوات الثلاث الماضية مليونًا و584 ألف وجبة، بتكلفة قدرها مليونًا و617 ألف جنيه سوداني. وقد ساعد هذا المشروع في الأحياء التي نُفِّذَ فيها على عودة 70 في المائة من التلاميذ إلى مدارسهم بعد أن تركوها.

- **مسابقة الـ«يو سي ماس» القومية**

ترعى الشركة وتدعم المسابقات القومية والعالمية لبرنامج الحساب الذهني (اليو سي ماس) من أجل تنمية قدرات الطلاب واكتشاف المواهب. ويشارك في المسابقة القومية فرق من كل ولايات السودان، في لوحة قومية جديرة بالاهتمام والتشجيع، ويبلغ عدد المتسابقين في المسابقة القومية أكثر من 600 طالب وطالبة سنويًّا، مدعومين بالمؤازرة والتشجيع من

أسرهم التي ترافقهم في كل مراحل المسابقة التي يشرفها دائمًا وزراء التربية والتعليم، إلى جانب القيادات التربوية والمهتمين بأمر التعليم وتطوير المهارات.

- **شجرة التلميذ**

إيمانًا من إدارة «زين» بأهمية مكافحة التصحر والجفاف، وزيادة وعي المواطنين بأهمية قضايا البيئة، دشنت الشركة مشروع «شجرة التلميذ» الذي تهدف من خلاله إلى غرس مليون شجرة على مدى خمسة أعوام بكل ولايات السودان، ورفع وعي التلاميذ بأهمية وجود الأشجار في البيئة المحيطة بهم. وقد زُرِعَت 200 ألف شجرة في كل من ولاية الجزيرة، وكسلا، ونهر النيل، والنيل الأبيض، والخرطوم، خلال عام 2012. وفي عام 2013، دخلت «زين» في شراكة مع منسقية الخدمة الوطنية، زُرِعَت عبرها 200 ألف شجرة من خلال مجندي الخدمة الوطنية في كل ولايات السودان.

- **الأشخاص ذوو الإعاقة**

أولت الشركة السودانية للهاتف السيار (زين) اهتمامًا خاصًا لشريحة ذوي الإعاقة لأنهم يمثلون شريحة مهمة في المجتمع، وذلك عبر مبادرات ومساهمات كثيرة، كان أبرزها تصميم خدمات خاصة بالصم والمكفوفين بتخفيض 50 في المائة من قيمة الرسائل النصية والصوتية، وتدشين معمل تدريب الصم على أساليب التواصل، وبطولة البارالمبية (البطولة الأولمبية للأشخاص ذوي الإعاقة)، بالتعاون مع مجموعة «دال» للوصول بهم إلى أولمبياد البرازيل 2016، ودعم منظمة ابن الجموح لذوي الإعاقة، وغيرها من المبادرات لشريحة ذوي الإعاقة.

- **مشاريع المياه بولايات السودان المختلفة**

ما زال الحصول على المياه الصالحة للشرب يشكل تحديًا صعبًا في بعض مناطق السودان. ووفقًا لتقديرات «اليونيسف»، فإن 40 في المائة من السكان في السودان لا يحصلون على مياه صالحة للشرب. وتشتمل أهداف الألفية التنموية على غاية تتمثل في تقليص نسبة السكان الذين لا يحصلون على مصدر مستدام لمياه الشرب الآمنة ومتطلبات الصرف الصحي الأساسية. ومعروف أن الماء ضروري للحفاظ على الاستقرار، ومكافحة الفقر، والوقاية من الأمراض، وضمان الأمن الغذائي.

ولا شك أن عدم الحصول على مياه نظيفة هو عامل رئيس في وفيات الأطفال، علمًا بأن السودان لديه معدل وفيات يبلغ 103 حالات وفاة بين كل ألف ولادة حية، وهو معدل يقترب من ضعف المعدل العالمي الذي يبلغ 57 حالة وفاة بين كل ألف ولادة حية. وللتصدي لهذه الحاجة الملحة، التزمت «زين» السودان في عام 2012 بحفر 10 آبار مياه في ولاية البحر الأحمر، وذلك للمساهمة في تحسين حياة 16.750 شخصًا. وتعتمد تلك الآبار على استخدام الطاقة الشمسية. كذلك أنشأت «زين» محطة مياه كاملة بقرية موركة بالولاية الشمالية، و10 مضخات مياه بولاية شمال كردفان، ومولدًا كهربائيًّا لمحطة مياه قرية كوكاية المنجور بولاية غرب دارفور، وتنكر مياه لقرية وقر بولاية كسلا. كما نفذت مشروع مياه الجفيل الذي يهدف إلى تحسين حياة 10 آلاف نسمة في مناطق شمال كردفان.

● **تدريب الخريجين**

إدراكًا من «زين» لدورها الريادي في تدريب وتأهيل الشباب لدخول الحياة العملية، خاصة مع زيادة عدد الخريجين، أطلقت الشركة في شهر أكتوبر من عام 2009 مبادرة تدريب الخريجين لمدة عام كامل في قسم خدمات المشتركين. وتحرص «زين» على استمرار المبادرة بأعلى درجات الشفافية والمساواة، وقد بلغ عدد الذين استفادوا من المشروع 3 آلاف خريج حتي الآن. وتهتم «زين» بتخصيص نسبة مقدرة سنويًّا لذوي الإعاقة.

● **وحدة حماية الأسرة والطفل**

ظلت «زين» ترعى وتدعم وحدة حماية الأسرة والطفل منذ عام 2009، عبر عقد شراكة مع الوحدة التابعة للشرطة. ويتضمن عقد الشراكة دعمًا تقنيًّا فنيًّا، وطبيًّا، وتوعويًّا إرشاديًّا، وتدريبيًّا. أما الدعم التقني، فيتمثل في استخدام تكنولوجيا المعلومات والاتصالات، بإنشاء «زين» لمركز معلومات متكامل، وتوفير خدمات للربط البيني بين وحدات الشرطة في مراكز الوحدة الثلاثة بالعاصمة، بالإضافة الى دعم وتشغيل ورفع كفاءة الرقم المجاني (9696) لتلقي الاستفسارات والشكاوى الذي فاق عدد المحادثات الواردة عبره 200 ألف محادثة حتى الآن، منذ إنشائه في فبراير 2009. وأما الدعم الصحي، فيتمثل في توفير أدوات طبية خاصة لتجهيز عيادات الطب الشرعي التابعة لوحدة حماية الأسرة والطفل. في حين تمثل الدعم التوعوي الإرشادي في دعم حملات توعية عبر منافذ «زين» الإعلانية في الإعلام،

ومن خلال قنوات اتصالها المتعددة الحديثة، من رسائل نصية وتصويرية ومواقع إلكترونية واجتماعية، لتوضيح نشاطات الحماية والقوانين المتعلقة بالاعتداء على الطفل والعنف الأسري. وتمثل الدعم التدريبي في تمويل فرص تدريب ومشاركات خارجية لأفراد الوحدة، بغرض تبادل الخبرات، والاطلاع على أحدث ما وصل إليه العالم في هذا المجال الاجتماعي المهم. وسوف توسع «زين» خلال الفترة المقبلة قنوات الاتصال على الخط، لتشمل جميع ولايات السودان المختلفة.

● **مبادرة الأم المثالية**

أولت الشركة السودانية للهاتف السيار (زين) الأمهات اهتمامًا خاصًّا في برامجها، حيث أطلقت في عام 2012 مبادرة الأم المثالية في كل ولايات السودان، رمزًا لدور الأم العظيم في المجتمع، وتعميقًا لقيم الإيثار والعطاء، ووفاءً لدورها العظيم في تنشئة الأجيال، وذلك عبر ترشيح مباشر من المواطنين، وتزكية من المؤسسات والجهات الاعتبارية. وقد شهدت الاحتفالية هذا العام حضورًا رسميًّا وشعبيًّا كثيفًا، وتابعها الملايين عبر شاشة التلفاز حول العالم.

● **دورات التدريب المهني للأشخاص ذوي الإعاقة**

تهدف «زين» من خلال المشروع إلى تدريب أكبر قدر من فئات المعاقين الصم والبكم والمكفوفين والمعاقين حركيًا للاعتماد على أنفسهم، عبر تدريبهم على حرف ومهن تعينهم على كسب معيشتهم وترقيتهم مهنيًّا، وذلك بإقامة دورات تدريبية في أعمال النجارة والألمونيوم والتصنيع الغذائي. وقد استفاد من هذه المبادرة حتى الآن حوالى 90 من ذوي الإعاقة.

● **الإفطارات**

رمضان شهر الخير والرحمة، وهو دائمًا أحلى مع «زين» التي دعمت مقولتها بشكل عملي لتزيد من طعم حلاوته على ألسن الصائمين من قطاعات متعددة من المجتمع، كداخليات الطلاب والمستشفيات والسجون والطرق العامة وذوي الإعاقة، إضافة لإقامة برامج ترفيهية مصاحبة، بلغت جملتها 200 ألف وجبة.

● **درء الكوارث**

تفاعلًا من «زين» مع مواقف الكوارث، طبيعية أو أمنية، سيرت الشركة قافلة دعم للمتضررين من أحداث منطقة أبوكرشولا بولاية شمال كردفان، احتوت على معدات طبية ومراتب ومواد تموينية. كما سيرت الشركة من قبل قافلتي إغاثة ودعم لنازحي ولايات كردفان والنيل الأزرق.

وخلال هذا الشهر، اهتمت «زين» بالمتضررين من موجة السيول والأمطار الأخيرة التي ضربت أجزاء واسعة من ولاية الخرطوم، خاصة منطقة شرق النيل في قرى مرابيع الشريف والجريف وحي الهدى، حيث وزَّع مجموعة من الموظفين بالشركة وجبات إفطار متحرك على المتضررين في أيام رمضان، إضافة إلى توزيع ألف خيمة على الذين فقدوا منازلهم، وأصبحوا بلا مأوى في غرب أم درمان.

● **الثقافة**

انطلاقًا من دور «زين» التشجيعي للفنون والآداب في المجتمع السوداني والعربي، وتجسيدًا لقيم الوفاء والتقدير للمبدعين السودانيين في مختلف المجالات، خاصة الأدبية، أطلقت الشركة السودانية للهاتف السيار (زين) جائزة علمية باسم الأديب السوداني العالمي الطيب صالح صارت حدثًا وتظاهرة ثقافية ينتظرها الجميع في شهر فبراير من كل عام. وهي الآن، في دورتها الرابعة، تسير بخطى راسخة وترتيبات دقيقة من المؤمل أن تكون امتدادًا لنجاحات الدورات السابقة، بتشريف أدباء من المحيط العربي والأفريقي.

وترعى «زين» عددًا من المراكز الثقافية، مثل: مركز راشد دياب، واتحاد الكتاب السودانيين، وندوة العلامة عبد الله الطيب، وعدد من المنتديات الثقافية والأندية. فقد وفرت «زين» رعاية مستمرة لمركز راشد دياب، شملت رعاية 35 منتدى، و15 ندوة عن عبد الله الطيب، إكمالًا لمسيرة الراحل ومحافظة على تراثه.

3. مبادرات «توتال»

● **مبادرة التعليم**

تعد «توتال» شريكًا مؤسسًا للمعهد البترولي في أبوظبي، وهو كلية هندسة تأسست في عام 2001 تتبع جامعة كولورادو للمعادن وجامعة ميريلاند. ويرسل المعهد حوالي 150 من خريجيه للعمل في شركة بترول أبوظبي الوطنية كل عام.

وتدعم الشركة بشكل فعَّال عددًا من المؤسسات التعليمية في دولة الإمارات العربية المتحدة، بما في ذلك كليات التقنية العليا، ومعهد التكنولوجيا التطبيقية، ومركز أبوظبي لتطوير التعليم المهني الذي يوفر التدريب والتعليم لخريجي المدارس.

وفي عام 2008، أطلقت «توتال» أكاديمية «آي بي كاي»، بالتعاون مع مركز أبوظبي لتطوير التعليم المهني، وبدعم من شركة «أدنوك». وتقدم الأكاديمية سنويًّا برامج من شأنها بناء القدرات وتنمية المهارات لحوالي 30 إلى 40 مواطنًا إماراتيًّا، وتعمل على تأهيلهم لتمكينهم من تولي وظائف في صناعة النفط والغاز.

وتعد الأكاديمية معهد التطوير المهني الأول من نوعه الذي يُقَام في دولة الإمارات من قبل شركة نفط عالمية. واليوم، يُوظَّف خريجو أكاديمية «آي بي كاي» من قِبل شركة «توتال أبو البخوش»، وشركة «بترول أبوظبي»، وشركة «البندق» للنفط (اليابان).

- **مبادرة حماية البيئة**

منذ عام 1999، دعمت «توتال» هيئة البيئة في أبوظبي في مهمة الحفاظ على الأطوم، وهو حيوان بحري نادر يعيش في المياه الساحلية في الإمارات. ويقدر الخبراء أن أبوظبي تشكل موطنًا لما نسبته 40 في المائة من هذا الحيوان في الخليج العربي. وفي عام 2011، مُدِّدَت شراكة «توتال» مع هيئة البيئة في أبوظبي لمدة ثلاث سنوات أخرى.

- **مبادرة السلامة على الطرقات**

تبتكر «توتال» للتسويق بالشرق الأوسط بشكل دائم فرصًا لدعم مشاريع المسؤولية الاجتماعية، تبعًا لاحتياجات المجتمعات المحلية والتحديات التي تواجهها. ويكمن نهج الشركة في توفير التزام طويل الأجل، ومشاركة شخصية من قبل موظفيها.

وفي عام 2011، أطلق قسم التسويق في شركة «توتال» في الشرق الأوسط حملة في دبي لرفع مستوى الوعي بأهمية السلامة على الطرق، استهدفت الأطفال، واستمرت مدة ثلاثة أسابيع. وأُطلِقَت هذه الحملة بدعم من شرطة دبي، وضمت 5 آلاف طالب وطالبة، وحملت عنوان: «حصلت على رخصة القيادة، وأعرف قوانين السير».

والآن، تُنظَّم الحملة للسنة الثالثة على التوالي. وهي مبادرة تهدف إلى غرس قواعد

السلامة على الطرق لدى الأطفال الذين تتراوح أعمارهم بين 5 و9 سنوات في دولة الإمارات. وقد أصبح أكثر من 15 ألف طالب في دبي يدركون قوانين السلامة على الطرق بفضل «توتال».

4. مبادرة «الأيادي الخضراء البيئي»

«الأيادي الخضراء البيئي» مبادرة كويتية ترجع أهميتها إلى أنها تركز على كيفية تطبيق منهجية «GRI» للمبادرة العالمية لإعداد التقارير الخاصة بأهداف التنمية المستدامة في أحد محاورها، إضافة إلى استعراض مؤشرات الأداء لأهداف التنمية المستدامة، بمشاركة الإدارة المركزية للإحصاء بدولة الكويت.

ويستهدف البرنامج العاملين من القيادات الوسطى حتى العليا في المؤسسات الحكومية، وجميع مؤسسات المجتمع المدني، من المهتمين بتطبيقات وممارسات المسؤولية المجتمعية والتنمية المستدامة، مما يسهم في دعم تحقيق رؤية كويت جديدة 2035، حيث يركز هذا البرنامج على (8) محاور أساسية مهمة في مجال المسؤولية المجتمعية، ومنها: التعريف بمفهوم المسؤولية المجتمعية، وتحرير المفهوم والتطور التاريخي، ومبادئ برنامج الأمم المتحدة للاتفاق العالمي وآليات تطبيقها، ومواصفات ومعايير المسؤولية المجتمعية العشرة، وأدوات فاعلية المسؤولية المجتمعية وفقًا للمواصفة العالمية «آيزو 26000»، وموجهات السياسات والإجراءات لتطبيق مبادئ المسؤولية المجتمعية في المؤسسات، وأساليب الابتكار في تصميم المبادرات ذات العائد الأكبر مجتمعيًّا، وكذلك أدوات تسويق المبادرات المجتمعية المواءمة لأولويات المانح والمجتمع، إضافة إلى تقارير المسؤولية المجتمعية ودورها في تحقيق جودة الأعمال في المؤسسات والعطاء المجتمعي. وقد أشار عثمان (1979) إلى أهمية هذا البرنامج، كونه يمكن المشاركين من الانطلاق في نشر ثقافة برامج المسؤولية المجتمعية لدى جميع مؤسسات المجتمع المدني لتحقيق التميز والميزة التنافسية محليًّا وعالميًّا لرفعة دولة الكويت.

مبادرات اجتماعية في مصر

عملت مؤسسة «المرأة الجديدة»، من أغسطس 2013 إلى ديسمبر 2015، على مشروع يندرج ضمن مشروعات برنامج «النساء والعمل»، هدف إلى تمكين النساء العاملات من

الحصول على حقوقهن في العمل. ومن خلال هذا المشروع، أطلقت النقابيات كثيرًا من المبادرات الخاصة بقضاياهن داخل أماكن العمل، وكان من بينها حملة «إلزام جهة العمل الحكومي والخاص بتوفير دور الحضانة». وقد استطعن تنظيم كثير من الأنشطة داخل أماكن العمل، ومن بينها بعض الشركات في القطاع الخاص. ومن هنا، جاءت أهمية وضرورة بحث مدى اهتمام الشركات في القطاع الخاص بحقوق النساء، ومدى دمج قضاياهن بصفتها جزءًا من المسؤولية الاجتماعية للشركات، وتفعيل الحوار بين منظمات المجتمع المدني والنقابات وأصحاب الأعمال والجهات الحكومية من أجل العمل على دمج قضايا النساء داخل أماكن العمل، وأن يكون ثمة تفعيل أكثر لدور المسؤولية الاجتماعية للشركات في هذا الشأن.

المسؤولية الاجتماعية في مصر

المسؤولية الاجتماعية، كما فسرها مجلس الأعمال العالمي للتنمية المستدامة، هي: التزام الشركات بالقطاع الخاص بالتصرف بشكل أخلاقي مسؤول تجاه المجتمع الذى تعمل به، والمساهمة في التطور والتنمية الاقتصادية، ومحاولة تحسين مستوى معيشة العاملين وأسرهم، والمجتمع ككل.

وبالتالي، فثمة مفهومان للمسؤولية الاجتماعية: الأول مفهوم يخص مسؤولية الشركة داخليًا تجاه العاملين بها، والثاني يخص تصرف الشركة بمسؤولية تجاه المجتمع ككل، ويشمل ذلك عدة نقاط، منها المسؤولية تجاه البيئة، والمساهمة في المشاريع والمبادرات التعليمية والاجتماعية.

والهدف من تطبيق المسؤولية الاجتماعية في الشركات هو التأكد من تصرف الشركات في القطاع الخاص بطريقة مسؤولة أخلاقية، إلا أن الاهتمام بالمسؤولية الاجتماعية يُستخدَم أيضًا بصفته أداة للدعاية والتسويق للشركات.

والواقع أن أغلب الشركات الكبيرة والعالمية في مصر، خاصة في مجالات الطاقة والاتصالات والقطاع المصرفي، لها خبرة طويلة في هذا المجال، وتهتم بتطبيق المسؤولية الاجتماعية، إلا أن مفهوم المسؤولية الاجتماعية في مصر يرتكز على الأعمال الخيرية أكثر من التنمية المستدامة أو الالتزام الداخلي للمؤسسة تجاه العاملين بها. ففي الأغلب، تتعلق

مبادرات المسؤولية الاجتماعية بمشاريع خيرية في المناطق الفقيرة أو تبرعات إلى مستشفيات أو مدارس. ولأن مفهوم المسؤولية الاجتماعية مرتبط بشكل وثيق في مصر بالأعمال الخيرية التي تتطلب ميزانية كبيرة، ففي الأغلب الشركات الأصغر حجمًا التي لا تستطيع تخصيص ميزانية لهذه المشروعات لا تهتم بالمسؤولية الاجتماعية.

ومن أبرز الشركات الرائدة في مجال المسؤولية الاجتماعية في مصر: «Mansour Group» و«Procter and Gamble» و«Vodafone» و«Shell» و«Orascom Telecom». وكثير من هذه الشركات تحاول الالتزام بالميثاق العالمي للأمم المتحدة الذى يضع عشرة معايير للشركات لممارسة الأعمال التجارية، تخص حقوق الإنسان والبيئة ومكافحة الفساد.

وثمة مبادرات عدة اهتمت بمجال المسؤولية الاجتماعية في مصر. فمثلًا: من 2008 حتى 2015، عمل برنامج الأمم المتحدة الإنمائي (UNDP) على مشروع للتوعية، وتعزيز المسؤولية الاجتماعية والميثاق العالمي للأمم المتحدة، وكانت نتيجة هذا المشروع:

- التوعية بمعنى المسؤولية الاجتماعية.
- تعريف الشركات المشاركة ببعض النقاط الأساسية في الميثاق العالمي للأمم المتحدة، وبالأخص مكافحة الفساد، وتعزيز الشفافية، والطاقة والبيئة، وحقوق الإنسان، وحقوق العمال.
- تنظيم بعض التدريبات في ما يخص المسؤولية الاجتماعية، خاصة في القطاع المصرفي.

وقد اشترك في مبادرة برنامج الأمم المتحدة الإنمائي 69 شركة، وعُقِدَت أيضًا لقاءات تشاورية مع الشركات للاستفادة من مخرجات المبادرة، واستمرارها بعد انتهاء المبادرة في عام 2015.

وأغلب الشركات في مصر، خاصة الشركات الكبيرة، تهتم بالمسؤولية الاجتماعية، وتخصص جزءًا من أنشطتها لخدمة المجتمع، لكن يلاحظ أنه بالنسبة لأغلب هذه الشركات لا توجد برامج أو اهتمام خاص بقضايا النساء، فهي تعتمد على مستويين:

المستوى الأول: الاهتمام بقضايا النساء ضمن المسؤولية الاجتماعية للشركة تجاه

المجتمع ككل والمبادرات الخارجية، وهو مفهوم المسؤولية الاجتماعية في مصر لدى أغلب الشركات.

المستوى الثاني: الاهتمام بقضايا النساء ضمن المسؤولية الاجتماعية الداخلية للشركة، وتمكينهن داخل العمل.

وتعتمد الشركات على استفادة النساء ضمن الفئات المستفيدة الأخرى. فمثلًا، «فودافون» تعد من الشركات الرائدة في مجال المسؤولية الاجتماعية، ولها برنامج شامل للتنمية، وقسم متخصص بأنشطة المسؤولية الاجتماعية في مصر، وهي تنظم عددًا من الأنشطة الخيرية للأيتام والمسنين والأطفال وذوى الإعاقة، لكن لا توجد لديها برامج أو مبادرات خاصة بتمكين النساء، بل تكتفي الشركة باستفادة النساء ضمن وجودهن بداخل الفئات المستفيدة الأخرى، كالمسنين أو ذوى الإعاقة، لكن ليس بصفتها فئة مستفيدة في حد ذاتها؛ وهذا هو نهج أغلب الشركات الأخرى.

أما الشركات التي تولي النساء اهتمامًا خاصًّا، فيكون ذلك إما عن طريق التعاون مع منظمات حقوق المرأة، وإما عن طريق تخصيص برامج خاصة لتمكين النساء ضمن أنشطتها. ومن أمثلة ذلك:

- **شركة «موبينيل»**

وليس لديها اهتمام خاص بالنساء في مجال المسؤولية الاجتماعية، لكنها تتعاون مع منظمات تهتم بحقوق النساء. فمثلًا، اشتركت «موبينيل» مع عدد من منظمات المجتمع المدني في مبادرة لخلق 100 ألف وظيفة للشباب، وكانت من ضمن المنظمات الشريكة للشركة في هذا المشروع مؤسسة «أوتاد»، وذلك للتأكد من وجود نساء ضمن المستفيدين من المشروع.

- **شركة «unilever»**

وتعد حقوق الإنسان من أولوياتها، وتتبنى وجهة نظر حقوقية في برنامجها للمسؤولية الاجتماعية، وبالتالي فحقوق النساء من أولويات المؤسسة. ومؤخرًا، قررت الشركة إصدار تقرير عن حال حقوق الإنسان في الشرق الأوسط، وأعطت أهمية خاصة لقضية التصدي للتحرش الجنسي.

- **شركة «أوبر»**

وهي شركة عالمية أُسِّسَت في 2009، في أكثر من 70 مدينة، وتعتمد على توصيل الركاب بسائقي الشركة عن طريق تطبيق هاتفي. ومؤخرًا، قررت «أوبر» في مصر عقد شراكة مع خريطة التحرش، حتى تطبق سياسة عدم التسامح تجاه هذه الظاهرة، التي نظمت تدريبًا لسائقي الشركة عن التحرش الجنسي، وكيفية التصدي له. وهذه التجربة الأولى من نوعها في مصر، وهي تقدم نموذجًا لتمكين النساء داخل العمل وخارجه، وذلك عن طريق اتخاذ عدة خطوات أساسية:

- **أولًا**: يتلقى جميع سائقي الشركة تدريبًا عن التحرش الجنسي، يشمل: التعريف بالتحرش الجنسي، وكيفية منعه، وكيفية اتخاذ موقف إيجابي ضده.
- **ثانيًا**: يحصل جميع سائقي الشركة على شهادة بأنهم تلقوا تدريب التحرش الذى أصبح تدريبًا إجباريًا في الشركة.
- **ثالثًا** (أخيرًا): يحصل كل سائق على لاصق للسيارة يحمل شعارًا ضد جريمة التحرش الجنسي، واتخاذ إجراءات للقضاء عليها.

ومن أهم أسباب نجاح «أوبر» في مصر والعالم الأمان. فالشركة تهدف إلى خلق بيئة رافضة للتحرش الجنسي، وتدريب جميع السائقين الذين يعملون بنظامها ليكونوا روادًا إيجابيين في إنهاء التقبل المجتمعي لهذه الجريمة. وتعد هذه التجربة شديدة الإيجابية لأكثر من سبب، إذ توفر وسيلة انتقال آمنة للنساء، وترسخ (وهو الأهم) فكرة أن مسؤولية التصدي للتحرش الجنسي تقع على عاتق الشركات، وليس على عاتق المرأة. ولذلك، فالتجربة أكثر إيجابية مثلًا من تجارب بعض شركات التاكسي الأخرى التي بادرت إلى إنشاء تاكسي للنساء فقط، بحيث تكون السائقات والراكبات من النساء، ما يرسخ فكرة فصل النساء عن الرجال لتجنب التحرش، أو خلق مجال عام (للنساء فقط) داخل المجال العام الأوسع، بدلًا من التصدي الجاد لجريمة التحرش، بصفته جزءًا من مسؤولية الشركات، دون داعٍ لفصل النوع، وكأن الناتج الطبيعي لاختلاط النساء بالرجال هو التحرش أو العنف الجنسي.

وعن طريق هذه الخطوات أيضًا، تضرب «أوبر» مثالًا لبقية الشركات، خاصة أن خريطة التحرش أعلنت عن مبادرة «شركات آمنة»، وهى مبادرة تهدف إلى عقد شراكات

وبروتوكولات تعاون بين خريطة التحرش وشركات مصرية أخرى لتحويل بيئات العمل إلى بيئات رافضة للتحرش الجنسي، وذلك عن طريق تدريب العاملين بالشركة على تعريف التحرش، وكيفية التصدي له ومنعه.

وبهذه الطريقة، تكون شركة «أوبر» قد قدمت أول مثال يحتذى به، على أمل أن تنضم شركات أخرى إلى هذه المبادرة. وبشكل عام، تهتم شركة «أوبر» بتمكين النساء. فبخلاف شراكتها مع خريطة التحرش، لوحظ أيضًا تشجيع الشركة انضمام النساء إلى العمل بصفة سائقات، وهو مجال لم نتعود على عمل النساء به. وبذلك، تحارب الشركة بعض الأشكال النمطية التي تحاصر النساء، وتوسع من مجالات العمل المتاحة لهن.

وعن تمكين النساء داخل العمل، فثمة بعض التجارب للشركات الأخرى المهتمة بقضايا النساء، التي تعمل على تمكينهن بعدة طرق أساسية في عملية التوظيف والتدرج الوظيفي نفسه، عن طريق زيادة عدد النساء العاملات في مكان العمل، وتسهيل فرصة وجودهن أيضًا في المناصب القيادية. فمثلًا، تمثل النساء 35 في المائة من الإدارة العليا لمجموعة شركات «منصور».

كذلك ثمة تجربة مهمة في هذا النوع من المبادرات لتوظيف النساء لدى شركة «Cairo for investment and real estate development» التي عملت على مبادرة لتوظيف 2700 امرأة، اهتمت فيها بجذب النساء غير العاملات وربات البيوت الحاصلات على شهادات دراسية. وكانت الغاية استهداف ربات البيوت اللاتي لديهن خبرة وشهادات، وذلك لحثهن على استغلال مهاراتهن في العمل. وبالفعل، نجحت هذه التجربة إلى حد كبير، واستطاعت الشركة جذب 1200 امرأة غير عاملة للعمل بالشركة، وكان مردود الحملة إيجابيًا، على الرغم من بعض التحديات.

وقد اتضح من خلال هذه التجربة أن النساء اللاتي وُظِّفن لديهن مهارات عالية بالفعل، ولوحظ أيضًا أنهن يبذلن مجهودًا مضاعفًا في العمل لإثبات كفاءتهن. وكان رأي القائمين على المشروع أن النساء يبذلن مجهودًا كبيرًا، ويقدرن فرصة العمل بسبب ندرة الفرص والمنافسة العالية. وبالتالي، يثبتن كفاءة عالية، وغالبًا تكون التحديات التي تؤثر على عملهن تحديات خارجية مرتبطة بالأعباء التي يفرضها المجتمع على النساء. وعندما تبذل الشركة

مجهودًا لحل هذه المشكلات، تكون النتيجة إيجابية عادة. فعندما أنشأت الشركة دار حضانة للأطفال، أثر ذلك بشكل إيجابي على إنتاجية النساء، واستمرارهن في العمل.

وتثبت هذه التجربة أن ثمة كثيرًا من الكفاءات النسائية التي لديها استعداد لبذل المجهود والتعلم، وأن الضغوط على النساء غالبًا ما تكون خارجية غير مرتبطة بمهارتهن بالأساس. وعندما تتخذ جهات العمل إجراءات لحلها، يؤثر ذلك إيجابيًا على قدرات النساء وتفانيهن في العمل.

وثمة مبادرة مشابهة لدى «منظمة العمل الدولية»، وهى مشروع لتدريب النساء المتزوجات من الفئات العمرية الأكبر (تكون فرص عملهن عادة أقل)، وإيجاد فرص عمل لهن. وبالفعل، وُظِّفَ 1500 امرأة، واهتم المشروع أيضًا بالتأكد من أن لديهن عقد عمل عادلًا، وتدريبهن على فهم حقوقهن وواجباتهن داخل مكان العمل، وهو ما يزيد من ثقتهن بأنفسهن. وقد اتضح أن توعية النساء بحقوقهن، والاهتمام بتدريبهن، يكون له تأثير إيجابي عليهن في العمل، فمعرفة الحقوق والواجبات تجعلهن يكتسبن ثقة أكبر بالنفس، وتساعدهن على إظهار مهاراتهن، وتزيد من قدرتهن على المطالبة بأجور عادلة وعقود عمل منصفة.

وعلى صعيد آخر، تتخذ مجموعة شركات «منصور» سياسات صارمة بخصوص التحرش الجنسي داخل العمل، وتحاول تبنى سياسة عدم التسامح تجاه هذه الظاهرة، وهي تسعى الآن إلى العمل على نظام لتقديم الشكاوى، ووضع عقوبات صارمة ضد من يرتكب التحرش الجنسي داخل العمل. أما شركة «برايس وترهاوس كوبرز» (PWC)، فأنشأت دور حضانة بالشركة.

وتحاول جهات أخرى، مثل «اتحاد الصناعات» و«منظمة العمل الدولية»، تقديم المساعدة للشركات في مجال حماية النساء، وتمكينهن من حقوقهن داخل العمل. فمؤخرًا، أدرج «اتحاد الصناعات» منظور النوع الاجتماعي داخل سياسات العمل بالاتحاد، وشرع في إنشاء وحدة لتكافؤ الفرص به. ورغم أن هذه الوحدة صغيرة حديثة الإنشاء، فإنها خطوة إيجابية، من أهم أهدافها تمكين المرأة اقتصاديًّا، فالنساء يواجهن تحديات كبيرة في سوق العمل.

ويوفر «اتحاد الصناعات» ورش عمل لتدريب النساء، وإمدادهن بالمعلومات الأساسية في مجال الأعمال والتجارة. فمثلًا، ثمة تدريبات على كيفية الحصول على قروض، وكيفية التعامل مع القطاع المصرفي. ومؤخرًا أيضًا، انتهت «منظمة العمل الدولية - مكتب مصر» من إعداد دليل تدريبي عن دمج قضايا النوع الاجتماعي داخل أماكن العمل والنقابات ومنظمات المجتمع المدني. وهنا، تظهر أهمية تعاون جهات مثل «اتحاد الصناعات» و«منظمة العمل» مع الشركات لإمدادهن بالمعلومات والأدوات اللازمة للاهتمام بقضايا النساء وحقوقهن.

أهم التحديات

ثمة تحديات تواجه دمج قضايا النساء ضمن المسؤولية الاجتماعية، وتمكينهن داخل العمل. ويمكن تقسيم هذه التحديات إلى ثلاثة أنواع رئيسة، وهي:

1. تحديات تتعلق بالشركات نفسها.
2. تحديات تتعلق بالمجتمع ونظرته لدور المرأة.
3. تحديات تنظيمية.

وفي ما يلي بيان لهذه التحديات الثلاثة:

أولًا: التحديات التي تخص الشركات

وتتعلق في المقام الأول بمفهوم المسؤولية الاجتماعية نفسه. فرغم بعض النماذج التي أشرنا إليها أعلاه، فإنه في الأغلب يرتبط مفهوم المسؤولية الاجتماعية في مصر بشكل وثيق بالعمل الخيري وتقديم الخدمات، فضلًا عن أن كثيرًا من الشركات الصغيرة لا تطبق المسؤولية الاجتماعية لاعتقادها أنه مجال يحتاج إلى ميزانية كبيرة بالضرورة، مع أنه يمكن تطبيق مبادئ المسؤولية الاجتماعية داخل المؤسسة (وهو الأهم) دون أعباء مالية، ويمكن تفعيل هذه المبادئ بخطوات محددة، مثل سياسات المساواة في فرص العمل.

ثانيًا: تحديات تتعلق بالمجتمع ونظرته لدور المرأة

فحتى الشركات الكبيرة التي تهتم بقضايا النساء ضمن أنشطة المسؤولية الاجتماعية تولي اهتمامًا أكثر بالمبادرات الاجتماعية خارج الشركة، بصفتها وسيلة للتسويق، دون اتخاذ

إجراءات أساسية لحماية النساء وتمكينهن داخل العمل، كسياسات مكافحة التحرش داخل مكان العمل مثلًا. وزيادة على ذلك، فإن كثيرًا من الشركات لا ترى أن البعد النوعي يشكل أولوية بالنسبة لها، حتى إن كانت تلتزم بالمسؤولية الاجتماعية والميثاق العالمي للأمم.

ثالثًا: تحديات تنظيمية تخص المجتمع نفسه

فالنظرة الدونية للنساء، والضغوط التي يفرضها عليهن المجتمع، تؤثر في إتاحة فرص التوظيف لهن، وإمكانيات استمرارهن في العمل. ويظهر ذلك بوضوح في تجربة «Cairo for investment and real estate development». فعلى الرغم من توظيف عدد كبير من النساء، فإن معدل استمرارهن في العمل لم يكن مرتفعًا، وذلك بسبب الضغوط التي تواجهها النساء خارج العمل، خاصة الواجبات العائلية والمنزلية. فانشغال النساء بالأعباء والمسؤوليات المنزلية التي يفرضها المجتمع عليهن يؤثر سلبًا على أدائهن داخل العمل، وعلى استمرارهن في وظائفهن، حيث إن هذه الأعباء لا تؤثر فقط بشكل مباشر على استمرار المرأة في وظيفتها، بل على المدى الطويل أيضًا قد تقرر الشركات عدم توظيف عدد كبير من النساء، وبالتالي تُظلَم النساء مرتين: مرة عندما يضع عليهن المجتمع كل الأعباء المنزلية والأسرية، ومرة أخرى عندما تتسبب تلك الأعباء التي لم يخترنها في تقليل فرص عملهن أو تركهن للوظيفة. ومن ثم، فعلينا أن نعمل على تغيير ثقافة المجتمع تجاه هذا الدور، وكيف يمكن التعامل مع أمور كالدور الإنجابي ورعاية الأطفال بصفتها مسؤولية مجتمعية تتحملها مؤسسات الدولة المعنية والنقابات وأصحاب العمل والمجتمع المدني، لا أن تتحملها النساء فحسب.

التوصيات

- العمل على رفع وعي العاملين والعاملات داخل الشركات، ووعي الشركات نفسها، بأهمية دمج النساء داخل سوق العمل، وتمكينهن من ذلك، مما يسهم بمردود إيجابي على الاقتصاد.
- العمل على دمج النوع الاجتماعي في خطط التنمية.
- رصد جميع الشركات التي تطبق المسؤولية الاجتماعية، واتخذت خطوات بشأن قضايا النساء، وتقديمها وإبراز دورها بصفتها نماذج إيجابية يمكن أن تتكرر.

- تغيير ثقافة المجتمع تجاه الدور الإنجابي ورعاية الأطفال من النظرة التقليدية التي ترى أنها أدوار تتحمل النساء فحسب مسؤوليتها إلى نظرة حديثة ترى أنها مسؤولية مجتمعية تتحملها كل الأطراف، وتلتزم بتوفير كل سبل الرعاية، وإعمال القوانين والسياسات التي توفر الحماية اللازمة للأطفال، بصفتها مسؤولية مشتركة للوالدين والنقابات والمجتمع المدني وأصحاب الأعمال ومؤسسات الدولة المعنية (مثلًا من خلال التشريعات).
- المطالبة بضرورة دمج مبادئ حقوق الإنسان والمواطنة والمساواة داخل مناهج التعليم.
- تطوير التعليم الفني، وتحفيز الفتيات على الالتحاق بجميع الأقسام والتخصصات.
- تنظيم جلسات حوار مع أصحاب الشركات من أجل العمل على كسب تأييد الشركات بشأن القوانين والسياسات التي توفر الحماية للنساء داخل وخارج العمل، مثل قانون مناهضة العنف الجنسي، وتوفير دور الحضانة داخل أماكن العمل، وتطبيق برامج المساواة بين الجنسين داخل أماكن العمل.
- إعداد برنامج تدريب يُطبَّق على العمال والعاملات داخل الشركات والنقابات بشأن التعريف بالمسؤولية الاجتماعية، وقضايا النوع الاجتماعي في الاقتصاد والتنمية، وسبل دمج برامج المساواة بين الجنسين في العمل ضمن السياسات العامة للشركات، وتطبيق تجارب وحدات تكافؤ الفرص داخل القطاع الخاص والهيئات المعنية به، مثل جمعيات رجال الأعمال ونساء الأعمال والمستثمرين والغرف التجارية والاتحادات الصناعية.

مبادرات اجتماعية في الأردن

ضمن تجربة الشبكة العربية للتربية المدنية (أنهر)، قُدِّمَت مبادرات مجتمعية لتشجيع السيدات على:

- المشاركة في الحياة العامة.
- صنع القرار.
- خلق آليات حوار مع صناع القرار.

- تسليط الضوء على أولويات السيدات للتأثير على خطط التنمية المحلية.

وضمن مشروع «تمكين المرأة من أجل القيادة»، قُدِّمَت مبادرات عدة بالشراكة مع منظمة «هيفوس»، وبدعم من وزارة الخارجية الهولندية، نُفِّذَت في 9 محافظات بالمملكة الأردنية، بمشاركة 25 سيدة قيادية من المحافظات. وقد تمثلت أهدافها العامة في:

- معرفة ماهية كسب التأييد.
- فهم الإطار النظري لكسب التأييد.
- تعزيز قدرات المشاركات على تصميم وتنفيذ حملات كسب التأييد.
- تطوير قدرات المشاركات ومهاراتهن في جمع البيانات، وتطوير المؤشرات الحساسة للنوع الاجتماعي.

ومن أبرز الموضوعات التي جرى تناولها:

- المفاهيم المتعلقة بحملات كسب التأييد المجتمعية.
- تحديد أولويات النوع الاجتماعي.
- استهداف تغييرات محددة.
- تحديد مؤشرات حساسة للنوع الاجتماعي لتتبع التغيير المنشود.
- جمع البيانات الحساسة للنوع الاجتماعي للبدء بالعمل على المؤشرات المحددة.
- تحديد أولويات النوع الاجتماعي عبر جلسات عمل سبقتها ورشة شاركت فيها 374 سيدة.

مبادرات اجتماعية في الجزائر

أُطلِق بالجزائر مشروع توأمة بين وزارة التضامن الوطني والأسرة وقضايا المرأة والوزارة الفرنسية للعمل والتشغيل والتكوين المهني والحوار الاجتماعي، حول إدماج الأشخاص ذوي الإعاقة في عالم الشغل، وذلك في إطار برنامج دعم تنفيذ اتفاق الشراكة مع الاتحاد الأوروبي.

ويتعلق الأمر بمشروع دعم لتعزيز قدرات وزارة التضامن الوطني في استراتيجيتها الشاملة لتسهيل إدماج هذه الفئة الهشة. ويندرج هذا المشروع الذي تقدر مدته بـ24 شهرًا، ويموله

الاتحاد الأوروبي بمبلغ 1.2 مليون أورو، في إطار برنامج الدعم «P3A»، حسب المنظمين. وقد أوضحت وزيرة التضامن الوطني والأسرة وقضايا المرأة في هذا الصدد أن الحكومة تولي الإدماج المهني للأشخاص ذوي الإعاقة «اهتمامًا خاصًّا»، بهدف تطوير استقلاليتهم وقدراتهم، مشيرة إلى أن هذه التوأمة تمثل فرصة لـ«الابتكار وتقاسم المعلومات» حول موضوع الإعاقة، وأنه استُحدِث أكثر من 60 مركزًا للمساعدة عن طريق العمل وهياكل بيداغوجية من قبل جمعيات تنشط في ميدان الإعاقة، ترافقهم وتدعمهم الدولة جزئيًّا، وكذا الجماعات المحلية وهيئات الضمان الاجتماعي، طبقًا لأحكام المرسوم التنفيذي رقم (02/ 08) المؤرخ في 2 يناير 2008.

وجددت الوزيرة التزام الدولة بتطوير وترقية عمل الأشخاص ذوي الإعاقة، مذكرة بوضع ترسانة تشريعية تنظيمية تُعنَى بحماية وترقية هذه الفئة على الصعيدين الاقتصادي والاجتماعي، وأن الجزائر قد أعربت في هذا السياق عن رغبتها في «تعزيز تطبيق هذه القوانين»، وتحسين انعكاساتها الاجتماعية، من خلال اللجوء إلى برامج التعاون الدولية، على غرار برنامج دعم اتفاق الشراكة مع الاتحاد الأوروبي (P3A) الذي تندرج هذه التوأمة في إطاره.

وقد عُقِدَت اجتماعات تعاونية مع الاتحاد الأوروبي والمؤسسات الأوروبية بوزارة الشؤون الخارجية. وأكد علي مقراني، مدير العلاقات مع الاتحاد الأوروبي بالوزارة، أهمية عقد مثل هذه الاجتماعات التي تعالج موضوعًا اجتماعيًّا مهمًّا، وتأتي تعزيزًا لمختلف عمليات التعاون القائم مع الاتحاد الأوروبي ودوله الأعضاء. وأشار إلى أن هذه الاجتماعات تشكل «فرصة سانحة لتبادل التجربتين الأوروبية والجزائرية في هذا الميدان، وكذا الخبرات والمعارف المرتبطة بإدماج هذه الفئة في عالم الشغل. كما أنها تسمح أيضًا بتقاسم الاستراتيجية الجزائرية مع خبرة الاتحاد الأوروبي في إطار استراتيجية 2011، وخبرة فرنسا التي تشرف على المشروع».

والواقع أن تلك المقاربة الشاملة للحكومة التي لا تقصي أي فئة اجتماعية، والتنمية الاقتصادية المتناسقة للبلاد، والحماية الاجتماعية الشاملة، وآليات التكفل بالفئات الهشة، هي كلها ضمانات ممنوحة لذوي الإعاقة. وبالطبع، فإن إنجاز الأهداف الإنمائية للألفية، واختيار الجزائر ضمن البلدان الـ50 النموذجية من أجل تحقيق الأهداف الإنمائية للألفية، بمثابة دلالة على نجاعة مثل هذه المقاربة الشاملة.

ولقد أشار رئيس بعثة الاتحاد الأوروبي بالجزائر، السفير جون أورورك، إلى أن هذا المشروع يندرج في إطار التعاون الواسع بين الاتحاد الأوروبي والجزائر من أجل دعم نمو التشغيل، بالتركيز على هذه الفئة الهشة من خلال أعمال خاصة، مؤكدًا من جهة أخرى أن الجزائر تتميز عن جيرانها في شمال أفريقيا بتشريع متقدم.

ومن جهته، شدد سفير فرنسا لدى الجزائر، برنار إيميي، على أهمية إطلاق هذه التوأمة التي تبرز مدى اهتمام الجزائر بهذه الفئة، مؤكدًا أن الإدماج المهني للأشخاص ذوي الإعاقة «قضية أساسية» بالنسبة لبلدان أوروبا وبلدان المتوسط.

تجربة الكاتبة بالمساهمة بالمسؤولية المجتمعية

قال الله (تعالى): ﴿وَمَا تُقَدِّمُواْ لِأَنفُسِكُم مِّنْ خَيْرٖ تَجِدُوهُ عِندَ ٱللَّهِ هُوَ خَيْرًا وَأَعْظَمَ أَجْرًا﴾ (المزمل: 20)، وقال: ﴿فَمَن يَعْمَلْ مِثْقَالَ ذَرَّةٍ خَيْرًا يَرَهُۥ﴾ (الزلزلة: 7). وقد ثبت للكاتبة أن المسؤولية المجتمعية ثقافة مجتمع، وهي ركن أساسي مهم في حياة المجتمعات، من دونها تصبح الحياة فوضى، وتشيع شريعة الغاب، حيث يأكل القوي الضعيف، وينعدم التعاون، وتغلب الأنانية والفردية.

ويعد هذا الجانب العنصر المهم في أي مجتمع من المجتمعات، ولا أدل على ذلك مما نرى ونلمس من حجم تأثير المسؤولية الاجتماعية النابعة من داخل الأفراد في المجتمع، عبر ممارسة سلوكيات وأنشطة معينة يكون الهدف العام منها تعميق روح المبادرة، والمشاركة جنبًا إلى جنب مع أبناء المجتمع الواحد.

تجربة الكاتبة بالمساهمة بالمسؤولية المجتمعية والعمل التطوعي التي تسعد بمشاركتها في هذا الكتاب لعلها تحدث فرقًا:

- بداية عمل الكاتبة بالمسؤولية المجتمعية كانت مع ذوي الإعاقة وأسرهم عام 2004، بحكم تخصصها بمجال ذوي الإعاقة، وامتلاكها مركزًا خاصًا في دولتها (قطر) منذ سبعة عشر عامًا. وقد تضمن ذلك:
- تكريس وقت لسماع الأشخاص ذوي الإعاقة وأسرهم، ومشاركتهم ومساعدتهم،

ليس فقط من خلال المركز، بل أيضًا بتخصيص رقم هاتف يمكنهم التواصل معها عبره متى لزم الأمر.

- تسجيل أطفال من ذوي الإعاقة مجاناً سنويًّا (خمسة طلاب) لظروف الأسرة، وتقديم برامج تعليمية تدريبية تأهيلية لهم، تساعدهم على اكتساب كثير من المهارات المختلفة.
- الاتفاق مع الجهات الخيرية بالدولة على أن أي طفل يُسجَّل من قبلهم يُخصَم له 50 في المائة، وذلك للمساعدة بالعمل المجتمعي.
- تأليف عدد من المؤلفات في ميدان التربية الخاصة من أجل نشر الوعي المعرفي لدى الأسر والمتخصصين بكيفية التعامل مع ذوي الإعاقة ودمجهم بالمجتمع.
- الانضمام للجمعية الخليجية لذوي الإعاقة عام 2005 (عضوًا).
- الانضمام للجمعية القطرية لتأهيل ذوي الاحتياجات الخاصة عام 2006 (عضوًا).
- الانضمام للمنظمة الدولية للإعاقة عام 2011 (عضوًا).
- الانضمام للمجلس العربي للموهوبين عام 2015 (عضوًا).
- الانضمام للاتحاد العربي للمرأة المتخصصة عام 2016 (رئيسة لقسم البحوث العلمية).
- الانضمام لرابطة الإعلام العربي المتخصص لذوي الإعاقة عام 2015 (رئيسة لفرع قطر).
- الانضمام لحملة المرأة العربية للعمل الاجتماعي في عام 2014 (عضوًا دائمًا).
- الانضمام لرابطة سيدات الأعمال القطريات عام 2018.
- الانضمام لشبكة الرائدات العربيات عام 2017 (رائدة).
- الانضمام إلى الشبكة الإقليمية للمسؤولية المجتمعية عام 2017، مستشارة وسفيرة من أجل العمل على تحقيق المسؤولية تجاه الذات أولًا، ومن ثم المسؤولية تجاه المجتمع، والمشاركات بالأعمال المجتمعية. وكانت من مبادراتها التطوعية:

- إقامة مهرجان للألوان باسم «مركز الدوحة العالمي لذوي الاحتياجات الخاصة»، بالشراكة مع الشبكة الإقليمية للمسؤولية المجتمعية، عام 2018.
- تصميم منهج خاص لذوي الإعاقة بعنوان «المسؤولية الاجتماعية»، وتطبيقه بتعليم الأطفال ذوي الإعاقة مسؤوليتهم نحو ذاتهم أولًا، ثم نحو أسرتهم، ثم نحو المجتمع (بمساعدة المحتاجين فيه).
- إصدار مبادرة بعنوان «القضاء على الفقر والجوع» عام 2019، لتدريب الأطفال ذوي الإعاقة على مساعدة كل فقير أو محتاج بمجتمعاتهم.
- المشاركة بمقالات في الأجزاء الأربعة من «الكتاب العربي في المسؤولية المجتمعية»، وهي: «الأبناء وممارسة المسؤولية المجتمعية»، و«العمل التطوعي مع الأشخاص ذوي الإعاقة»، و«أهداف التنمية المستدامة 2015-2030 لخدمة الأشخاص ذوي الإعاقة»، و«أخلاقيات العمل مع الأشخاص ذوي الإعاقة».
- إصدار كتاب بعنوان «ثقافة العمل التطوعي.. آفاق متجددة».
- إصدار كتاب بعنوان «المسؤولية المجتمعية ودورها في تنمية وتحقيق الاستقرار في المجتمعات».
- الانضمام لمنصة «بيفول» الدولية للعمل التطوعي 2019، حيث أصبحت الكاتبة مستشارة ورئيسة قسم الأشخاص ذوي الإعاقة، وأعلنت عن سبع مبادرات تطوعية وضعت محفزات إيجابية جاذبة تحبب الآخرين بالعمل التطوعي مع ذوي الإعاقة، ممن اختِيروا من المتطوعين ودُرِّبوا على العمل مع ذوي الإعاقة، وشجعت ذوي الإعاقة أيضًا على التطوع لكي يكونوا أعضاء فاعلين يساعدون الآخرين.
- الانضمام لفريق قطر التوعوي، مستشارة وعضوًا فخريًّا، عام 2017، بهدف التوعية المجتمعية الميدانية بجميع الجوانب المجتمعية البيئية والتعليمية والأسرية والصحية والنفسية والتعامل مع كبار السن وذوي الإعاقة. وقد شاركت بكثير من المبادرات مع الفريق.

- المساندة والدعم لكثير من الجمعيات المحلية والعربية والدولية التي تخدم المجتمع، وتهتم بالأيتام والمسنين وذوي الإعاقة.
- اختيارها سفيرة بوقفية القدس عام 2019.
- الاهتمام بالإعلام المرئي والمقروء والمسموع ومواقع التواصل الاجتماعي، وتقديم مواضيع مختلفة هادفة لتوعية المجتمع بجميع التخصصات العلمية والاجتماعية والصحية والبيئية والأسرية والنفسية.
- اختيارها ضمن 100 شخصية عربية لعام 2019 الأكثر تأثيرًا في المسؤولية المجتمعية.
- الانضمام للجمعية القطرية للسرطان عام 2019، مستشارة ومتطوعة. وكان ذلك تحديًا كبيرًا جدًّا لها، خاصة بعد وفاة ابنها بالسرطان، الأمر الذى شكل دافعًا لرسم البسمة على وجوه هذه الفئة، ودعم ومساندة ذويهم. وقد بدأت تطوعها مع الجمعية بكتابة مؤلف بعنوان «الدعم النفسي لمريض السرطان مسؤولية مجتمعية». وحقيقة، كانت تشعر بسعادة دومًا كلما أدت أي عمل لإسعاد هذه الفئة، كان آخرها زيارتها لمرضى السرطان ضمن المجهودات التي ينهض بها «مركز الدوحة العالمي لذوي الاحتياجات الخاصة» بهدف توصيل رسالة على لسان الطفل ذي الإعاقة لمريض السرطان، تتلخص في: «تمتعوا بالأمل، وكونوا على ثقة بأن غدًا سيكون أفضل، بإذن الله. وأنتم من يحول الألم لأمل، والمحنة لمنحة، بإيمانكم بالله».

الفصل الثاني عشر:

مقالات الدكتورة هلا السعيد في «الكتاب العربي في المسؤولية المجتمعية»

الكتاب العربي في المسؤولية المجتمعية (1)

مقالة بعنوان
الأبناء وممارسة المسؤولية المجتمعية

قبل أن نفكر بتدريب أبنائنا على المسؤولية الاجتماعية، يجب أن ندربهم على الاعتماد على النفس أولًا. وهذا النوع من الفكر التربوي غير موجود -كما ينبغي- في تربية أبنائنا في عالمنا العربي، إذ لا يولي كثير من الأبناء اهتمامًا كافيًا لتدريبهم على مهارات الاعتماد على النفس، ونتيجة لذلك يكبر أولادنا وهم غير متحملين مسؤولية أنفسهم التحمل الكافي، غير معتمدين على أنفسهم الاعتماد الواجب. والآن، نريد أن يتعلم الأبناء منذ طفولتهم الاعتماد على ذواتهم، والاستقلال عن الآخرين في قضاء حاجاتهم الرئيسة. وهذه مبادئ تربوية مهمة في تربية الأبناء، وتدريبهم عليها واجب تربوي.

والسؤال الذي قد يتبادر إلى الذهن: كيف أغرس في ابني مهارات تحمل المسؤولية والاعتماد على النفس؟ تقول القاعدة التربوية المهمة: إذا أردت أن يعتمد ابنك على نفسه، جرب أنت أن تعتمد عليه. فإذا كنت أصلًا لا تعتمد عليه في شيء، فكيف إذن سيتسنى له تعلم الاعتماد على نفسه؟ وإذا كنت أنت غير واثق في قدراته وإمكاناته، وبالتالي لا تعتمد عليه في إنجاز بعض الأمور، فكيف سيثق هو في نفسه ويوظِّف قدراته؟ إذن، فالمطلوب منك أن ترفع يدك عنه، وتكف عن مساعدته، وتفسح له المجال ليقضي مصلحته بنفسه، وتتركه ينجز بعض أعماله بنفسه، كترتيب غرفته أو أن يحاول أن يشتري احتياجاته بنفسه. ولا بأس أن تكون معه، لكن اتركه يتصرف بنفسه، فيقدم أوراقه للمدرسة بنفسه، وتكون أنت معه بمثابة الصاحب في بادئ الأمر، ويعمل واجباته المدرسية بنفسه، وتكون أنت

بمثابة الموجه، ويأكل بنفسه، ويشرب بنفسه، ويلبس ملابسه بنفسه، ويجهز ملابسه، ويرتب حاجاته، وتكون أنت بمثابة المشرف. وبصفه عامة، فإن أي عمل يستطيع الطفل أن يؤديه، فلا بد أن تساعده وتفسح له المجال حتى يستطيع أن ينجزه معتمدًا على نفسه.

والمشكلة الأساسية التي تعترض طريق تعليم الأبناء الاعتماد على النفس هي أن الآباء والأمهات أنفسهم لا يستطيعون أن يفطموا أنفسهم عن التدخل في شؤون أبنائهم، ولا أن يتعدوا بأنفسهم عن الاشتراك معهم في قضاء مصالحهم، ولا أن يتركوا لهم الفرصة ليمارسوا حياتهم بأنفسهم. وقد يكون هذا التدخل بسبب حبهم لأبنائهم، أو بقصد حمايتهم، ولكن الواقع أنك تقف عائقًا أمامهم عن أداء أدوارهم، وتسلبهم الفرص التي تجعلهم يجربون الاعتماد على أنفسهم، فيكون حبك لهم حبًا ضارًّا، وتكون حمايتك لهم حماية مؤذية.

ويجب ألا ننسى الاهتمام بتعزيز السلوك الصحيح الذى ينفرد به الابن، خاصة في مرحلة الطفولة. فبعد أن يؤدي الطفل أعماله بنفسه، لا بد أن تثني عليه، وتمدح أداءه للعمل أو السلوك الصائب منفردًا، وتشيد به أمام الآخرين من أفراد الأسرة والضيوف على مسمع منه.

وبعد ذلك، تأتي مرحلة تدريب الطفل ذي الإعاقة على ممارسة المسؤولية المجتمعية، حيث إننا ننظر إلى فئة ذوي الإعاقة بصفتهم شركاء فاعلين أساسيين في بناء مجتمعاتنا، وفي تحقيق الإنجازات المجتمعية. وقد تبوأ عدد منهم المراكز المتقدمة في محافل كثيرة، سواء على المستوى الوطني أو الدولي. ويأتي برنامج المسؤولية المجتمعية الذى شرفت بتصميمة ليصب في اتجاه تعزيز مشاركة الأبناء من ذوي الإعاقة في المساهمة المجتمعية الفاعلة المؤثرة. ويُطبَّق هذا البرنامج حاليًّا بـ«مركز الدوحة العالمي لذوي الاحتياجات الخاصة» بصفته نموذجًا تجريبيًّا. وسوف أحرص -بإذن الله- على تعميمه في كثير من المواقع والمراكز العربية المتخصصة لاحقًا، بعد تقييم نموذج الممارسة التجريبي. ويتكون هذا البرنامج من مراحل عدة للوصول بالأبناء من ذوي الإعاقة إلى فهم وتطبيق المسؤولية المجتمعية، منها على سبيل المثال: تدريب ذوي الإعاقة على الاعتماد على النفس أو المسؤولية الذاتية، ثم زيادة مساحة تدريبهم على تحمل المسؤولية في دوائر أخرى أكثر اتساعًا، فيبدأ الطفل بتحمل مسؤولية خدمة إخوته، ثم تلي ذلك مسؤولية التواصل مع دائرة الجيران، ثم دائرة الأقارب، ثم دائرة الشارع أو الحي الذي يقطن فيه، وتظل تلك الدوائر

تتسع حتى تشمل الاستجابة للحاجات المجتمعية في العالمين العربي والإسلامي، ثم حاجات الإنسانية جمعاء.

ونهدف من برنامج المسؤولية المجتمعية إلى إشراك الأبناء من ذوي الإعاقة في سد حاجات مجتمعية حقيقية، وإشعارهم بأنهم أعضاء مؤثرون في جماعات مختلفة، ابتداء من أعضاء أسرته وصولًا إلى شرائح واسعة من البشر بصفة عامة. ويعني ذلك أنه مسؤول أمام نفسه، ثم أمام الآخرين. وإضافة إلى ذلك، يتعلم الأبناء من ذوي الإعاقة مفهوم الإنسانية، وأهمية وقوفه بجانب الآخرين، ومساعدتهم إذا تطلب الأمر ذلك، وربط تطبيق مفهوم المسؤولية المجتمعية بجميع المهارات التي يتدربون عليها، فنحقق بذلك دمجًا مجتمعيًّا طبيعيًّا، وتكون مساهماتهم ذات أثر مجتمعي واضح مبني على أسس علمية.

الكتاب العربي في المسؤولية المجتمعية (2)

مقالة بعنوان
العمل التطوعي مع الأشخاص ذوي الإعاقة

تعريف العمل التطوعي

يُعرَّف العمل التطوعي بأنه عمل خير من أجل مساعدة أو مساندة أو تنمية أو نيل الثواب والأجر، وهو لا يهدف إلى الربح، ولا يُنتظَر منه أي مردود في المقابل. والتطوع نوع من أنواع الدعم والمؤازرة بين البشر، وهو نابع من خلقٍ عالٍ عظيمٍ، ويُعَد عملًا ساميًا جميلًا.

ويُعرَّف التطوع كذلك بأنه:

- جهد نابع عن إرادة ذاتية.
- جهد قائم على خبرة ومهارة مكتسبه ذاتيًا.
- الجهد المبذول لا يقابله جزاء مادي، وإن قابله فهو يقل عنه، بحيث يكون الجزاء المعنوي أهم، مثل شهادة شكر أو نحوها.
- تضحية بوقت أو جهد أو مال.

المجتمع والعمل التطوعي

يعكس العمل التطوعي وعي المواطن وإدراكه لدوره في المجتمع، وبالتالي انتماءه لهذا المجتمع. فالعمل التطوعي هو الجهد الذى يبذله المواطن من أجل مجتمعه، أو من أجل جماعة معينة، دون توقع جزاء مادي مقابل جهوده، سواء كان هذا الجهد مبذولًا بالنفس

أو المال. والجهد هنا إرادي، ينهض به الفرد أو جماعة من الناس طواعية واختيارًا لتقديم خدمات للمجتمع أو إحدى فئاته.

إذن، يمكن استنتاج أن التطوع حركة اجتماعية تهدف إلى تأكيد التعاون، وإبراز الوجه الإنساني للعلاقات الاجتماعية، وأهمية التفاني في البذل والعطاء عن طيب خاطر في سبيل سعادة الآخرين. ولكن يجب ألا يُنظَر إلى العمل التطوعي بمنظور مثالي، من حيث أهداف ودوافع الأفراد الذين ينخرطون به، إذ ربما تكون ثمة أهداف غائبة -وإن كانت غير مباشرة- للأفراد قد تؤثر على العمل التطوعي بالاتجاه السلبي أحيانًا.

وجميل أن يكرس الإنسان جزءًا من وقته لمساعدة الآخرين، حيث يؤدي دورًا إيجابيًّا، دون مقابل مادي، ابتغاء مرضاة الله ونيل ثوابه، وهذا من شأنه أن يعطي للمتطوع ثقة بالنفس، وحبًّا للآخرين، وإحساسًا بالمسؤولية، وملئًا لوقت فراغه بما ينفع ولا يضر. ولعل تقديم العون والمساعدة للفئات الأشد ضعفًا له الأجر الكبير عند الله.

وهنا، تبرز أسئلة مهمة تعرضت لها بحكم طبيعة عملي مع ذوي الإعاقة: ما أهمية التطوع للأشخاص ذوي الإعاقة وأسرهم؟ وكيف يمكن تقديم العون والمساندة للأم؟ وما الفائدة التي تعود على المتطوع نفسه؟

والإجابة: إن نظرة الناس لذوي الإعاقة قد تغيرت. فقد أصبح لدى الناس وعي أفضل بهذه الفئة، حيث يقبلون على تعليمها حرفة معينة، ويحاولون إيجاد وسائل تؤهلهم للعيش بصورة طبيعية كالأشخاص الأسوياء. وما دام الشباب لديهم وقت فراغ كبير خلال فترة الإجازة الصيفية، فلماذا لا يستثمرونه في عمل تطوعي مثل هذا؟ الواقع أن ثمة كثيرًا من الأشخاص الذين يحصلون على دورات تدريبية في تخصصات الإعاقة المختلفة استعدادًا منهم ورغبة في العمل مع هذه الفئة. بيد أنه ثمة دراسة ميدانية عن «التطوع في العالم العربي»، أجرتها الشبكة العربية للمنظمات الأهلية، أظهرت أن الشباب من سن 15 حتى 30 عامًا هم أقل فئة مهتمة بالتطوع، رغم إمكانات وقدرة الشباب في هذه السن على النهوض بأعمال تخدم المجتمع بصورة فائقة.

أسباب إحجام الشباب في العالم العربي عن التطوع

يرجع هذا الإحجام إلى أسباب عدة، منها:

- التنشئة الأسرية التي أصبحت تهتم فقط بالتعليم، دون زرع روح التطوع، وبث الانتماء والرغبة في مساعدة الآخرين.
- خلو مناهج وأنشطة المدارس والجامعات تقريبًا من كل ما يشجع على العمل التطوعي.
- الضغوط الاقتصادية التي يعاني منها معظم الشباب، وتدفع بعضهم للبحث عن عمل والانخراط به، وبالتالي عدم وجود وقتٍ كافٍ للتطوع. وقد ظهرت في الفترة الأخيرة كثير من المطالبات والدعوات الرسمية وغير الرسمية من قِبل مؤسسات وجهات عدة لإطلاق فعاليات توعوية تشجع الشباب على مواصلة التطوع في مجالات تخدم المجتمع، ولكن تبقى أغلب الاستجابات المتاحة مجرد محاولات لا ترتقي إلى المشاركة الفاعلة، ولا تحقق نتائج إيجابية ملموسة تؤثر بشكل ما في المؤشر العام للتطوع، خاصة في مجال الإعاقة.

أهداف العمل التطوعي مع ذوي الإعاقة

من أهم أهداف العمل التطوعي تنمية روح الانتماء لدى الشباب، عن طريق إدراكهم لأهميتهم وولائهم للمجتمع الذى ينتمون إليه، حيث يقدمون إليه برضا واقتناع بعضًا من جهدهم، مقابل ما يحصلون عليه من حقوق منه. كما يثير دافع التطوع الحوافز الإيجابية التي تعمل على رفع مستوى الأداء، والسرعة في الإنجاز، وزيادة معدل إنتاجية العمل، وتحويل الطاقات العاجزة المعطلة إلى طاقات عاملة منتجة، وشغل أوقات الفراغ بطريقة إيجابية تعود على المتطوعين باكتساب الخبرات البناءة.

وفي رأيي، ذوو الإعاقة جزء لا يتجزأ من المجتمع الإنساني، ومراعاة ظروفهم ومساعدتهم واجب وطني وإنساني. كما أن احترام القوانين الخاصة بهم دليل على رقي المجتمع وتحضره.

مؤسسات تهتم بالأشخاص ذوي الإعاقة والعمل التطوعي

لدى كثير من الجمعيات التي تهتم بالعمل التطوعي نشاطات فاعلة تنظمها فرق مختلفة متعددة. فمثلًا في «فريق سواعد لذوي الإعاقة»، كان أفراد الفريق قبل تكوينهم يجتمعون يومي الاثنين والثلاثاء. ومع مرور الوقت، فكرت إدارة الجمعية في الخروج بالفريق لتحقيق عدة أهداف سامية، منها مساعدة هذه الفئة العزيزة على الخروج من قوقعة الإعاقة، ومساعدة أسرهم. وقد حصل الفريق على دعم كثير من رجال الأعمال.

النتائج الإيجابية للتطوع بالمراكز التي تخدم الأشخاص ذوي الإعاقة

للتطوع في مراكز ذوي الإعاقة نتائج إيجابية تظهر في تغيير النظرة نحو الأشخاص ذوي الإعاقة، ما يؤدي إلى وعي أفضل بهذه الفئة، ومحاولة إيجاد وسائل تؤهلهم للعيش بصورة طبيعية كالأشخاص الأسوياء، مثل: تعليم القراءة والكتابة لذوي الإعاقة، والتطوع في الأنشطة الرياضية الخاصة بهم، وحمل ونقل الأطفال ذوي الإعاقة على الكراسي المتحركة، وغيرها من المساهمات البسيطة.

الصفات الإنسانية والاجتماعية للمتطوعين بالعمل مع ذوي الإعاقة

تؤكد بعض الدراسات المعنية بالإعاقة أن التطوع من أصعب المجالات، خاصة في الإعاقة، لأسباب عدة، منها أن المتطوع يجب أن يتحلى بصفات إنسانية واجتماعية معينة، أهمها:

- الصبر والإحساس بآلام الآخرين.
- امتلاك مهارات التعامل مع احتياجات ذوي الإعاقة الذهنية التي تتطلب قدرًا معقولًا من التخصص والمعرفة.
- التمتع ببعض الصفات الشخصية المهمة، كقوة التحمل والتفهم والطيبة.
- الشغف بالتعلم عن ذوي الإعاقة وكيفية التعامل معهم.

وأوضح أن كثيرًا من الأشخاص والجهات يتجنبون التعامل مع الأشخاص ذوي الإعاقة ليس كبرًا أو غرورًا، ولكن خوفًا من جرحهم، أو الخطأ بقول كلمة أو إتيان فعل من غير قصد أو عمل شيء قد يسبب لهم ضيقًا أو ألمًا.

وبذلك، يتضح أن مجال العمل التطوعي هو جزء من الفطرة الإنسانية الإيجابية التي نسعى إليها جميعًا من أجل مساعدة الآخرين، وتسخير ما وهبهم الله في خدمة الإنسانية والوطن، من دون مقابل أو طلب من الطرف الآخر. وأيضًا، يُعَد التطوع مهمًّا لتسخير الطاقات والمواهب واكتشاف الذات، فالتطوع بحد ذاته لا تحده ديانة ولا جنس ولا مسافات لأنه يعبر عن الطبيعة الإنسانية التي فُطِرَت من الأساس على مساعدة الآخرين. والإعاقة ليست إلا إعاقة إرادة، وهذا ما أثبته العظماء من ذوي الإعاقة، وما زالوا يتزايدون في شتى المجالات. ويتضح أحيانًا أن التعامل مع الأشخاص ذوي الإعاقة ليس بالصعب، ولكنه يحتاج إلى بعض المهارات التي يجب أن يكتسبها المتطوع إذا التحق بهذا السرب. ولا بد أن ندرك أن مجالات العمل التطوعي متعددة، ولذا فإنه لا بد للمتطوع أن تكون لديه الرغبة في التعلم، ومعرفة كل ما يتعلق بالفئة التي سيسخر وقته لأجلها كي لا تكون نتيجة التطوع سلبية بسبب عدم الإلمام بكيفية التعامل مع بعض الفئات.

تحديات ومهارات خاصة

إن العمل التطوعي مع فئة ذوي الإعاقة يحتاج إلى «الإنسانية، والتقرب منهم أكثر، وفهم عالمهم أكثر». وقد أثبت التاريخ عبر العصور والأزمنة قصص نجاح ذوي الإعاقة في مجالات مختلفة، كالرياضة والإعلام والأدب والفن، إضافة إلى بقية المجالات الوظيفية الأخرى، ولكن لن نغفل أنه ما زالت هناك بعض التحديات في هذا المجال، خاصة حين تريد أن تثقف المجتمع بأن التعامل مع ذوي الإعاقة ليس صعبًا -كما يفسره بعضهم- وأنه يحتاج فقط إلى مهارات خاصة. وعندما يمتلك الإنسان نيه حب الخير للجميع، ورسم الفرحة والبهجة على وجوههم، لا أظن أنه سيصعب عليه تعلم أو صقل بعض الصفات، كالصبر وعدم الشعور بالنفور وإعطائهم الحب. وكلما تقربنا من هذه الفئة، أصبحنا ندرك أكثر أنهم لا يحتاجون إلى شفقة أو إحسان، بل يحتاجون إلى المحبة والاحترام والتقدير، وأن التطوع مع ذوي الإعاقة متعة روحية لا تمنحها أي مهنة، خاصة حين نراهم يتواصلون معنا فرحين مبتسمين، ويعبرون عن حبهم لنا من دون أي تردد، فهم يتحدثون بالفطرة حول كل ما يجول في خاطرهم. وعلى ذلك، فالتطوع في مجال الإعاقة يحتاج إلى مهارات مختلفة، حسب نوع الإعاقة، فالتعامل مع ذوي الإعاقة السمعية يختلف عن التعامل مع ذوي الإعاقة البصرية والحركية والذهنية.

ولا شك أن للتطوع قيمة كبيرة في المجالات كافة، خاصة التطوع لخدمة فئة بحاجة لمن يمد لها يد المساعدة، ويتابع احتياجاتها النفسية والحياتية والاجتماعية، ويساندها في الوجود داخل المجتمع، ويستمع إليها، ويقدم لها الخدمات الطبية والعلاجية والنفسية، إضافة إلى مساعدة الأسرة في كيفية التعامل مع ابنها ذي الإعاقة، وتقديم الدعم المعنوي اللازم لها.

النقص بعدد المتطوعين في مجال خدمة الأشخاص ذوي الإعاقة

من الملاحظ أن ثمة نقصًا في عدد المتطوعين في مجال الإعاقة، حيث نلاحظ وجود قليل منهم في الفعاليات والمناسبات الاحتفالية الخاصة بالأشخاص ذوي الإعاقة، وهم يشاركون بشكل عام في التنظيم. أما المشاركة التطوعية في المجالات الخاصة باحتياجاتهم المختلفة فهي قليلة، لذلك تتطلب الحاجة ضرورة العمل على تشجيع التطوع في المجالات المتخصصة المرتبطة باحتياجات ذوي الإعاقة، من خلال الملتقيات والفعاليات التوعوية، إضافة إلى أهمية توعية رجال الدين بأهمية وعظم أجر من يخدم هذه الفئة لجذب وتشجيع الشباب على التطوع.

أهم الصعوبات باستقطاب متطوعين في مجال ذوي الإعاقة

ثمة صعوبات عدة لاستقطاب متطوعين في مجال الإعاقة، منها كون المتطوع غير مؤهل للتعامل مع طبيعة هذه الفئة، وبعده عن الظروف المحيطة بحياة ذوي الإعاقة وتصرفاتهم وأسلوب تفكيرهم، وعدم الاستعداد النفسي، إذ يجب أن يكون عنده الاستعداد النفسي للصبر والتحمل وتفهم احتياجات ذوي الإعاقة.

خطوات لتفعيل العمل التطوعي مع ذوي الإعاقة

- **أولًا**: يجب أن تكون مؤهلات المتطوع متعمقة اختصاصية حتى يعطي المردود الأفضل.
- **ثانيًا**: أن تكون ثمة جمعية تطوعية لخدمة ذوي الإعاقة على مستوى الدولة، يمكن التواصل معها بجميع الوسائل المتوافرة لعمل الملتقيات الدورية والورش التدريبية والتأهيلية لهم.

- **ثالثًا**: ضرورة إنشاء أكاديمية علمية بها مختصون بالدراسة والأبحاث الميدانية حول أوضاع ذوي الإعاقة في مناطق الدولة كافة، مع وضع خطة شاملة لتنميتهم ورعايتهم، ومواجهة الأسباب التي أدت إلى نقص الكوادر المواطنة المؤهلة في هذا المجال.
- **رابعًا**: يجب أن تتبنى الجهات الرسمية والعاملة في مجال رعاية ذوي الإعاقة تنفيذ برامج لتأهيل المتطوعين، وخدمة فئة ذوي الإعاقة بشكل جيد، من خلال دورات خاصة للتطوع في خدمة ذوي الإعاقة.
- **خامسًا**: يجب أن يكون ثمة تطوع أيضًا من قبل أولياء أمور ذوي الإعاقة لمساعدة غيرهم، ممن هم أقل خبرة منهم في التعامل مع ذوي الإعاقة، وتشجيعهم على الاستمرار والتغلب على المشكلات التي يواجهونها.

إرضاء الذات وإرضاء الله

إن التطوع، وبشكل خاص في مجال ذوي الإعاقة، لا يحتاج منا سوي شيء واحد، وهو الرغبة. فإن رغبت في أن تحدث تغييرًا في هذه الفئة، وفي نفسك أيضًا، ترضي به ربك، فحينها سيتجه سلوكك لاإراديًّا إلى التعامل معهم بطريقة عفوية، وذلك عن طريق الاطلاع على احتياجاتهم، والإلمام بطريقة التعامل معهم، من خلال التواصل مع المؤسسات الخاصة برعايتهم، إضافة إلى القراءة والاطلاع عن هذه الفئة التي ستزيد من شعورنا بالرضا الذاتي والسعادة التي ستصلك من دون توقف من خلال هذا العمل.

والتطوع عمل إن لم ينبع من الداخل، وبنية صافية، فلن يصبح تطوعًا، إذ على المتطوع أن يخلع رداء الأنانية، ويبتعد عن الشخصنة، ويعمل بروح الفريق الواحد، والهدف الواحد، وهو الارتقاء بالعمل الاجتماعي والخيري والإنساني، من دون انتظار أي مقابل أو إشادة.

دور وزارة الشؤون الاجتماعية

يقع على عاتق وزارة الشؤون الاجتماعية ضرورة توعية المجتمع بأهمية العمل التطوعي في ميدان ذوي الإعاقة في الدولة، ومحو الاتجاهات السلبية عن الإعاقة، وبناء اتجاهات

إيجابية من شأنها تشجيع التطوع في هذه المراكز، مع ضرورة احتفال المؤسسات الحكومية والمحلية والخاصة في الدولة بيوم التطوع العالمي، عن طريق تشجيع الموظفين على أداء أعمال تطوعية لمختلف فئات المجتمع، ومن بينها فئة الأشخاص ذوي الإعاقة.

المتطلبات العامة لتنمية العمل التطوعي مع الأشخاص ذوي الإعاقة في المجتمع

- تفعيل العمل التطوعي في مراكز تأهيل الأشخاص ذوي الإعاقة في الدولة، بحيث يكون جزءًا من سياسة هذه المراكز وتوجهاتها العامة، بالإضافة إلى تقديم تسهيلات وتشجيع للمتطوعين الذين يقدمون على العمل التطوعي في مراكز ذوي الإعاقة، وفتح المجال أمامهم لخوض هذه التجربة.
- بناء قاعدة بيانات معلوماتية عن الأشخاص الذين لديهم استعداد للعمل التطوعي، واستفادة مراكز ذوي الإعاقة من هذه القاعدة في استقطاب وجلب المتطوعين.
- تخصيص ساعات دراسية إلزامية لطلبة الجامعات والكليات ضمن متطلبات التخرج، يقدمون فيها جهودهم التطوعية للمجتمع وفئاته الخاصة.
- عمل الدراسات التي تساعد في التعرف على مستوى الاحتياجات التطوعية لمراكز تأهيل ذوي الإعاقة في الدولة، ومواصفات المتطوعين الذين تحتاج إليهم، وأوقات التطوع المفضلة، إضافة إلى التعرف على الفروق في الاحتياجات التطوعية بين مراكز ذوي الإعاقة في الدولة، وذلك تبعًا لمتغيرات نوع المركز ونوع الإعاقة، وإمكانية الاستفادة من نتائج الدراسات، وتعميمها على مراكز تهتم بفئة ذوي الإعاقة، لتفعيل سياسات العمل التطوعي فيها.
- غرس مبادئ العمل التطوعي لدى النشء من خلال المناهج والمقررات الدراسية، وإجراء زيارات ميدانية لمراكز ذوي الإعاقة ضمن الأنشطة المدرسية.
- الإشارة إلى وجود حاجة لمتطوعين في مراكز تأهيل المعاقين في الدولة، خاصة في مجالات الأنشطة العامة، وضبط الطلبة والرقابة عليهم، وتقديم الخدمات

العلاجية المساندة، بالإضافة إلى المجالات المرتبطة بمجال التأهيل المهني والتشغيل، علمًا بأن أكثر الاحتياجات التطوعية في مراكز ذوي الإعاقة هي في مجال الأنشطة العامة، فثمة كثير من الأنشطة التي تنظمها مراكز ذوي الإعاقة، كالمسابقات الرياضية والفنية والرحلات والزيارات الخارجية، تتطلب الإشراف على الطلبة، ومساعدتهم في أثناء النشاط، حيث لا تكفي الكوادر العاملة لضبط هؤلاء الطلبة خلال أجواء النشاط.

دور وسائل الإعلام المختلفة في توعية المجتمع بالعمل التطوعي مع فئة ذوي الإعاقة

أولًا: وسائل الإعلام التقليدية (المرئية والمقروءة والمسموعة) يلزمها أداء دور إيجابي بتوعية المجتمع بأهمية العمل التطوعي.

ثانيًا: الوسائل الحديثة (كوسائل التواصل الاجتماعي) يلزمها ضرورة العمل على وسائل الإعلام الرقمي الإلكتروني لاجتذاب المتطوعين، وتوفير عملية التسجيل الإلكتروني للعمل التطوعي.

الدور الإيجابي لوسائل الإعلام بتوعية المجتمع بأهمية العمل التطوعي لخدمة ذوي الإعاقة

- الدور الإيجابي بالتوعية بالبرامج التطوعية الخاصة بالأشخاص ذوي الإعاقة، وتوضيح مدى أهميتها على الصعيد الشخصي والمجتمعي.
- الدور الإيجابي بتوعية المجتمع بأهمية العمل التطوعي مع فئات ذوي الإعاقة، ومردوداته على المتطوع الدنيوية والدينية.
- الدور الإيجابي بتوجيه الجمعيات ذات النفع العام في الدولة نحو العمل التطوعي في مجال رعاية وتأهيل ذوي الإعاقة الملتحقين بالمراكز لما له من أهمية في تطوير الخدمات المقدمة لهذه الفئة.
- الدور الإيجابي بإبراز النماذج التطوعية الناجحة.

وبذلك، يظهر الدور الموجه لوسائل الإعلام المختلفة نحو إبراز أهمية العمل التطوعي، وأثره على الفرد والمجتمع، وتوجيه المستهدفين للتطوع في مجال ذوي الإعاقة.

تعزيز العمل التطوعي مع فئة ذوي الإعاقة

يجب أن نشجع الأشخاص الراغبين بالعمل التطوعي مع ذوي الإعاقة، بتخصيص جوائز للمتطوعين المتميزين الذين يحملون رسالة التطوع، ويشاركون المجتمع في أنشطته المجتمعية.

ذوي الإعاقة والتطوع

ثمة ضرورة لإشراك الأشخاص ذوي الإعاقة في عملية التطوع، وإطلاعهم على كل ما يمكن أن يخدموا به، والاستفادة من أفكارهم لدمجهم في المجتمع.

الكتاب العربي في المسؤولية المجتمعية (3)

مقالة بعنوان
أهداف التنمية المستدامة (2015-2030) لخدمة الأشخاص ذوي الإعاقة

في سبتمبر (أيلول) 2015، اعتمدت الدول الأعضاء في الأمم المتحدة رسميًا، في نيويورك، خلال مؤتمرها المعني بالتنمية المستدامة، خطة التنمية المستدامة لعام 2030، وتشمل هذه الخطة 17 هدفًا، ودورها في بناء عالم أكثر شمولًا وإنصافًا للأشخاص ذوي الإعاقة، ووضع حجر الأساس لمستقبل يشمل فيه الأشخاص ذوي الإعاقة بصورة أكبر، إذ تعهدت خطة عام 2030 بـ«عدم ترك أحد يتخلف عن الركب». وللأشخاص ذوي الإعاقة حق كبير بهذه الأهداف السبعة عشر، بصفتهم مستفيدين وفاعلين، في أن يستفيدوا من سرعة تحقيق التنمية الشاملة المستدامة، وأن يشحنوا عملية بناء المجتمعات القادرة على استيعاب الجميع، والصمود بوجه العوائق، بما في ذلك سياق الحد من مخاطر الكوارث، وتعزيز العمل الإنساني والتنمية الحضرية. ويتعين على الحكومات والداعمين للأشخاص ذوي الإعاقة والمنظمات الممثلة لهم والمؤسسات الأكاديمية والقطاع الخاص أن يعملوا فريقًا واحدًا بهدف تحقيق أهداف التنمية المستدامة.

حقائق وأرقام

عدد سكان الأرض 7 مليارات نسمة؛ يعاني مليار شخص منهم (1 من كل 7 أشخاص) من نوع ما من الإعاقة، وما يزيد على 100 مليون شخص معاق هم من الأطفال. ويتعرض

الأطفال الذين يعانون من الإعاقة للعنف بنسبة تصل إلى أربعة أضعاف ما يمكن أن يتعرض له الأطفال غير ذوي الإعاقة. ويلاحظ أنه يعيش 80 في المائة من ذوي الإعاقة في الدول النامية، ولا يستطيع 50 في المائة من المعاقين تحمل نفقات الرعاية الصحية. وقد وقع 153 بلدًا على اتفاقية حقوق الأشخاص ذوي الإعاقة عام 2006.

أهداف التنمية المستدامة السبعة عشر

لتحقيق أهداف الأمم المتحدة بالتنمية المستدامة للخدمات التي تقدم لذوي الإعاقة، وجدنا أن من بين الأهداف السبعة عشر ثمة سبعة أهداف أكثر إلحاحًا واتساقًا مع واقع وقضايا الإعاقة، في محاولة لاستسقاء المفاهيم الخاصة بقضايا الإعاقة، وتكريسها في رسم رؤية واضحة للمنظومات الخيرية الموازية لـ«رؤية قطر 2030»، بالإضافة إلى تقييس وتجويد المعايير الرامية إلى تحقيق أهداف التنمية المستدامة.

وعليه، تتلخص أهداف التنمية المستدامة في ما يتعلق بالأشخاص ذوي الإعاقة في الأهداف السبعة التالية:

- **الهدف الأول: الصحة الجيدة والرفاه**

ويتلخص هذا الهدف بالهدف الثالث من أهداف التنمية المستدامة، وهو ضمان تمتع الجميع بأنماط عيش صحية وبالرفاهية في جميع الأعمار. ولا شك أن ضمان الحياة الصحية، وتشجيع الرفاه للأشخاص ذوي الإعاقة، بات عنصرًا لا بد منه للتنمية المستدامة وتحقق تقدم جوهري في زيادة إمكانية الحصول على رعاية صحية ملائمة.

وهنا، ظهرت الحاجة إلى بذل كثير من الجهود للقضاء على الأمراض، وتلبية متطلبات الأشخاص ذوي الإعاقة الصحية، وتعزيز الجوانب الوقائية، وملازمة العلاج التأهيلي والوظيفي لتحفيز مناطق الإحساس، وتعزيز قدرتهم على الإنجاب، لذلك لا بد من الاهتمام بالأمور التالية:

- وضع نهاية للأوبئة والأمراض المنتشرة في أوساط الأشخاص ذوي الإعاقة بحلول عام 2030.

- العمل على التوعية بالوقاية للأسرة حتى لا تسبب عجزًا منه تظهر الإعاقة.
- ضمان حصول الأشخاص ذوي الإعاقة على خدمات رعاية صحية مناسبة لحالاتهم، والاهتمام بالجوانب الجنسية والزواج والإنجاب، بما في ذلك خدمات ومعلومات تنظيم الأسرة، والتوعية الخاصة بهم، وإدماج الصحة الإنجابية في الاستراتيجيات والبرامج الوطنية بحلول عام 2030.
- تحقيق التغطية الصحية الشاملة، وإمكانية الحصول على خدمات الرعاية الصحية الأساسية الجيدة، وإمكانية حصول الأشخاص ذوي الإعاقة على الأدوية واللقاحات الجيدة الفعَّالة الميسورة التكلفة.

- **الهدف الثاني: العمل اللائق ونمو الاقتصاد**

ويتلخص هذا الهدف بالهدف الثامن من أهداف التنمية المستدامة، وهو تعزيز النمو الاقتصادي المطرد الشامل للجميع المستدام، والعمالة الكاملة المنتجة، وتوفير العمل اللائق للجميع، حيث يؤدي التقدم البطيء غير المتكافئ في إتاحة فرص العمل للأشخاص ذوي الإعاقة إلى معاودة التفكير في ما ننتهجه من سياسات اقتصادية واجتماعية إزاء توفير العمل اللائق للجميع، مع الاستعانة بأدوات جيدة في هذا المضمار. ولا شك أن استمرار انعدام فرص العمل اللائق، وعدم كفاية الاستثمارات، وقلة الاستهلاك، يفضي إلى تضاؤل العقد الاجتماعي الأساسي الذي ترتكز عليه المجتمعات المتحضرة، وهو: اقتضاء مشاركة الجميع في التقدم. وستظل تهيئة فرص العمل الجيد تحديًا من التحديات الرئيسة التي ستواجهها الاقتصادات العالمية جميعًا تقريبًا في ما بعد عام 2015.

ويقتضي النمو الاقتصادي المستدام أن تعمل المجتمعات على تهيئة الأجواء التي تتيح للأشخاص ذوي الإعاقة الحصول على فرص عمل جيدة تحفز الاقتصاد، في ظل ظروف لائقة، منها:

- تعزيز السياسات الموجهة نحو التنمية التي تدعم الأنشطة الإنتاجية وفرص العمل اللائق للأشخاص ذوي الإعاقة، ومباشرة الأعمال الحرة، والقدرة على الإبداع والابتكار، وتشجيع إضفاء الطابع الرسمي على المشاريع المتناهية الصغر والصغيرة والمتوسطة الحجم ونموها.

- تحقيق العمالة الكاملة المنتجة، وتوفير العمل اللائق للأشخاص ذوي الإعاقة من الجنسين، وتكافؤ الأجر لقاء العمل المتكافئ القيمة بحلول عام 2030.
- إلحاق الشباب غير الملتحقين من ذوي الإعاقة بالبرامج التأهيلية، سواء من خلال التعليم أو التدريب، بحلول عام 2030.
- حماية حقوق العمل، وتعزيز بيئة عمل سالمة آمنة مهيأة للأشخاص ذوي الإعاقة، والحد من الوظائف غير المستقرة.
- تعزيز قدرة المؤسسات المالية المحلية على تشجيع إمكانية الحصول على الخدمات المصرفية والتأمين والخدمات المالية للجميع، وتوسيع نطاقها.
- تأمين مشاركة الأشخاص ذوي الإعاقة في صنع القرار.
- تأمين حصول الأشخاص ذوي الإعاقة على فرص العمل التي تناسب أوضاعهم.

- **الهدف الثالث**: **الصناعة والابتكار والهياكل الأساسية**

ويتلخص هذا الهدف بالهدف التاسع من أهداف التنمية المستدامة، وهو إقامة بنية تحتية قادرة على الصمود، وتحفيز التصنيع الشامل للجميع المستدام، وتشجيع الابتكار. وحيث إنه ما زال الاستثمار في البنية الأساسية (النقل والري والطاقة وتكنولوجيا المعلومات والاتصالات)، وتمكين الأشخاص ذوي الإعاقة منها، لا يرتقي إلى المستوى المأمول، فلا بد من الاهتمام بالأمور التالية:

- إقامة بنية تحتية جيدة النوعية موثوقة مستدامة قادرة على الصمود لدعم التنمية الاقتصادية، ورفاه الأشخاص ذوي الإعاقة، مع التركيز على تيسير سُبل وصول شامل إليها، بتكلفة ميسورة وعلى قدم المساواة.
- زيادة فرص حصول المشاريع الصناعية الصغيرة الحجم، وسائر المشاريع التي يقيمها الأشخاص ذوو الإعاقة، على التشجيع والدعم المالي.
- زيادة فرص الحصول على تكنولوجيا المعلومات والاتصالات، والسعي إلى توفير الوصول الشامل الميسور إلى شبكة الإنترنت بحلول عام 2030.

- **الهدف الرابع: الحد من أوجه عدم المساواة**

ويتلخص هذا الهدف بالهدف العاشر من أهداف التنمية المستدامة، وهو الحد من انعدام المساواة. وقد خطا المجتمع الدولي خطوات واسعة صوب الحد من انعدام المساواة بين الأشخاص العاديين والأشخاص ذوي الإعاقة، بيد أن التباين لا يزال متواصلًا، إذ ثمة تباينات واسعة في إمكانية الحصول على الخدمات التعليمية والوظيفية، وغير ذلك من الأصول الإنتاجية. وسعيًا إلى خفض التباين، ظهرت توصيات باتباع سياسات شاملة من حيث المبدأ، على أن تولي الاهتمام في الوقت ذاته لاحتياجات الفئات المستضعفة والمهمشة، بما في ذلك الأشخاص ذوو الإعاقة، ومنها:

- تمكين وتعزيز الاندماج الاجتماعي والاقتصادي والسياسي للجميع، بما في ذلك ذوو الإعاقة، بحلول عام 2030.
- ضمان تكافؤ الفرص، والحد من أوجه انعدام المساواة في النتائج، من خلال إزالة القوانين والسياسات والممارسات التمييزية، وتعزيز التشريعات والسياسات والإجراءات الملائمة في هذا الصدد.
- ضمان تكافؤ الفرص للجميع، بمن فيهم الأشخاص ذوو الإعاقة.

- **الهدف الخامس: مدن ومجتمعات محلية مستدامة**

ويتلخص هذا الهدف بالهدف الحادي عشر من أهداف التنمية المستدامة، وهو جعل المدن والمستوطنات البشرية شاملة للجميع آمنة قادرة على الصمود مستدامة. فالمدن هي مراكز الأفكار والتجارة والثقافة والعلم والإنتاجية والتنمية الاجتماعية، وما هو أكثر من ذلك بكثير، فهي التي مكنت الناس في أفضل حالاتها من التقدم اجتماعيًا واقتصاديًا. بيد أن ثمة تحديات كثيرة تقف في طريق صيانة المدن على نحو يستمر معه إيجاد فرص عمل، وتحقيق الرخاء، مع عدم إجهاد الأرض والموارد. وتشمل التحديات المشتركة المتعلقة بالمدن عدم تحقيق الوصول الشامل وتهيئة البيئة العمرانية للأشخاص ذوي الإعاقة، وعدم توافر أموال لتقديم الخدمات الأساسية لهم ومشاريع البنية التحتية الملحة.

ومن الممكن التغلب على التحديات التي يواجهها الأشخاص ذوو الإعاقة تجاه المدن

بطرائق تتيح لتلك المدن مواصلة الانتعاش والنمو، مع تحسينها في الوقت ذاته، وإتاحة حصول الجميع على الخدمات الأساسية والطاقة والإسكان والنقل، وما هو أكثر من ذلك.

ويُلاحَظ أن دولة قطر أنشأت مراكز ثقافية متخصصة، منها على سبيل المثال «مركز قطر الثقافي والاجتماعي للمكفوفين» و«مركز قطر الثقافي والاجتماعي للصم». أما على الصعيد الرياضي، فقد أنشأت «الاتحاد الرياضي القطري لذوي الإعاقة» منذ فترة طويلة، حيث بات يؤدي دورًا مهمًّا في تأهيل الأشخاص ذوي الإعاقة ودمجهم رياضيًّا في المجتمع. وقد وضعت «اللجنة العُليا للمشاريع والإرث» في الحسبان الاحتياجات الخاصة للأشخاص ذوي الإعاقة، من حيث الحصول على التسهيلات اللازمة للاستمتاع بفعاليات كأس العالم لكرة القدم التي ستحتضنها قطر في عام 2022.

ويمكن رصد التقدم بدولة قطر في الاهتمام بجميع التسهيلات لذوي الإعاقة، بتأمين بيئة آمنة، سواء في المسكن أو الأماكن العامة والمنتزهات والمطاعم والفنادق، وتخصيص أماكن ترفيهية لهم في الحدائق العامة، وتوفير بعض الألعاب التي يمكن أن يستخدمها الأطفال دون التعرض للخطر. كما نُظِّمَت دورات تدريبية إلزامية للموظفين في الهيئة العامة للسياحة والعاملين في المطارات حول سهولة الوصول.

ولتحقيق الاستدامة لهدف جعل المدن والمستوطنات البشرية شاملة للجميع آمنة قادرة على الصمود مستدامة، يُتبَع التالي:

- ضمان حصول الأشخاص ذوي الإعاقة على خدمات المدن الأساسية الملائمة الآمنة الميسورة التكلفة، ورفع مستوى الخدمة بحلول عام 2030.
- توفير إمكانية وصول الجميع إلى نظم نقل مهيأة آمنة ميسورة التكلفة يسهل الوصول إليها مستدامة، وتحسين السلامة على الطرق، لا سيما من خلال توسيع نطاق النقل العام، مع إيلاء اهتمام خاص لاحتياجات الأشخاص ذوي الإعاقة وكبار السن، بحلول عام 2030.
- تعزيز التوسع الحضري الشامل للجميع، بمن فيهم الأشخاص ذوو الإعاقة، وإشراكهم في تخطيط وإدارة المدن على نحو قائم على التكامل والاستدامة، بحلول عام 2030.

- توفير سبل استفادة الجميع، بمن فيهم الأشخاص ذوو الإعاقة، من مساحات خضراء وأماكن عامة مهيأة آمنة شاملة للجميع يمكن الوصول إليها، بحلول عام 2030.

- **الهدف السادس: عقد الشراكات لتحقيق الأهداف**

ويتلخص هذا الهدف بالهدف السابع عشر من أهداف التنمية المستدامة، وهو تعزيز وسائل التنفيذ، وتنشيط الشراكة العالمية من أجل التنمية المستدامة. وحيث يتطلب تحقيق أهداف التنمية المستدامة عقد الشراكات المتعددة بين مؤسسات المجتمع المدني على اختلافها الكفيلة بضمان آلية التنفيذ والاستدامة، ووجود جدول تنمية مستدامة قائم على شراكات بين الحكومة والقطاع الخاص والمجتمع المدني شاملة مبنية على قواعد وقيم ورؤية وأهداف مشتركة، تضع الأشخاص ذوي الإعاقة في قلب هذه الجهود، كان لا بد من الاهتمام بالأمور التالية:

- دعم الخطط الوطنية الرامية إلى تنفيذ أهداف التنمية المستدامة.
- تشجيع وتعزيز الشراكات العامة بين القطاع العام والقطاع الخاص، وشراكات المجتمع المدني الفعَّالة، والاستفادة من الخبرات المكتسبة من الشراكات ومن استراتيجياتها لتعبئة الموارد بما يخدم الأشخاص ذوي الإعاقة.
- الاستفادة من البيانات في عملية الرصد والمتابعة والمساءلة، والاستفادة من المبادرات القائمة لوضع مقاييس للتقدم المحرز في تحقيق التنمية المستدامة.
- تعزيز اتساق السياسات والقوانين والأنظمة بما ينسجم مع تحقيق التنمية المستدامة التي يتطلع إليها الأشخاص ذوو الإعاقة.

- **الهدف السابع: التعليم الجيد**

ويتلخص هذا الهدف بالهدف الرابع من أهداف التنمية المستدامة، وهو ضمان التعليم الجيد المنصف الشامل للجميع، وتعزيز فرص التعلم مدى الحياة للجميع. والهدف الرابع من أهداف التنمية المستدامة ليس هدفًا ملهمًا فحسب، بل هو جزء لا يتجزأ من رفاهية مجتمعاتنا واقتصادنا، ومن نوعية حياة جميع الأفراد، ويُعَد هدفًا مهمًّا عالميًّا جديدًا في مجال

التعليم. وقد أتى تحديد هذا الهدف نتيجة لعملية تشاورية مكثفة أجرتها الدول الأعضاء، مع المشاركة الواسعة من المجتمع المدني والمعلمين والنقابات والوكالات الثنائية والمنظمات الإقليمية والمنظمات الدولية والقطاع الخاص ومعاهد البحوث ومؤسساته.

ووفق الإحصائيات الحالية، يصل عدد الأطفال غير الملتحقين بالدراسة وهم في سن الالتحاق بالمدارس الابتدائية إلى ما يقارب 65 مليون طفل، نصفهم تقريبًا من ذوي الإعاقة. وحتى الأطفال ذوي الإعاقة الذين يلتحقون بالمدارس يقل احتمال استكمال دراستهم بشكل كبير، مقارنة بأقرانهم، بسبب بعض التحديات التي يواجهونها. وتشير بعض التقديرات إلى أن نسبة تخرج الأطفال تقل عن 5 في المائة، ونتيجة لذلك باتت نسبة البالغين من ذوي الإعاقة الملمين بالقراءة والكتابة 3 في المائة فقط في العالم. أما نسبة النساء ذوات الإعاقة الملمات بالقراءة والكتابة فهي نسبة صادمة، إذ لا تتجاوز 1 في المائة.

ويتفاقم تهميش الأطفال ذوي الإعاقات بسبب المفهوم السائد للإعاقة، بصفتها شكلًا من أشكال الضعف، وافتراض أن المدرسة ما هي إلا سبيل للتنشئة الاجتماعية للطلاب ذوي الإعاقة، وليس للتعليم. ومن ثم، فحرمان الأطفال ذوي الإعاقة من الحق في التعليم يعزز المواقف والافتراضات الشائعة عن تضاؤل قدرتهم، ما يضعهم في أوضاع غير مواتية بشكل أكبر، حيث يشكل الحصول على تعليم جيد الأساس الذى يرتكز عليه تحسين حياة الأشخاص ذوي الإعاقة، وبه تتحقق التنمية المستدامة. وقد أُحرِز تقدم جوهري صوب زيادة إمكانية الحصول على التعليم الجيد المناسب بكل مراحله، وزيادة الاهتمام بالبرامج التي تراعي الفروق الفردية وتتناسب مع كل حالة، وزيادة معدلات الالتحاق بالدراسة بمدارس التعليم العام ضمن عملية الدمج، خصوصًا بالنسبة للنساء والفتيات اللاتي يواجهن التمييز بصفتهن أولًا عنصرًا أنثويًا، وثانيًا من ذوات الإعاقة. لكن لا بد من بذل مجهود أكبر يكون كفيلًا بتحقيق قفزات في إنجاز الأهداف العالمية المحددة للتعليم.

ويمكننا عمل الأفضل بشأن تحسين خطط وسياسات التعليم للخروج من دائرة التهميش، إذ يستطيع المعلمون الذين تلقوا تدريبًا التعرف على الأطفال ذوي الإعاقة، ومساعدتهم على التعلم بما يتناسب مع نوع الإعاقة ودرجتها، مع مراعاة الفروق الفردية بينهم، ما يسمح لهم باكتساب المعلومات المختلفة، وبالتالي يحدث أثرًا إيجابيًا مستديمًا. كما يمكن توفير أدوات

وأجهزة مساعدة رخيصة الثمن، كالنظارات الطبية التي يمكن توفيرها لطفل يجد صعوبة في قراءة سبورة الفصل، والمعينات السمعية لمن يعانون من ضعف بالسمع، وأجهزة الـ«FM»، وغيرها من الأجهزة التعويضية المساعدة، فالسياسات التعليمية الجيدة تراعي بشكل خاص طبيعة الترابط بين الإعاقة والبرامج التي تُقدَّم لمن يعانون منها.

وفي دولتنا قطر، يُلاحَظ التزامهم التزامًا كاملًا بالتعليم الشامل لذوي الإعاقة، وتطبق الدولة بشكل متزايد منظور الاحتواء الاجتماعي على التعليم، ما يسمح بتكوين رؤية شاملة للإعاقة والتنمية. وينصب تركيزهم على المعلمين، إذ وُضِع في هذا الصدد حزم تدريبية من أجل «المدربين الرئيسين» الذين يتولون بعد ذلك تدريب المعلمين على دعم الأطفال المصابين بالتوحد وضعف السمع والشلل الدماغي والصم والمكفوفين. وقد تعاطت دولة قطر والجهات المهتمة بذوي الإعاقة، سواء وزارة التعليم ووزارة الصحة ووزارة التنمية الاجتماعية، مع المنظمات المعنية بذوي الإعاقة والمجتمعات المحلية، بتصميم مناهج مبتكرة لإلحاق هؤلاء الأطفال بالصف الدراسي بالتعليم العام بطريقة الدمج الشامل، مع الاهتمام ببناء قدرات الموظفين والمعلمين، وإعداد سياسات تعليمية شاملة، وتهيئة فيزيقية لمكان دمجهم.

أيضًا، اهتمت قطر بأساليب مبتكرة لتكنولوجيا المعلومات والاتصال في التعليم وتقييمها، ووضع استراتيجية تفصيلية شاملة لذوي الإعاقة، بما يتناسب مع نوع الإعاقة. فمثلًا، لتعليم فئة الصم في مرحلة ما قبل المدرسة، دُرِّبَ أولًا معلمو التربية الخاصة ومعلمو التعليم العام على لغة الإشارة، ومن ثم جرى العمل على إصلاح المناهج الدراسية لتناسب القدرات الاستيعابية لذوي الإعاقة، مع وضع مؤشرات واضحة للمتابعة.

وعليه، ينبغي ألا يقتصر التعليم على فئة دون أخرى، الأمر الذي يدعو إلى أهمية أن يحظى الأشخاص ذوو الإعاقة بتعليم جيد، عبر برامج متنوعه توفر فرصًا تعليمية تتيح لهم استكمال مراحلهم الدراسية، بما في ذلك الجامعية، مع وجود الوسائل التعليمية المساعدة المساندة للبرامج التي تناسب كل إعاقة. وعامة، يمكن تحسين التعليم واستدامته باتباع النقاط التالية:

- ضمان أن يتمتع الأشخاص ذوو الإعاقة بتعليم منصف جيد، مما يؤدي إلى تحقيق نتائج تعليمية ملائمة فعَّالة بحلول عام 2030.

- ضمان أن تتاح للأشخاص ذوي الإعاقة فرص الحصول على نوعية جيدة من النماء والرعاية في مرحلة الطفولة المبكرة والتعليم قبل الابتدائي حتى يكونوا جاهزين للتعليم بحلول عام 2030.
- ضمان تكافؤ الفرص للأشخاص ذوي الإعاقة بالحصول على التعليم المهني العالي الجيد الميسور التكلفة، بما في ذلك التعليم الجامعي، بحلول عام 2030.
- ضمان تمتع الأشخاص ذوي الإعاقة بالمهارات التقنية والمهنية اللازمة للعمل، وشغل وظائف لائقة، ومباشرة الأعمال الحرة، بحلول عام 2030.
- الارتقاء بالسياسات والقوانين الوطنية لدعم التكنولوجيا المساعدة للمصابين بأي نوع من الإعاقة.
- إظهار أهمية توفير منتجات التكنولوجيا المساعدة، وضمان تهيئة بيئات خالية من الحواجز.
- ضرورة تحفيز البحث العلمي، وتطوير التكنولوجيا المساعدة في هذا المجال.
- بناء المرافق التعليمية التي تراعي الوصول للأشخاص ذوي الإعاقة، ورفع مستوى المرافق التعليمية القائمة، وتهيئة بيئة تعليمية فعَّالة آمنة.
- القضاء على التفاوت بين الجنسين في التعليم، وضمان تكافؤ فرص الوصول إلى جميع مستويات التعليم، والتدريب المهني للفئات الضعيفة، بما في ذلك الأشخاص ذوو الإعاقة والشعوب الأصيلة والأطفال الذين يعيشون في ظل أوضاع هشة، بحلول عام 2030.
- ضمان أن يلم جميع الشباب، ونسبة كبيرة من الكبار (رجالًا ونساءً من ذوي الإعاقة على حد سواء)، بالقراءة والكتابة والرياضيات، بما يتناسب مع قدراتهم، بحلول عام 2030.
- بناء قاعدة معرفية قوية للمبادرات الناجحة، مع مساعدة البلدان أيضًا على وضع استراتيجيات للتعليم الشامل وتنفيذها.
- بناء المرافق التعليمية التي تراعي الفروق بين الجنسين والإعاقة والأطفال، ورفع مستوى المرافق التعليمية القائمة، وتهيئة بيئة تعليمية فعَّالة آمنة خالية من العنف للجميع.

- الزيادة بنسبة كبيرة في عدد المعلمين المؤهلين للتعامل مع ذوي الإعاقة، بما في ذلك من خلال التعاون الدولي لتدريب المعلمين في البلدان النامية، خاصة في أقل البلدان نموًا والدول الجزرية الصغيرة النامية، بحلول عام 2030.
- إدماج الأشخاص ذوي الإعاقة في الحياة الثقافية وأنشطة الترفيه والتسلية الرياضية.
- زيادة نسبة عدد المنح الدراسية المتاحة للأشخاص ذوي الإعاقة للالتحاق بالتعليم العالي، بما في ذلك منح التدريب المهني وتكنولوجيا المعلومات والاتصالات والبرامج التقنية والهندسية والعلمية، بحلول عام 2030.

الكتاب العربي في المسؤولية المجتمعية (4)

مقالة بعنوان
أخلاقيات العمل مع الأشخاص ذوي الإعاقة

بصفتي متخصصة في مجال ذوي الإعاقة، وصاحبة مركز لذوي الإعاقة لأكثر من سبعة عشر عامًا، فسوف أركز على المجال الرابع من مجالات عمل «الشبكة الإقليمية للمسؤولية الاجتماعية»، وهو أخلاقيات الأعمال، من أجل زيادة الاهتمام بشريحة ذوي الإعاقة، ومعرفة الطريقة الصحيحة للتعامل معهم، وإيضاح أخلاقيات العمل التي تقع على عاتق الأسرة والمجتمع والمعلم والإعلام، وتطبيق التشريعات والقوانين الصادرة بشأن رعاية وتأهيل وتشغيل ذوي الإعاقة في جميع مناحي الحياة المختلفة، الاجتماعية والتربوية والصحية، وضمان حقوقهم، ووضع الآلية المناسبة لتطبيق وتنفيذ تلك التشريعات والقوانين.

مقدمة

يُرزَق بعضهم بأطفال من ذوي الإعاقة، فيشعرون بكبر حجم المهمة التي ستقع على عاتقهم تجاه أطفالهم، وتتضارب المشاعر بين الحزن والإشفاق عليهم لما يشعرون به من آلام ربما لا يقوى على تحملها الكبار. وهنا تأتي تساؤلات أسرهم: كيف يمكن مساعدتهم على تدبير أمور حياتهم؟ وماذا سيفعلون عندما يتقدم بهم العمر؟ في هذه اللحظة، يجب الالتزام ببعض أخلاقيات العمل معهم من أجل توفير حياة كريمة لهم في ظل مجتمعٍ واعٍ مثقفٍ، وتحقيق المبادئ المنصوص عليها في ميثاق الأمم المتحدة التي تعترف بما لجميع أفراد الأسرة الإنسانية من كرامة وقيم متأصلة وحقوق متساوية غير قابلة للتصرف، بصفتها

أساسًا للحرية والعدالة والسلام في العالم، يجب أن يتمتع بها أفراد المجتمع دون تمييز من أي نوع، مع تأكيد أهمية إدماج قضايا الأشخاص ذوي الإعاقة بصفتها جزءًا لا يتجزأ من استراتيجيات التنمية المستدامة يهدف لمستقبل أفضل لذوي الإعاقة، بإدماجهم في المجتمع، حتى لا يتخلف أحدٌ عن الركب.

مفهوم الإعاقة

تُعرَّف الإعاقة بصفة عامة بأنها إصابة بدنية أو عقلية أو نفسية تسبب ضررًا لنمو الفرد البدني أو العقلي أو كليهما، وقد تؤثر في حالته النفسية، وتطور تعليمه وتدريبه، فيصبح الفرد من ذوي الإعاقة أقل من رفقائه في العمر نفسه في الوظائف البدنية أو الإدراك أو كليهما.

والإعاقة ليست مرضًا، بل هي حالة من الانحراف أو التأخر الملحوظ في النمو الذي يُعَد عاديًّا من الناحية الجسمية والحسية والعقلية والسلوكية واللغوية والتعليمية، ينتج عنها صعوبات خاصة لا تُوجَد لدى الأفراد الآخرين، تستدعي توفير فرص خاصة للنمو والتعليم، واستخدام أدوات وأساليب مكيفة، إذ إن الإعاقة تشكل وضعًا حرجًا يفرض قيودًا على الأداء العام للفرد.

أخلاقيات التعامل مع الأشخاص ذوي الإعاقة

1. أخلاقيات الأسرة في التعامل مع الأطفال ذوي الإعاقة

يجب أولًا الاعتراف والقبول والرضا من أولياء الأمور لكي يستطيعوا التفكير الصحيح في كيفية التعامل مع نوع إعاقة أطفالهم. ويجب ألا ننسى الترفق دائمًا مع الأطفال ذوي الإعاقة، دون أن يؤدي ذلك إلى إيهام الأسرة، ومن ثم الطفل، بأنه طبيعي. بل على العكس، يجب توعية الأسرة أولًا بنوع الإعاقة، وتثقيفها بالطرق الصحيحة للتعامل مع الطفل، ومن ثم توعية الطفل قدر المستطاع بإعاقته، إذا كانت إعاقته لم تؤثر على جانب التفكير والإدراك والفهم والاستيعاب، حتى يستطيع كل من الأسرة والطفل اختيار الأمور التي تناسبه، بدلًا من اختيار أمور يصعب عليه أداؤها لاعتقاده أنه إنسان طبيعي. وفي الوقت نفسه، لا يجب

الحد من أحلام وطموح الأطفال ذوي الإعاقة، فقد سبق ونجح كثيرون مثلهم وحققوا إنجازات عظيمة.

أما من الناحية العملية، فيجب تدريب الأسرة على كيفية تدريب أبنائهم في المنزل، وكيفية متابعة أي برنامج يُقدَّم لهم في مراكز ومدارس متخصصة. ومن ثم، تدريب هؤلاء الأطفال على مجموعة من الأعمال البسيطة التي تتناسب مع إعاقتهم، مثل الأعمال الروتينية البسيطة التي لا تعتمد على إعمال الذهن للأطفال المصابين بإعاقات ذهنية، والأعمال التي لا تعتمد على النشاط البدني للأطفال المصابين بإعاقات جسدية، والأعمال التي لا تعتمد على الجانب السمعي والنطقي لمن يعاني من إعاقة سمعية... إلخ. وذلك مع التشديد على أهمية التوعية بمشكلات ذوي الإعاقة المعنوية والاجتماعية والنفسية.

2. أخلاقيات المجتمع في التعامل مع ذوي الإعاقة

وتتمثل هذه الأخلاقيات في قسمين أساسيين:

أ. التعامل مع ذوي الإعاقة من الكبار

فثمة قواعد يجب اتباعها عند التعامل مع ذوي الإعاقة من الكبار والبالغين، منها:

- رسم الابتسامة عند التعامل مع أي منهم.
- عدم التحديق أو إظهار أي رد فعل غير طبيعي عند رؤيته، تجنبًا لإحراجه.
- سؤاله في حال حاجته إلى المساعدة، وتجنب أخذ زمام المبادرة دون علمه، لئلا يشعر بالشفقة.
- التحدث معه بشكل إيجابي، والابتعاد تمامًا عن التذمر أو التحدث عن المشكلات الخاصة.
- في حال كان من ذوي الإعاقة السمعية، يجب التربيت على كتفه من أجل لفت انتباهه، ثم التحدث معه بتمهل وبشكل واضح.
- في حال كان من المقعدين، يجب الجلوس عند التحدث معه، وذلك ليكون المتحدث على مستوى الشخص المقعد نفسه.
- في حال كان من ذوي الإعاقة البصرية، يُفضَّل لمس يده ليعرف أن ثمة من يتحدث معه، مع وصف المكان الذي يُوجَد فيه، وذكر أسماء الأشخاص الموجودين.

ب. التعامل مع ذوي الإعاقة من الصغار والمراهقين

فثمة أخلاقيات للتعامل مع ذوي الإعاقة من الأطفال الصغار والمراهقين، منها:

- عدم الخوف منهم، فوجود إعاقة ما لا يعني أن الأمر مخيف.
- التعامل معهم بطريقة طبيعية لأن بعض الأطفال والمراهقين يشكون من أن لديهم شعورًا غير واثق تجاه إعاقتهم، لذا يجب التعامل معهم بشكل هادئ طبيعي.
- التكلم مع الأطفال ذوي الإعاقة بالطريقة ذاتها التي يُتحدَّث بها مع أي طفل طبيعي آخر، دون استخدام أي تعبيرات طفولية أو نبرة صوت غير مناسبة معهم.
- التعرف على نقاط القوة لديهم، ثم تشجيعهم على إظهار مواهبهم، والتعامل معهم بالطريقة ذاتها المعتمدة في التعامل مع أندادهم الطبيعيين.
- إتاحة المجال أمامهم من أجل مساندة من حولهم من الأشخاص، سواء كان ذلك باحتضان إنسان محتاج للعاطفة أو تقديم المساعدة في حال احتاج أحدهم إليها لحل الواجبات المدرسية.
- النظر إليهم بالطريقة التي يودون من الآخرين رؤيتهم بها، مع مراعاة احتياجاتهم والاستماع لهم.
- التعرف على ماهية الإعاقة المصاب بها الطفل، والتحدث مع أهل ذوي الإعاقة للحصول على معلومات لتحديد احتياجاتهم بشكل دقيق.
- احترام اختلاف الطفل عن الآخرين، مع تعليمه ألا يخجل من الأدوات التي يستخدمها، وألا يحاول الظهور بشكل طبيعي كباقي رفاقه، بل عليه تقبل حاله وإعاقته، كما يجب تعليم من حوله أن يقبلوا اختلافه عنهم.
- دعوة الطفل للتعرف على أطفال آخرين من ذوي الإعاقة، وتعريفه على قصصهم، مما يساهم في إشعاره بأن الحياة الجيدة ممكنة مع وجود إعاقة.
- تقبل الطفل كما هو، وتعليمه أن الكرامة الإنسانية لا تتأثر بوجود الإعاقات لدى الإنسان.

3. أخلاقيات معلم التربية الخاصة

إن أخلاقيات معلم التربية الخاصة منبثقة مستمدة من تعليمات ديننا الحنيف، ومن الهدي النبوي الشريف في مجال التعامل مع ذوي الإعاقة. فقد كان سيدنا محمد (عليه أفضل الصلوات وأتم التسليم) خير قدوة نقتدي بها في كيفية تعامل المعلم مع المتعلمين، سواء كانوا عادين أو غير عاديين، لذلك كان نبينا الكريم خير معلم ورسول.

وعليه جاء الدستور الأخلاقي لمهنة التربية الخاصة لينظم العلاقة ويوضحها، ويضعها في أجمل صورة، ويبين أخلاقيات معلم التربية الخاصة، بما احتواه من مبادئ، منها:

- يلتزم العاملون في ميدان التربية الخاصة بتطوير القدرات التعليمية والظروف الحياتية للأشخاص ذوي الإعاقة إلى الحد الأقصى الممكن.
- يحرص العاملون في ميدان التربية الخاصة على بلوغ مستوى عالٍ من الكفاية المهنية والتكامل الوظيفي.
- يساهم العاملون في مجال التربية الخاصة في الأنشطة التي تعود بالفائدة على الأشخاص ذوي الإعاقة وأسرهم وزملائهم.
- يبذل العاملون في ميدان التربية الخاصة الجهود اللازمة لتطوير مهاراتهم في ما يتعلق بتربية الأطفال ذوي الإعاقة.
- يحرص العاملون في ميدان التربية الخاصة على الدفاع عن الأشخاص ذوي الإعاقة.
- لا يشارك العاملون في ميدان التربية الخاصة في ممارسات غير أخلاقية أو غير قانونية تخالف المعايير المهنية المتفق عليها.

ويُترجَم هذا الدستور إجرائيًّا إلى المعايير المهنية التالية:

أ. علاقة المهنيين بالأشخاص ذوي الإعاقة وأسرهم

- **المسؤوليات التعليمية**

إن العاملين في ميدان التربية الخاصة يحرصون على توظيف خبرتهم المهنية لضمان حصول جميع الأفراد ذوي الإعاقة على البرامج التربوية الفعَّالة، وذلك من خلال:

- تحديد واستخدام الطرق التعليمية والمناهج المناسبة الفعَّالة لتلبية حاجات الأفراد ذوي الحاجات الخاصة.
- تصميم بيئة تعليمية آمنة فعَّالة تسهم إيجابيًا في تلبية الحاجات الخاصة للطلبة.
- المحافظة على السرية التامة للمعلومات، وعدم إخراجها إلا بموافقة أولياء الأمور.
- تحديد عدد الأطفال ذوي الحاجات الخاصة في الفصل الدراسي الواحد على نحو يسمح بتلبية حاجاتهم التعليمية على أحسن وجه ممكن.
- تقديم معلومات صادقة عن البرامج للإداريين والزملاء وأولياء الأمور اعتمادًا على ممارسات تسجيل وملاحظة موضوعية بغية اتخاذ القرارات الملائمة.

• ضبط السلوك

- تطبيق أساليب تعديل السلوك التي تدربوا عليها دون حرمان ذوي الإعاقة من حاجاتهم الأساسية.
- تحديد أهداف الضبط السلوكي بوضوح ودقة في البرنامج التربوي الفردي لذوي الإعاقة.
- اتخاذ الإجراءات اللازمة لمنع الزملاء من ممارسة سلوكيات قد تضر بمصلحة الأفراد ذوي الإعاقة.
- ملاحظة التغيرات التي قد تطرأ على سلوك ذوي الإعاقة عند تناول العقاقير الطبية.

• العلاقة مع الوالدين

- تطوير علاقة قائمة على الاحترام المتبادل.
- تطوير أساليب تواصل فعَّالة مع الوالدين.
- إبلاغ الوالدين بالحقوق التربوية لطفلهما والبرامج الفردية والخدمات المساندة.
- إتاحة الفرص الكافية لتدريب الوالدين.

- **الدفاع عن الحقوق**

- الالتزام بدور المدافع عن الأشخاص ذوي الإعاقة.
- محاولة تحسين الخدمات التربوية المقدمة للأشخاص ذوي الإعاقة، مؤكدين أن آراءهم الشخصية لا تعبر عن الآراء الرسمية للمؤسسة التي يعملون فيها.
- العمل جنبًا إلى جنب مع المهنيين الآخرين، وتشجيعهم على تحسين واقع خدمات التربية الخاصة والخدمات المساندة المقدمة لذوي الإعاقة.

ب- التوظيف المهني

- **الشهادة والمؤهلات**

- إن العاملين في ميدان التربية الخاصة لا يوظفون إلا الأشخاص الذين لديهم كفاية مهنية لتعليم وتدريب الأشخاص ذوي الاحتياجات التربوية الخاصة.
- إن العاملين في ميدان التربية الخاصة لا يميزون في التوظيف على أساس العرق أو اللون أو الجنس أو الدين أو العمر أو الميول أو السياسة أو الخلفية العائلية أو الثقافة أو الإعاقة.
- يقدم المهنيون أنفسهم بطريقة أخلاقية قانونية في ما يتصل بتدريبهم وخبرتهم عندما يبحثون عن وظيفة.
- يقدم العاملون في ميدان التربية الخاصة إشعارًا مناسبًا للمؤسسة، في حال رغبتهم في التوقف عن العمل.
- يلتزم العاملون في ميدان التربية الخاصة بعقد العمل والواجبات الموكلة إليهم فيه.
- يحق للعاملين في ميدان التربية الخاصة الذين تُنهَى خدماتهم الحصول على كتاب خطي يوضح أسباب إنهاء خدمتهم، ويؤكد احترام حقوقهم المهنية كافة.
- إن العاملين في ميدان التربية الخاصة يحصلون على الحقوق والفرص المتاحة للعاملين الآخرين في المدارس.
- يطلب العاملون في ميدان التربية الخاصة المساعدة، بما فيها خدمات المهنيين الآخرين، عندما تهدد المشكلات الشخصية قدرتهم على تأدية وظائفهم المهنية.

- يستجيب العاملون في ميدان التربية الخاصة بموضوعية عندما يُطلَب منهم تقييم المتقدمين للعمل في الميدان.
- يحق للعاملين في ميدان التربية الخاصة أن يحلوا المشكلات المهنية التي تعترضهم، وذلك بتوظيف الإجراءات المتبعة، بما في ذلك استخدام الشكاوى، إذا اقتضت الحاجة ذلك.

• التعيين والدور المهني

- يجب أن يحصل العاملون في ميدان التربية الخاصة على كتاب خطي واضح يبين جميع الواجبات والمسؤوليات، بما في ذلك الأمور التي تُحدَّد بصفتها ظروفًا للعمل.
- إن العاملين في ميدان التربية الخاصة يطورون كفاياتهم المهنية، وسبل تعاونهم، وتنفيذ وتقييم برامج التربية الخاصة، والبرامج التربوية العامة، لكي تستجيب هذه البرامج للحاجات المتغيرة للأشخاص ذوي الإعاقة.
- إن العاملين في ميدان التربية الخاصة يعملون مع الإعاقة والمراحل العمرية المختلفة في البيئة التعليمية التي أعدتهم شهاداتهم وخبرتهم للعمل فيها.
- تُقدَّم الخدمات الاستشارية الداعمة الكافية للعاملين في ميدان التربية الخاصة على أيدي مهنيين آخرين يتمتعون بالكفاية المهنية العالية نتيجة للخبرة أو التدريب.
- إن تنظيم الخدمات التي يقدمها العاملون في ميدان التربية الخاصة، والإشراف عليها، يحصلان وفقًا لمعايير مساءلة واضحة.
- إن عدم توفر المعلم البديل أو الكوادر المساندة، بمن في ذلك مساعدو المعلمين، يؤدي بأي حال من الأحوال إلى عدم تقديم الخدمات التربوية الخاصة، أو يجعلها تصل إلى حد يقل عن الخدمات التربوية التي تقدمها البرامج الأخرى.

• النمو المهني

- يحرص العاملون في ميدان التربية الخاصة على تطوير معرفتهم ومهاراتهم على نحو منظم، بهدف الحفاظ على كفاية عالية، والاستجابة للحاجات المتغيرة للأشخاص ذوي الإعاقة، وذلك من خلال المشاركة في برنامج تربية مستمرة،

يشمل المشاركة في نشاطات التدريب في أثناء الخدمة وورشات العمل والندوات وحلقات العمل المتخصصة وقراءة الأدبيات المتخصصة.

- يساهم العاملون في ميدان التربية الخاصة في التقييم المنظم الموضوعي لأنفسهم وزملائهم وخدماتهم والبرامج المقدمة، بغية تطوير الأداء المهني على نحو مستمر.
- يحرص الإداريون والمشرفون العاملون في ميدان التربية الخاصة على دعم وتطوير النمو المهني.

ج- علاقة المهنيين بالمهنة وبالمهنيين الآخرين

• في ما يتعلق بالمهنة

- يتحمل العاملون بميدان التربية الخاصة مسؤولية المشاركة في المنظمات المهنية، والالتزام بالمعايير المهنية والأخلاقية للمنظمات التي ينتمون إليها.
- على العاملين في ميدان التربية الخاصة مسؤولية تقديم الخبرات الميدانية المتنوعة النموذجية للملتحقين ببرامج البكالوريوس وبرامج الدراسات العليا.
- يسهم العاملون في ميدان التربية الخاصة بشكل فاعل في تنظيم المهنة، وذلك باستخدام الإجراءات المناسبة لإحداث التغييرات اللازمة.
- يبادر العاملون في ميدان التربية الخاصة إلى دعم البحوث العلمية المتصلة بتربية الأشخاص ذوي الحاجات الخاصة، وذلك بهدف رفع سوية الخدمات التربوية، وإفادة الأشخاص ذوي الحاجات الخاصة.

• في ما يتعلق بالمهنيين الآخرين

يدرك العاملون في ميدان التربية الخاصة أنهم أعضاء في فريق متعدد التخصصات، واضعين في الحسبان أن سمعة المهنة تعتمد عليهم، لذا يحرصون على ما يلي:

- الاعتراف بكفاية وخبرة أعضاء الفريق الممثلين للمهن الأخرى، والممثلين لمهنتهم أيضًا.

- الحرص على تطوير اتجاهات إيجابية (هم والمهنيون الآخرون) نحو الأشخاص ذوي الإعاقة، والتعامل بموضوعية في ما يتعلق بقدراتهم ومواطن العجز لديهم.
- تقديم الخدمات الاستشارية المناسبة لكل من العاملين في ميدان التربية العامة أو التربية الخاصة، والآخرين الذين يقدمون خدمات للأشخاص ذوي الإعاقة.
- تقديم الدعم والمشورة للمهنيين العاملين مع الأشخاص ذوي الحاجات الخاصة خارج نطاق المدرسة.
- الحفاظ على علاقات عمل فاعلة مع الزملاء والمهنيين الآخرين، فيساعدونهم على تطوير مفاهيم إيجابية صحيحة عن مهنة التربية الخاصة.

4. أخلاقيات الإعلام في التعامل مع ذوي الإعاقة

تؤدي وسائل الإعلام التقليدية والحديثة أدوارًا كبيرة متعاظمة في التأثير على الجماهير العالمية، وتُعَد قضية الإعاقة من أهم المواضيع التي يجب أن تهتم بها هذه الوسائل لنشر التوعية والإخبار والتثقيف والمساعدة والأمل الذي تحتاج إليه هذه الفئة وبقية الفئات في المجتمع. وفي الحقيقة، يعاني دور الإعلام بقضايا ذوي الإعاقة من ضعف شديد جدًّا بسبب:

أولًا: إعلام المناسبات

وهو الدور الذي تؤديه مختلف وسائل الإعلام في أثناء الأحداث والمناسبات المحلية والدولية التي تُعنَى بالإعاقة.

ثانيًا: إعلام التعتيم

وهو امتناع وسائل الإعلام عن تسليط الضوء على قضايا هذه الفئة المهمة، وذلك من منظور أنهم أقلية مهمشة في المجتمع، وهو ما يزيد الأمر تعقيدًا، ويبعد دمج ذوي الإعاقة في المجتمع.

ثالثًا: إعلام التشويه

وهو تقديم وسائل الإعلام لصورة نمطية مغلوطة سلبية عن فئة ذوي الإعاقة، خاصة في الوسائل المرئية (السينما، والتليفزيون، واليوتيوب،... إلخ). فبعض الأعمال الدرامية

تظهر ذا الإعاقة على أنه عالة على أسرته وعلى المجتمع، وغير منتج، ومتكل على الآخرين. وأحيانًا، تصل وقاحة بعض المواد الدرامية إلى أنها تركز على إظهار هذه الفئة بشكل لا أخلاقي، فتصوره على أنه مهرج أو لص أو كاذب أو مخرب أو حتى عضو في جماعة إرهابية.

أهمية تفعيل دور التغطية الإعلامية

الإعلام يُعَد من وسائل الاتصال التي لها تأثير مباشر في توجيه اتجاهات الجماهير والحشود العالمية، على مختلف فئاتها ولغاتها وأعمارها وحالاتها وظروفها الخاصة. ومن هنا تأتي أهمية تفعيل دور التغطية الإعلامية نحو النشر العادل الموضوعي لقضايا الإعاقة وتحدياتها، وآمالها وآلامها، التي يمكنها أن تصحح الصورة الذهنية المغلوطة لدى الجماهير عن هذه الفئة، وما يدور حولها. فبحسب الإحصاءات الجديدة، فإن أكثر من 15 في المائة من سكان العالم يعانون من إحدى الإعاقات الجسدية أو العقلية المختلفة، وترتفع هذه النسبة لتصبح 20 في المائة في الدول النامية. وهذه الإحصاءات في تزايد كبير. ولأن القضية كبيرة متشعبة، فإن تضافر جهود الجهات كافة، والمؤسسات الحكومية والخاصة، مع الأجهزة الإعلامية، أمر في غاية الأهمية، وذلك لتحقيق المردود الإنساني والاجتماعي المنشود.

أهم أخلاقيات عمل الإعلامين

أولًا: تُعَد عملية تدريب الإعلاميين على كيفية التعامل مع قضايا الإعاقة، وإبرازها بالطريقة المناسبة عبر الوسيلة الإعلامية، من أهم الخطوات الأساسية لخلق ثقافة تأثير وتأثر صحيحة مع هذه الفئة.

ثانيًا: تأكيد أهمية إشراك ذوي الإعاقة في إعداد وتطوير الرسائل الإعلامية المختلفة التي تُبَث عبر مختلف المنافذ الإعلامية التقليدية والحديثة، وذلك بهدف تحسين الأداء الإعلامي، ورفع جودة الرسالة الإعلامية وتطويرها بشكل يحقق هدف إظهار قدرات ذوي الإعاقة ودمجهم بطريقة محفزة واقعية في المجتمع، إضافة إلى تكوين رأي عام إيجابي يزيد من توقعات المجتمع من هذه الفئة العريضة في المجتمع.

ثالثًا: تأكيد عدم تأطير وسائل الإعلام المختلفة لذوي الإعاقة، وإبرازهم بصورة الجبابرة أو فئة مقهورة تستحق الشفقة والإحسان.

رابعًا: الانتباه إلى المصطلحات. فعلى الإعلامي أن يكون واعيًا بموضوع المصطلحات التي يستخدمها في برامجه التي تخص ذوي الإعاقة. وبالتالي، فعلى الإعلاميين إتقان المصطلحات، وهذا يحتاج منا (أفرادًا ومؤسسات معنية) إلى بناء قدرات إعلامية حقيقية تواكب وتعمل وتستقصي عن كل ما هو مفيد إيجابي لبيان الرؤية، ومعالجة الصعوبات، وإزالة المعوقات والمشكلات في هذا الجانب، بالتعاون مع الجهات المعنية، وتحقيق هدف الدمج الواقعي لهذه الفئة في المجتمع.

مقالة بمناسبة اليوم العالمي
للمسؤولية المجتمعية (25 سبتمبر 2020)

تحت شعار
«مجتمعات تتعلم مدى الحياة»
تجسيدًا للهدف الرابع من أهداف الأمم المتحدة
للتنمية المستدامة

التعلم مدى الحياة ليس بالأمر الجديد، فقد أكدت المجتمعات في جميع أنحاء العالم ضرورة التعلم من المهد إلى اللحد. واليوم، في القرن الحادي والعشرين، نجد أنفسنا من جديد وسط أصوات تتعالى منادية بأهمية التعلم مدى الحياة. وما يتضح منها اليوم أن التعلم مدى الحياة لم يعد مسألة اختيارية من أجل تطوير الذات فقط، بل بات توجهًا حتميًّا وضرورة اقتصادية لمواجهة التحديات الحالية المتعددة.

وثمة اعتقاد أن تعلم أشياء جديدة يغيِّر عقولنا، حيث إنه في كل مرة تتعلم شيئًا جديدًا تنشأ في دماغك ارتباطات عصبية جديدة مهما كان عمرك، بخلاف ما كان يُعتقَد من أن الدماغ لا يتغير بعد اكتمال نموه.

ولن تكون في التعلم متعة وفائدة حقيقية إذا لم تعرف كيف تتعلم! نعم، بإمكانك أن تحفظ قبل الاختبار إذا كنت طالبًا، أو قبل شرح المنهج إذا كنت معلمًا، ولكن هذا ليس بجوهر التعلم!

لكن التعلم في بعض الثقافات (مجتمعنا العربي مثالًا) يرتبط ارتباطًا شبه حصري بالمدرسة والجامعة، وبمرحلة عمرية محددة. وبالتالي، فإنك إذا لم تحصل على تعليم جيد، وتجاوزت المرحلة العمرية «المتعارف عليها» للتعليم، فإنك ستظل ناقص عقل ومعرفة طيلة حياتك!

وازن ذلك بالمجتمعات التي عرفت قيمة التعلم الذى لا يرتبط بمرحلة عمرية محددة، ولا بالمناهج الدراسية الرسمية. في تلك المجتمعات، تكثر الأنشطة الخارجية المرتبطة بتعلم أشياء جديدة، ابتداء من سن الطفولة حتى آخر مراحل العمر! وهذا ما قاد إلى نشوء مفهوم «التعلم مدى الحياة» الذى تتبناه معظم الجامعات في الدول المتقدمة. وهنا، يظهر السؤال المهم: هل تنهض جامعاتنا بدورها في تمكين المجتمع من التعلم واكتساب المهارات مدى الحياة؟

للأسف، يأتي الجواب غير مطمئن، إذ نلاحظ أن التعلم يكون بدافع الحصول على «شهادة حضور»؛ بالطبع، من حق الشخص أن يبحث عنها للعمل، لكن من المهم كذلك أن يكون دافعه هو حب التعلم والرغبة في فتح آفاق جديدة للعقل.

هذه الروح (روح حب التعلم والاستمتاع به) ينبغي أن تُغرَس في المجتمع كله. ولا يمكن أن يتحقق ذلك إذا لم يكن حب التعلم مغروسًا في مَن يتولون مهمة تعليم الآخرين. فالمعلم غير المواكب لمجاله غير المتفتح على مجالات أخرى، ذلك الذي فقد حب التعلم، ينقل روحًا سلبية للطلبة قد تبقى معهم طيلة حياتهم!

التعلم مدى الحياة في مجتمع التعلم

يجب أن يكون التعليم مرنًا متنوعًا متاحًا في أوقات مختلفة وأماكن مختلفة. فالتعلم مدى الحياة يعبر القطاعات، ويشجع التعلم خارج المدرسة التقليدية طوال حياة البالغين (أي في مرحلة ما بعد التعليم الإلزامي).

وفي رؤيته للتعليم من أجل المستقبل، يستند جاك ديلور إلى أركان أربعة:

1. **التعلم للمعرفة**: ويهدف إلى إتقان أدوات التعلم، بدلًا من اكتساب المعرفة المنظمة.

2. **التعلم للعمل**: ويرنو إلى تجهيز الناس لأنواع من العمل المطلوب في الحاضر والمستقبل، بما في ذلك الابتكار وتكيف بيئات التعلم مع العمل في المستقبل.
3. **التعلم للعيش معًا**: وغايته تعلم حل النزاعات سلميًّا، واكتشاف الآخرين وثقافاتهم، وتعزيز قدرة المجتمع المحلي، والكفاءة الفردية والقدرات، والمرونة الاقتصادية والاندماج الاجتماعي.
4. **التعلم للكمال**: ويسعى إلى المساهمة في صناعة الشخص كامل العقل والجسم، والذكاء والحساسية، والتقدير الجمالي والقيم الروحية.

التعلم للتعلم

ويتعزز ذلك من خلال «التعلم للتعلم». وفيه ينصب التركيز على «تعلم كيفية التعلم»، والقدرة على الاستمرار في التعلم مدى الحياة.

مجتمع التعلم

بيد أن البيئات التعليمية الرسمية تبدو بعيدة عن هذا المفهوم لـ«مجتمع التعلم» الذي لا يقتصر على تحديد نوعية التعلم للأفراد فحسب، بل ينظر لموضوع التعلم برمته بصفته عنصرًا من عناصر الأنظمة. ويترسخ هذا المفهوم عندما يشمل التعلم حياة أفراد المجتمع كافة، ويوظف الموارد الاجتماعية والاقتصادية كلها، فضلًا عن الموارد التعليمية. ومن ثم، يجب علينا أن نذهب إلى أبعد من ذلك في الإصلاح الضروري لـ«نظم التعليم» حتى نصل إلى مرحلة «مجتمع التعلم». فمجتمع التعلم مجتمع متعلم ملتزم بتحقيق المواطنة الفعَّالة.

خصائص التعلم مدى الحياة

يقترح ديلور أربع خصائص للمتعلمين مدى الحياة من شأنها أن تكون ركائز لـ«مجتمع التعلم»:

1. تعلم لتفعل (اكتساب المهارات وتطبيقها، بما في ذلك مهارات الحياة).
2. تعلم لتكون (تشجيع الإبداع وتحقيق الذات).

3. تعلم لتعرف (وهو نهج للتعلم يتسم بالمرونة).
4. تعلم للعيش معًا (ممارسة التسامح والتفاهم والاحترام المتبادل).

شروط التعلم

- **الرغبة**: فكلما قويت إرادة الفرد ورغبته في التعلم، ساعد ذلك على بذله للجهد، وإثارة نشاطه العقلي للإفادة من الخبرات المحيطة به.
- **الممارسة**: يعتمد التعلم على الممارسة، إذ إن الإنسان لا يتعلم إلا ما يمارسه بنفسه من مهارات، فتعلم السباحة لا يمكن أن يتحقق عن طريق المشاهدة، وإنما بممارسة السباحة والتدريب على حركاتها.
- **النضج**: لا يتحقق التعلم إلا إذا كان مستوى نضج الفرد يمكنه من القيام بالنشاط اللازم للتعلم، وقد يكون هذا النضج عقليًا أو فسيولوجيًا أو انفعاليًا أو اجتماعيًا، حسب نوع النضج الذي يتطلبه نوع التعلم المراد تحقيقه.

أساليب التعلم

• التعلم الذاتي

وفيه يكتسب الفرد الخبرات بطريقة ذاتية، دون معاونة أو توجيه من أحد؛ أي أن الفرد يعلم نفسه بنفسه. فالذاتية هي سمة هذا النمط من التعلم، سواء كان التعلم نتيجة خبرات هيأها الفرد بنفسه أو خبرات هيأها له شخص آخر (كالمعلم مثلًا). وثمة طرق كثيرة للتعلم الذاتي، منها: التعلم البرنامجي، والتعلم بالموديلات، والتعلم الكشفي غير الموجه.

• التعلم الجماعي

وفيه يحدث التعلم من خلال التفاعل المتبادل في أثناء ممارسة مجموعات صغيرة من المتعلمين لبعض الأنشطة (كاللعب الجماعي).

• التعلم التعاوني

وفيه يُقسَّم تلاميذ الفصل الواحد إلى مجموعات صغيرة غير متجانسة، تضم كل مجموعة

منها (2–6) تلاميذ، يُطلَب منهم العمل معًا والتفاعل في ما بينهم، بحيث يعلم بعضهم بعضًا، متحملين مسؤولية تعلمهم وتعلم زملائهم، وصولًا إلى تحقيق الأهداف المرجوة، تحت إشراف وتوجيه المعلم.

مراحل التعلم التعاوني

1. **مرحلة التعرف**: وفيها محاولة فهم المشكلة أو المهمة المطروحة، وتحديد معطياتها، والمطلوب عمله إزاءها، والوقت المخصص للعمل المشترك لحلها.
2. **مرحلة بلورة معايير العمل الجماعي**: وفيها يجري الاتفاق على توزيع الأدوار، وبيان كيفية التعاون، وتحديد المسؤوليات الجماعية، وكيفية اتخاذ القرار المشترك، وكيفية الاستجابة لآراء أفراد المجموعة، والمهارات اللازمة لحل المشكلة المطروحة.
3. **الإنتاجية**: وفيها يكون الانخراط في العمل من قِبل أفراد المجموعة، والتعاون من أجل إنجاز المطلوب، بحسب الأسس والمعايير المتفق عليها.
4. **الإنهاء**: وفيها يُكتَب التقرير (إن كانت المهمة تتطلب ذلك)، وتتوقف المجموعة عن العمل لعرض ما توصلت إليه في جلسة الحوار العام.

- **التعلم الإلكتروني**

وفيه ينصب التركيز على إدخال التكنولوجيات المتطورة في العمل التدريسي، وتحويل الفصول التقليدية إلى فصول افتراضية عن طريق استخدام الشبكات المحلية أو الدولية وتكنولوجيا المعلومات.

- **التعلم بالنمذجة**

وفيه يكون الاعتماد كله على النماذج في نقل فكرة أو خبرة إلى فرد أو مجموعة أفراد. وذلك من فنيات وطرق إكساب الأفراد أنماط السلوك الصحيح، وهو أيضًا فنية علاجية لتعديل أنماط السلوك الخاطئ غير المرغوب فيه لدى الأفراد.

العوامل المؤثرة في التعلم

- التهيؤ العقلي والنفسي.
- التنظيم.
- المعلم.
- المدرسة.
- البيئة.
- الأسرة.

الركائز الأساسية لعملية التعلم

- **الدافع**

لكل إنسان دافع وهدف يعيش من أجله، فطالب العلم يكون هدفه الحصول على الشهادة، وهذا دافع يحثه على زيادة حصيلته من العلم.

- **استخدام المكافأة**

من طبيعة الإنسان أنه يحب أن يحصل على التشجيع والمكافأة، فكلما وجد التشجيع زاد حبه للعلم، وزادت رغبته في الحصول عليه.

- **التدريب**

التدريب عملية مهمة في التعلم، فكلما كثف الطالب التدريب قلت نسبة أخطائه، وكلما قلت نسبة أخطائه زادت نسبة التعلم لديه.

- **التقسيم**

عملية التقسيم والتجزئة تؤدي دورًا مهمًّا في عملية التعلم، فكلما قسم الطالب الموضوع والوقت سهل عليه التعلم.

- **المشاركة**

للمشاركة دور مهم في عملية التعلم، فمن الضروري مشاركة الطالب في الفصل

الدراسي، سواء كانت المشاركة فعَّالة أو غير فعَّالة، فالمشاركة بحد ذاتها تجعل الطالب يفكر ليتعلم.

- **النصح والإرشاد**

إرشاد المعلم للمتعلم أمر مهم، فعندما يرشد المعلم الطالب فإنه يجعله يعرف الطريق الصحيح للعلم.

- **البيئة**

تهيئة البيئة الصحية المناسبة لطالب العلم تساعد على سرعة الاستيعاب، وتزيد من قدرته التحصيلية، وقدرته على التفاعل والإدارة.

استراتيجيات التعلم مدى الحياة

يجب على البلدان التي تود أن تطبق استراتيجيات التعلم مدى الحياة أن تضع في حسبانها خمسة أمور:

1. الاعتراف بكل أشكال التعلم، وليس فقط المقررات الدراسية الرسمية.
2. أهمية تطوير المهارات الأساسية التي هي أوسع من تلك التي حددت تقليديًّا على أنها المركزية، بما في ذلك الدافع، خاصة القدرة على التعلم الذاتي. والأدلة الدولية تظهر بوضوح أن الناس من دون مؤهلات ثانوية عليا ومهارات القراءة والكتابة هم الأقل احتمالًا في المشاركة بمزيد من التعليم والتدريب. وثقافة التعلم مهمة لتعزيز تعليم الكبار، وأحد العوامل المهمة درجة اقتناع الحكومات والشركاء الاجتماعيين بالحاجة إلى تحديث وتطوير مهارات الكبار.
3. ثمة تركيز على إعادة صياغة الأولويات والوصول إلى العدالة في سياق مدى الحياة التي تبحث في الفرص المتاحة للأفراد في جميع أنحاء دورة الحياة. وثمة من يقول إن الاقتصاديات القائمة على المعرفة لا نستطيع أن نستثني جزءًا كبيرًا من سكانها من الوصول إلى موارد التعليم والتعلم. علاوة على ذلك، فإن عدم المساواة في المجتمع غالبًا ما يثير المشكلات بسبب عدم التفاهم المتبادل،

وغياب التكيف داخل المنظمات في المجتمع في مجمله، ما يؤثر على العملية الديمقراطية.

4. لقد شددت منظمه التعاون والتنمية على أهمية النظر في تخصيص الموارد في جميع القطاعات، بحيث يمكن للمرء أن يضيف الحوافز التي تناسب مختلف المشاركين، ومدى التأثير المحتمل لمثل هذه الحوافز على النتائج، من حيث التعلم مدى الحياة.

5. يجب التعاون في مجال وضع السياسات وتنفيذها بين مجموعة واسعة من الشركاء، بما في ذلك وزارات أخرى غير التعليم.

اليوم العالمي للمسؤولية المجتمعية تحت شعار «مجتمعات تتعلم مدى الحياة»

أعلنت «الشبكة الإقليمية للمسؤولية الاجتماعية» أن العالم سيحتفل بتاريخ 25 سبتمبر من عام 2020 باليوم العالمي للمسؤولية المجتمعية، تحت شعار «مجتمعات تتعلم مدى الحياة»، توافقًا مع الهدف الرابع من أهداف الأمم المتحدة للتنمية المستدامة 2030.

التعليم وجائحه «كورونا»

وهذا العام، جاء شعار اليوم العالمي للمسؤولية الاجتماعية «مجتمعات تتعلم مدى الحياة» استجابة لما أحدثه فيروس «كورونا» من قلق وتوتر لدى أبنائنا وأسرهم، حيث أحدث إعلان اليونسكو عدم تمكن 1.5 مليار تلميذ وطالب (أي أكثر من 90 في المائة من الدارسين في العالم) من الذهاب إلى المدرسة أو الجامعة بسبب إغلاقها بفعل انتشار جائحة «كوفيد-19»، صدمة على الصعيد العالمي، إذ يبدو أن هذه البيانات ضربت على الوتر الحساس لدينا جميعًا عندما قدمت صورة ملموسة للفكرة العبثية لعالم بلا مدارس.

وأسفرت هذه الصدمة المشتركة عن إدراك الجميع أن التعليم منفعة مشتركة على صعيد العالم بأسره. فالمجتمعات الخالية من المدارس والتعليم، أو حيث نظم التعليم متدهورة

جدًا، مآلها الانعزال الاجتماعي والأخلاقي والاقتصادي. ولا بد في هذا المقام من إعادة تأكيد الحق في التعليم بحزم، وتحمل كل العواقب المترتبة على ذلك.

وتقع على عاتق المجتمع الدولي في هذا الصدد مسؤولية جماعية يجب أن تتجلى في زيادة الاستثمار المالي في التربية والتعليم في المقام الأول، إذ تشير تقديرات اليونسكو إلى أنه حتى لو حافظت البلدان على مستوى الاستثمارات العامة في مجال التربية والتعليم على ما هو عليه في يومنا هذا، بالنسبة المئوية من الناتج المحلي الإجمالي ذاتها، فإن الموارد المتاحة لقطاع التعليم ستنخفض بمقدار 210 مليارات دولار في عام 2020 بسبب الأثر الاقتصادي لجائحة كورونا، بل ويُخشَى من أن يزداد هذا التقدير سوءًا. لذلك، يجب زيادة حصة المساعدات العالمية للتعليم، بالتزامن مع زيادة الموارد المالية المخصصة للتعليم في الميزانيات الوطنية.

وقد أيقظت فترة الأزمة الناجمة عن الجائحة في ذاكرتنا أيضًا حقيقة استفحال أوجه عدم المساواة الهيكلية التي تفاقمت خلالها ليس بين البلدان فحسب، بل داخل كل بلد من بلدان المعمورة بلا استثناء.

ولا شك أن السكان الأكثر تعرضًا للخطر، لا سيما الأشخاص ذوي الإعاقة واللاجئين وغيرهم من النازحين والسكان الأفقر والشباب والفتيات، هم الأقل انتفاعًا بالتعليم، وأنهم حتى عندما يحصلون على التعليم، فغالبًا ما يتعرضون للاستبعاد، خصوصًا بسبب وصمهم.

وقد أدرك الجميع أن التعلم عن بعد لن يكون دواءً شافيًا في يومنا هذا، علمًا بأن 18 في المائة فقط من المتعلمين في إفريقيا جنوب الصحراء الكبرى لديهم اتصال بالإنترنت في منازلهم (في مقابل 57 في المائة من المتعلمين على الصعيد العالمي). لذا يجب أن ترمي الجهود الشاملة في مجال التربية والتعليم إلى الحد من أوجه عدم المساواة هذه كافة، لا سيما من خلال اتخاذ تدابير ملموسة لتعزيز التعليم الشامل للجميع. كذلك، يتعين علينا بعدما أعادت المدارس فتح أبوابها في بلدان كثيرة إيلاء عودة الفتيات إلى المدارس والجامعات اهتمامًا خاصًّا، إذ كيف يسعنا أن نتصور أن المدرسة هي الوسيلة الرئيسة للحد من أوجه عدم المساواة الاجتماعية والاقتصادية، أو لتنشئة مواطني الغد، إذا كانت هي في حد ذاتها مكانًا يطفح بأوجه عدم المساواة؟

وبالنسبة لتعليم الأطفال، فإن بعض الخبراء يرون أهمية الاستمرار في عملية التعليم والتدريب للأطفال، من خلال اتباع طريقتين: الاستمرار في الدراسة المعتادة بالمدارس التي اعتادوا عليها، وإدخال النموذج الجديد، وهو الدراسة عن بعد؛ أي أن تُعطَى الأهمية للجانبين، وهذا ما يُسمَّى «التعليم المدمج»، مع ضرورة إعادة النظر في المناهج التعليمية وترتيبها وطريقة تدريسها. فليس من المناسب أن يبقى هؤلاء الأطفال محرومين من الذهاب إلى مدارسهم وكلياتهم وجامعاتهم. ولكن نظرًا لإغلاق المؤسسات التعليمية، فإن المتاح هو التعليم عن بعد، بصفته نموذجًا جديدًا للأسر والطلاب والكادر التعليمي، على أن تتم دراسة النتائج الإيجابية والسلبية لهذا النوع من التعليم الافتراضي إذا استمرت الجائحة لفترة طويلة، وتطلبت الحياة من الحكومات تبني هذه المشاريع في التعليم.

لذلك، ومع انتشار الجائحة، يجب أن يسعى الجميع معًا (الدارسون والمعلمون والنقابات والأهالي والإدارات والمجتمع المدني والوزارات) إلى الاتحاد من أجل إعادة التفكير في الأسس التي يرتكز عليها التعليم، وطرح الأسئلة التالية:

- على أي قسط يمكن أن يستحوذ التعليم عن بُعد أو حتى التعليم عبر الإنترنت؟
- ما العلاقات التي ينبغي إقامتها بين جميع الجهات المعنية بالتعليم؟
- ما القيم والمبادئ التي يجب أن يرتكز عليها التعليم في الغد؟

وتمثل الإجابة عن هذه الأسئلة الهدف الأساسي من مبادرة اليونسكو «مستقبل التربية والتعليم» الرامية إلى التفكر في مسألة التربية والتعليم بحلول عام 2050 وما بعده.

وقد أُنشِئت لجنة دولية تتألف من شخصيات من مختلف التخصصات، استهلت عملية التفكر هذه التي تتمحور في الوقت الراهن حول تسعة محاور يمكن اتخاذ إجراءات سريعة بشأنها. وسيسترشد هذا العمل الطويل الأجل بالحوار والمناقشات التي ستقام مع الشباب والجهات الفاعلة في مجال التربية والتعليم، ومع المواطنين في جميع أنحاء العالم بوجه عام.

وبذلك، يظهر أن العالم الآن على مفترق طرق، وأنه قد آن الأوان للعمل بصورة جماعية من أجل التعليم، بصفته منفعة عالمية مشتركة، ولكي يكون التعليم مدى الحياة.

ولا بد لنا من أن نتخذ إجراءات فورًا، من خلال زيادة استثماراتنا المالية، ومكافحة

أوجه عدم المساواة، وكذلك العمل في الأجل المتوسط من خلال التفكر معًا في مستقبل التعليم. ولنجعل المأساة الناجمة عن انتشار جائحة «كوفيد-19» لحظة وعي جماعي بشأن التحديات المرتبطة بالمنافع العالمية المشتركة الأساسية، من قبيل الصحة والتعليم.

وبذلك، يكون شعار هذا العام متماشيًا مع الهدف الرابع من أهداف التنمية المستدامة (2015-2030)، وهو «ضمان التعليم الجيد المنصف الشامل للجميع، وتعزيز فرص التعلم مدى الحياة للجميع»، الذي يندرج ضمن خطة التنمية المستدامة لعام 2030 التي اعتمدتها الدول الأعضاء في الأمم المتحدة رسميًّا في سبتمبر (أيلول) 2015، في نيويورك، خلال مؤتمرها المعني بالتنمية المستدامة.

وتشتمل هذه الخطة على 17 هدفًا، منها هدف عالمي جديد في مجال التعليم (الهدف 4 من أهداف التنمية المستدامة) يرنو إلى «ضمان التعليم الجيد المنصف الشامل للجميع، وتعزيز فرص التعلم مدى الحياة للجميع»، وهو يقترن بسبع غايات وثلاث وسائل للتنفيذ، وهي:

الغايات

1. ضمان أن يتمتع جميع الفتيات والفتيان بتعليم ابتدائي وثانوي مجاني منصف جيد، مما يؤدي إلى تحقيق نتائج تعليمية ملائمة فعَّالة بحلول عام 2030.
2. ضمان أن تتاح لجميع الفتيات والفتيان فرص الحصول على نوعية جيدة من النماء والرعاية في مرحلة الطفولة المبكرة والتعليم قبل الابتدائي حتى يكونوا جاهزين للتعليم الابتدائي بحلول عام 2030.
3. ضمان تكافؤ فرص جميع النساء والرجال في الحصول على التعليم التقني والمهني، والتعليم العالي الجيد الميسور التكلفة، بما في ذلك التعليم الجامعي، بحلول عام 2030.
4. الزيادة بنسبة كبيرة في عدد الشباب والكبار الذين تتوافر لديهم المهارات المناسبة، بما في ذلك المهارات التقنية والمهنية، للعمل وشغل وظائف لائقة، ولمباشرة الأعمال الحرة بحلول عام 2030.

5. القضاء على التفاوت بين الجنسين في التعليم، وضمان تكافؤ فرص الوصول إلى جميع مستويات التعليم والتدريب المهني للفئات الضعيفة، بما في ذلك الأشخاص ذوي الإعاقة والشعوب الأصلية والأطفال الذين يعيشون في ظل أوضاع هشة، بحلول عام 2030.

6. ضمان أن يلم جميع الشباب، ونسبة كبيرة من الكبار، رجالاً ونساء على حد سواء، بالقراءة والكتابة والحساب بحلول عام 2030.

7. ضمان أن يكتسب جميع الدارسين المعارف والمهارات اللازمة لدعم التنمية المستدامة، وذلك بجملة من السُبُل، من بينها التعليم، لتحقيق التنمية المستدامة، واتّباع أساليب العيش المستدامة، وضمان حقوق الإنسان، والمساواة بين الجنسين، والترويج لثقافة السلام ونبذ العنف، والمواطنة العالمية، وتقدير التنوع الثقافي، وتقدير مساهمة الثقافة في التنمية المستدامة، بحلول عام 2030.

وسائل التنفيذ

وتشمل ثلاث وسائل للتنفيذ:

1. بناء المرافق التعليمية التي تراعي الفروق بين الجنسين، والإعاقة، والأطفال، ورفع مستوى المرافق التعليمية القائمة، وتهيئة بيئة تعليمية فعَّالة مأمونة خالية من العنف للجميع.

2. الزيادة بنسبة كبيرة في عدد المنح الدراسية المتاحة للبلدان النامية على الصعيد العالمي، خاصة لأقل البلدان نموًا والدول الجزرية الصغيرة النامية والبلدان الأفريقية، للالتحاق بالتعليم العالي، بما في ذلك منح التدريب المهني، وتكنولوجيا المعلومات والاتصالات، والبرامج التقنية والهندسية والعلمية، في البلدان المتقدمة النمو والبلدان النامية الأخرى، بحلول عام 2030.

3. الزيادة بنسبة كبيرة في عدد المعلمين المؤهلين، بما في ذلك من خلال التعاون الدولي لتدريب المعلِّمين في البلدان النامية، خاصة في أقل البلدان نموًّا والدول الجزرية الصغيرة النامية، بحلول عام 2030.

التعليم المدمج خلال جائحة «كورونا»

تُعَد قرارات الوزارات في أغلب الدول للعودة للمدارس من الملفات شديدة الحساسية، في ظل استمرار الجائحة، وعدم توصل «منظمة الصحة العالمية» إلى لقاح مؤكد ينهي فصول الوباء. إلا أن وزارة التعليم القطرية وضعت خطة تمكنها من الجمع بين التعليم المدرسي المباشر والتعليم الافتراضي (عبر الإنترنت عن بُعد)، إذ طرحت الوزارة نظام «التعليم المدمج» خلال الفصل الدراسي الأول للعام الأكاديمي، في جميع المراحل التعليمية للمدارس الحكومية والخاصة ورياض الأطفال ومؤسسات التعليم العالي.

ويُعرَّف «التعليم المدمج» بأنه شكل جديد لبرامج التدريب والتعليم، يمزج بصورة مناسبة بين التعليم الصفي والإلكتروني، وفق متطلبات الموقف التعليمي، بهدف تحسين تحقيق الأهداف التعليمية بأقل تكلفة ممكنة.

وبحسب النظام الجديد، يجب على الطلبة الحضور من مرة واحدة إلى ثلاث مرات في الأسبوع للمبنى المدرسي، مع الحفاظ على نسبة حضور نحو 30 في المائة من إجمالي عدد الطلاب في المدرسة باليوم الواحد، وذلك بهدف حضور بعض حصص المواد الأساسية، وأداء التجارب العملية في المختبرات، وتأدية الاختبارات.

وتحقيقًا للاشتراطات الصحية والتباعد الاجتماعي، تلتزم المدارس بتقسيم العدد الكلي للطلاب في المستوى الواحد إلى شعب دراسية، تتضمن 15 طالبًا في الحد الأقصى في الشعبة الواحدة، ويُنظَّم جلوس الطلاب في الغرف الدراسية، مع مراعاة وجود مسافة 1.5 متر بين كل طالب وزميله في الصف.

وسوف يُطبَّق نظام «التعليم عن بُعد» في الأيام التي لا يحضر فيها الطلبة إلى المبنى المدرسي، وفق الجدول المخطط له من قبل الوزارة.

وهذه الإجراءات تخضع دائمًا للمتابعة والتقييم، بالنظر إلى الوضع الراهن، ويجري تغييرها بناء على أي تطورات على أرض الواقع، تتعلق خصوصًا بمدى انتشار فيروس «كورونا».

ومن دون شك، فإن «الاتجاه لنموذج التعلم المختلط، أو التعليم المدمج، الذي

أعلنت وزارة التعليم تطبيقه هو الأكثر فاعلية في تقليل أحجام الفصول، مع ضمان حصول الطلاب على فرص للتجارب المعملية المخبرية، والرعاية، والتنشئة الاجتماعية، وتطبيق التعلم التجريبي، التي يحتاجون إليها». فالتعليم المدمج فرصة لنتمكن من الاستمرار في أي شكل من أشكال التعليم وجهًا لوجه.

إجراءات احترازية

تلتزم المدارس، خلال الأيام الثلاثة الأولى من الدوام (من 1 إلى 3 سبتمبر)، بتوعية الطلبة بالإجراءات الاحترازية، من خلال إلزام طلاب المرحلة الإعدادية والثانوية فقط بلبس الكمامة (كمامة من القماش)، والالتزام بالتعاميم التي تصدرها إدارة الصحة والسلامة في الوزارة، وتوزيع المنشورات والمطويات التي تصدرها إدارة الصحة والسلامة.

وسوف يستثني من التعليم المدمج الطالب المريض بمرض مزمن، ولديه شهادة طبية معتمدة بذلك، أو الطالب الذي يعاني أحد أفراد أسرته المقيمين في المنزل نفسه من أمراض مزمنة تستدعي تجنب نقل العدوى لهم، مع إرفاق شهادة طبية معتمدة بذلك، وشهادة العنوان الوطني للمريض، على أن يحضر الطلبة المستثنون إلى المبنى المدرسي لأداء الاختبارات المركزية مع زملائهم.

ومن المقرر أن يبدأ الدوام للطلبة من الساعة 7:15 صباحًا، وينتهي 12:30 ظهرًا، وسوف تتولى المدرسة تنظيم دخول وخروج الطلاب إلى المبنى، لمنع التزاحم ومراعاة التباعد الاجتماعي.

ويتضمن الجدول المدرسي 6 حصص يوميًا، زمن الحصة 45 دقيقة، ويفصل بين الحصة والأخرى 5 دقائق، وتتخلل اليوم المدرسي فسحة مدتها 25 دقيقة، مع مراعاة تنظيم الجدول المدرسي، ليكون هناك 3 أوقات مختلفة للفسحة، لتقليل عدد الطلاب في الفسحة الواحدة.

كل المؤسسات التعليمية

ولن تقتصر خطة الوزارة القطرية على المدارس الابتدائية والإعدادية والثانوية، بل ستشمل حضانات الأطفال والمدارس المهنية والتخصصية والتقنية، بالإضافة لمدارس ذوي

الاحتياجات الخاصة، ومدارس القرى التي تتضمن عددًا قليلًا من الطلاب يساوي نسبة 30 في المائة من الطاقة الاستيعابية للمبنى المدرسي، فسوف يكون الدوام فيها لجميع الطلاب بنسبة 100 في المائة في جميع أيام الأسبوع.

وفي مدارس رياض الأطفال التي يقل أعمار طلبتها عن 6 سنوات، سيُطبَّق الجدول اليومي المعتاد خلال أيام زيارة الطلبة للمدرسة، حيث يكون الدوام من الساعة 7 صباحًا حتى الساعة 12 ظهرًا، مع ضرورة العمل على استغلال الأماكن المفتوحة بالمبنى المدرسي، وتحويلها إلى فصول مفتوحة، لتحقيق التباعد الاجتماعي المطلوب.

أما الجامعات، فقد قررت الوزارة أن يكون الانتظام تدريجيًّا فيها، بحيث يكون الدوام خلال الأشهر الثلاثة الأولى (من شهر سبتمبر إلى نهاية نوفمبر) بنسبة حضور 30 في المائة، مع استمرار التعليم المدمج، على أن يُدرَج حضور الطلاب للامتحانات ضمن درجات تقييمهم بقدر الإمكان، وحسب الحاجة، مع اتخاذ جميع الإجراءات الاحترازية الخاصة بجائحة «كوفيد-19».

القدوة الحسنة

تُعَد مبادرات سمو الشيخة موزا بنت ناصر المسند المهتمة بالتعليم من أهم المبادرات عالميًّا، حيث نذرت الشيخة موزا نفسها من أجل النهوض بالتعليم على مستوى دول العالم الثالث، ومن هذه المبادرات:

- **«علّم طفلًا»**

وهي مبادرة عالمية تستهدف خفض عدد الأطفال المحرومين من التعليم، ولا تركز على عدد الأطفال الذي يدخلون المدرسة فقط، بل أيضًا على نوعية تعليمهم.

- **«التعليم أوّلًا»**

وهي مبادرة تعتمد على ركائز ثلاث: إدخال كل طفل إلى المدرسة، وتحسين نوعية التعليم، وتعزيز المواطنة العالمية. وعبر العمل على إعادة تفعيل دور المجتمع الدولي في

هذه القضية، تجمع «التعليم أوّلًا» العناصر الفاعلة من حكومات ومؤسسات لحثهم على الالتزام المشترك من أجل إحداث فرق حقيقي.

- **«اليوم العالمي لحماية التعليم من الاعتداءات»**

فقد شاركت صاحبة السمو، رئيس مجلس إدارة مؤسسة «التعليم فوق الجميع» عضو مجموعة المدافعين عن أهداف التنمية المستدامة للأمم المتحدة، في حدث الأمم المتحدة الذي أقيم بمناسبة «اليوم العالمي لحماية التعليم من الاعتداءات»، والذي يأتي لتأكيد الالتزام تجاه هدف حماية الحق في التعليم في أوقات النزاعات، وحماية التعليم من الهجمات المستمرة المتعمدة والعنف المسلح المنتشر الذي يعاني منه الأطفال في جميع أنحاء العالم.

وأكدت سمو الأميرة الشيخة موزا ضرورة وجود دعوة عالمية موحدة لإنشاء آليات فعَّالة لرصد انتهاكات القانون الدولي، وضمان محاسبة مرتكبيها، قائلة: «بينما نعمل على محو الأمية، هناك من يعملون على نشر الأمية، وكأن ثمة هجومًا ممنهجًا على كل من وما يهدف إلى بناء الإنسان. ولعلها أمية الضمائر التي تتنافر دائمًا مع صحوة العقول».

وأضافت: «لم يعد الدعم اللفظي الذي نتلقاه من المجتمع الدولي كافيًا، في غياب إجراءات عملية جادة». وشددت سموها على أن «حياة وتعليم ومستقبل هؤلاء الأطفال مسؤولية تضع المجتمع الدولي في اختبار لا يجوز الفشل فيه لأن إنسانيتنا تُختبَر في مثل هذه المواقف، فلنكن معًا لحماية التعليم».

وكانت صاحبة السمو الشيخة موزا بنت ناصر قد اقترحت تخصيص يوم عالمي لحماية التعليم من الاعتداءات في المنتدى الاجتماعي لمجلس حقوق الإنسان بجنيف، في شهر أكتوبر 2019. وقد اعتُمِد هذا الاقتراح بموجب قرار الأمم المتحدة في شهر مايو 2020، في إطار التزام متجدد لزيادة الوعي بمحنة الأطفال المتأثرين بالنزاع المسلح الذين هم في أمس الحاجة إلى الدعم التعليمي، ولضمان مساءلة أولئك الذين يهاجمون المدارس وأماكن التعلم.

وقد أعلنت الجمعية العامة يوم التاسع من سبتمبر يومًا دوليًا لحماية التعليم من الهجمات، معتمدة قرارًا يؤكد حق التعليم للجميع، وأهمية ضمان بيئات تعلم آمنة مواتية في حالات الطوارئ الإنسانية. والشكر واجب للشيخة موزا بنت ناصر، كونها صاحبة المبادرة في اعتماد

هذا اليوم، وسائر الدول الأعضاء لدعمها هذا القرار الذي يأتي في الوقت المناسب، في غمرة تفشي جائحة «كوفيد-19» التي أبرزت قيمة المدارس، بصفتها بيئة آمنة تكفل حماية المتعلمين، والحفاظ على رفاهيتهم. ويسلط هذا اليوم الدولي الضوء على المحنة التي يمر بها أكثر من 75 مليون طفل، تتراوح أعمارهم بين سن 3 و18 عامًا في 35 دولة من الدول المتضررة من الأزمة، وكذلك على حاجتهم الماسة للدعم في مجال التعليم.

ويُعَد هذا اليوم الدولي منبرًا لمعالجة المخاوف إزاء الآثار المترتّبة على استمرار العنف الممارس ضد هؤلاء الأطفال، وقدرتهم على الوصول إلى التعليم، وهي أمور تتطلب اهتمامًا خاصًّا يتجاوز احتياجات المتعلمين الذين أُغلِقت منشآتهم التعليمية إغلاقًا مؤقتًا بسبب جائحة «كوفيد-19».

الخاتمة

الحمد لله رب العالمين، والصلاة والسلام على سيدنا محمد الصادق الوعد الأمين. اللهم لا علم لنا إلا ما علمتنا إنك أنت العليم الحكيم، اللهم علمنا ما ينفعنا، وانفعنا بما علمتنا، وزدنا علمًا، وأرنا الحق حقًّا وارزقنا اتباعه، وأرنا الباطل باطلًا وارزقنا اجتنابه، واجعلنا ممن يستمعون القول فيتبعون أحسنه، وأدخلنا برحمتك في عبادك الصالحين.

أما بعد، نحمد الله (تعالى) الذي أمدنا القوة، وألهمنا الصبر والثبات، ووفقنا لإتمام هذا الكتاب (المسؤولية المجتمعية ودورها في تنمية وتحقيق الاستقرار في المجتمعات). وأتمنى أن يكون قلمي قد وُفِّقَ وعبر عن فكري المتواضع، وكلي أمل أن يكون إضافة للمكتبة العربية، يستفيد منه كل شخص مهتم بالمسؤولية المجتمعية، سواء على الصعيد الفردي أو على الصعيد المؤسساتي.

وحيث إن المسؤولية الاجتماعية نظرية أخلاقية تقترح أن أي كيان، سواء كان منظمة أو فردًا، يقع على عاتقه العمل لمصلحة المجتمع ككل، فإن المسؤولية الاجتماعية أمر يتعين على كل منظمةٍ أو فرد الالتزام بها للحفاظ على التوازن بين الاقتصاد والنظم البيئية. والحق أن المسؤولية الاجتماعية ليست وليدة اليوم، بل هي ثقافة أصيلة في الإسلام، حث عليها نبينا محمد (صلى الله عليه وسلم) بقوله: «كُلُّكُمْ رَاعٍ، وَكُلُّكُمْ مَسْؤُولٌ عَنْ رَعِيَّتِهِ» (رواه أحمد).

والمسؤولية في الإسلام تعني أن المسلم المكلف مسؤول عن كل شيء جعل الشرع له سلطانًا عليه، أو قدرة على التصرف فيه بأي وجه من الوجوه، سواء كانت مسؤولية شخصية فردية أو مسؤولية متعددة جماعية. وبالنسبة لنا (نحن المجتمع المسلم)، فهي جزء من ثقافتنا، بل عقيدتنا، لأنها مستمدة من التعاون والتكافل والتراحم بين الناس، وهي قيم إسلامية حض عليها الدين في الكتاب والسنة. والمسؤولية تبدأ بالوعي، والارتقاء بالحس

الاجتماعي والوطني، ثم التطبيق الذي يصب في البناء وخدمة المجتمع من نواحٍ عدة. وحينما نربي أبناءنا تربية سليمة صالحة سوية، فإننا نعد رصيدًا للغد، وذخرًا للمجتمع والوطن، إذ لا يمكن الفصل بين المجتمع والوطن.

وفي إطار مسؤوليتها تجاه المجتمع، تسلط الكاتبة الضوء على فئات ذوي الإعاقة، بحكم تخصصها العلمي والعملي، ورؤيتها أن هذه الفئة في واقع الأمر من ذوي القدرات الخاصة، وهم بحاجة إلى أن تتبناهم الجهات الممارسة للمسؤولية الاجتماعية، من خلال تقديم الخدمات المختلفة، واكتشاف الإيجابيات لديهم، إذ يتمتعون بالروح الوطنية العالية، والحماس للإبداع والإنتاج والإسهام في البناء. وقد أثبتوا بجدارة عبر التاريخ كفاءتهم وقدرتهم في مختلف المجالات، وأنهم فقط بحاجة لإظهار هذه الإيجابيات، من خلال ممارسات المجتمع للمسؤولية الاجتماعية. ولا شك أن تدريب هذه الفئات وتوظيفها يمثل إضافة نوعية مهمة للإنتاج والإبداع، ونقلة لمردود المسؤولية الاجتماعية. وقد بدأت بوادر ذلك تظهر لدى كثير من الجهات التي تبنت كثيرًا من البرامج التي تحقق هذه الأهداف.

وبذلك، تظهر الكاتبة أن كل جهة أو فرد أو كيان إذا أدى مسؤوليته الاجتماعية كاملة، فسوف تصبح ثقافة اجتماعية راسخة، وحتمًا سوف يتغير كثيرٌ من الأشياء، وتقل السلبيات، وتُوظَّف الطاقات، ويُصحَّح كثير من السلوكيات والممارسات، ويتطور الفهم الاجتماعي والحس الوطني، ويتعزز تلاحم المجتمع ونسيجه، وتكثر مظاهر البناء والنماء، وتتجسد ملامح التنمية المستدامة بوضوح.

إذن، فالمسؤولية الاجتماعية ليست شعارًا فضفاضًا، ولا مجرد تظاهرة إعلامية، ولا يمكن أن تصبح مزايدة بأي حال من الأحوال، بل هي سلوك وممارسة إيجابية نابعة من شعور عميق ومفهوم واسع، يستجيب لنداء الضمير والواجب تجاه المجتمع والوطن. فكيف نحييها بالشكل الذي يجعل إسهامها أساسيًّا في التنمية في زمن التحوّل الوطني؟

انطلاقًا من دورنا في نشر ثقافة المسؤولية الاجتماعية، وتعزيز تطبيقاتها في الوطن العربي، سوف نلقي الضوء في هذا الكتاب على كل ما يخص المسؤولية الاجتماعية قدر المستطاع، لنشر الوعي لدى أفراد المجتمع كافة عن ماهيتها وأهدافها وأنواعها وكيفية

تطبيقها، والمعوقات التي يمكن أن تقف حائلًا دون تطبيقها. ومن ثم، إظهار دور دولة قطر بالعمل بالمسؤولية المجتمعية على الصعيد المحلي والدولي.

ويعد الهدف الرئيس من تسليط الضوء في هذا الكتاب على ذلك الموضوع أن المسؤولية المجتمعية أصبحت اليوم تشكل رقمًا مهمًّا في معادلة التنمية والبناء، وعنوان تقدم المجتمعات ورقيها، ما يحتم النهوض بواقع المسؤولية الاجتماعية في مجتمعنا العربي، وطرح الوسائل والسبل التي من شأنها إعادة مفهومها إلى الواقع التطبيقي. ولا شك أن الوعي بمفهومها مهمة جسيمة تتطلب تضافر الجهود، والعمل بإخلاص، والصبر في سبيل ذلك، والنظرة التفاؤلية لمستقبل أفضل على المدى البعيد لأجيال وأجيال. والملاحَظ أنه في السنوات الأخيرة، تنامى الاهتمام بهذا الجانب، سواء من القطاع الخاص أو المؤسسات الحكومية، التعليمية منها والصحية والخدمية.

ويشمل الكتاب أحد عشر فصلًا، يحتوي كل فصل منها على أبواب تتضمن معلومات تخص الفصل بالشرح بطريقة واقعية تشجع كل من يقرأه على العمل من أجل المصلحة العامة. ثم يُختتَم الكتاب بالفصل الثاني عشر الذي يضم مقالات شاركت بها الكاتبة في «الكتاب العربي في المسؤولية المجتمعية» الذي يقع في أربعة أجزاء، ومقالة بمناسبة اليوم العالمي للمسؤولية المجتمعية (25 سبتمبر 2020)، تحت شعار «مجتمعات تتعلم مدى الحياة»، تجسيدًا للهدف الرابع من أهداف الأمم المتحدة للتنمية المستدامة.

والله ولي التوفيق

المراجع

المراجع العربية:

- أبو العينين علي خليل مصطفى (1988). **القيم الإسلامية والتربية - دراسة في طبيعة القيم ومصادرها ودور التربية الإسلامية في تكوينها وتنميتها**. ط10. المدينة المنورة: مكتبة إبراهيم الحلبي.
- أحمد عبد الكريم عبد الرحمن (1997). «المسؤولية الاجتماعية لمنظمات الأعمال: مجالاتها - معوقات الوفاء بها (دراسة ميدانية تطبيقية)». **مجلة البحوث التجارية المعاصرة**. المجلد (11). تقرير مؤتمر القمة العالمي للتنمية الاجتماعية. كوبنهاغن (الدنمارك). 6-12 مارس 1995.
- أحمد محمد مبارك الكندري (1992). **علم النفس الأسري**. ط2. الكويت: مكتبة الفلاح للنشر والتوزيع.
- أمين السيد أحمد لطفي (2005). **المراجعة البيئية**. الإسكندرية (مصر): الدار الجامعية للنشر.
- ثامر ياسر البكري وأبي سعيد الديوه جي (2001). «إدراك المديرين لمفهوم المسؤولية الاجتماعية». **المجلة العربية للإدارة**. المجلد (2).
- سرمد كوكب الجميل (2001). **الاتجاهات الحديثة في مالية الأعمال الدولية**. عمان (الأردن): دار الحامد للنشر.
- سهير كامل أحمد (1987). «الحرمان من الوالدين في الطفولة المبكرة وعلاقته بالنمو الجنسي والعقلي والانفعالي والاجتماعي». **مجلة علم النفس**. العدد (4). القاهرة: الهيئة المصرية للكتاب.

- سيد أحمد عثمان (1979). **المسؤولية الاجتماعية والشخصية المسلمة**. القاهرة: مكتبة الأنجلو المصرية.
- صادق الحسني (2003). «تدقيق الأداء الاجتماعي للمنشآت في ضوء معايير المراجعة الدولية والأمريكية». **مجلة الإداري**. العدد (93).
- صاحب الربيعي (2020). **أهداف التنمية المستدامة (الغايات - آليات التنفيذ - مؤشرات التقدم)** 2015-2030. ستوكهولم (السويد): دار الكُتاب.
- طاهر محسن الغالبي ومحمد حسين منهل (2004). «الأداء الاجتماعي الداخلي وعلاقته بدوران العمل: دراسة ميدانية في شركة نفط الجنوب والشركة العامة للحديد والصلب في العراق». جامعة اليرموك.
- طاهر محسن الغالبي وصالح مهدي محسن العامري (2002). «المسؤولية الاجتماعية لمنظمات الأعمال وشفافية نظام المعلومات (دراسة تطبيقية لعينة من المصارف التجارية الأردنية)». قيد النشر في **مجلة كلية الإدارة والاقتصاد**. جامعة بغداد (منشور في وقائع المنظمة العربية للتنمية الإدارية).
- عبد الكريم زيدان (1997). **أصول الدعوة**. ط7. بيروت: مؤسسة الرسالة.
- عبد الله آل إبراهيم (المشرف العام على الشبكة الإقليمية للمسؤولية الاجتماعية) (2016). حوار في **جريدة الراية**.
- عبد الله العلي النعيم (2005). **العمل الاجتماعي التطوعي مع التركيز على العمل التطوعي في المملكة العربية السعودية**. الرياض (السعودية): مكتبة الملك فهد الوطنية.
- عبد الله غلوم (2005). **قضايا من واقع المجتمع العربي في الخليج** (سلسلة الدراسات الاجتماعية). مكتب متابعة مجلس وزراء العمل والشؤون الاجتماعية بالدول العربية الخليجية.
- عبد المنعم هاشم (1992). «نحو منهاج متطور للخدمة الاجتماعية في مجال العمل مع الشباب». ورقة عمل مقدمة إلى **المؤتمر العلمي الخامس لكلية الخدمة الاجتماعية بالفيوم**. القاهرة: جامعة القاهرة. الجزء (1).

- على عبد المجيد عبد الحميد (1987). «الإفصاح عن الأداء الاجتماعي لوحدات القطاع العام الصناعي في تقارير تقييم الأداء المنشورة (دراسة ميدانية)». **مجلة البحوث التجارية المعاصرة**. جامعة أسيوط. العدد (1).
- عمر أحمد الهمشري (2003). **التنشئة الاجتماعية للطفل**. الأردن: دار الصفاء للنشر والتوزيع.
- محمد إبراهيم جبر (2004). «مفاهيم التنمية المستدامة من منظور إسلامي: دراسة في ضمانات الإدارة الحضرية المتواصلة للمدينة الإسلامية». **الندوة العلمية الثامنة لمنظمة العواصم الإسلامية (استراتيجيات الإدارة الحضرية المتواصلة بالمدينة الإسلامية)**.
- محمد عباس بدوي (2000). **المحاسبة عن التأثيرات البيئية والمسؤولية الاجتماعية للمشروع (بين النظرية والتطبيق)**. مصر: دار الجامعيين.
- محمد مطر (2000). «محاسبة المسؤولية الاجتماعية». **مجلة المجمع العربي للمحاسبين القانونيين**. العدد (114).
- مسلم علاوي السعد وطاهر محسن منصور (1999). **السياسات الإدارية (المفهوم والصياغة والحالات الدراسية)**. البصرة (العراق): دار الكتب للطباعة والنشر.
- نبيلة ميخائيل مكاري (1989). «أثر الحرمان من الأسرة على السلوك الاجتماعي الانفعالي لتلاميذ مرحلة الطفولة المتأخرة من 9-12 سنة». رسالة دكتوراه غير منشورة. كلية الآداب. جامعة الإسكندرية.
- هناء حافظ بدوي (2000). **التنمية الاجتماعية رؤية واقعية من منظور الخدمة الاجتماعية**. الإسكندرية (مصر): دار المعرفة الجامعية.

المراجع الأجنبية:

- Adela Cortina And Juan Carlos Siurana (2002) Business Ethics In The Information And Communication Society "Journal Of Business Ethics (J.B.E)», Vol 39, N 1-2.
- Barbara Porker (1988): Globalization And Business Practice, Managing Across Boundaries, Sage Publication.
- Bernan, D (1979): Managing Public Issues By Objective "Report Of Commerce", July.
- Carroll Archie B And Buchholtz Ann. K (2002): Business And Society "Thomson".
- Carroll Archie B (1991): The Pyramid Of Corporate Social Responsibility Toward The Management Of Organizational Stakeholders, Business-Horizons, July. August.
- Cochran, P.L And Wood. R.A (1984): Corporate Social Responsibility And Financial Performance. Academy Of Management Journal (A.M.J), Vol 27, N1.
- Daft R (2002): Organizational Theory And Design, West Publishing Co New York.
- Drucker, Peter F (1977): An Introductory View Of Management, Harpers College Press. U.S.A.
- Davis K (1960): Can Business Afford To Ignore Social Responsibilities "Califorina Management Review (C.M.R)", Vol 2, N3, Ferrell, O.C And Fraedrick John (1994): Business Ethics, Houghton, Mifflin Company. Frederick, W (1975): the Growing Concern Over Business Responsibility "California Management; Review (CMR)", Vol 64, N.64
- Francis, ME (1973): Accounting and Evaluation of Social Programs, A Critical Comment, The Accounting Review.
- Gratacap. Anne. E (1997): Le system D' Information Vector De Globalization De La Firm Industrielle, Revue Francaise De Gestion, N.116.

- Gravers, SB and S.A Waddock (1994): Institutional Owners And Corporate Social Perfromance, Academy of Management Journal , Vol 37, N.
- Holmes, Sundra (1985): Corporate Social Performance And Present Areas of Commitment, Academy of Management Journal *A.M.J. , Vol 20.
- Levit, L (1983): the Globalization Of Markets, Harvard Business Review (H.B.R) Vol 61, N.3.
- Mintzberg H (1996) Managing government, Governing Management, H.B.R, Vol 74, N.3, May-June.
- Nickels, W.G. et al (2002): Understanding Business, 6th Ed, Irwin Boston.
- Pride William M et al, business, Houghton Miffin Company, Boston 2000.
- Robbins And De Cenza (1998): Fundamental of Management Prentice-Hall.
- Robbins Stephen (1998): Management Concept And Application, Prentice Hall Inc., U.S.A.
- Stark, W (1993): What is the Matter with Business Ethicks, Harvard Business Review (H.B.R), Vol 71, N.3, May-June.
- Strier, Franklin (1979): The Business Manager's Dilemma, Defining Social Responsibility , (J.E.M) Journal Of engineering Management, Vol 2, N.i.
- Sanara AWaddock And Samuel B. Gravers (1977): The Corporate Social Performance-Fiancial Performance Link, Strategic Management Journal, Vol 8, N.4.
- Steiner, And Miner. J.B. Management Policy And Strategy (1977), Macmillan, New-York.
- Zairi Mohammed (2000): Social Responsibility And Impact On Society, The Tqm Magazine, Vol 12, N.3.